하도 · 낙서 ·
천부삼인 下

하도 · 낙서 · 천부삼인 下

長田 김윤식 · 如淵 유한철 공저

KSi 한국학술정보㈜

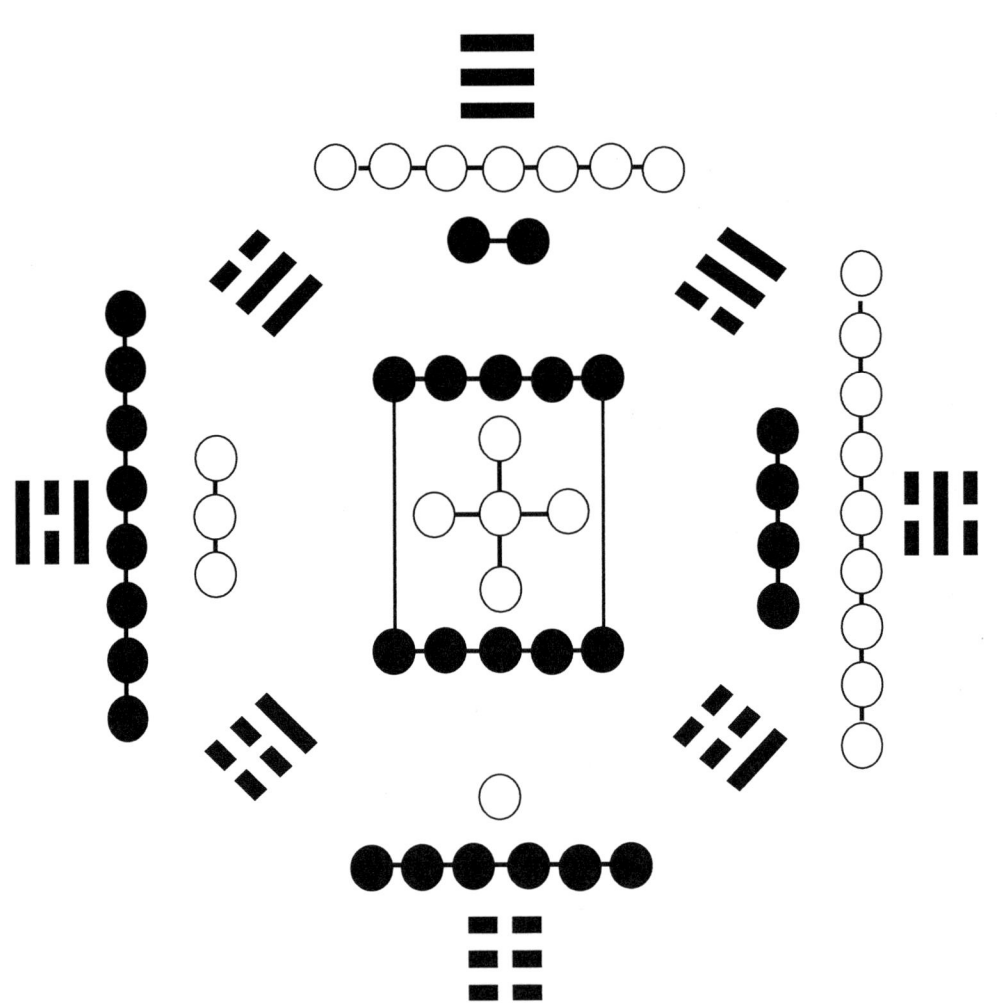

天圓龍馬河圖

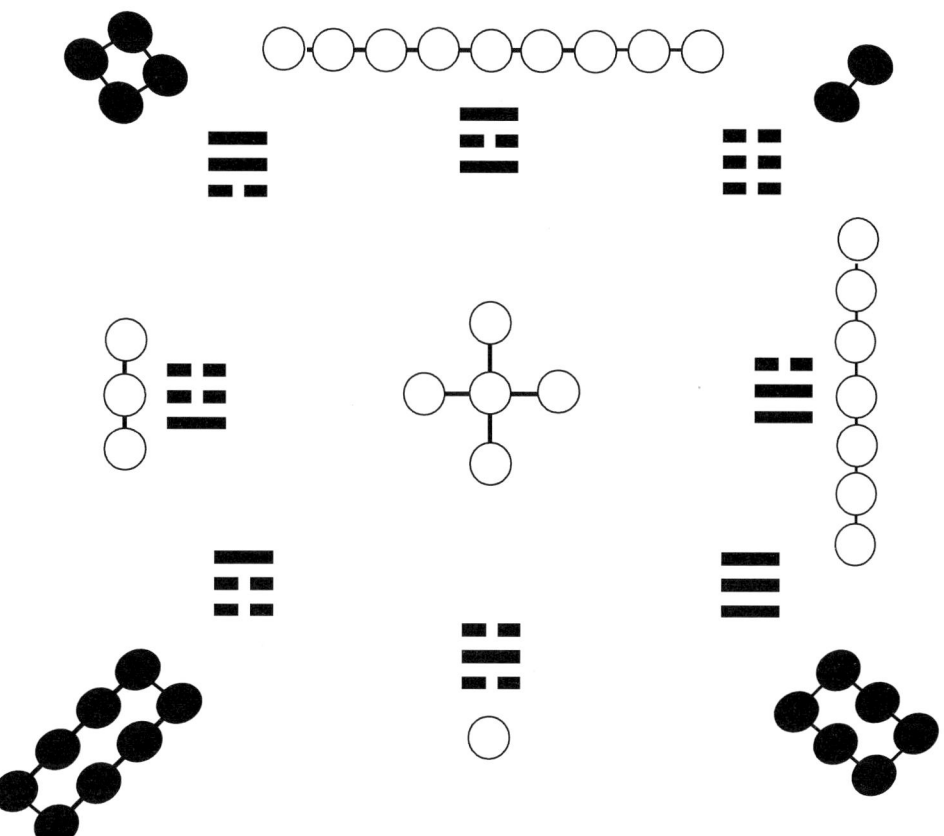

地方神龜洛書

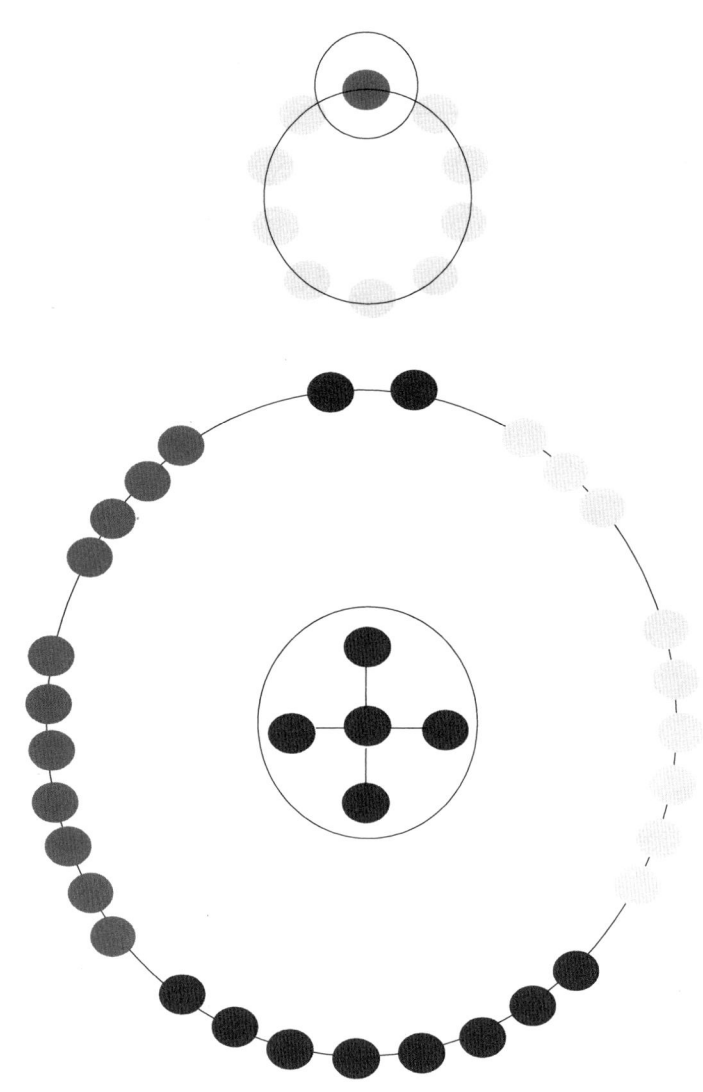

人角檀君天符

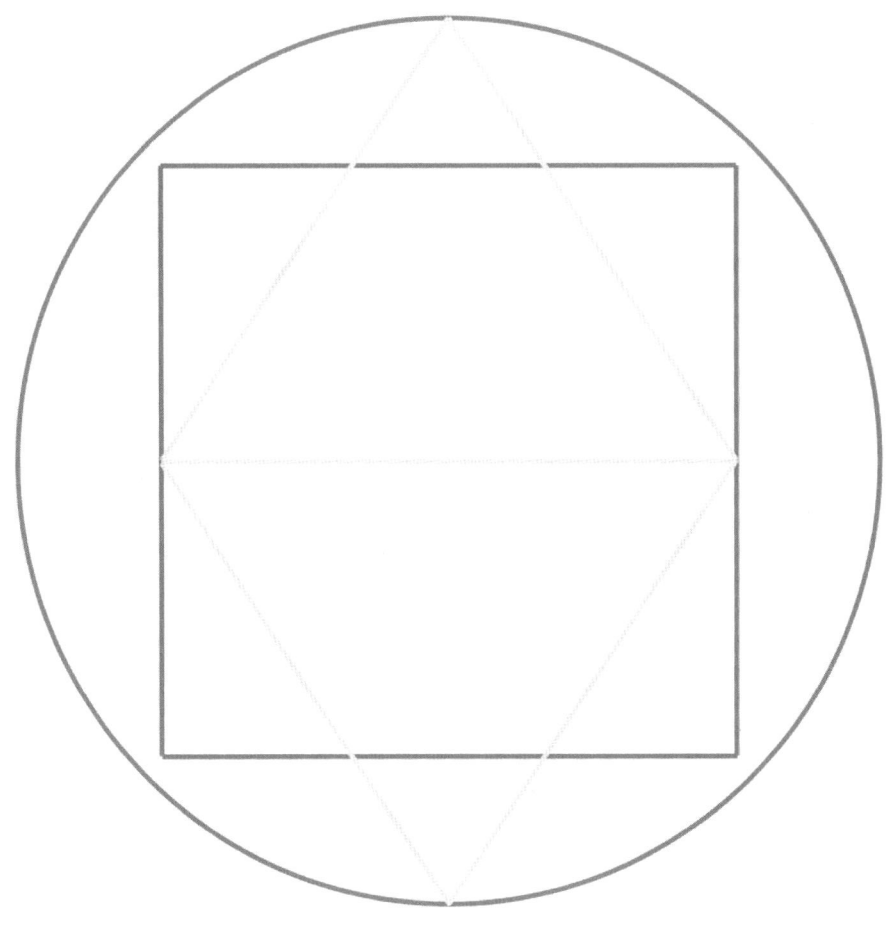

圓方角圖

符 印 圖

長田 金允植 선생의 삶과 思想
－ 韓易의 탄생을 축하하며 －

玄菴 崔楨幹(河東玄菴陶藝研究所 所長)

독일 출신의 문명사학자(文明史學者)로 저명한 칼 비트 포겔(Karl August Wittfogel, 1896~1988)은 세계 7대 관개문명(灌漑文明)－수메르·이집트·인더스·황하(商)·마야·아즈텍·잉카－을 주창했다. 이들 대부분은 도전과 응전의 과정 중에 지표(地表)상에서 사라져 버렸지만 오직 중국 황하(혹은 商)문명만은 그 유장(悠長)한 맥을 유지해 왔고 21세기를 맞이한 지금 중화인민공화국으로 계승되고 있다.

그러나 그런 유구한 역사를 자랑하는 황하문명의 바로 인근(隣近)에 또 하나의 문명의 줄기가 도도히 흐르고 있었음을 기억하는 문명사학자들은 아주 드물다. 그것은 바로 단군으로 대표되는 한민족의 문화, 즉 韓문명 혹은 단군문명이다. 지리적으로 초강국인 중국에 인접해 있으면서도 그들 문명에 편입되지 않고 독자적인 문명을 찬란하게 꽃피운 불가사의한 문명의 강국, Korea!

21세기까지 극성한 기계 물질문명에 바탕을 둔 서양 문화 축(軸)은 이제 중국과 한반도를 필두로 한 동아시아의 정신문명으로 눈을 돌리고 있다. 이러한 사실은 일찍이 동학(東學)의 수운(水雲), 최제우(崔濟愚, 1824~1864) 선생이 예측한 대로 후천개벽의 역사가 시작되고 있다는 증거이다.

그렇다면 중국 고대의 황하문명이나 단군의 韓문명이 쇠락하지 않고 오늘날까지 명맥을 유지하면서 번영하는 그 비밀의 열쇠는 무엇일까?

단언하건대, 그것은 바로 '하도, 낙서, 천부의 삼인(三印)' 때문이다.

이번에 韓易의 大家이신 長田 金允植 선생이 무려 반세기 동안, 불철주야 각고의 노력 끝에 드디어 易의 상수리(象數理) 기반 위에 현대의 수학과 물리학을 접목하여 이러한 비밀의 열쇠를 찾게 되신 것이다.

송나라 신유학(Neo-Confucianism)의 대표 격으로 추앙받는 주희(朱熹, 1130~1200)를 필두로 한 고금의 어느 학자들도 여태까지 하도·낙서에 관해 시원한 해답을 주지 못한 것이 사실이다. 공자가 주장한 내용을 자의적으로 해석하는 답보적인 수준에 머문 상태였고 지금까지도 이러한 학문적 행태가 반복되고 있을 뿐이다.

최근 고고학적 발굴을 통해서 중국 고대 국가인 하(夏), 상(商), 주(周)의 도시문명과 국가 발생의 유적·유물들의 층위(層位)가 세상에 알려지게 되었다. 이것은 하도·낙서가 그 신화(神話)주의에서 벗어나 문화주의로 진입하였다는 것을 역설하는 것이다.

그중에서도 세계 최고(最古)의 청동기 문명을 대표하는 상(商)나라 문명의 유적지의 표층(表層)에 해당하는 중국 하남성(河南省) 안양(安陽)에서 갑골문자를 비롯해 고도의 정신문화와 관련된 문자가 출토됨으로써 신화처럼 여겨졌던 우왕(禹王)의 실존(實存)이 사실로 확인되었다.

이러한 夏·商·周 3대를 거쳐 황하문명이 현대까지 이어져 중화문명을 형성한 근저에는 하도·낙서라는 바코드가 골수에 깊이 박혀 유전자처럼 면면히 전해져 내려왔기 때문이다.

長田 선생님의 금번 저서는 고금의 학자들의 판에 박힌 연구와는 전혀 상반된다. 특히 수리와 차원을 통한 연구방법은 기실 전대미문의 하도·낙서로 탈바꿈되어 새로운 학설을 선보이고 있다. 선생의 학문적 접근은 과거의 전설(前說)을 앵무새처럼 반복하는 허학(虛學)이 아니라 감히 어느 누구도 따라 할 수 없는 참신하고 독창적인 실사구시(實事求是)의 방식이다. 특히 본서의 내용 중의 '하도와 장전8괘', '주사위로 드러난 제3의 역', '符印圖', '원방각 64괘도', '바둑판과 천부수리', '천부경과 단군도', '단군도와 피라미드' 등은 역(易)을 아는 사람이라면 반드시 필독해야 하는 핵심 정수라고 평가받기에 전혀 손색이 없다. 탁월한 우리 민족 고유의 사유를 바탕으로 한 長田 선생의 독창적인 학설은 진정한 韓易의 완성이라고 하겠다.

長田 선생의 祖父, 겸암(謙庵) 金長鎬 公은 일찍이 호남 유학의 정맥을 이은 노사(蘆沙) 기정진(奇正鎭) 선생의 문하로 70평생을 포의한사(布衣寒士)로 지내며 동양고전에만 전념하신 분이며 훗날 水雲 선생의 동경대전(東經大全)에 심취하여 동학사상(東學思想)에서도 一家를

이루신 志士였다. 조부, 겸암(謙庵) 公의 이러한 학풍을 고스란히 물려받은 長田 선생은 어려서부터 경사자집(經史子集)을 늘 가까이하였고 동경대전 또한 깊이 있게 공부하셨다.

엄밀히 말해 長田 선생의 학맥은 그 연원이 동학에 닿아 있다고 말할 수 있다. 또한 단군사상을 비롯한 우리 민족의 고유사상에 관해 항상 의문을 품고 심오한 사유와 수행을 겸해 왔던 것도 사실이다.

선생과 본인의 첫 인연은 1978년 유신독재가 단말마의 기승을 부리던 암울한 시기까지 거슬러 올라간다. 당시 선생은 천도교 동학사상연구회를 주재하면서 동학사상의 구현을 통해서 사회정의와 인권회복, 민족정기수립, 남북통일의 완성이 가능하다고 역설하시고 여러 동지들을 규합하고 이끄셨던 장본인이다. 민족주의, 동학사상, 단군사상을 관념 속에서만 공허하게 부르짖었던 것이 아니라 동학혁명처럼 실제 몸소 행동으로 보여 주자는 철학을 가지셨던 것이다. 당시 본인은 장전 선생의 이런 실천적 행동에 더불어 학문적 지성까지 겸비하신 것을 보고 크나큰 감화를 입었다. 수없이 많은 밤을 지새우면서 이루어진 당시의 토론과 학습은 그 시절 가질 수 있는 유일한 희망이었다.

급기야 본인은 1980년 신군부의 정권찬탈에 항거하고 또 광주민주화운동에 연루되었다는 죄목으로 실형을 선고받아 남한산성의 육군 형무소에 영어(囹圄)의 몸이 되어 복역 중이었다. 당시 정보 당국으로부터 철저하게 감시받고 있는 삼엄한 상황 속에서도 선생은 세인의 만류를 뿌리치고 본인의 家兄인 최정대와 함께 면회를 와 주셨다. 어려운 처지에 있던 본인을 향한 長田 선생의 이러한 행동에서 나는 '어떠한 불의에도 꺾이지 않는 실천하는 양심의 일면'을 보았다. 아마도 그것은 선생의 몸에 체화(体化)되어 있는 우리 민족 고유의 사상의 발로가 아니었을까 하는 생각이 든다(無爲而化).

세월이 흘러 본인은 자유의 몸이 되었고 그 후 수차례에 걸쳐 동학사상의 유적지를 답사하였는데 특히 경남 남해군에 소재한 금산을 오를 당시 '바둑판과 천부수리'에 대해 강의해 주면서 말씀하신 일갈(一喝)이 아직도 뇌리에 깊이 남아 있다. "천하제일 명산이 금산(錦山)이며 금산의 정기를 받은 자가 후천의 진인(眞人)이다." 돌이켜 생각해 보면 당시의 답사는 '풍광(風狂)과 사유(思惟)의 답사'였고 본인으로서는 잊지 못할 추억으로 남아 있다.

덕은(德隱) 선생이 주장한 '대한민국 경제와 한민족 DNA'의 학설대로, 지금 우리 한민족은 세계 역사상 그 유례를 찾아볼 수 없는 경제성장과 더불어 정신문명의 조화라는 두 마리 토끼를 잡기 위해 암중모색하고 있다.

장전 선생이 펴내신 본서는 이러한 정신문명의 진화를 위한 훌륭한 도구가 될 것임을 믿어 의심치 않는다. 아무쪼록 髟田 선생의 필사적인 노력의 결실인『하도·낙서·천부삼인』의 탄생을 계기로 다시 한 번 한민족의 웅비(雄飛)를 우리 모두 함께 기원해 보자. 그리고 우리 한민족의 뿌리와 韓易에 관심 있는 강호 제현들께 삼가 일독을 권하는 바이다.

2011년 7월 평창 동계 올림픽이 결정된 날 새벽

玄菴 心告

추천사

長田 선생님을 처음 뵌 것은 대전대학교 한의학 학부생을 대상으로 주역에 관한 전반적인 강의가 있던 2009년 일이다. 그 당시 나는 예과생을 상대로 기공학(氣功學) 과목을 담당하고 있었는데 성성한 백발에 범상(虎象)과 홍안(紅顔)을 하시고 주역과 역상규론(易象竅論)에 관해 열변을 토하시던 모습이 어제처럼 생생하다.

기실 나는 주역에 관해 그다지 천착하지도 못했고 더구나 '역상규론'이라는 제목이 주는 생소함에 마음에 준비도 없이 자리만 지키자는 심산이었다. 그러나 당신의 입에서 쏟아지는 논리는 청중을 압도하기에 충분한 것이었고 강의가 끝난 후 점심식사 겸 간담회에 참석해서 그동안 마음속에 품어 왔던 여러 가지 질문을 드리자 거침없이 답을 내놓으시는 모습에 감탄사를 연발했었다.

세월이 벌써 2년이 훌쩍 지난 며칠 전 선배이자 같은 한의계에 종사하고 계시는 유한철 박사님으로부터 장전 선생님의 출간 소식을 전해 들었다. 초벌로 완성된 원고를 받아 읽어 보는 순간 이렇게 치밀하고 일목요연한 글을 쓰는 데 들였을 열정은 말할 것도 없거니와 웬만한 공력(功力)이 아니면 완성하기 힘든 글이라는 느낌이 들었다. 이에 추천사를 낼 용기가 없었으나 당신께서 손수 전화를 주시며 격려까지 해 주시니 감히 송구스러움을 감추고 이에 추천사를 드린다.

주역(周易)은 일반인에게 점서(占書) 내지는 역술(易術)이라는 일감(一感)이 지배적이다. 그러나 본서를 읽어 보면서 느낀 것은 술(術)이 아니라 과학이라는 생각이 든다.

특히 우리 민족으로부터 유래된 천부경이 주역보다 훨씬 고급 이론인데 그도 그럴 것이 주역에서 다루는 숫자와 천부경에서 다루는 수는 차원이 서로 다르기 때문이다.

주역이 라이프니츠에 의해서 서양에 소개되고 이후 독일의 심리학자 융(C. G. Jung)에 의해 서양 이론에 접목되어 논리학과 연결된 후 현대에 와서 서양의 많은 석학들이 연구에 박차를 가하고 있지만 그러나 한민족 고유의 것으로 평가받는 천부경은 그 가치를 제대로 인정받지 못하고 있는 실정이다. 물론 천부경의 진가를 알릴 만한 스승의 부재(不在)가 그 원인이라고 할 수 있을 것이다.

금번 툱田 선생님께서 하도와 낙서의 이론과 더불어 천부경의 원리를 수리(數理)에 입각해 소상히 밝혀 놓으셨으니 후학들을 위한 귀중한 지남(指南)이 될 것을 확신한다.

단 81자밖에 안 되는 세상에서 가장 짧은 경전(經典)인 천부경은 그렇기 때문에 각인각색의 다양한 해석이 나올 수밖에 없는 태생적 한계를 안고 있다. 그러나 이런 문제를 단번에 불식시킬 효과적인 방법이 있는데 그것이 바로 이 책에서 사용한 수학적 논리이다. 시대가 변하면서 개념의 가치가 변하는 인문학과 달리 $1+1=2$는 변하지 않는 영원한 진리이기 때문이다. 또 수에 함축되어 있는 자연계의 변화까지 씨줄과 날줄로 엮은 이 책이야말로 주역과 천부경 그리고 동양학을 공부하는 강호의 제현들에게 큰 도움을 줄 것이라 생각한다.

대전대학교 한의과대학 기공학 겸임교수, 청담인 한의원 원장, 한의학박사 안상원

서문

　필자의 구도(求道)에 대한 열망은 치열했었다. 과거를 회상해 보면 그러한 구도심은 필자가 25세 되던 1975년 9월 군대에서 갓 제대한 후 장호원에 있던 선배를 방문하여 그의 서가에 꽂혀 있던 한 권의 책을 펴 보면서 시작되었던 것 같다.

　그 책은 바로 주역(周易)이었고 그 안에 들어 있던 2장의 그림(河圖, 洛書)을 보는 순간 전생의 연(緣)이 닿아 있다는 전율을 느꼈고 그것이 곧 동양학으로 발걸음을 떼어 놓는 계기가 되었다. 젊은 시절, 필자에게 음양, 사상, 오행, 팔괘는 아주 낯선 화두였으나 어떤 연유에선지 그런 개념을 접할 때마다 가슴 뛰는 환희가 충만했었다. 본디 경영학이 전공이었지만 본업은 부전공이 되고 오히려 동양학이 전공이 되어 버린 모양새가 되어 버렸다.

　구도에 관한 온갖 서적을 섭렵하고 만 권 서적을 탐독하였지만 갈증이 잦아드는 것이 아니라 오히려 새로운 갈증을 낳는 결과가 되었다. 궁극적인 해답이 이 산(山)중에 있는 줄은 알겠는데 구름이 깊어 정확한 장소를 찾을 수 없었던 것이다.

　그러던 중 지인의 소개로 처음 접한 천부경(天符經)을 읽어 보고는 은산철벽에 부딪치는 것 같은 충격에 휩싸이면서 그야말로 맨손으로 바위를 긁는 느낌이었다.

　큰 스승이 필요하다는 생각을 한 것이 그즈음이었다.

　인연을 만나게 된 것은 1976년 1월 3일이었다. 당시 주역에 완전히 통달하셨고 완전히 대각하였다고 평가받으시던 도랑(道郎), 정희철(鄭熙哲, 1918~1994) 선생님을 조우하게 된 것이다. 졸업과 동시에 현대그룹에 입사한 후 바쁜 와중에도 선생님께서 칩거하고 계시던 함안까지 내왕하면서 지칠 줄 모르는 열정으로 공부에 집중하였다.

약 10여 년이 경과한 1985년, 필자는 선생님으로부터 천부경 속에 감추어져 있던 단군도(檀君圖)를 받았고 그때부터 피 마르는 연구가 시작되었다. 연구 방향은 단군도와 하도, 낙서를 비교 연구하면서 서로의 상관관계를 파헤치는 것이었다. 5년간의 연구는 성과가 있었다.

1990년 비로소 하도, 낙서의 상관관계에 대한 단서를 포착하였고 아울러 단군도에 나타난 천부수리(天符數理)의 기초를 완성하기에 이른 것이다. 기초를 더욱 다지는 가운데 논리도 진화했다. 다시 15년이 지난 2005년 「하도·낙서·천부삼인(天符三印)」이라는 제하의 논고를 탈고하였고, 때마침 필자의 절친한 친구의 제자인 한의사, 여연(如淵) 유한철 박사를 만나게 된다.

그는 한의학자이면서도 주역은 물론 수학과 물리에 상당한 조예가 있었는데 장시간의 토론과 좌담을 통하여 그는 필자의 본 논고가 가진 이론적 배경에 논리성이라는 날개를 달아 주었다.

필자가 본서를 탈고하면서 나름 뿌듯하고 자랑스럽게 생각하는 것은 다음과 같다.

첫째, 단군역사를 기록한 곳이면 언제나 등장하는 천부삼인(天符三印)의 정체를 밝혔다는 것이다.

천부(天符)는 혹자의 주장대로 거울, 칼, 북을 가리키는 것이 아님이 분명하다.

천부는 '하늘의 원리'라는 뜻이다. 천부삼인의 삼(三)은 天地人 三才라는 범우주적인 것을 뜻하고 인(印)은 도장처럼 증표로 삼을 수 있는 도형을 뜻한다. 결국 천부삼인은 하늘의 진리를 표상하는 3가지 그림을 뜻한다. 좀 더 구체적으로 말하면 천원인(天圓印), 지방인(地方印), 인각인(人角印)을 말한다.

둘째, 주역의 근간이 되는 하도(河圖)가 천원(天圓)에, 낙서(洛書)가 지방(地方)에, 그리고 천부경 속의 단군도가 곧 인각(人角)이라는 것을 밝히게 되었다.

그동안 수많은 학자들에 의한 하도·낙서의 활발한 연구 덕택에 하도가 圓의 형태로, 낙서가 方의 형태로 되었다는 것은 밝혀졌다. 하지만 이에 더해서 단군도가 각(角)의 형태로 이루어져 있고 그것이 곧 천부삼인의 실체라는 사실은 어느 누구도 밝히지 못했다.

결국 우주의 생성원리와 운행 변화 이치가 모두 천부삼인이라는 그림 속에 비장(秘藏)되어 면면히 내려왔고 현재 역학은 물론 동양학의 근간을 이루고 있다는 사실을 필자 본인이 최초로 발견한 것이다.

이 책의 구성은 하도, 낙서, 하도·낙서, 천부경 4부로 되어 있는데 제1부 하도에서는 하도에서 8괘가 도출되는 원리와 하도와 인체의 상관관계 및 하도와 연관된 다방면의 실생활 변화를 다루었다. 제2부 낙서에서는 낙서의 9궁도와 후천8괘도와의 관계를 밝혔고, 제3부 하도·낙서에서는 서괘(序卦)의 원리, 선천복희8괘도와 후천문왕8괘도를 잇는 제3의 역(易)으로서 도랑(道郞) 정희철(鄭熙哲) 선생님께서 창안하신 중천11부인도(中天11符印圖)를 정리하였다. 마지막 제4부 천부경에서는 단수(單數)와 본수(本數)의 원리를 도입하고 천부수리(天符數理)를 이용하여 원방각(圓方角)에서 도출된 64원방각도를 완성하고 천부경 원문을 세밀하게 분석하여 人角檀君天符를 완성하였다. 특히 단군도와 정8면체를 비교분석하여 고대 7대 불가사의 중 하나인 피라미드가 천부경과 불가분의 관계가 있음을 밝혔다.

필자가 본서에서 펼치는 이론에는 아직 미진한 점이 많다고 생각한다. 그러나 이런 결함은 곧이어 속간 예정인 「과학정역」에서 다시 보충해서 다루기로 약속드린다.

이 책이 나오기까지 음으로 양으로 많은 도움을 받았다. 먼저 그 많은 원고를 묵묵히 정리해 준 경희한의원 식구들(이은경 실장, 박영옥, 오현희, 박수지 간호사), 필자의 둔함을 탓하지 않고 진심으로 충고와 격려를 보내 주신 도랑 선생님의 초대 제자 허흔구 선생님, 그리고 친형제처럼 보살핌을 주신 이영택 선생님, 동문수학한 변광남, 김창수, 김동주, 허현강 선생께 심심한 사의를 표하며 진심 어린 추천사를 써 주신 현암(玄菴) 선생, 한의사 안상원 박사님, 주역의 도반 초운(草雲) 선생, 믿음직한 정인(晸印), 태림, 경산(畏山) 선생께 감사의 말씀을 전하며 늘 음지에서 필자를 보필해 온 남계(南桂) 선생, 사랑하는 두 딸, 삐바, 피가에게도 사랑의 말을 전한다.

끝으로 필자의 오늘이 있도록 정신적 기둥이 되어 주신 대성인(大聖人), 유불선전태존(儒佛仙佺太尊)이신 도랑(道郞) 정희철(鄭熙哲) 선생님과 부모님 영전에 이 글을 바친다.

辛卯年 大暑 零化齋에서

長田 金 允 植

목 차

제4부 천부   21

제1장 천부경의 개괄   25

제2장 수리론   31

   1. 수의 개념   34

   2. 수의 분류   38

   3. 자연수의 休用   47

   4. 수의 용(用)   56

   5. 729宮(9局×81宮)   83

   6. 수리(數理)와 차원   124

제3장 천부인(天符印)과 64괘(卦)   142

   1. 천부인(天符印)의 유래   142

   2. 원방각도(圓方角圖)와 天地人용수(用數)   145

   3. 원방각과 64괘(64괘 원방각도 작성법)   153

   4. 바둑판과 천부수리   159

제4장 천부경의 구조   194

   1. 천부경의 문자와 숫자   194

   2. 원방각 천부경   200

제5장 천부경 원문(原文) 해설   213

   1. 一始無始一(一은 시작이로되 시작이 없는 一이다)   213

   2. 析三極無盡本(그것은) 삼극으로 나누어도 다함이 없는 근본이다)   218

   3. 天一一, 地一二, 人一三(제1운에서 天은 一이요, 地는 二요, 人은 三이다)   233

   4. 一積十鉅 無匱化三(하나가 쌓여 열로 커지나 궤가 없어지면 3으로 化한다)   236

   5. 天二三, 地二三, 人二三(제2운에는 天도 3이요, 地도 3이요, 人도 3이다)   242

   6. 大三合六生七八九(큰 셋이 육을 합하여 칠팔구를 낳는다)   253

   7. 運三四 成環五七一(3번을 움직여(三運) 4운에 가서 5를 고리로 하여 7위(位)가 하나로 이루어진다)   261

   8. 妙衍萬往萬來 用變不動本(묘하고 연하고 만 번 가고 만 번 오는

     用의 변화는 무궁무진하지만 근본은 움직이지 않는다)   271

   9. 本心本太陽(본심은 태양을 本하였다)   283

   10. 昂明人中天地一(태양같이 밝은 마음으로 비추어 보면 人 가운데서 天地가 하나다)   287

   11. 一終無終一(1은 마지막이면서 마지막이 없는 1이다)   298

제6장 단군도와 정8면체   303

   1. 정8면체   303

   2. 피라미드와 단군도   327

   如淵 후기   334

   참고문헌   337

제 4 부

천부(天符)

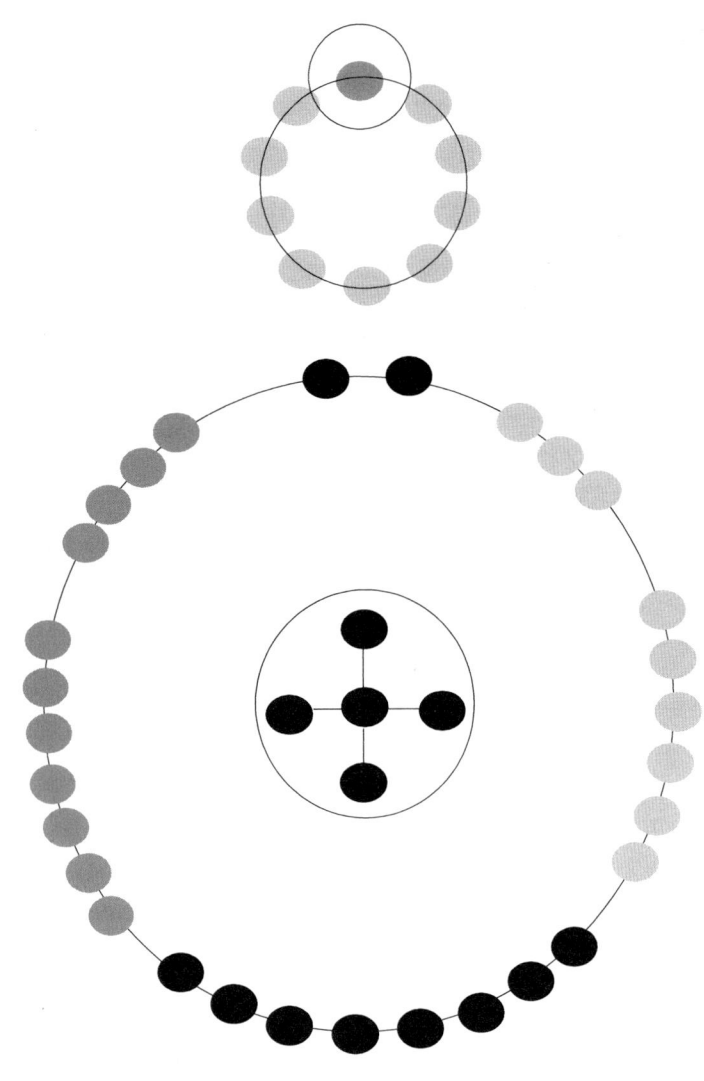

天符

一　始　無　始　一　析　三　極　無
盡　本　天　一　一　地　一　二　人
一　三　一　積　十　鉅　無　匱　化
三　天　二　三　地　二　三　人　二
三　大　三　合　六　生　七　八　九
運　三　四　成　環　五　七　一　妙
衍　萬　往　萬　來　用　變　不　動
本　本　心　本　太　陽　昂　明　人
中　天　地　一　一　終　無　終　一

제1장 천부경의 개괄

발해국의 시조 대조영의 명(命)으로 대야발(大野勃) 선생은 그의 저서 『단기고사(檀奇古史)』 서문에서 잃어버린 역사에 대하여 통분해하는 마음을 다음과 같이 간절히 표현하고 있다.

"신이 삼가 생각하건대 당나라 장군 소정방과 설인귀를 몹시 원망스럽게 여기는 이유는 백제와 고구려를 멸망시키고 국서고(國書庫)를 부수고 단기고사와 고구려, 백제사를 전부 불태워 버린 까닭입니다."

소정방과 설인귀는 국서고를 불태워 버림으로써 우리 민족의 역사와 정신을 송두리째 없애 버리고 우리의 정신문화에 치명적인 상처를 남긴 장본인이다.

대야발 선생은 비통한 마음을 안고 동굴 속에 감춰져 있던 사서와 비석들을 찾아다녔으며 더구나 터키를 2번이나 다녀오는 등 13년이란 기나긴 세월을 공들여 마침내 『단기고사』를 완성하였다.

책의 편제를 보면 전단군조선(前檀君朝鮮)과 후단군조선(後壇君朝鮮) 그리고 기자조선(奇子朝鮮)의 3편으로 나누고, 특히 단군역사를 세밀히 기술하였다.

국서고를 불태웠을 당시 어찌 고구려, 백제사만 없어졌겠는가? 그때까지 전승되고 보존되어 왔던 우리 단군의 역사와 문명도 남김없이 소멸되었던 것이다. 참으로 통석의 마음을 금할 수 없는 비극적 사건이 아닐 수 없다. 신라와 고려의 위정자들 역시 자신들의 정권을 유지하기 위해 고구려, 백제 역사는 물론 위대한 단군 문명의 역사까지 그 흔적을 없애는 데 주력하고 국법으로 철저하게 통제하고 단속해 왔다.

그 후 고려시대 일연(一然)이 삼국유사(三國遺事)에 "우리 민족의 유래가 단군왕검에 의한 고조선(古朝鮮)"이라고 약식으로 기술하였고 또 "기원전 2333년 천제(天帝)인 환인(桓因)의 아들 환웅(桓雄)이 널리 세상을 이롭게 할 목적으로 하늘에서 천부인(天符印) 셋을 가지고 태백산(太白山) 신단수(神檀樹)아래로 내려와 신시(神市)를 건설하였다"라고 쓰고 있다.

오늘날 많은 역사학자들은 위의 내용에 근거하여 단군신화의 실존 여부에 관한 진위를 규명하기 위해 부단히 많은 노력을 경주해 왔다.

근래에 들어 신채호, 정인보, 안호상, 정명악, 최태영, 송호수, 임승국 선생 등 이외에도 수많은 학자들이 상고사 복원에 심혈을 기울여 왔으나 정통파 역사학계에서는 아직도 단군역사에 관해서는 냉소적인 입장을 보이고 있는 것이 사실이다.

우리 역사 왜곡(歪曲)의 장본인이라고 치부되었던 이병도(李丙燾) 씨도 말년에 이르러서는 "단군조선의 역사가 신화(神話)가 아니라 실제적인 역사"였다는 사실을 밝히는 논문을 발표하였다고 한다.

다행히 최근에 발견된 환단고기(桓檀古記)에서는 우리의 상고사에 대한 역사를 다음과 같이 기록하고 있다.

환인시대(桓因時代): 7대(代) 3301년(B.C. 7199 ~ B.C. 3899)

환웅시대(桓雄時代): 18대(代) 1565년(B.C. 3898 ~ B.C. 2334)

단군시대(檀君時代): 47대(代) 2096년(B.C. 2333 ~ B.C. 238)

이에 근거하면 우리 민족의 역사는 기원전 7000여 년과 기원후 2000여 년을 합하면 약 9000여 년에 이른다. 한 민족이나 국가가 존재하기 위해서는 그 민족이나 국가의 역사를 추동시키는 사상이나 문화를 가지고 있어야 한다. 그렇다면 우리 민족이 가진 9000여 년의 역사를 돌이켜 볼 때 이 역사의 주체가 되는 사상과 문화가 분명히 존재했었어야 마땅할 것이다. 그러나 불행하게도 우리의 역사는 외세의 침입에 의해 말살되어 왔고 또한 위정자들조차 우리의 고유사상을 억압해 왔고 심지어 신화와 미신으로 치부되어 그 명맥이 제대로 유지되지 못한 것이 사실이다. 우리 민족 고유의 경전이라고 평가되는 천부경(天符經)도 사대(事大)와 모화사상(慕華思想)에 짓눌리고 일제(日帝)의 조선사 말살정책에 가려져 그 모습을 드러내지 못하다가 최근에 이르러서야 상고사를 연구하는 학자들에 의해 그 면모가 조금씩 밝혀지고 있는 실정이다. 하지만 천부경에 대한 지금까지의 연구 성과는 극히 미약하고 그나마 합리적이고 객관성 있는 주석은 부족했던 게 사실이며 혹 있다고 해도 제대로 전승되지 못하고 있는 실정이다. 게다가 학계에서는 아직도 천부경이 위서(僞書)가 아닌가 하는 의구심을 품고 있을 뿐만 아니라 천부경에 대한 이해는 차치하고

천부경이라는 책명조차 생소한 사람들이 적지 않으니 참으로 안타까운 노릇이 아닐 수 없다. 그러나 다행히도 오늘에 이르러 우리의 상고사와 천부경의 원리를 제대로 규명하고 평가하기 위해 불철주야 노력하는 학자 그룹이 갈수록 증가되어 가는 추세를 볼 때 한편으로는 다행스럽고 희망적이라는 생각이 든다. 하지만 사료(史料)의 부족과 또 화마에 의한 멸실로 인하여 객관적 타당성을 입증하기가 상당히 어려운 실정이다.

과거 우리 조상이 차지하고 살았던 영토가 중국 대륙의 어느 지역까지이고 또 일본의 근간을 구성하는 문화가 우리나라에서 전해 준 것이라는 등 역사적 사실은 꼭 밝혀야 할 중요한 사실이다. 그렇지만 수많은 외래 종교와 열강들의 세력 각축장이 되어 버린 한반도의 현실과 기득권을 가지고 있는 학자들조차 과학적 논리와 학문적 입증자료를 요구하며 이러한 역사적 사실들을 부정하고 의심의 눈초리를 보내고 있는 것 또한 부정할 수 없는 작금(昨今)의 부끄러운 현실인 것이다.

이러한 역사적 진실을 밝히는 것도 중요하지만 그보다 먼저 선결되어야 할 문제가 있다. 9000여 년 역사를 통하여 우리 민족의 고유사상을 대변하는, 그것도 세계에서 가장 오래되었으면서 또한 가장 짧은 단문으로 이루어진 경전인 천부경이 어떠한 원리로 구성되어 있는가를 밝히는 것 말이다.

과거에 우리가 지배했던 영토의 고증보다는 우리 조상님이 남기신 우리의 철학인 천부경의 원리를 밝혀서 당시 찬란했던 단군조선의 실체를 파악하는 것이 우리 민족의 정신과 자존을 되찾고 잃어버린 역사를 복원시키는 데 더 없는 중요한 과제임이 틀림없다.

흔히 동양 문화권에서는 '우주 자연의 질서와 원리를 가장 지혜롭게 밝힌 책'이 어떤 것이냐는 질문에 대해 주저 없이 『주역(周易)』이라고 말한다. 천부경을 연구하는 일부 학자들 중에 주역은 8×8＝64체계이고 천부경은 9×9＝81체계로 되어 있으니 천부경 81자가 주역의 64보다 더 높은 수준의 경전이고 따라서 주역은 천부경의 원리에 종속되며 심지어 주역이 천부경에서 유래되었다는 억지 주장을 펴기도 한다. 이러한 아전인수격 주장은 우리들끼리의 자화자찬에 다름 아니다.

객관적인 증거와 합리적 타당성도 없이 무조건 신비화하는 것은 천부경의 가치를 폄하(貶下)하는 것일 뿐만 아니라 다분히 국수주의적(國粹主義的) 정서를 부추기는 질 낮은 경전이란 오해를 불러일으킬 소지가 다분하다. 특히 방대한 경전을 가지고 있는 유가(儒家)나 불가(佛家), 선가(仙家) 혹은 기독교 입장에서 볼 때 81자로 된 짧디짧은 경문(經文)에 무슨 진리가 들어 있겠느냐고 백안시 취급될 가능성이 다분하며 더구나 그 출처를 의심하여 천부경의 진위를 믿으려고 하지도 않을 것이다. 그러므로 객관적이고도 합리적인 논리에 입각하여 천부경을 재해석하고 더구나 주역이 천부경에서 유래되어 나온 것이라는 논리를 일목요연하게 세우는 것이 시급한 현안이라고 생각된다. 나아가 천문역법(天文曆法)의 원리를 세밀하게 분석하고 천부(天符)의 독특한 수리체계를 통하여 우주의 구성 원리와 인간 사회의 도덕윤리(道德倫理)를 밝혀낸다면 천부경은 아마도 많은 이들의 공감을 얻게 될 것이고 유불선 삼교를 아우르는 현묘지도(玄妙之道)를 천부경에서 만나게 될 것이다.

근자(近者)에 와서 최동환 선생은 자신의 저서 『천부경』, 『삼일신고』, 『한역』에서 일적십거도(一積十鉅圖)와 윷판, 바둑판, 장기판의 원리를 통해서 주역이 천부경의 원리로 구성되었음을 자세히 밝혔다. 또 신완묵 선생은 『천부경과 우주원리』에서 천문역법(天文曆法)의 원리를 세밀하게 분석하였으며 송래선 선생은 『금척(金尺)천부경』에서 천부경의 수리와 금척의 이치를 상세히 설명하였다. 그 외에도 수많은 천부경 주석서가 있지만 천부경에서 역(易)의 64괘가 나오는 구체적 원리를 밝힌 책은 여태껏 본 적이 없고 더구나 천문역법에 관해 뚜렷한 원리를 제시한 책은 전혀 발견하지 못했다. 필자는 1983년 초 전병훈 씨의 『정신철학통론』을 통해 천부경을 처음 접했고 그해 말, 최재충 씨의 『한민족과 천부경』을 탐독해 보았으나 도무지 그 뜻을 짐작할 수가 없었다. 그 후로도 천부경에 관한 수많은 책을 수집하여 숙독하였음에도 가슴에 깊이 와 닿는 책은 끝내 발견할 수 없었다.

세월만 낭비하다가 1985년, 도랑(道郞) 정희철(鄭熙哲) 선생님(1918~1994)을 만나 뵙고 천부경에 대하여 질문할 기회를 갖게 되었다. 그 당시의 일문일답을 아래 소개한다.

장전: "천부경의 원리가 무엇입니까?"
선생님: (하도와 낙서를 보여 주시며) "이 하도, 낙서 이외에 또 하나의 그림이 있습니다."

그러고는 곧바로 백지를 꺼내 그림을 하나 그려 주셨다.

선생님: "이 그림은 단군도(檀君圖)라고 하는데 이것이 곧 천부경이니 앞으로 많이 연구하십시오. 천문(天文)과도 상당히 밀접한 관련이 있습니다."

그 후 더 이상의 언급은 없으셨고 추가 질문을 하고 싶었지만 거기서 중단할 수밖에 없었다. 단군도를 받아 든 필자는 그 후 단군도를 가지고 다방면으로 연구에 연구를 거듭하였으나 진전은 없었다. 좀 더 근본적인 동양수리의 연구가 필요하다는 것을 절감하게 되었다.

이때부터 동양수리를 파고들면서 하도와 낙서를 집중적으로 연구하게 되었고, 초등 수학의 구구단 원리를 통해 단수(單數)의 이치를 터득하였고 이를 발판으로 천부(天符)의 수리에 대한 체계를 심도 있게 연구하게 되었다. 그러던 중 홀연히 원(圓), 방(方), 각(角)의 원리로 주역의 64괘를 설명하는 이론체계를 수립하기에 이르렀다. 특히 서양 기하학의 세계를 접하게 되면서 정다면체의 구조 속에 하도, 낙서의 원리와 천부의 수리가 내재되어 있음을 발견하였을 때는 천군만마를 얻은 기분이었다.

천부경 81자는 가로 9줄, 세로 9줄로 빈틈없이 주도면밀하게 짜여 있으며, 원으로 글자를 배열하면 우주 생성의 원리를 설명할 수 있고, 방(方)으로 배열하면 대각선 방향으로 1·6水의 깊은 이치가 나타나고, 天地人의 합수인 六을 중심으로 無와 中의 깊은 철리(哲理)가 숨어 있으며, 각(角)으로 배열하면 세 꼭짓점에 一, 本, 一이 배치됨으로 一이 만유(萬有)의 근본임이 드러난다.

기원전 2333년에 환인(桓因)의 아들인 환웅(桓雄)이 홍익인간(弘益人間)을 목적으로 천부삼인(天符三印)을 가지고 태백산에 내려와 세상을 통치하였다는 『삼국유사』의 기록이 있지만 안타깝게도 천부삼인이 무엇을 의미하는지 정확하게 기록한 사서는 어디에도 없다. 수많은 학자들이 천부삼인에 대하여 많은 연구를 했지만 아직까지 이렇다 할 정설이 없는 실정이다.

필자는 천부경을 연구하던 중에 우연히 원방각의 원리와 64괘가 연관이 있음을 발견하였고 원방각의 원리에 심취해 있을 때 원방각이 곧 천부삼인의 실체임을 깨닫게 되었다. 본문 가운데 '천부삼인의 유래'에서 자세히 설명하겠지만 천부삼인은 결국 천원(天圓), 지방(地方), 인각(人角)을 말하는 것인데 천부삼인은 바로 천원하도(天圓河圖), 지방낙서(地方洛書), 인각천부(人角天符)를 지칭한 것이다.

하도는 원형(圓型)으로 수를 배열하여 우주생성의 원리를 정밀하게 나타내면서 天을 상(象)하였고, 낙서는 방형(方型)으로 수를 배열하여 우주 변화의 원리를 신묘하게 드러내면서 地를 상(象)하였고, 천부는 각형(角型)으로 수를 배열하여 人中天地一의 人을 상(象)하였다. 하도와 낙서가 어떤 경로를 통하여 중국의 황실에 전해졌는지는 정확하게 알려진 바는 없지만 어쨌든 하도와 낙서는 天地를 상(象)하면서 주역의 모체가 되었다는 것은 부인할 수 없는 사실이다. 하지만 단군도는 그림으로 전해 오지 않고 몇 천 년 동안 경문(經文)

속에 감춰져 있었는데 이제껏 그 실체를 아는 사람은 없었다. 마치 강화도 마니산 참성단에 천원지방의 형태를 갖춘 제단은 있지만 각(角)의 형태를 갖춘 제단이 없듯이 천부는 하도와 낙서처럼 그림의 형태를 갖추지 못하고 있었다.

필자는 우연히 참성단에 올라 각(角)을 갖춘 물증을 찾으려고 무던히 노력했었다. 그러던 어느 날 사람들이 출입하는 문이 세 곳에 만들어진 것이 바로 삼각형으로 된 인각(人角)을 의미하는 것임을 발견하였다. 이처럼 천부는 천부경 속에 은밀하게 숨겨져 전승되어 내려온 것이다. 천부경은 경을 통하여 수를 얻게 되고 그 수를 바탕으로 그림이 나오게 되어 있다. 그 그림이 바로 천부이다.

천부의 특징은 정삼각형과 역삼각형이 조화를 이루며 원형의 천리(天理)와 방형의 지기(地氣)를 함유하여 전후좌우상하(前後左右上下)로 활동하면서 직립(直立)하고 있는 人을 상(象)하고 있다는 점이다. 그러므로 천부삼인 중 천원하도는 天을 상(象)하였고, 지방낙서는 地를 상(象)하였고, 인각천부는 人을 상(象)한 것이다. 다시 한 번 강조하지만 천부삼인의 실체는 바로 원방각이며 하늘에서 선천(先天)의 세계를 운용하는 원리를 하도, 낙서, 천부라는 삼인(三印)으로 제시한 것이다.

오늘날은 4320년간의 선천시대가 지나갔고 3960년간의 후천시대로 접어든 시기다.

일찍이 의상 대사는 <해인 십바라밀도(海印十波羅蜜圖)>를 통하여 후천(後天)의 미래상을 예언하였고 남사고(南師古) 선생은 『격암유록(格菴遺錄)』에서 해인(海印)을 강조하며 무궁무진한 미래 세계를 예언하였다. 선천이 천부삼인의 세계라면 후천은 해인(海印)의 시대다. 하도낙서의 하락(河洛)이 육지에 있는 水라면 해인(海印)은 바다에 있는 水를 말한다. 용마(龍馬)와 신귀(神龜)라는 신물(神物)을 통하여 아날로그적인 도서(圖書)가 나왔다면 후천의 해인(海印)은 디지털적인 리(理)를 연출하는 신물(神物)이 나와야 할 것이다. 천부삼인의 실체를 정확하게 알아야 후천의 해인(海印)이라는 신물의 실체를 올바르게 알게 될 것이다. 아무튼 천부삼인은 하늘에서 내려 준 선천의 key라고 할 수 있는데 이것을 우리의 조상인 환웅천황께서 받으셨다는 사실에 무한한 자긍심을 느끼며 그저 감개무량할 따름이다.

후손 된 우리가 천부삼인의 key를 풀어야 한다는 것은 지극히 당연한 일이라고 생각한다. 해인의 신물은 다음에 저술하게 될 『부인도와 과학정역』을 통하여 자세하게 밝힐 예정이다. 천부경에 대한 역사나 제반 문화와 관련된 분야는 이미 다른 서적에서 자세히 다루고 있으므로 생략하고 대신 본서에서는 천부경의 수리체계와 역(易)과의 관계, 그리고 천부에 대한 해설을 중심으로 전개될 것이다.

제2장 수리론(數理論)

수의 형성에는 외형적인 방식과 내용적인 방식이 있다. 외형적 방식이란 어떤 사물을 제시함에 수량의 개념을 가지고 사물의 질량을 계산, 측정하는 수단과 방법이다. 내용적인 방식은 철학적인 의미를 말하는데 수의 형식이 담고 있는 성질을 다루는 것으로 사물의 기미(機微)나 사물의 변화하는 상(象)을 나타낸다고 볼 수 있다.

수의 역사를 고찰해 보면 오늘날의 첨단과학문명은 주로 수의 외형적인 방식에 기초하여 발전해 왔으며 지금과 같은 놀랄 만한 업적을 이루었다고 할 수 있다. 현대과학은 이러한 수의 외형적 방식을 확장하여 미시 세계를 다루는 양자역학과 천문학적 거시 세계를 다루는 상대성이론까지 무소불능(無所不能)의 힘을 유감없이 발휘하고 있다. 컴퓨터를 통한 디지털 첨단문명은 시간이 갈수록 급속도로 발전하고 있다. 현대문명은 인간을 포함한 동식물, 그리고 온갖 제품을 바코드화하여 모든 것을 숫자로 획일화하고 있고 또 그에 따른 간편함의 추구는 앞으로 벌어질 불확실한 미래를 외면한 채 위험한 질주(疾走)를 계속하고 있는 중이다. 그런데 현대문명의 핵심이라고 할 수 있는 컴퓨터의 작동원리가 실은 동양의 역학(易學)에 기원을 두고 있다는 것은 주지의 사실이다.

컴퓨터의 원리가 되는 디지털 이론이 라이프니츠(1646~1716)로부터 시작한 것으로 알려져 있다. 라이프니츠는 중국 북경 주재 선교사로 있던 자신의 친구 부베 신부와 서신을 주고받았는데 당시 그는 『역경』의 효의 배열에 관한 글을 받았던 것 같다. 효의 배열에 관한 글은 아마도 주자가 쓴 주역본의(周易本義) 앞부분에 나오는 복희 64괘 원방도(圓方圖)가 아니었을까 하는 것이 필자의 추측이다. 라이프니츠는 이진법을 발표하고 나서 이 도해를 받았던 것 같다. 그리고 5천여 년 전에 중국에 이미 이진법이 있었다는 사실에 경악을 금치 못했다. 그 후로 라이프니츠는 주역 공부에 몰두하였고 중국을 몇 차례 방문하기도 하였다. 그리고 원방도에 번호와 글을 적어 놓았다.

  음양의 효(爻) 대신에 0과 1이라는 숫자를 써서 64괘를 배열하였다.

  1과 0은 스위치가 켜지는 on과 스위치가 꺼지는 off로 대체되어 컴퓨터의 디지털 부호
가 되었다. 라이프니츠를 디지털 혁명의 아버지라고 부르는 이유가 바로 이것이다.

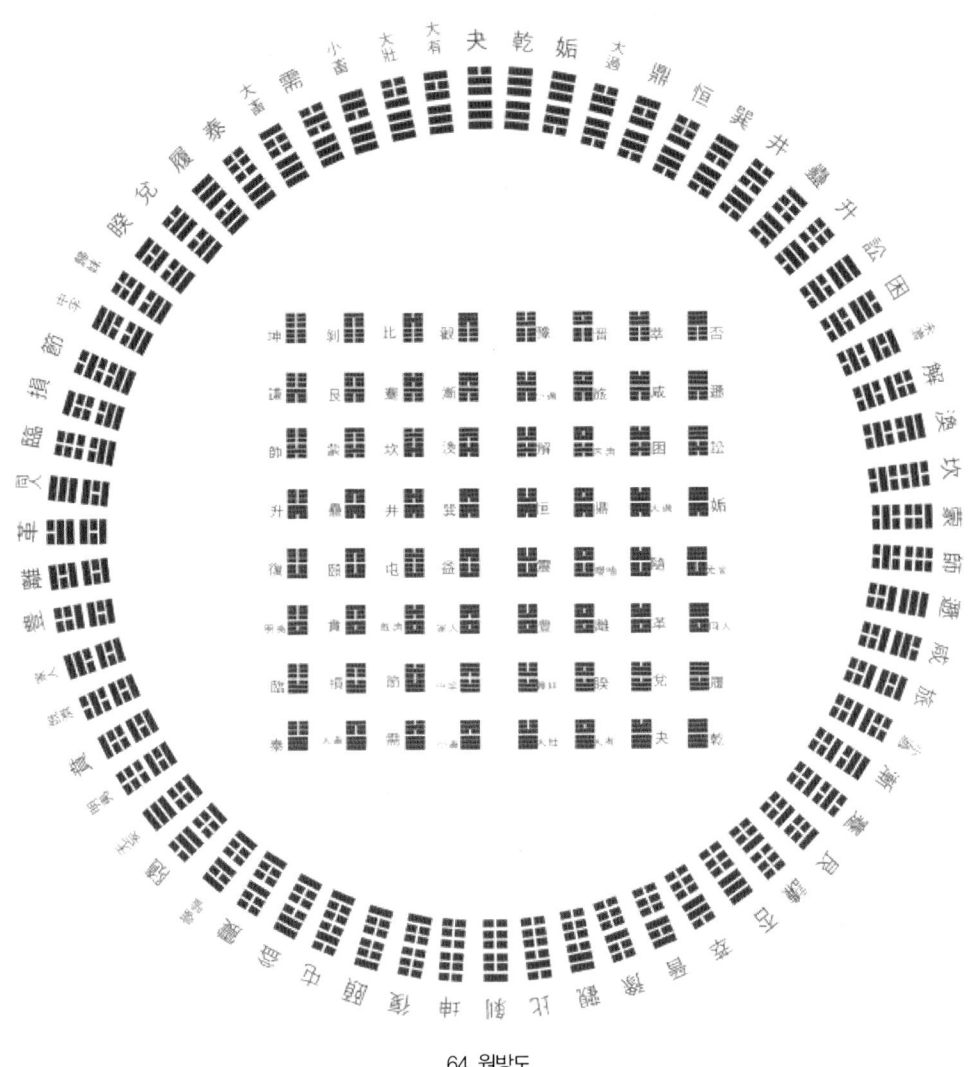

64 원방도

  아래 그림은 라이프니츠가 역(易)을 발견하기 약 20년 전 1679년에 2진법의 기호법으로
발표한 것이다. 0은 음효이고 1은 양효이다.

컴퓨터는 이처럼 0과 1이라는 음양의 이치에서 비롯된 것이다.

그러나 이렇게 외형적인 방식으로 사물의 질량을 계산하고 측정하여 발전해 오던 숫자의 영역이 이제는 내용적인 방식으로 전환되어 수의 형식이 담고 있는 성질에 주목을 하게 되는 놀라운 변화가 일어나게 된다. 즉 1과 0이 단순히 '1개'와 '아무것도 없다'라는 수량의 의미만 담고 있는 것이 아니라, 1은 '유(有)의 성질'이 있고 0은 '무(無)의 성질'인데 서로 상반(相反)되는, 즉 음양 관계라는 개념의 발견이 그것이다. 참으로 혁신적인 발상이 아닐 수 없다.

아인슈타인이나 닐스 보어(1885~1962, 덴마크 물리학자) 같은 위대한 물리학자들이 역경(易經)에 관심을 갖고 많은 연구를 해 왔다는 것은 주지의 사실이다. 그들이 이처럼 역(易)에 관심을 갖게 된 것은 역에서 사용하고 있는 숫자들이 단순히 수량적 계산을 위주로 하는 외형적 방식의 숫자가 아니라, 내용적 방식에 의하여 사물의 상(象)을 추구하는 숫자라는 것을 간파하였기 때문이었을 것이라는 게 필자의 생각이다.

일찍이 동양에서는 하도와 낙서라는 신비한 그림을 통해서 수의 이치를 터득하고 그것을 계승하여 연구, 발전시켜 왔다. 즉 1부터 10까지의 자연수가 가지고 있는 수의 내용적 함의(含意)인 수리(數理)를 통하여 정치, 경제, 문화, 예술, 건축, 토목, 천문, 병법, 종교 등 모든 면에 걸쳐 두루 활용하여 왔다.

수리를 통하여 자연의 이치를 터득함으로써 외형적인 방식이 아닌, 자연과 부합되는 말 그대로 명실상부한 자연스러운 수(數) 문화를 형성한 것이다.

그 결과 동양의 수리 적용 원칙은 현대의 기계 문명에 뒤처진 결과를 초래하고 말았지만 한편으로는 현대 과학의 난제를 풀 수 있는 유일한 해결책이 바로 동양의 수리학 속에 있을지도 모른다는 사실을 지각 있는 사람들이 조금씩 깨닫기 시작하였다. 앞서 살펴보았듯이 하도와 낙서에서 파생된 음양오행의 원리나 팔괘의 이치가 현대과학의 여러 분야와 일맥상통하고 있음을 독자들은 익히 이해하였을 것이다.

화학의 주기율표나 유전자의 배열이 8괘와 정확하게 일치하고 언어와 문자 그리고 책력에 이르기까지 모든 것이 동양의 수리와 그 맥락을 같이하고 있다.

앞으로의 컴퓨터는 실리콘 대신에 유기물질(有機物質)을 이용한 바이오칩을 이용하여 현재 사용하고 있는 슈퍼컴퓨터보다 1천만 배 이상의 기억용량을 갖게 된다고 예상한다. 밀접하게 연결된 단백질 고분자 간의 전기 전도성이 실리콘 반도체 내의 전자흐름을 대신하여 비트(bit)의 on, off 스위치 기능으로 해석하는 방식이다. 이렇게 되면 컴퓨터는 200억 개의 세포를 가진 대뇌의 70~80%에 맞먹는 능력을 갖게 된다. 이것을 바탕으로 유전공학이나 초전도체의 혁명을 가져올 수 있으며 인류가 염원하는 무한동력의 개발까지도 꿈꿔 볼 만한 세상이 올지도 모를 일이다. 이러한 괄목할 만한 과학의 발전은 오직 내용적 방식의 수리를 적용함으로써만 가능한 일이다. 그러기 위해서는 하도와 낙서를 통한 내용적 방식의 수리를 바탕으로 하되 그것을 초월한 보다 정밀한 수리의 연구와 개발이 절대적으로 요구되는 상황이다. 그러므로 지금까지 우리는 天을 상징하는 하도와 地를 상징하는 낙서의 이치를 통하여 음양오행의 묘리(妙理)를 어느 정도 터득한 상태이지만, 마지막으로 人을 상징하는 천부(天符)의 수리를 새롭게 조명해 볼 필요가 있는 것이다.

1. 수의 개념

■ 수의 첫 번째 특징은 '수는 中'이라는 개념이다.

모든 수는 그 자체가 中을 나타낸다. 예를 들어 7이라는 수는 6과 8의 中에 있는 수이다. 6, ⑦, 8로 되어 있는데 이때 7은 6과 8의 중수가 된다. 왜 그런지는 기초 산수를 이용하면 된다. 6과 8을 더하면 14가 되고 14를 2등분하면 7이 되는 것은 바로 7이 중이라는 성질을 가지고 있다는 뜻이다. 中數 7에서 1을 뺀 수가 6이고 中數 7에 1을 더한 수가 8이라고 해도 마찬가지다. 다른 수의 예를 들 것도 없이 모든 수는 전부 이와 같은 중수의 원리가 있다.

中이란 무엇인가? 中은 동양에서는 아름다운 미덕을 갖춘 철학적 개념이다. 中은 늘 하나로 존재하면서 생멸(生滅), 증감(增減), 상하사방(上下四方), 시종(始終), 형질(形質) 등을 비교하여 우열을 구분하는 것을 거부한다. 中은 모든 것을 주재(主宰), 통괄(統括), 관장(管掌)하여 포용하지 않는 것이 없고, 존재하지 않는 곳이 없으며 스스로 알아서 함부로 옮기지 않는 지고지존(至高至尊)의 무상일위처(無上一位處)가 된다. 中은 天의 개념으로 관(觀)할 때 천주(天主)가 거(居)하는 곳이며 곧바로 천주라고 말해도 무방하다. 그러므로 中은 일체론(一體論)을 의미하는데 중의 가치는 용법(用法)에서 비롯되어 무상일위처(無上一位處)의 천주(天主)와 같은 존공위(尊空位)를 갖게 된다. 일체론과 용법에 관해서는 후술한다.

물물유중(物物有中)이나 사사유중(事事有中)이나 매매유중(每每有中)에 보이는 각각의 그 中은 역시 일(一)을 의미한다. 아지중(我之中)은 심아(心也)인 고(故)로 천지지중앙(天地之中央)도 심아(心也)이므로 천주(天主)는 나의 中인 心과 분리해서는 생각할 수 없는 것이다. 中이 心과 연결되고 있음을 강조한 말이다.

"도를 어느 곳에서 구하랴? 반드시 나의 마음에서 구하여야 한다(道求何處 必求我心)."

이처럼 모든 성현(聖賢)의 가르침과 수많은 경전의 요지는 결국 이 中에 대한 설법(說法)이었고 또한 그것을 자기의 마음자리에서 찾아보라는 말이었다. 수련을 통하여 득심(得心), 각심(覺心), 양심(養心)하라는 가르침임을 알 수 있다. 결국 數의 첫 번째 특징인 中은 하나, 즉 '일(一)'과 동의어가 된다. 모든 수의 종시(終始)가 1이며 1은 中을 나타내는 가장 대표적인 수다. 극단적으로 말하자면 모든 수는 1을 부풀린 수라고 할 수 있으며 또한 모든 수는 中의 개념이 있으므로 모든 수는 中이자 1이라고 말할 수 있는 것이다.

수는 무한대로 많이 있지만 각각의 수는 스스로 中의 성질을 내포하고 있듯이 사람도 수많은 사람이 있지만 각인(各人)마다 中이라는 마음을 갖고 있다.

모든 수는 스스로 中을 갖추고 있으며 수 스스로 하나의 작은 세계를 형성한다. 임의의 한 수는 그 수 자체로 하나의 소천(小天) 세계가 된다는 말이다. 그리고 이렇게 중이 되는 모든 수는 바로 1과 같은 수가 된다는 개념이 바로 수의 일체론(一體論)이다. 수의 체(体)가 1이 되는 수는 스스로 일체론(一體論)을 형성하여 중(中)의 성(性)을 갖게 된다.

■수의 두 번째 특징은 수의 용(用)이 삼원론(三元論)에 있다는 것이다.

즉 수를 음중양(陰中陽)으로 표현하는 것이 삼원론인데 음양중을 천지인(三才)으로 표현하기도 한다. 수의 체(体)는 1이지만 그 작용하는 면으로 보면 理, 氣, 形이라는 삼원(三元)으로 나뉜다. 작용하는 면을 수의 용(用)이라고 말한다. 이상을 요약하면, 즉 일체삼용(一体三用)이라고 표현할 수 있는데 천부경 본문에 나오는 '석삼극(析三極)'이 대표적인 예이다. 본체는 하나지만 그 쓰임새가 셋으로 갈라져서 작용한다는 말이다.

이기형(理氣形)이라는 三元은 늘 함께 붙어 다니며 작용을 하는데 그중 어느 하나라도 결여되면 개념이 성립하지 않는다. 따라서 1이면서 동시에 3인 것이며 3이면서 동시에 하나(1)인 것이다.

天이 理라면 地는 氣가 되고 천지간에 존재하는 人은 天理와 地氣를 함유하면서 형(形)을 이룬다. 人이 존재하지 않는 天地는 아무런 의미가 없으며, 세상은 땅(地) 없이 천(天)과 인(人)만으로 구성될 수 없으며 또한 천(天) 없는 人과 地는 존재할 수 없다. 또한 天은 본체론으로 1이지만 삼원론에서 볼 때는 理天, 氣天, 形天의 3으로 나뉘어 작용된다. 이 삼원론은 天地人, 仙佛儒, 性命精, 心氣身 등의 예를 들어 인용되기도 한다. 삼원론을 철학적 의미에서 다음과 같이 표현할 수 있다.

理	動	善惡
	靜	
氣	陽	淸濁
	陰	
形	圓	厚薄
	方	

이 삼원론은 천부경(天符經)의 골격을 이루는 개념으로 『삼일신고(三一神誥)』, 『참전계경(參佺戒經)』에서 많이 인용된다. 앞서 하도, 낙서를 통해서 살펴보았지만 1은 陽으로 전체를 의미하며 통일을 뜻하는 것으로 하도나 낙서에서 그 위(位)가 동일하다. 1을 통일의 본체라고 한다면 2는 분산의 주체가 된다. 2는 작용하는 면에서 볼 때는 전체의 반(半)에 불과하지만 동일한 주체의 양면이므로 본질적으로는 차이가 없다. 다시 말해 2는 통일의 본체인 1이 분열하여 2가 된 것이고 1은 2가 통일하여 된 것이므로 1과 2는 공동주체가 되는 것이다. 따라서 1과 2를 제외한 어떤 수도 통일과 분열의 대표수가 될 수 없다. 그러나 1과 2라는 두 개만 놓고 보면 1이 주체가 되고 2는 객체가 된다. 1과 2를 오행에 배속하면 1은 水에, 2는 火에 배속한다. 왜 그렇게 배속되었는가를 여기서 논의하기에는 너무 많은 지면이 소비된다. 우선은 그렇다고 정의하고 넘어가자.

1水와 2火는 통일과 분열의 공간을 의미한다. 1水는 통일이 완성된 공간이고 2火는 분열이 완성된 공간이라는 말이다. 1水라는 씨앗에서 분열이 완성된 2火(형체)에 이르기까지는 반드시 시간이 개입된다. 마찬가지로 2火라는 완성된 형체로부터 1水라는 통일된 씨앗에

이르기까지도 역시 시간이라는 과정이 필요하다. 1水와 2火의 가역적 순환은 그러나 곧바로 이루어지는 것이 아니다. 반드시 징검다리가 필요한데 아래 그림에 그것을 도식한다.

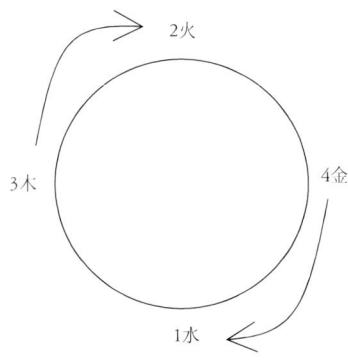

　1水에서 2火에 이르기 위해서는 3木이라는 징검다리가 필요하고, 2火에서 1水에 이르기 위해서는 4金이라는 징검다리가 필요하다. 이때 징검다리는 시간의 경과를 의미하기도 한다. 1에서 2로 분열하기 위해서는 3이라는 양수가 필요하고 2에서 1로 통일하기 위해서는 4라는 음수가 필요하다. 1에서 2로 분열하기 위해서 반드시 거치는 것은 3이라는 양수이다. 1이라는 陽이 3이라는 陽으로 1차 분열 후 비로소 2에 다다르게 되고, 2에서 1로 통일하는 작용도 역시 4라는 陰이 1차 응축 후 1에 수렴되는 것이다. 다시 말해 1과 2 사이에 3이라는 분열하는 양의 힘이 필요하게 되는데 이때 3이라는 시간의 힘이 2라는 분열의 형체와 조화를 이루어 5수라는 중화(中和)를 이루게 되고, 2와 1 사이에 4라는 통일하는 음의 힘이 필요하게 되고 이 4라는 시간의 힘이 1이라는 통일의 씨앗과 조화를 이루어 5수라는 중화(中和)를 이루게 된다. 드디어 5라는 개념이 등장하는 대목이다. 분열은 3이라는 木의 기운과 2라는 火의 기운이 상호 木生火를 일으키고, 통일은 4라는 金의 기운과 1이라는 水의 기운이 상호 金生水의 현상을 일으키게 된다. 어쨌든 1은 3으로 분열하고 2는 4로 통일하려고 한다는 것이 중요한 개념이다. 1이라는 수의 전개는 1차적으로 3으로 분열하려고 하는 것이 자연계의 속성이다. 3은 결국 1과 2의 합성체이다. 1은 순수한 양으로 순양(純陽) 혹은 독양(獨陽)이라 하는데 통일이 완성된 씨앗과 같다. 그런데 3은 1에 2를 더한 수(數)로 이것은 1과는 달리 음양의 혼성체라는 말이다. 1이라는 독양은 그 작용면에서 보면 음을 얻지 못하는 양이므로 발전할 수가 없다. 양의 분열은 음이라는 통일적 압력이 없이는 자신의 성질을 발휘할 수 없는 것이다. 따라서 3은 1에 2를 더한 수로 2라는 음의

압력으로 1이 발동하고 분열을 할 수 있는 소양(素養)을 갖추고 있는 수이다. 결론적으로 말해서 1은 반드시 음양 혼성체인 3을 얻어야만 2火로 분열하는 목적을 달성할 수 있다.

1이라는 씨앗에서 2라는 온전한 형체를 이루기 위해서는 3이라는 수를 통하여 1차 분열함으로써 그 목적을 이룰 수 있게 되는 것이다. 3은 양수로서 1이라는 공간에서 2라는 공간으로 가는 과정에 있으며 분열을 뜻하는 시간의 수이다. 木(3)은 水에서 火로 가는 중간 과정이며 생명이 자라고 성장하기 위해서 분열하는 상(象)을 띠는데 이때 3은 木을 대변하는 수다. 모든 생명체는 木의 기운 때문에 3으로 분열되며 3단계를 거쳐 자신의 목적을 달성하게 된다. 공간도 상중하(上中下)라는 3가지로 분열되어 완성체를 이루고 시간도 과거, 현재, 미래라는 3가지 분열을 가지고 한 주기(period)를 이루게 된다. 이렇게 3가지로 분열되고 3단계를 이루는 이치를 삼원론(三元論)이라고 한다. 무형한 이치를 설명하기가 매우 어렵지만 수를 통하면 그 이치가 확연하게 드러난다. 특히 수리론에서는 삼원론을 적용하여 모든 이치를 설명한다.

앞서 하도, 낙서를 통해 음양오행의 수리를 탐구하였고 이를 바탕으로 삼원론에 입각한 수리의 세계가 전개되니 이것이 바로 천부(天符)의 수리다. 천부(天符)는 곧 천리(天理)라고 하는데 여기에 사용되는 수는 셈의 수가 아니라 理의 수이기 때문이다.

2. 수의 분류

수는 사물의 상(象)을 관(觀)하는 법(法)에 따라 여러 가지로 분류할 수 있다.

① 생수(生數)와 성수(成數)

이미 하도에서 살펴본 바와 같이 생수는 하도의 내부에 자리 잡고 있으며 생명체의 설계도와 같은 성격을 띤다. 성수는 하도의 외부에 자리 잡고 있으며 설계도에 의해 형체를 이룬 생명체의 성격을 띤다.

생수	1. 2. 3. 4. 5
성수	6. 7. 8. 9. 10

생수는 생명체의 본체적 성격을 나타내므로 위수(位數)라 부르기도 하고, 성수는 생명체의 운용적 성격을 나타내므로 득수(得數)라고 부르기도 한다.

② 양수(陽數)와 음수(陰數)

삼라만상에 음양이 있듯이 수에도 음양이 있다.

기수(奇數, 홀수)를 양수로 하고 우수(偶數, 짝수)를 음수로 하였다. 짝이 없이 존재하는 기수는 동(動)하는 성질이 있으므로 양수에 배속하였고 짝으로 존재하는 우수는 홀로 존재하는 것보다 비교적 안정한 상태(靜)이므로 음수에 배속하였다.

양수	1, 3, 5, 7, 9
음수	2, 4, 6, 8, 10

또한 양수를 천수(天數)라고 하고 음수를 지수(地數)라고 하였는데 이는 『주역』의 계사 상전 9장에 나오는 천지수(天地數)에 대한 설명에 근거한다. 그 내용은 다음과 같다.

> 天一地二天三地四天五地六天七地八天九地十: "하늘 하나 땅 둘, 하늘 셋 땅 넷, 하늘 다섯 땅 여섯, 하늘 일곱 땅 여덟, 하늘 아홉, 땅 열이니"
> 天數五 地數五 五位相得 而各有合: "하늘의 수가 다섯이고 땅의 수가 다섯이다. 다섯 자리 가 서로 얻으며(상호작용) 각각 합함이 있으니"
> 天數二十有五 地數三十 凡天地之數 五十有五: "하늘의 숫자가 25요, 땅의 숫자는 30이니 따라서 천지의 수는 (그 합이) 55가 되는데"
> 此 所以成變化 而行鬼神也: "이것이 변화를 이루고 귀신을 행하게(조화를 부리는) 하는 것 이다."

여기서 천수는 양수를 말하고 지수는 음수를 말한다.

이렇게 수에 음양의 성질을 부여한 것은 수의 철학적인 이치를 따지는 주요 수단으로서 쓰이게 될 발판을 마련한 것이고 나아가 우주 자연현상과 삼라만상을 수로써 다룰 수 있게 한 것이다.

③ 삼재수(三才數)

삼재수는 삼원(三元)의 수를 말함이니 天地人의 수를 말한다. 삼원의 元은 '근원'이라는 뜻으로 수에는 3가지의 뿌리가 있음을 암시하는 것이다.

음양수가 天數와 地數로 구별한 것인 데 반해 삼재수는 천수와 지수에 人數를 추가한 것이다. 삼재수는 앞으로 천부경을 해석하는 데 중요한 골간이 되는 개념으로 우주를 구성하는 대부분의 수리가 대부분 이에 근원을 두고 있음을 기억하기 바란다.

천수, 지수, 인수의 삼재수를 원수(原數)라고도 부른다. 우주의 근간(根幹)을 이루기 때문에 붙여진 이름이다.

	天	地	人
天	1	2	3
地	4	5	6
人	7	8	9

위 표에서 보는 바와 같이 수직축의 천지인과 수평축의 천지인이 직교하고 있다. 가령, 1이 위치하는 자리는 수직축 天과 수평축 天이 만나는 자리다. 그것을 (천, 천)이라고 표시해 보자. 이때 앞에 있는 천은 형용사적인 의미의 배경이고 뒤에 있는 천은 핵심 명사로 해석한다. 그러므로 1은 (천, 천)으로 표시하고 의미는 '천의 천', 즉 '天之天'이라는 의미이다. 이를 근거로 위의 표를 다시 정리해 보자.

	天	地	人
天	天之天	天之地	天之人
地	地之天	地之地	地之人
人	人之天	人之地	人之人

핵심명사를 위주로 보면 天數, 地數, 人數는 수직축으로 배열된다. 따라서 1부터 9까지의 수가 천지인수로 자연스럽게 배속되었다.

간략하게 표를 설명하면 다음과 같이 정리할 수 있다.

1 天之天	2 天之地	3 天之人
4 地之天	5 地之地	6 地之人
7 人之天	8 人之地	9 人之人

天數: 1, 4, 7 地數: 2, 5, 8 人數: 3, 6, 9

- 천지인 數 중에 순수한 구성으로 조립된 수는 天之天의 1과 地之地의 5와 人之人의 9다.
- 天과 地로만 구성된 수는 2와 4인데 2는 天之地로 天의 성향을 띤 地數이고 4는 地之天으로 地의 성향을 띤 天數이다.
- 地와 人으로만 구성된 수는 6과 8인데 6은 地之人으로 地의 성향을 띤 人數이고, 8은 人之地로 人의 성향을 띤 地數이다.
- 天과 人으로만 구성된 수는 3과 7인데 3은 天之人으로 天의 성향을 띤 人數이고, 7은 人之天으로 人의 성향을 띤 天數이다.

天 數	地 數	人 數
1	2	3
4	5	6
7	8	9

이와 같이 천수(1, 4, 7), 지수(2, 5, 8), 인수(3, 6, 9)로 대별하였다.

- TV의 오락 프로그램에서 자주 등장하는 369(삼육구)게임은 바로 人數를 가지고 하는 놀이이다.
- 일사천리로 일을 신속하게 진행한다고 할 때 일사천은(물론 漢字는 다르지만) 1, 4, 7과 닮아 있다고 암기하면 쉽다.
- "이 오빠(이 오빨)를 믿어라" 할 때의 2, 5, 8은 물론 지수가 된다.

④ 사상수(四象數)

사상수는 태양(太陽), 소음(少陰), 소양(少陽), 태음(太陰)의 사상(四象)으로 분류되는 수다.

1	2	3	4	5
9	8	7	6	10
태양수	소음수	소양수	태음수	체수

이 사상수는 손가락으로 수를 세는 손 모양에 고스란히 담겨 있다. 물론 韓민족이 손가락셈을 할 때에 한정한다(중국이나 서양의 손가락셈은 우리와 판이하게 다르다).

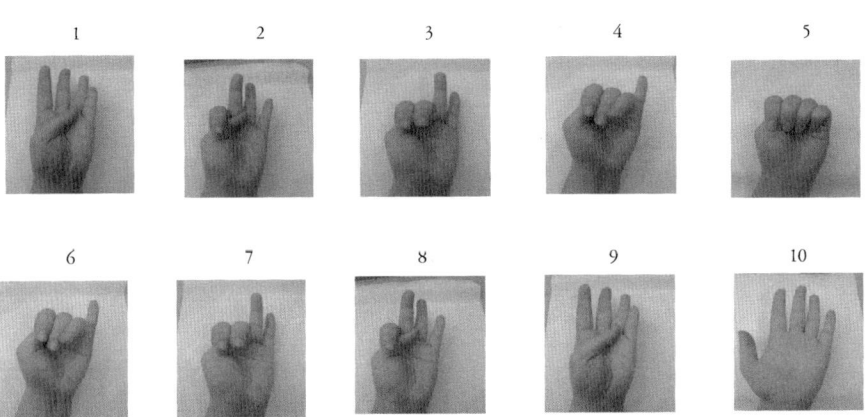

1에서 5까지는 손가락이 접히는 과정이고 6에서 10까지는 펴지는 과정이다. 5는 모든 손가락이 다 접힌 상태로 상대적인 변화가 없는 상태이고 10 역시 손가락이 다 펴진 상태로 상대적 변화가 일어나지 않는다. 5와 10을 빼고 나머지 숫자들은 접힌 손가락과 펴진 손가락 사이에 상대적인 변화가 생긴다. 그 상대적인 변화를 살펴보자.

- 1의 경우는 엄지를 접는다. 그런데 9의 경우도 손 모양이 동일하다. 9에 있는 손가락 중 펴진 4개는 실은 5가 포함되어 있는 것이다. 손바닥에 5가 숨어 있다고 생각해도 좋다.
- 나머지 손가락에서도 동일하다. 즉 2를 세면 동시에 8의 손 모양과 같고, 3을 세면 동시에 7의 손 모양과 같고, 4를 세면 동시에 6의 손 모양과 같다.
- 1을 셀 때 이미 9가 암장되어 있고, 반대로 9를 셀 때 역시 1의 의미가 안에 들어 있는 것이다.

이제 손가락 모양이 같은 그림의 숫자들을 더해 보자.
- 1, 9는 합하면 10 ■2, 8을 합하면 10 ■3, 7을 합하면 10 ■4, 6을 합하면 10

■5와 10은 손가락 모양이 다르다. 서로 독립적인 관계라고 이해하면 된다.

그렇다. 이렇게 10개의 수 안에서 수들이 2개씩 짝을 지어 유기적 관계를 형성하고 있는 것이다. 이러한 유기적 관계에 따라 범주를 정한 것이 사상수, 즉 태양수, 소음수, 소양수, 태음수가 되는 것이다.

⑤ 오행수(五行數)

오행수는 하도에서 생수와 성수로 나뉘면서 자연스럽게 음양수가 짝이 되어 오방(五方)에 나열되며 이루어진다.

1·6水	2·7火	3·8木	4·9金	5·10土

이상은 하도, 낙서에서 충분히 설명하였으므로 이하 생략한다.

⑥ 체수(体數)와 용수(用數)

앞서 체용론에서 설명하였듯이 수에도 체(体)와 용(用)이 있다. 체용론은 동양 철학에서 아주 중요한 개념이므로 바로 다음 장에서 상세히 설명할 예정이다.

우선 예를 들어 보자. 생수 중에 5가 체라면 1, 2, 3, 4는 용이 되고, 성수 중에 10이 체가 되면 6, 7, 8, 9가 용이 된다. 또 6, 9라는 노음(老陰), 노양(老陽)수가 체가 되면 7, 8이라는 소음(少陰), 소양(少陽)수가 용이 된다.

자연수 1에서 10까지의 10수 가운데 어떠한 수를 체로 볼 것인지는 공간적 형상 관점에서 볼 것인지, 아니면 시간적인 운동 관점에서 볼 것인지에 따라 달라진다.

공간적인 형상	1. 2. 3. 4. ⑤. 6. 7. 8. 9. ⑩
	5와 10이 체수
시간적인 운동	(1. 3. ⑤. 7. 9), (2. 4. ⑥. 8. 10)
	5와 6이 체수

■공간적인 형상에 5와 10이 체수가 되는 것은 자연수 10개의 수 각각의 뜻을 취하여 만물 생성의 법칙을 나타내기 때문이다.

이때는 생수와 성수가 구별되어 생수 5와 성수 10이 체수가 되고 사상위수, 1, 2, 3, 4와 사상 득수, 6, 7, 8, 9는 용수가 된다.

　■시간적인 운동에 5와 6이 체수가 되는 것은 수를 음수와 양수로 나눈 다음 각각의
　　중앙수를 체수로 본 것이다.

　이때는 양수 중에 5가 체수가 되고 1, 3, 7, 9는 용수가 되며, 음수 중에 6이 체수가 되고
2, 4, 8, 10이 용수가 된다. 이때 5수와 6수가 서로 상교(相交)하여 한 달 30일을 이루고 한
달 30일이 12회 반복되어 1년 360일이라는 도수를 이룬다. 5를 음양 양면으로 하여 서로
합하면 (5+5)로 10이 되어 10천간(天干)의 근간이 되고 6을 음양 양면으로 하여 서로 합
하면 12가 되니 12지지(地支)의 근간이 된다. 이러한 근간으로 만들어진 10천간과 12지지
의 5와 6은 오운육기(五運六氣)의 근간이 되기도 한다. 이와 같이 5와 10은 공간적인 형상
으로 만물 생성의 법칙을 주관하고 5와 6은 시간적인 운동으로 만물의 변화와 운행의 법
칙을 주관한다. 그러므로 체와 용은 어느 관점에서 바라보느냐에 따라 여러 가지의 결과
가 나타난다.

　⑦ 서수(序數)

　서수란 사물의 순서를 나타내는 수를 말한다.

　서수는 사물의 귀함과 천함, 많고 적음, 아름답고 추함 등 만사에 일어나는 음양의 관계를
세밀하게 가려 그 순서를 정확하게 표시하는 수를 말한다. 예를 들면 학업성적의 석차, 운동
경기의 메달 순위 또는 미스코리아 선발대회에서 진선미는 서수의 개념을 도입한 것이다.

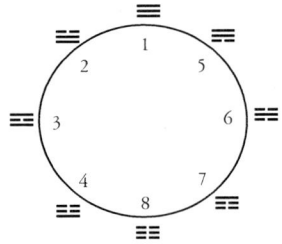

　위 그림은 복희선천 8괘도인데 각각의 번호에 해당하는 괘명은 다음과 같다.

1 乾. 2 兌. 3 離 4 震 5 巽. 6 坎. 7 艮. 8 坤

이 괘열의 숫자들은 서수에 해당된다.

이 서수는 단순히 괘의 순서만 나타내는 것이 아니라 서수 자체에 일정한 의미가 담겨 있다. 즉, 수 자체 내에 수리(數理)가 내재되어 있음에 주목해야 한다. 다시 말해 1은 乾을 나타낸다는 말인데 乾이라고 해도 좋고 혹은 숫자 1로 표시해도 같은 뜻이다. 마찬가지로 6은 坎을 나타내고 坎 대신에 6을 써도 무방하다. 물론 이것은 복희8괘도에 한해서만 통하는 것으로 어떠한 물상(物象)을 설명할 때 서로 호용(互用)할 수 있다는 말이다. 만일 복희 선천 8괘도가 아니면 이 숫자가 괘상을 대신할 수 없다.

⑧ 본수(本數)

역학(易學)에서 수를 논할 때는 제아무리 큰 수라 할지라도 1부터 10수까지의 임의의 자연수를 사용해서 나타내는 방법이 있다. 그것을 본수 표기법이라고 한다.

가령 4,257은 천이 4개, 백이 2개, 십이 5개, 1이 7개가 모여서 만들어진 수이다. 그런데 10의 배수를 이루는 수는 그 수의 본래 성질과는 무관하다는 사실을 반드시 알아야 한다. 결론부터 말하자면 4,257은 마지막에 있는 7이라는 수의 성질과 같다. 맨 끝자리에 있는 7을 제외한 그 앞자리에 아무리 크나큰 수가 오더라도 그것은 10의 배수에 불과할 뿐이다. 10이라는 수는 어떤 수가 1부터 9까지 순환을 하고 나서 다음 순환을 위해서 발걸음을 옮기는 그 전환점에 있는 수이다. 따라서 임의의 수가 있으면 그 수를 10으로 나누어서 마지막까지 남는 수가 그 수의 본성을 결정한다고 보는 것이다. 그것이 본수에 대한 개념이다. 그러므로 10의 배수를 사용하여 구체적으로 표현하자면 4,257은 10을 425번 부풀린 상태의 수(425×10)에 7이 남은 수이다. 7은 아직 10을 이루지 못하고 있으므로 7이라는 본성이 여전히 남아 있어서 그 7을 4,257의 본성이라고 결정하는 것이다.

본수란 '본래의 수'라는 뜻으로 어떠한 수라도 1에서 10까지의 수를 벗어날 수 없다. 수가 아무리 커지든 혹은 작아지든 그 끝자리에 남아 있는 10 이하의 홀수는 그 수의 본성을 결정하기 때문에 체수(体數)라고 표현하기도 한다. 57이든, 257이든 4,257이든 7이라는 본성은 변하지 않고 그대로 유지되고 있으니 바로 본체를 이루고 있지 않느냐는 논리다. 그래서 본수라고 표현한 것이다.

위는 8괘 중에 곤(坤)괘이다. 우측에 매겨진 수는 곤괘를 이루는 각 효의 수 값이다.

3개의 효를 합한 2+10+4=16은 坤괘의 총합이다. 이때 16의 본수는 10을 제외한 끝자리는 6인데 16은 그래서 6과 동일한 의미로 본다. 따라서 곤괘의 본수 값은 16이라고 하지 않고 6이라고 한다. 실제로 곤괘는 태음수 6으로 표시한다.

이와 같이 모든 수는 자연수 10(0부터 9까지)개로 표시할 수 있으며 10개의 자연수를 이용하여 임의의 수를 표현하는 방법을 본수표기법이라고 말한다.

⑨ 단수(單數)

단수란 1부터 9까지의 한 자리 숫자를 말하는데 임의의 숫자의 각 단위수를 모두 합하여 마지막에 한 자리 숫자가 나올 때까지 합한 수를 말한다. 예를 들면 쉽다.

9,855는 9+8+5+5로 합은 27이 된다. 27은 다시 2+7이 되니 9가 되는데 이때의 9는 9,855를 단수화한 수가 된다. 또 199는 1+9+9로 19가 되고 19는 다시 1+9로 10이 되고 10은 1+0인 1이 되니 1이 최종적로 남는 수이며 이때 1이 199의 단수가 된다. 1에서 10까지의 수를 살펴보면 1부터 9까지는 홑자리 숫자(單數)이고 10 이상부터는 겹자리, 즉 복수(複數) 자릿수가 된다.

이렇게 복수 단위수로 되어 있는 수의 각 자릿수 숫자를 전부 더하여 최종적으로 도출되는 값이 단수이다. 본수가 수의 성질을 결정하는 본체가 되므로 체수(體數)라고 명명하는 데 반해 단수는 수의 쓰임을 결정하므로 용수(用數)라고 말한다.

예를 들어 199의 본수는 9이니 9가 체(本體)가 되고, 단수는 1이 되니 그 쓰임(用)은 1이 된다(1+9+9=19=1+9=10=1+0=1).

어떤 임의의 수의 본수와 단수를 살펴봄으로 그 수의 體와 用을 정확하게 구분할 수 있다. 수의 체와 용을 안다는 것은 그 수의 성향과 쓰임을 동시에 안다는 것이다. 단수의 개념은 앞으로 전개되는 삼재론(三才論)의 삼원수(三元數)를 통하여 그 의미와 쓰임이 정밀하게 밝혀질 것이다.

⑩ 기타 수

지금까지 기술한 수 이외에도 수의 성격에 따라 소수(素數), 배수(倍數), 약수(約數), 허수(虛數), 실수(實數), 완전수(完全數), 시수(始數), 종수(終數), 변수(變數), 화수(化數) 등으로 끝없이 분류할 수 있으나 역학(易學)에서 사용하는 수는 대략 이 정도로 분류해서 파악하고 있으면 대개 무리가 없다.

※역경(易經)과 천부경(天符經)의 수리구조 비교

	체수	용수	합수	비고
역경	36	64	100	• 상경18괘＋하경18괘＝36괘 • 8×8＝64괘 • 1+2+3+4+5+6+7+8＝36
천부경	19	81	100	• 본수 10개와 단수 9개 도합 19개 • 9×9＝81 • 9+10＝19
합계	55	145	200	• 1+2+3+4+5+6+7+8+9+10＝55

*이에 대한 세부적인 것은 뒤에서 자세하게 다룰 것이다.

3. 자연수의 体用

수에는 体用이 있다는 것은 이미 알고 있는데 그렇다면 좀 더 체계적으로 체용에 대하여 고찰해 보자.

체용관계를 형성하는 자연수의 각 수열에는 일정한 비율로 수열이 형성될 때 체용관계를 따지는 데는 다음의 원칙이 적용된다.

■수에서 体用은 서로 對待관계를 형성하여 相補的 관계를 갖는다.
■체용의 합수는 가장 작은 수와 가장 큰 수의 합이다.
■체용의 합수에서 체수를 빼면 용수가 되고, 용수를 빼면 체수가 된다.
■1부터 10까지의 자연수는 体와 用이 정해진 범위 내에서 진행방향이 서로 반대가 된다.

그러면 구체적으로 자연수 1에서 10까지의 수를 体用관계로 살펴보자.

① 1 太極

1은 0 다음에 오는 수다. 태극 이전을 무극이라고 하는데 무극은 0에 배속한다. 0 다음에 따라오는 1은 태극이라고 한다. 따라서 무극과 태극이 이루는 수열은 0과 1이다. 무극과 태극의 세계는 씨만 뿌려진 상태로 아직 만물로 분화하기 이전, 곧 빅뱅 직전의 상태라고 상상해도 좋다. 아래 그림을 보면 체와 용이 서로 진행방향(화살표)이 다름을 알 수 있다.

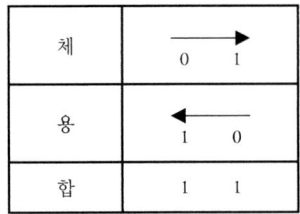

■ 무극과 태극, 두 수의 합은 1이다. 즉 0과 1의 합이다.

■ 体와 用을 합한 수는 1을 넘지 않는다.

■ 0은 무극이고 1은 태극이다. 0이 体가 되면 1이 用이 되고, 1이 体가 되면 0이 用이 된다.

■ 무극이 体가 되면 태극이 用이 되고, 태극이 体가 되면 무극이 用이 된다. 주렴계(周濂溪, 1017~1073) 선생이 태극도설(太極圖說)에서 설파한 '無極而太極'은 바로 무극과 태극의 체용 양면성을 말한 것이다.

■ 0은 無始無終이 되고 1은 有始有終이 된다.

■ 무시무종이 体가 되면 유시유종이 用이 되고 유시유종이 体가 되면 무시무종이 用이 된다.

■ 시작이 없는 0(無始)이 体가 되면 시작이 있는 1(一始)이 用이 되고, 시작이 있는 1이 体가 되면 시작이 없는 0이 用이 된다.

■ 마지막이 없는 0(無終)이 体가 되면 마지막이 있는 1(一終)이 用이 되고 마지막이 있는 1이 体가 되면 마지막이 없는 0이 用이 된다.

② 2 陰陽

2는 1 다음에 오는 수다. 따라서 수열은 1과 2다.

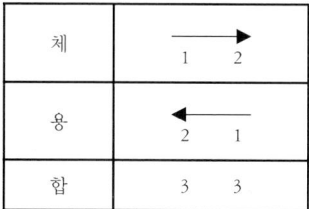

체	1 → 2
용	← 2 1
합	3 3

■ 가장 작은 수 1과 가장 큰 수 2의 합은 3이다. 1과 2의 합이다.
■ 體와 用을 합한 수는 3을 넘지 않는다.
■ 1은 양이고 2는 음이다.
■ 1이 體가 되면 2가 用이 되고 2가 體가 되면 1이 用이 된다.
■ 양이 體가 되면 음이 用이 되고 음이 體가 되면 양이 用이 된다.
■ 陰陽極則變의 원리가 나타남을 볼 수 있다.

③ 3 三才(天地人)

3은 1, 2 다음에 오는 수다. 따라서 수열은 1, 2, 3이다.

체	1 2 3 →
용	← 3 2 1
합	4 4 4

■ 가장 작은 1과 가장 큰 수 3의 합은 4다.
■ 體와 用의 합수는 4를 넘지 않는다.
■ 1은 天이고 2는 地이고 3은 人이다.
■ 1이 體가 되면 3이 用이 되고, 2가 體가 되면 2가 用이 되고 3이 體가 되면 1이 用이 된다.

- 天이 体가 되면 人이 用이 되고, 地가 体가 되면 地가 用이 되고, 人이 体가 되면 天이 用이 된다.
- 여기서 눈여겨볼 수가 2이다. 중수 2는 1과 3의 중앙에 위치한 특수한 수로 2를 体로 놓는다면 用 역시 2가 된다는 점이 특이하다. 따라서 중수 2는 体와 用이 변하지 않지만 1.3의 体用은 서로 뒤바뀌게 된다. 나중에 천부경의 수리에서 자세히 다루겠지만 천부경의 수리는 지수 2, 5, 8을 중심으로 천수 1, 4, 7과 인수 3, 6, 9가 서로 体用으로 대대(對待)하고 있는데 이는 天人이 合一함을 보여 주고 있다.

④ 4四象

4는 1, 2, 3 다음에 오는 수다. 따라서 수열은 1, 2, 3, 4다.

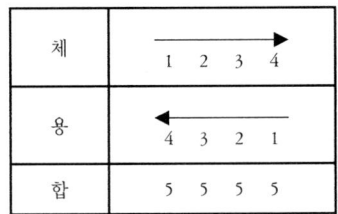

- 가장 작은 수 1과 가장 큰 수 4의 합은 5이다.
- 体와 用의 합수는 5를 넘지 않는다.
- 1은 태양이고 2는 소음이고, 3은 소양이고, 4는 태음이다.
- 1 태양이 体가 되면 4태음이 用이 되고 4태음이 体가 되면 1 태양이 用이 된다.
- 2소음이 体가 되면 3소양이 用이 되고 3소양이 体가 되면 2소음이 用이 된다.

⑤ 5五行

5는 1, 2, 3, 4 다음에 오는 수다. 따라서 수열은 1, 2, 3, 4, 5다.

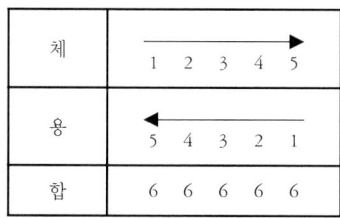

■ 가장 작은 수 1과 가장 큰 수 5의 합은 6이다.

■ 体와 用의 합수는 6을 넘지 않는다.

■ 1水, 2火, 3木, 4金, 5土가 된다.

■ 1水가 体가 되면 5土가 用이 되고, 5土가 体가 되면 1水가 用이 된다.

■ 2火가 体가 되면 4金이 用이 되고 4金이 体가 되면 2火가 用이 된다.

■ 3木이 体가 되면 3木이 用이 된다.

■ 1, 2, 3, 4, 5 중에 중수 3을 体로 본다면 1, 2, 4, 5는 用이 된다.

■ 중수 3은 体로도 3이고 用으로도 3이다. 즉 체용이 똑같이 3이다.

■ 그러나 중수 3을 제외한 나머지 수, 1, 5와 2, 4는 体와 用이 서로 뒤바뀐다.

⑥ 6 정6면체

6은 1, 2, 3, 4, 5 다음에 있는 수다. 따라서 수열은 1, 2, 3, 4, 5, 6이다.

체	1 2 3 4 5 6
용	6 5 4 3 2 1
합	7 7 7 7 7 7

■ 가장 작은 수인 1과 가장 큰 수 6의 합은 7이다.

■ 体와 用의 합수는 7을 넘지 않는다.

■ 정 6면체로 되어 있는 주사위는 1·6면과 2·5면과 3·4면으로 수가 매겨져 있다.

■ 1면이 体가 되면 6면이 用이 되고, 6면이 体가 되면 1면이 用이 된다.

■ 2면이 体가 되면 5면이 用이 되고, 5면이 体가 되면 2면이 用이 된다.

■ 3면이 体가 되면 4면이 用이 되고 4면이 体가 되면 3면이 用이 된다.

⑦ 7七星

7은 1, 2, 3, 4, 5, 6 다음에 오는 수다. 따라서 수열은 1, 2, 3, 4, 5, 6, 7이다.

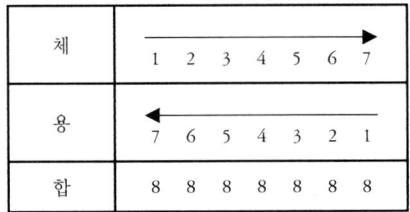

■ 가장 작은 수 1과 가장 큰 수 7의 합은 8이다.

■ 体와 用의 합수는 8을 넘지 않는다.

■ 북두칠성의 제1성은 천추성(天樞星), 제2성은 천선성(天璇星), 제3성은 천기성(天機星), 제4성은 천권성(天權星), 제5성은 옥형성(玉衡星), 제6성은 개양성(開陽星), 제7성은 요광성(搖光星)이다.

■ 제1성이 体가 되면 제7성이 用이 되고, 제7성이 体가 되면 제1성이 用이 된다.

■ 제2성이 体가 되면 제6성이 用이 되고, 제6성이 体가 되면 제2성이 用이 되고

■ 제3성이 体가 되면 제5성이 用이 되고, 제5성이 体가 되면 제3성이 用이 되고

■ 제4성이 体가 되면 제4성이 用이 된다.

■ 1, 2, 3, 4, 5, 6, 7 중에 4가 중수가 된다. 4는 체수도 되고 용수도 된다.

⑧ 8八卦

8은 1, 2, 3, 4, 5, 6, 7 다음에 있는 수다. 따라서 수열은 1, 2, 3, 4, 5, 6, 7, 8이다.

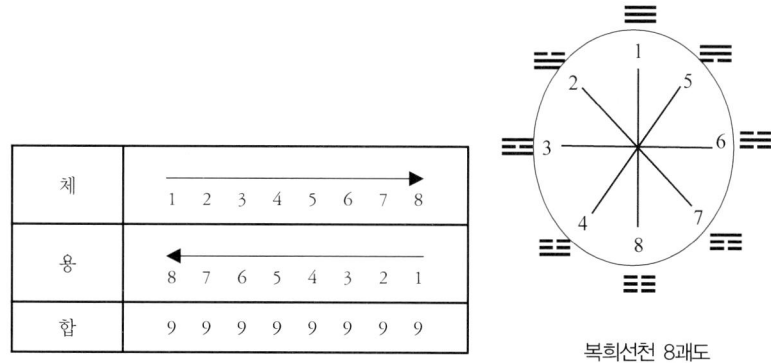

체	1 2 3 4 5 6 7 8
용	8 7 6 5 4 3 2 1
합	9 9 9 9 9 9 9 9

복희선천 8괘도

- 가장 작은 수 1과 가장 큰 수 8의 합은 9이다. 體用의 합수는 9를 넘지 않는다.
- 마주 보는 수의 합이 9가 되면서 서로 體用관계가 성립된다.
- 1이 體가 되면 8이 用이 되고 8이 體가 되면 1이 用이 된다.
- 2가 體가 되면 7이 용이 되고 7이 體가 되면 2가 用이 된다.
- 3이 體가 되면 6이 用이 되고 6이 體가 되면 3이 用이 된다.
- 4가 體가 되면 5가 用이 되고 5가 體가 되면 4가 用이 된다.
- 마주 보는 2괘는 음, 양효가 반대가 되면서 體用 관계를 유지하고 있다.

⑨ 9九宮

9는 1, 2, 3, 4, 5, 6, 7, 8 다음에 있는 수다. 따라서 수열은 1, 2, 3, 4, 5, 6, 7, 8, 9이다.

체	1 2 3 4 5 6 7 8 9
용	9 8 7 6 5 4 3 2 1
합	10 10 10 10 10 10 10 10 10

- 가장 작은 수인 1과 가장 큰 수 9의 합은 10이다.

■ 体와 用의 합수는 10을 넘지 않는다.

4	9	2
3	⑤	7
8	1	6

■ 마주 보는 수의 합이 10이 되면서 서로 体用관계가 성립된다.

■ 1이 体가 되면 9가 用이 되고 9가 体가 되면 1이 用이 된다.

■ 2가 体가 되면 8이 用이 되고 8이 体가 되면 2가 用이 된다.

■ 3이 体가 되면 7이 用이 되고 7이 体가 되면 3이 用이 된다.

■ 4가 体가 되면 6이 用이 되고 6이 体가 되면 4가 用이 된다.

■ 5는 중수로 体用이 같다.

■ 9궁도는 5를 중심으로 1·9태양, 2·8소음, 3·7소양, 4·6태음이 형성된다.

⑩ 10無極

10은 1, 2, 3, 4, 5, 6, 7, 8, 9 다음에 오는 수이다. 따라서 수열은 1, 2, 3, 4, 5, 6, 7, 8, 9, 10이다.

체	1	2	3	4	5	6	7	8	9	10
용	10	9	8	7	6	5	4	3	2	1
합	11	11	11	11	11	11	11	11	11	11

■ 가장 작은 수인 1과 가장 큰 수 10의 합은 11이다.

■ 体와 用의 합수는 11을 넘지 않는다.

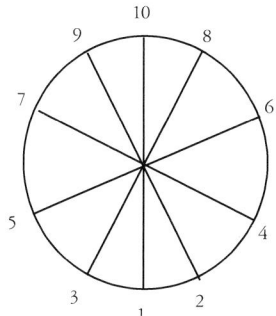

■ 위의 좌측 반구는 양수의 순열이고 우측 반구는 음수의 순열이다.

■ 마주 보는 수의 합이 11이 되는데 이때 서로 體用관계가 성립된다.

■ 즉 1이 體가 되면 10이 用이 되고 10이 體가 되면 1이 用이 된다.

■ 2가 體가 되면 9가 用이 되고 9가 體가 되면 2가 用이 된다.

■ 3이 體가 되면 8이 用이 되고 8이 體가 되면 3이 用이 된다.

■ 4가 體가 되면 7이 用이 되고, 7이 體가 되면 4가 用이 된다.

■ 5가 體가 되면 6이 用이 되고, 6이 體가 되면 5가 用이 된다.

이상으로 자연수 1부터 10까지의 體用 관계를 살펴보았다.

이것을 종합하면 다음 도표와 같다.

〈표〉 休用數 종합표

체수	용수											개수	체용수합
0		1										1	1
1	0		2	3	4	5	6	7	8	9	10	10	11
2		1	2	3	4	5	6	7	8	9		9	11
3		1	2	3	4	5	6	7	8			8	11
4		1	2	3	4	5	6	7				7	11
5		1	2	3	4	5	6					6	11
6		1	2	3	4	5						5	11
7		1	2	3	4							4	11
8		1	2	3								3	11
9		1	2									2	11
10		1										1	11

위 도표의 특징을 살펴보면 다음과 같다.

■0의 용수는 1수 하나밖에 없다.

■10의 용수도 1수 하나밖에 없다.

■따라서 0과 10은 본수가 0이므로 용수가 1개씩 있으므로 0과 10은 원칙적으로 동일하다.

■1부터 10수까지 체수와 용수의 합은 11로 모두 같다.

> ※ 체수와 용수는 자연수가 복합되어 이루어지는 경우도 있다. 예를 들면 5, 10이 체수이면 1, 2, 3, 4와 6, 7, 8, 9가 용수가 되고 5, 6이 체수이면 1, 2, 3, 4와 7, 8, 9, 10이 용수가 된다. 2, 5, 8이 체수가 되면 1, 4, 7과 3, 6, 9가 용수가 된다.

4. 수의 용(用)

삼원론에서 설명하였듯이 이치가 3으로 진행됨에 따라 수도 역시 3으로 전개된다.

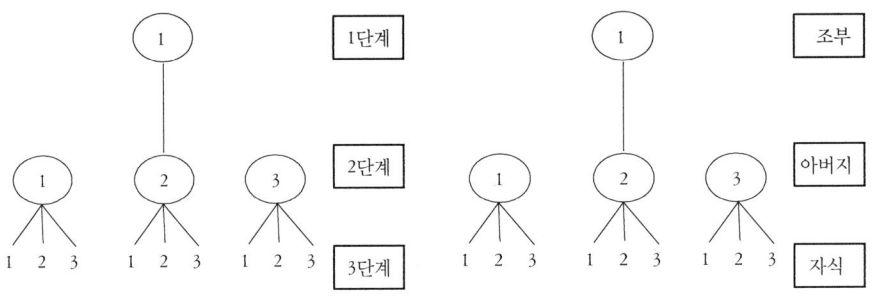

위 좌측 그림은 천부수리를 이루는 수 3을 설명한 것이고 우측 그림은 이것을 가계도(家系圖)에 비유한 것이다. 가계도를 먼저 살펴보자.

■1단계에 있는 1은 할아버지(조부) 한 분으로 처음 시발점이다.

■2단계의 1은 큰아버지, 2는 작은아버지, 3은 막내 작은아버지이다.

■2단계의 큰아버지, 작은아버지 그리고 막내 작은아버지는 또 각각 3명씩의 자녀를 두었는데 3단계에 있는 9명이 그들이다.

과거 유교의 전통하에서는 가문을 이어 갈 장손을 아주 중시했다. 3단계에서 태어난 9

명의 자식들은 각각 자신이 차지하는 고유의 순위가 있다. 우선 큰아버지로부터 태어난 3명의 자식이 1순위, 2순위, 3순위를 부여받는다. 또 같은 항렬의 나머지 6명의 형제들도 자신의 가내에서 1순위, 2순위 3순위를 갖는다. 그런데 작은아버지 댁의 세 아들의 순서를 보자. 작은집 안에서 세 아들 간의 순위는 1순위, 2순위, 3순위가 되지만 9명의 형제 전부를 놓고 보면 4순위, 5순위, 6순위가 된다. 막내 작은아버지의 세 아들도 마찬가지다. 가내(家內)에서 보자면 1, 2, 3순위이지만 9형제 전체로 놓고 보면 7순위, 8순위, 9순위이다. 이것을 구체화하면 다음과 같다.

	一(1st)	二(2nd)	三(3rd)
一(큰아버지)	1(1)	2(2)	3(3)
二(작은아버지)	4(1)	5(2)	6(3)
三(막내 작은아버지)	7(1)	8(2)	9(3)

좀 더 세밀하게 살펴보자.

위 그림에서 괄호 안의 수는 가내에서의 순위이고 괄호 밖의 수는 항렬 전체로서의 순위이다. 현실 세계에서야 그럴 리 없지만 큰아버지는 3명의 아들밖에 가질 수 없다. 설령 4번째 아들이 태어나도 3번째 아들과 같은 부류가 된다. 나머지 집안의 가장(家長)들도 마찬가지다. 수의 세계에서는 3을 단위로 하나의 마디를 이루기 때문이다. 그런데 이렇게 3을 마디로 하는 (1, 2, 3) 단위 체계 역시 3회를 반복하게 되는데 그 표현을 큰아버지, 작은아버지, 막내 작은아버지로 표현하였다. 작은 마디(節) 3개가 모여서 큰 마디 하나를 이룬다고 보면 된다. 따라서 수의 전개는 (1, 2, 3)으로 첫 마디를 이루고 두 번째 마디로 (4, 5, 6)을 이루고 마지막 3번째 마디로 (7, 8, 9)를 이루면서 끝나게 된다.

이렇게 1에서 시작한 수가 3마디를 거치면서 9에 이르면 최대의 분산 상태가 된다. 9에 이르고 나면 다시 새로운 과정의 1이 시작되는데 이때 9에서 1로 변하는 과정을 나타내려는 수단이 바로 0이다. 차원이 변한 1은 십의 자리로 올라가고 변화과정을 나타내는 0이 일의 자리에 붙어서 10이 되는 것이다. 예를 들어 1되, 2되, 3되에서 9되에 이른 다음 여기에 다시 1되를 더하면 10되가 된다. 그런데 10되라고 말해도 되지만 통상 우리는 그것을 1말이라고 표현한다.

같은 식으로 20되는 2말, 30되는 3말이 된다. 그러면 27되는 뭐라고 할까? 2말 7되라고 하고 36되는 3말 6되라 부른다. 10되나 20되나 30되의 끝자리 0은 이전과는 다른 차원으로 바뀌었다는 표현이다. 이전이 '되[升]' 차원의 세계라면 0이 붙은 이후는 '말[斗]' 차원으로 승화된 것이다. 마치 2차원 평면을 기어 다니던 애벌레가 허물을 벗고 이제 3차원 입체공간으로 날아가는 나비가 된 것과 같다.

한 상태에서 다른 상태로 넘어갈 때(물리학 용어로는 상전이라고 한다), 즉 임계치를 넘어간 것을 표현하려면 어떤 도구(장치)가 필요하다. 가속으로 지구 중력장을 벗어나면 곧바로 무중력의 우주가 시작되는 것처럼, 또 얼음이 0℃ 근방에서 갑자기 물이 되는 것처럼, 어떤 경계치가 존재한다는 말이다. 數에서 이런 경계를 결정짓는 인자(因子)가 바로 0이다.

온도계 눈금이 4℃이든 5℃이든 질적으로는 별반 차이가 없다. 그러나 0℃라는 임계온도를 지나 하강하는 순간 이전과는 전혀 다른 마이너스(−) 세계가 펼쳐진다. 세상이 온통 얼어붙기 시작한다. 0은 이와 같이 양쪽의 경계치를 동시에 밟고서 마법을 부리는 오묘한 숫자이다. 차안(此岸)과 피안(彼岸)을 왕복 운행하는 여객선과도 같다.

엄밀히 말해 0은 숫자라기보다는 도구라는 생각이 들 정도다.

그렇다! 9에 다다른 후, 백척간두(百尺竿頭) 진일보하여 1이 추가되는 순간, 9는 갑자기 10으로 변신한다. 10에 붙어 있는 0은 차원이 변함을 나타내는 기호일 뿐 더 이상 정량(定量)을 표시하는 개념이 아니다. 10은 다른 차원에 존재하는 또 다른 1이다.

이러한 논리로 10은 1로, 20은 2로, 30은 3으로 전환됨과 동시에 뒤에 붙는 차원에 관한 명칭이 달라진다. '되'를 10개 모으면 '말'이 되는 것처럼!

0을 다음과 같이 생각할 수도 있다. 즉 수가 1부터 시작해서 9에 도달한 다음, 다시 한 걸음 더 전진하면, 이제는 완전히 채워졌다는 뜻의 0을 도입하고, 그 앞에 '처음부터 다시 시작한다'는 의미의 1을 붙여 10으로 표현한 것이다. 다시 한 번 반복하지만, 그래서 10은 1과 같다. 단지 차원만 다를 뿐.

'되'와 '말'은 정량적으로 보면 개념(차원)이 다르다. 그러나 정성적 차원(理)으로 넘어가면 같은 개념이라는 것을 잊지 말아야 한다. 즉 10되의 10과 1말의 1이 정성적으로 같은 것이고 정량적으로만 다르다. 뒤에 붙는 차원의 단위(되, 말)가 부리는 마술이다.

이제 다음과 같이 정리하면 된다.

용수(用數)로 사용되는 수는 1부터 9까지 9개의 수를 쓰지만 체(体)를 이루는 수는 1부터 10까지 10개의 수를 써야 한다는 것이다. 체수와 용수가 서로 결합하여 빚어내는 묘한 이치를 아래의 예를 보면서 살펴보자. 1에서 9까지의 각수를 체수로 보고 이 체수에 용수

3을 각각 곱하는 작업이다. 왜 3을 곱하는가? 천부의 수리가 3을 마디로 이루기 때문에 3을 곱한 것이다.

1 2 3			4 5 6			7 8 9		
× 3			× 3			× 3		
3 6 9			12 (1+2)	15 (1+5)	18 (1+8)	21 (2+1)	24 (2+4)	27 (2+7)
3 6 9			3	6	9	3	6	9

결과가 어떤가? 각 그룹이 동일하게 3, 6, 9라는 수로 펼쳐져 나타난다. 거꾸로 3, 6, 9를 다시 3으로 나누면 1, 2, 3으로 환원된다. 따라서 도식에 나타난 것에 의하면, 1, 2, 3도 1, 2, 3이고 4, 5, 6도 1, 2, 3이고 7, 8, 9도 1, 2, 3임을 알 수 있다. 결국 1부터 9까지의 모든 수는 (天1), (地2), (人3)이라는 수가 펼쳐져 분산된 상태의 수라는 사실을 알 수 있다.

이것을 다시 나열해 보자.

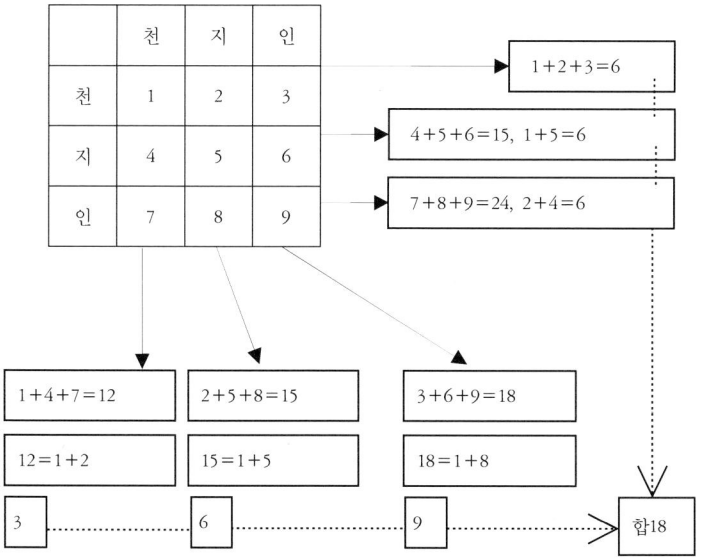

위 그림에서 수평축 천지인의 총합은 각각 6, 6, 6이 되고 이것을 합산하면 18이 된다. 또 수직축 천지인의 총합은 3, 6, 9가 되고 이것의 합산 역시 18이 된다. 18을 단수화하면 1+8=9가 되는데 9는 수의 분산이 극한을 이룬 것이다. 결국, 천지인의 수를 수평, 수직으로 합하면 9라는 수에 겨냥된다는 점이 중요하다. 9는 모든 수가 향하는 최대의 목적지, 다다르고 싶어 하는 최상의 경지, 소위 이상향이라고 해도 좋을 것 같다.

다시 수평축 천지인을 살펴보자.

| 천1 + 지2 + 인3 = 6 |
| 천4 + 지5 + 인6 = 15, 15 = 1 + 5 = 6 |
| 천7 + 지8 + 인9 = 24, 24 = 2 + 4 = 6 |

천지인의 3개의 합(三合)은 6이 된다는 것이 여기서 분명히 드러나고 있다. 천부경의 경문에 나오는 대삼합육(大三合六)의 의미가 바로 이것이다.

이번에는 수직축 천지인을 보자.

| 천천1
지천4
인천7 | 천지2
지지5
인지8 | 천인3
지인6
인인9 |

      ▼   ▼   ▼

     3   6   9

天을 펼친 수는 3이 되고 地를 펼친 수는 6이 되고 人을 펼친 수는 9가 된다. 결국 天을 펼친 天3과 地를 펼친 地6을 더하여 나온 9와 人을 펼친 수가 9가 서로 동일함을 볼 수 있다. 또한 天地人의 펼친 수 3, 6, 9는 人을 펼친 수 3, 6, 9와 동일한데 이는 천부경에 나오는 경문, '人中天地一'에 해당된다.

이것을 다시 정리하면 아래 표와 같다.

천천1	천지2	천인3
지천4	지지5	지인6
인천7	인지8	인인9

위 표에서 보듯이 1에서 시작한 수는 9로의 여정을 거치는데 중도에서 결코 끝나지 않는다. 또 9에 당도해도 그다음 10, 11, 12……18로 이어지고 또다시 19, 20, 21……27로 무한

히 이어진다. 그러나 수의 진행이 아무리 간단(間斷)없이 이어지더라도 단수화하면 결국 1에서 9의 어느 한 수에 속할 수밖에 없다.

천부경의 경문에 '일시무시일, 일종무종일(一始無始一, 一終無終一)'은 이처럼 시종(始終)이 없이 무한히 이어지는 수의 무한 영속성을 표현하고 있다. 아래의 표에 이러한 수의 무한성의 일부를 나열해 보았다. 회색 음영으로 처리된 것은 단수화한 값이다.

01 (0+1)	02 (0+2)	03 (0+3)	04 (0+4)	05 (0+5)	06 (0+6)	07 (0+7)	8 (0+8)	09 (0+9)
1	2	3	4	5	6	7	8	9
10 (1+0)	11 (1+1)	12 (1+2)	13 (1+3)	14 (1+4)	15 (1+5)	16 (1+6)	17 (1+7)	18 (1+8)
1	2	3	4	5	6	7	8	9
19 (1+9) 10 (1+0)	20 (2+0)	21 (2+1)	22 (2+2)	23 (2+3)	24 (2+4)	25 (2+5)	26 (2+6)	27 (2+7)
1	2	3	4	5	6	7	8	9
28 (2+8) 10 (1+0)	29 (2+9) 11 (1+1)	30 (3+0)	31 (3+1)	32 (3+2)	33 (3+3)	34 (3+4)	35 (3+5)	36 (3+6)
1	2	3	4	5	6	7	8	9
37 (3+7) 10 (1+0)	38 (3+8) 11 (1+1)	39 (3+9) 12 (1+2)	40 (4+0)	41 (4+1)	42 (4+2)	43 (4+3)	44 (4+4)	45 (4+5)
1	2	3	4	5	6	7	8	9
46 (4+6) 10 (1+0)	47 (4+7) 11 (1+1)	48 (4+8) 12 (1+2)	49 (4+9) 13 (1+3)	50 (5+0)	51 (5+1)	52 (5+2)	53 (5+3)	54 (5+4)
1	2	3	4	5	6	7	8	9

이와 같이 어떤 수를 단수화하면, 1에서 9까지의 진행이라는 것을 알 수 있다.

초등학생의 수학에서 배우는 구구단표에 10단이 추가된 십십단표(필자가 명명함)를 도입하여 수의 무한성을 비교해 볼 단계가 되었다. 아래는 십십단표이다.

	1단	2단	3단	4단	5단
	$1\times1=1$	$2\times1=2$	$3\times1=3$	$4\times1=4$	$5\times1=5$
	$1\times2=2$	$2\times2=4$	$3\times2=6$	$4\times2=8$	$5\times2=10$
	$1\times3=3$	$2\times3=6$	$3\times3=9$	$4\times3=12$	$5\times3=15$
	$1\times4=4$	$2\times4=8$	$3\times4=12$	$4\times4=16$	$5\times4=20$
	$1\times5=5$	$2\times5=10$	$3\times5=15$	$4\times5=20$	$5\times5=25$
	$1\times6=6$	$2\times6=12$	$3\times6=18$	$4\times6=24$	$5\times6=30$
	$1\times7=7$	$2\times7=14$	$3\times7=21$	$4\times7=28$	$5\times7=35$
	$1\times8=8$	$2\times8=16$	$3\times8=24$	$4\times8=32$	$5\times8=40$
	$1\times9=9$	$2\times9=18$	$3\times9=27$	$4\times9=36$	$5\times9=45$
	$1\times1=10$	$2\times10=20$	$3\times10=30$	$4\times10=40$	$5\times10=50$
합	55	110	165	220	275
	$(5+5=10)$ $(1+0=1)$	$(1+1+0=2)$	$(1+6+5=12)$ $1+2=3$	$(2+2+0=4)$	$(2+7+5=14)$ $(1+4=5)$
단수	1	2	3	4	5

	6단	7단	8단	9단	10단
	$6\times1=6$	$7\times1=7$	$8\times1=8$	$9\times1=9$	$10\times1=10$
	$6\times2=12$	$7\times2=14$	$8\times2=16$	$9\times2=18$	$10\times2=20$
	$6\times3=18$	$7\times3=21$	$8\times3=24$	$9\times3=27$	$10\times3=30$
	$6\times4=24$	$7\times4=28$	$8\times4=32$	$9\times4=36$	$10\times4=40$
	$6\times5=30$	$7\times5=35$	$8\times5=40$	$9\times5=45$	$10\times5=50$
	$6\times6=36$	$7\times6=42$	$8\times6=48$	$9\times6=54$	$10\times6=60$
	$6\times7=42$	$7\times7=49$	$8\times7=56$	$9\times7=63$	$10\times7=70$
	$6\times8=48$	$7\times8=56$	$8\times8=64$	$9\times8=72$	$10\times8=80$
	$6\times9=54$	$7\times9=63$	$8\times9=72$	$9\times9=81$	$10\times9=90$
	$6\times10=60$	$7\times10=70$	$8\times10=80$	$9\times10=90$	$10\times10=100$
합	330	385	440	495	550
	$(3+3+0=6)$	$(3+8+5=16)$ $(1+6=7)$	$(4+4+0=8)$	$(4+9+5=18)$ $(1+8=9)$	$(5+5+0=10)$ $(1+0=1)$
단수	6	7	8	9	1
총합수	$3,025=3+0+2+5=10,\ 1+0=1$ ∴ 3,025를 단수화하면 1				

각 수에 곱셈 법칙을 적용하여 펼쳐진 수의 총합은 각 수의 본체로 드러남을 알 수 있다. 본체로 드러난다는 말이 무슨 뜻인가?

예를 들어 1단의 규칙은 1부터 10까지 각각의 수에 1을 곱하는 것이다. 그 결과 산출된 값을 전부 더하면 55가 되고 55는 5+5이므로 10이 되며 10은 다시 1+0이 되니 최종적으로 1이 나온다. 즉 55를 단수화하면 1이 된다는 것이다. 이 1이 곧 1단이라는 본체와 같다는 말이다. 나머지 2단부터 10단까지의 과정도 1단과 똑같은 논리이다.

또 1단부터 10단까지 도출된 값을 전부 더하여 총합을 구하면 3,025가 된다. 역시 3,025를 단수로 전환하면 3+0+2+5가 되니 10이 나오고 10은 1+0으로 역시 1이 된다. 3,025를 단수화해도 역시 1이 된다는 사실이다. 또한 3,025에 3,025를 곱해도 마찬가지다.

$$3,025 \times 3,025 = 9,150,625 = 9+1+5+0+6+2+5 = 28 = 2+8 = 10 = 1+0 = 1$$

1단부터 10단까지 확대해서 펼쳐도 그 합을 단수화하면 1이 됨을 알았다. 1~10까지의 10수를 10가지로 변화시켜도 1이라는 한계를 벗어나지 못함을 알 수 있다. 여기에는 아주 심오한 뜻이 담겨 있다. "1은 시작이면서 시작이 없는 1이요, 또한 1은 마지막이면서 마지막이 없는 1"이라고 한 천부경의 첫 문장과 마지막 문장(一始無始一, 一終無終一)은 1의 속성을 단적으로 표현한 것이라고 할 수 있다.

그런데 만일 10단을 제외하고 1단부터 9단까지의 합수는 어떤 결과가 나올까? 그 합수는 2,475가 된다. 단수화하면 2,475 = 2+4+7+5 = 18, 18 = 1+8은 9가 된다. 9단까지는 최대로 확대된 수 9로 귀결된다. 10단으로 차원이 바뀌는 순간, 1이라는 단수로 환원되어 다시 시작됨을 알 수 있다.

구구단을 이용하여 단수의 논리를 다시 한 번 총 점검해 보자. 위에 제시한 십십단표를 참고하면서 숫자를 더욱 확대시켜 보자. 아래는 10단을 넘어 18단까지 확대해서 비교하는 과정이다.

■1단과 10단의 합은 단수화하면 서로 동일하다.

1단		단수	10단	단수
1×1=01		1	10×1=10	1
1×2=02		2	10×2=20	2
1×3=03		3	10×3=30	3
1×4=04		4	10×4=40	4
1×5=05		5	10×5=50	5
1×6=06		6	10×6=60	6
1×7=07		7	10×7=70	7
1×8=08		8	10×8=80	8
1×9=09		9	10×9=90	9
1×10=10		1	10×10=100	1
합	55	46	550	46
단수	1	1	1	1

■2단과 11단의 합은 단수화하면 서로 동일하다.

2단	단수	11단	단수
2×1=02	2	11×1=11	2
2×2=04	4	11×2=22	4
2×3=06	6	11×3=33	6
2×4=08	8	11×4=44	8
2×5=10	1	11×5=55	1
2×6=12	3	11×6=66	3
2×7=14	5	11×7=77	5
2×8=16	7	11×8=88	7
2×9=18	9	11×9=99	9
2×10=20	2	11×10=110	2
합 110(11)	47(11)	605(11)	47(11)
단수 2	2	2	2

■3단과 12단의 합은 단수화하면 서로 동일하다.

3단	단수	12단	단수
3×1=03	3	12×1=12	3
3×2=06	6	12×2=24	6
3×3=09	9	12×3=36	9
3×4=12	3	12×4=48	3
3×5=15	6	12×5=60	6
3×6=18	9	12×6=72	9
3×7=21	3	12×7=84	3
3×8=24	6	12×8=96	6
3×9=27	9	12×9=108	9
3×10=30	3	12×10=120	3
합 165(12)	48(12)	660(12)	48(12)
단수 3	3	3	3

■ 4단과 13단의 합은 단수화하면 서로 동일하다.

4단		단수	13단	단수
4×1＝04		4	13×1＝13	4
4×2＝08		8	13×2＝26	8
4×3＝12		3	13×3＝39	3
4×4＝16		7	13×4＝52	7
4×5＝20		2	13×5＝65	2
4×6＝24		6	13×6＝78	6
4×7＝28		1	13×7＝91	1
4×8＝32		5	13×8＝104	5
4×9＝36		9	13×9＝117	9
4×10＝40		4	13×10＝130	4
합	220(4)	49(13)	715(13)	49(13)
단수	4	4	4	4

■ 5단과 14단의 합은 단수화하면 서로 동일하다.

5단		단수	14단	단수
5×1＝05		5	14×1＝14	5
5×2＝10		1	14×2＝28	1
5×3＝15		6	14×3＝42	6
5×4＝20		2	14×4＝56	2
5×5＝25		7	14×5＝70	7
5×6＝30		3	14×6＝84	3
5×7＝35		8	14×7＝98	8
5×8＝40		4	14×8＝112	4
5×9＝45		9	14×9＝126	9
5×10＝50		5	14×10＝140	5
합	275(14)	50(5)	770(14)	50(5)
단수	5	5	5	5

■6단과 15단의 합은 단수화하면 서로 동일하다.

6단	단수	15단	단수
6×1＝06	6	15×1＝15	6
6×2＝12	3	15×2＝30	3
6×3＝18	9	15×3＝45	9
6×4＝24	6	15×4＝60	6
6×5＝30	3	15×5＝75	3
6×6＝36	9	15×6＝90	9
6×7＝42	6	15×7＝105	6
6×8＝48	3	15×8＝120	3
6×9＝54	9	15×9＝135	9
6×10＝60	6	15×10＝150	6
합 330(6)	51(6)	825(15)	51(6)
단수 6	6	6	6

■7단과 16단의 합은 단수화하면 서로 동일하다.

7단	단수	16단	단수
7×1＝07	7	6×1＝16	7
7×2＝14	5	16×2＝32	5
7×3＝21	3	16×3＝48	3
7×4＝28	1	16×4＝64	1
7×5＝35	8	16×5＝80	8
7×6＝42	6	16×6＝96	6
7×7＝49	4	16×7＝112	4
7×8＝56	2	16×8＝128	2
7×9＝63	9	16×9＝144	9
7×10＝70	7	16×10＝160	7
합 385(16)	52(7)	880(16)	52(7)
단수 7	7	7	7

■8단과 18단의 합은 단수화하면 서로 동일하다.

8단		단수	17단	단수
8×1＝08		8	17×1＝17	8
8×2＝16		7	17×2＝34	7
8×3＝24		6	17×3＝51	6
8×4＝32		5	17×4＝68	5
8×5＝40		4	17×5＝85	4
8×6＝48		3	17×6＝102	3
8×7＝56		2	17×7＝119	2
8×8＝64		1	17×8＝136	1
8×9＝72		9	17×9＝153	9
8×10＝80		8	17×10＝170	8
합	440(8)	53(8)	935(17)	53(8)
단수	8	8	8	8

■9단과 18단의 합은 단수화하면 서로 동일하다.

9단		단수	18단	단수
9×1＝09		9	8×1＝18	9
9×2＝18		9	18×2＝36	9
9×3＝27		9	18×3＝54	9
9×4＝36		9	18×4＝72	9
9×5＝45		9	18×5＝90	9
9×6＝54		9	18×6＝108	9
9×7＝63		9	18×7＝126	9
9×8＝72		9	18×8＝144	9
9×9＝81		9	18×9＝162	9
9×10＝90		9	18×10＝180	9
합	495(18)	54(9)	990(18)	54(9)
단수	9	9	9	9

이상과 같이 십십단의 원리를 10단부터 18단까지 비교해 본 결과 짝을 이룬 2그룹은 단수가 서로 동일하다는 것을 알게 되었다. 지면을 아끼기 위해서 더 이상 진행하지 않았을 뿐, 19단부터 27단까지를 비교해 보아도 단수의 논리는 똑같이 적용된다. 결국 수는 1에서 시작하여 9까지 진행되는데 그러나 그 이상으로 연역하여(부풀려, 衍) 나가도 단수 논리로 따져 보면 1과 9 사이를 왕복하면서 무한 반복함을 알 수 있다. 십십단을 점검하면서 또 다른 특징이 있다는 것도 아울러 알고 있어야 한다. 즉 5단과 10단의 특이성이다. 십십단은 체와 용으로 나눌 수 있는데 5단과 10단은 체가 되고 나머지 단은 용이 된다. 먼저 체가 되는 5단과 10단의 본수는 5와 0이다. 반면에 용이 되는 1단과 9단, 2단과 8단, 3단과 7단, 4단과 6단에서 도출되는 본수 수열은 순방향과 역방향의 조합으로 되어 있다.

■ 1단과 9단을 살펴보자($1+9=10=0$).

$1 \times 1 = 01$		$9 \times 1 = 09$		$1+9=10$ 본수: 0
$1 \times 2 = 02$		$9 \times 2 = 18$		$2+8=10$ 　　　 0
$1 \times 3 = 03$		$9 \times 3 = 27$		$3+7=10$ 　　　 0
$1 \times 4 = 04$		$9 \times 4 = 36$		$4+6=10$ 　　　 0
$1 \times 5 = 05$		$9 \times 5 = 45$		$5+5=10$ 　　　 0
$1 \times 6 = 06$		$9 \times 6 = 54$		$6+4=10$ 　　　 0
$1 \times 7 = 07$		$9 \times 7 = 63$		$7+3=10$ 　　　 0
$1 \times 8 = 08$		$9 \times 8 = 72$		$8+2=10$ 　　　 0
$1 \times 9 = 09$	▼	$9 \times 9 = 81$	▼	$9+1=10$ 　　　 0

1단은 1, 2, 3, 4, 5, 6, 7, 8, 9로 진행하고 9단의 본수는 9, 8, 7, 6, 5, 4, 3, 2, 1로 역진행이다. 그리고 1단과 9단의 각항을 더하면 위와 같이 본수가 0이 된다.

■ 2단과 8단을 살펴본다(2＋8＝10＝0).

2×1＝02		8×1＝08		2＋8＝10 본수: 0	
2×2＝04		8×2＝16		4＋6＝10	0
2×3＝06		8×3＝24		6＋4＝10	0
2×4＝08		8×4＝32		8＋2＝10	0
2×5＝10		8×5＝40		0＋0＝0	0
2×6＝12		8×6＝48		2＋8＝10	0
2×7＝14		8×7＝56		4＋6＝10	0
2×8＝16		8×8＝64		6＋4＝10	0
2×9＝18	▼	8×9＝72	▼	8＋2＝10	0

2단은 2, 4, 6, 8, 0, 2, 4, 6, 8로 진행하고, 8단의 본수는 8, 6, 4, 2, 0, 8, 6, 4, 2로 역진행이다. 그리고 2단과 8단의 각 본수 항을 더하면 위와 같이 본수가 0이 된다.

■ 3단과 7단을 살펴본다(3＋7＝10＝0).

3×1＝03		7×1＝07		3＋7＝10 본수: 0	
3×2＝06		7×2＝14		6＋4＝10	0
3×3＝09		7×3＝21		9＋1＝10	0
3×4＝12		7×4＝28		2＋8＝10	0
3×5＝15		7×5＝35		5＋5＝10	0
3×6＝18		7×6＝42		8＋2＝10	0
3×7＝21		7×7＝49		1＋9＝10	0
3×8＝24		7×8＝56		4＋6＝10	0
3×9＝27	▼	7×9＝63	▼	7＋3＝10	0

3단은 3, 6, 9, 2, 5, 8, 1, 4, 7로 진행되고, 7단의 본수는 7, 4, 1, 8, 5, 2, 9, 6, 3으로 역진행이다. 그리고 3단과 7단의 본수 각항을 더하면 위와 같이 본수가 0이 된다.

■4단과 6단을 살펴본다(4+6=10=0).

4×1=04	6×1=06	4+6=10 본수: 0
4×2=08	6×2=12	8+2=10 0
4×3=12	6×3=18	2+8=10 0
4×4=16	6×4=24	6+4=10 0
4×5=20	6×5=30	0+0=0 0
4×6=24	6×6=36	4+6=10 0
4×7=28	6×7=42	8+2=10 0
4×8=32	6×8=48	2+8=10 0
4×9=36 ▼	6×9=54 ▼	6+4=10 0

　4단은 4, 8, 2, 6, 0, 4, 8, 2, 6으로 진행되고 6단의 본수는 6, 2, 8, 4, 0, 6, 2, 8, 4로 역진행이다. 그리고 4단과 6단의 각항을 더하면 위와 같이 본수가 0이 된다.

　이상에서 보는 바와 같이 수의 진행이 서로 순역으로 되어 있는 것은 앞서 사상수에서 살펴본 손가락셈과 같은 논리가 적용됨을 알 수 있다. 즉 1과 9, 2와 8, 3과 7, 4와 6을 나타내는 손가락의 모양이 동일한 것과 같은 이치이다. 한 손에 있는 5개의 손가락을 펴고 접는 동작을 합하면 10이 된다. 그런데 접는 동작을 취하는 이면에 펴는 동작이 이미 내포되어 있다는 것은 전술한 대로이다. 다만 진행방향만 서로 다를 뿐이다. 즉 한 가지 손가락 모양에 내면적 뜻과 동시에 외면적 뜻을 동시에 가지는 양면성 의미를 띠고 있는 것이다. 따라서 곧 하나의 손가락 모양에 2개의 숫자가 배속되는 결과를 낳게 되니 1과 9는 태양, 2와 8은 소음, 3과 7은 소양, 그리고 4와 6은 태음이라고 명명한 것이다. 이 중에서 1, 2, 3, 4는 생수가 되고 6, 7, 8, 9는 성수인데 생수의 진행방향과 성수의 진행방향은 서로 반대가 될 수밖에 없다. 이것은 마치 사람이 거울 안을 들여다볼 때 좌우측이 서로 반대로 바뀌는 이치와 같다. 그러므로 1부터 10까지의 수에서, 서로 결합하여 합이 10이 되는 수끼리는 필연적으로 친밀감을 가지고 뭉치게 되어 있는 것이다.

　쉘 실버스타인이 쓴 『잃어버린 조각을 찾아서』라는 동화는 조각을 잃어버린 동그라미가 자기에게 딱 맞는 조각을 찾아가는 여정이다.

　더도 덜도 아닌, 자기에게 딱 맞는 짝을 찾아야 완전한 동그라미가 되어 원만한 생을 영위하게 된다는 것이 이 글의 주제이다. 친구, 부부, 사제(師弟) 등 우리가 얽힌 수많은 관계가 있지만 소위 '궁합'이 맞아야 원만한 관계가 형성된다. 좌우 굽창 차이가 나면 절룩거리게 되어 있다. 3이 7을 만나야 정합(整合)인데 만일 6을 만나면 모자라고, 8을 만나면 남아도니 덜컹거리지 않을 수 없다. 동양학에서 두 수가 만나서 10이라는 수를 형성하는 것이 이처럼 중요한 의미가 있다. 앞서 한 번 거론했던 천부수리 도표의 해석법에 대해 연구해 보자.

	天	地	人
天	天天1	天地2	天人3
地	地天4	地地5	地人6
人	人天7	人地8	人人9

이 표를 세로축으로 분해하여 그 의미를 새겨 보자.

민저 1, 4, 7로 이루어지는 친수를 보자.

	天		
天	天天1		
地	地天4		
人	人天7		

■1은 하늘에 있는 하늘 기운이다(천천).

■4는 하늘에 있는 땅의 기운이다(지천).

■7은 하늘에 있는 사람 기운이다(인천).

하늘에는 순수한 하늘 기운으로서 천천1이 존재한다.

이 천천1이 땅으로 내려오면 지천4로 분화 팽창하고,

또 천천1이 땅을 거쳐 人으로 내려오면 인천7로 분화 팽창한다.

이처럼 1에서 4로, 4에서 7로 3의 공차(公差)를 가지고 증가한다.

두 번째로 2, 5, 8로 이루어지는 지수를 보자.

		地	
天		天地2	
地		地地5	
人		人地8	

■2는 땅에 있는 하늘 기운이다(천지).

■5는 땅에 있는 땅 기운이다(지지).

■8은 땅에 있는 사람 기운이다(인지).

5는 땅에 있는 순수 땅기운이다(지지). 지지5가 하늘로 올라가면 천지2로 축소 수렴되고(천지), 또 사람으로 내려오면 인지8로 분화 팽창한다(인지).

마지막으로 3, 6, 9로 이루어지는 인수를 보자.

			人
天			天人3
地			地人6
人			人人9

- ■3은 사람이 가지고 있는 하늘 기운이다(천인).
- ■6은 사람이 가지고 있는 땅 기운이다(지인).
- ■9는 사람이 가지고 있는 사람 기운이다(인인).

9는 사람이 본성적으로 지니고 있는 사람 기운이다(인인).

이 9가 땅으로 올라가면 지인6으로 축소 수렴되고(지인)(필자 주: 사람을 중심으로 하늘도 위에 있고 땅도 위에 있다고 생각하면 '땅으로 올라간다'는 표현이 맞다), 또 6을 거쳐 하늘로 올라가면 천인3으로 축소 수렴된다(천인).

이번에는 가로축으로 분해해서 설명해 보자.

	天	地	人
天	天天1	天地2	天人3

- ■1은 하늘에 있는 하늘 기운이다(천천).
- ■2는 땅에 있는 하늘 기운이다(천지).
- ■3은 사람이 가지고 있는 하늘 기운이다(천인).

하늘에 하늘기운이 있고(천천), 땅에 하늘기운이 있고(천지), 사람에게 하늘기운이 들어 있다(천인).

천천은 1이고 지천은 2이므로 지천이 천천의 2배인가? 그렇지 않다. 천천이라는 한 덩어리(1)가 $\frac{1}{2}$씩 2개로 갈라진 것이 천지2의 뜻이다.

마찬가지로 천천이라는 한 덩어리(1)가 $\frac{1}{3}$씩 3개로 갈라진 것이 천인3의 뜻이다.

그 아래를 보자.

	天	地	人
地	地天4	地地5	地人6

■4는 하늘에 있는 땅의 기운이다(지천).

■5는 땅에 있는 땅 기운이다(지지).

■6은 사람이 가지고 있는 땅 기운이다(지인).

마지막 가로줄을 보자.

	天	地	人
人	人天7	人地8	人人9

■7은 하늘에 있는 사람 기운이다(인천).

■8은 땅에 있는 사람 기운이다(인지).

■9는 사람이 가지고 있는 사람 기운이다(인인).

이상의 내용은 본 저서의 말미에 나오는 천부경 이해에 아주 필수적인 사항이므로 반드시 기억하고 있어야 한다.

다시 십십단으로 돌아가 보자.

우선 본수의 입장에서 공통점이 있는 것끼리 묶어 보자. 1에서 10까지 수 중 양수는 1, 3, 5, 7, 9이고 음수는 2, 4, 6, 8, 10이다. 십십단 가운데 체가 되는 5단과 10단을 제외하면 양의 단(段)은 1, 3, 7, 9단이고, 음의 단(段)은 2, 4, 6, 8단이다. 양의 단끼리 혹은 음의 단끼리 가지는 공통점이 없을까? 1, 3, 7, 9단에서 나타나는 본수는 1, 2, 3, 4, 5, 6, 7, 8, 9라는 9개의 수가 모두 망라된다. 그러나 2, 4, 6, 8단에서 나타나는 본수는 0, 2, 4, 6. 8만 나타난다. 양단(1, 3, 7, 9)에서 나타나는 수열이 중요한 의미를 지닌다. 그렇다고 음단(2, 4, 6, 8)이 중요하지 않다는 뜻은 아니다.

우선 양단에서 본수만 따져 보자.

■1단에서 본수는 1, 2, 3, 4. 5, 6, 7, 8, 9인데 천부수리 논리로 보면 (1.2.3), (4.5.6), (7.8.9)로 묶을 수 있다.

■3단에서 본수는 (3.6.9), (2.5.8), (1.4.7)이 되는데 이는 곧 인지천 순서이다.

■7단에서 본수는 (7.4.1), (8.5.2), (9.6.3)이 되는데 이는 천지인 순서에 역수(逆數)순까지 겸했다. 역수 순이란 가령 (1.4.7)순이 아니고 (7.4.1)순이란 말이다.

■9단에서 본수는 (9.8.7), (6.5.4), (3.2.1)로 묶을 수 있다.

그런데 삼천양지(三天兩地)에서 陽을 대표하는 수 3을 곱하면 어떤 결론이 나오는지 보자.

1단의 각수 1, 2, 3, 4, 5, 6, 7, 8, 9에 각각 3을 곱하면 3, 6, 9, 12, 15, 18, 21, 24, 27이니 3단이 도출되어 나온다. 또, 3단의 각 수 3, 6, 9, 12, 15, 18, 21, 24, 27에 각각 3을 곱하면 9, 18, 27, 36, 45, 54, 63, 72, 81이니 9단이 도출되어 나온다.

이제 9단의 각수 9, 18, 27, 36, 45, 54, 63, 72, 81에 3을 각각 곱하여 본수를 추출해 보면 27(7), 54(4), 81(1), 108(8), 135(5), 162(2), 189(9), 216(6), 243(3)이니 본수만 쓰면 7, 4, 1, 8, 5, 2, 9, 6, 3이 되어 7단이 도출됨을 알 수 있다.

마지막으로 7단의 각수에 3을 곱하면 어떻게 되는지 살펴보자.

7단의 각수 7, 14, 21, 28, 35, 42, 49, 56, 63에 각각 3을 곱하면 21(1), 42(2), 63(3), 84(4), 105(5), 126(6), 147(7), 168(8), 189(9)가 되니 처음의 1단의 수가 도출됨을 알 수 있다. 7단의 본수, 7, 4, 1, 8, 5, 2, 9, 6, 3에 각각 3을 곱해도 역시 1, 2, 3, 4, 5, 6, 7, 8, 9라는 1단이 도출되니 같은 결론에 다다른다.

여기에서 중요한 사실 하나가 드러난다. 눈치 빠른 독자는 이미 알아차렸을 것이다. 십십단에서 양 단(段)에 각각 3을 곱하면 1단은 3단으로, 3단은 9단으로, 9단은 7단으로 그리고 7단은 1단으로 다시 환원된다.

이것을 낙서의 그림과 비교해 보자.

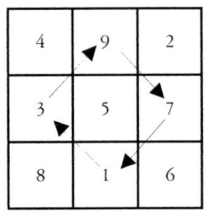

낙서에서 양수는 위 그림에서 보듯이 1→3→9→7→1로 좌선한다. 이것은 낙서를 이루는 양수의 좌선(左旋)이 십십단에서 양의 단과 서로 밀접한 관련이 있다는 것이다. 이로써 낙서에서 양수가 좌선하는 것이 참(眞)이라는 사실이 십십단에서 다시 한 번 증명된 것이다.

다음으로 음의 단을 살펴보자. 실제로 해 보지 않아도 양의 단과 같은 논리가 적용될 것을 예상할 수 있으리라.

■2단에서 본수를 추출해 보면 2, 4, 6, 0, 6, 8이다.

■4단에서 본수를 추출하면 4, 8, 2, 6, 0, 4, 8, 2, 6이다.

■6단에서 본수를 추출하면 6, 2, 8, 4, 0, 6, 2, 8, 4이다.

■8단에서 본수를 추출하면 8, 6, 4, 2, 0, 8, 6, 4, 2이다.

이번에는 삼천양지(三天兩地)에서 음을 대표하는 수 2를 2단의 각 수에 각각 곱하면 4, 8, 12(2), 16(6), 20(0), 24(4), 28(8), 32(2), 36(6)이니 4단이 나오는 것을 알 수 있다. 이번에는 4단의 각수에 2를 각각 곱하면 8, 16(6), 24(4), 32(2), 40(0), 48(8), 56(6), 64(4), 72(2)이니 8단이 나온다. 또, 8단의 각수에 2를 각각 곱하면 16(6), 32(2), 48(8), 64(4), 80(0), 96(6),

112(2), 128(8), 144(4)가 되니 6단이 도출된다. 마지막으로 6단의 각수에 2를 곱하면 12(2), 24(4), 36(6), 48(8), 60(0), 72(2), 84(4), 96(6), 108(8)이니 다시 2단으로 환원됨을 알 수 있다. 이것을 역시 낙서에서 관찰하면 아래와 같다.

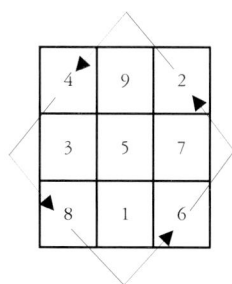

이상의 사실을 기본으로 하여 천부수리에 대하여 집중 탐구해 보자.

위에서 언급한 양의 단, 즉 1단, 3단, 7단, 9단을 다시 한 번 상기해 보자.

천부수리와 중요한 연관을 갖는 것은 양의 단이고 그중에서도 1단과 3단이 중요한 의미를 갖는다. 왜냐하면 동양철학에서 수의 근간은 1에서 시작하여 2를 거쳐 3에서 끝나기 때문이다.

그렇다. 십십단 중에서 1단과 3단이 천부수리적 논리를 구성하는 삼원론의 입장에서 아주 중요한 도구로써 사용된다.

1	2	3
4	5	6
7	8	9

위의 표에서,

가로축 (1.2.3), (4.5.6), (7.8.9)는 삼단계로 이루어진 구조이면서 천부수리의 체가 된다. 세로축 (1.4.7), (2.5.8), (3.6.9)는 삼재, 즉 天地人이 확대 팽창되어 펼쳐진 수로 천부수리의 용이 된다.

그런데 이것을 십십단과의 관계로 고찰해 보자.

■ 제1단(段)의 본수가 1, 2, 3, 4, 5, 6, 7, 8, 9로 나타나는 것은 천부수리도의 가로축 (1.2.3), (4.5.6), (7.8.9)가 天地人이라는 삼단계로 진행되는 것을 단적으로 나타내는 것이다. 즉 (1.2.3)이 1단계, (4.5.6)이 2단계, (7.8.9)가 3단계라는 말이다.

■ 또 제3단(段)의 본수가 (3.6.9), (2.5.8), (1.4.7)로 나타나는 것은 천부수리도의 세로축이 人地天이라는 삼단계로 펼쳐진 수라는 것을 보여 주는 것이다. 즉 (3.6.9)가 인수이고, (2.5.8)이 지수이고, (1.4.7)이 천수라는 말이다.

그런데 여기서 한 가지 의문이 생긴다. 십십단의 제1단, (1.2.3), (4.5.6), (7.8.9)가 천지인 순서로 나타나는 데 비해 제3단, (3.6.9), (2.5.8), (1.4.7)은 왜 인지천의 순서로 나타나는가 하는 문제이다.

혼란을 피하기 위해서 짚고 넘어갈 사항이 하나 있다. 제1단, (1.2.3), (4.5.6), (7.8.9)는 큰 범주로 보면 天數에 속한다. 그런데 이것을 3개로 나누어 보면 다시 (1.2.3)이 天에 속하고 (4.5.6)이 地에 속하고, (7.8.9)가 人에 속한다. 마찬가지로 제3단, (3.6.9), (2.5.8), (1.4.7)도 큰 범주로 보면 人數에 속하지만 세부적으로 살며보면 (3.6.9)는 人數, (2.5.8)은 地數, (1.4.7)은 天數로 구분한다. 이제 여기서 천인합일(天人合一)의 개념이 나타난다. 이것이 위에 제기한 문제의 대답이다. 즉 제1단에서 (1.2.3)은 큰 범주에 속한 천수인데 이는 제3단에서 인수와 天人合一하니 (3.6.9)가 먼저 나타나는 것이다. 아래 그림에 예시한다.

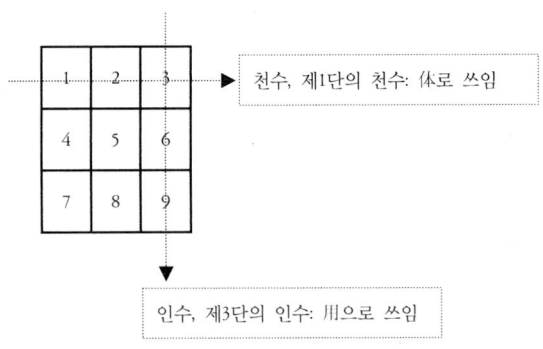

마찬가지로 제1단의 (4.5.6)은 큰 범주로 천수이고 체가 되며 이에 대응하는 제3단의 (2.5.8)은 人數이며 용으로 쓰이고 있는데 역시 서로 천인합일로 체용관계를 형성하고 있다.

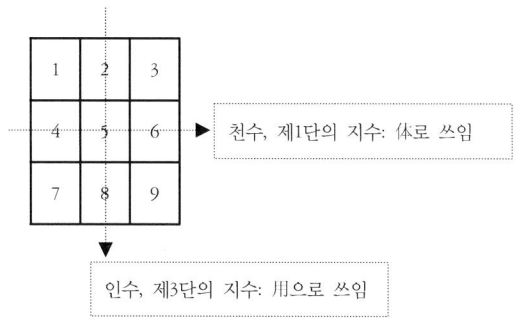

마지막으로 제1단의 (7.8.9)는 제1단의 천수이며 체가 되고, 이에 대응하는 제3단의 (1.4.7)은 인수이며 용으로 쓰이고 있으며 서로 천인합일로 체용관계이다.

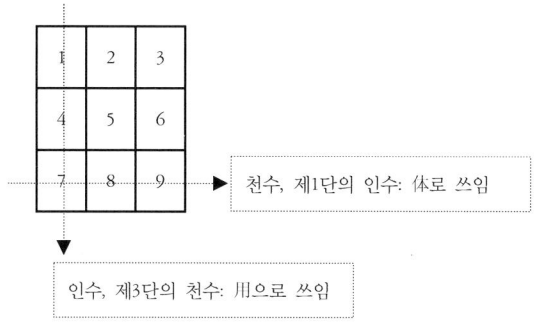

종합해 보면,

십십단의 제1단은 天의 단계를, 제3단(段)은 人의 단계라는 것을 암암리에 내비치고 있다. 제1단은 天地人의 순서로 진행되고 제3단은 1단과 천인합일에 따라 人地天의 순서로 진행된다.

결론적으로 다음과 같이 정리할 수 있다.

■ 십십단의 제1단은 天의 수이고 제3단은 人의 수라는 것이다.

■ 수의 体는 1이고 수의 用은 3이란 것은 즉 1은 3이고 3이 1이라는 삼원론의 이치를 말하고 있다.

다음에는 십십단에서 가장 특징적인 모습을 띤 9단의 숫자 진행방향을 살펴보자.

1항	9×1=09	09
2항	9×2=18	18
3항	9×3=27	27
4항	9×4=36	36
5항	9×5=45	45
6항	9×6=54	54
7항	9×7=63	63
8항	9×8=72	72
9항	9×9=81	81
10항	9×10=90	90

위의 우측 그림을 보면,

십의 자리 수는 위에서 아래로 0, 1, 2, 3, 4, 5, 6, 7, 8, 9의 순방향 진행이고,

일의 자리 수는 위에서 아래로 9, 8, 7, 6, 5, 4, 3, 2, 1, 0의 역방향 진행이다.

그런데 좌측 그림을 상하로 반반씩 나눠서 볼 수도 있다. 즉 1항부터 5항까지를 한 그룹으로, 그리고 6항부터 10항까지를 또 한 그룹으로 나누는 것이다. 그러면 아래와 같은 도식이 나타난다. 여기에는 중요한 의미가 함축되어 있다.

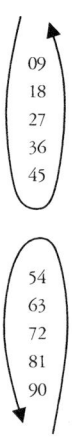

1항에서 5항까지의 수를 보면 09, 18, 27, 36, 45로 진행되는데 10의 자리는 0, 1, 2, 3, 4의 순방향 진행이고, 1의 자리는 9, 8, 7, 6, 5로 역방향 진행이다. 1자리 수와 10자리 수가 서로 반대방향으로 진행되고 있음을 볼 수 있다. 그러면 위 그림의 화살표방향처럼 시계방향과 반대로 돌아가는 환(環) 구조가 만들어진다. 6항에서 10항까지는 54, 63, 72, 81, 90

으로 진행되는데 1항에서 5항까지와는 정반대의 환 구조가 만들어진다. 수의 배열도 정반대이다. 6항의 54는 5항의 45와, 7항의 63은 4항의 36과, 8항의 72는 3항의 27과, 9항의 81은 2항의 18과, 10항의 90은 1항의 09와 숫자의 배열이 뒤바뀌어 있다. 여기에는 의미심장한 수 철학이 내포되어 있다. 즉 1, 2, 3, 4, 5의 생수가 진행되는 방향과 6, 7, 8, 9, 10의 성수가 진행되는 방향이 서로 다르다는 것이다.

말이 나온 김에 앞서 언급한 적이 있는 수의 체용에 대해서 간략히 짚고 넘어가자. 1에서 10까지의 수 가운데 체와 용을 나누는 문제이다.

결론부터 말하면,

■ 5와 10을 체로 보고 나머지 1, 2, 3, 4, 6, 7, 8, 9를 용으로 보는 방법과
■ 5와 6을 체로 보고 나머지 1, 2, 3, 4, 7, 8, 9, 10을 용으로 보는 방법, 두 가지가 있다.

제9단에서 나타나는 수의 배열을 다시 한 번 도식해 보자.
본수의 변화 과정을 살펴보면, 다음과 같다.

1항	2항	3항	4항	5항	
9×1=09	9×2=18	9×3=27	9×4=36	9×5=45	(9 8 7 6 5)
10항	9항	8항	7항	6항	
9×10=90	9×9=81	9×8=72	9×7=63	9×6=54	(0 1 2 3 4)

위는 9, 8, 7, 6, 5의 순인데 큰 수에서 작은 수로의 진행이다.

아래는 4, 3, 2, 1, 0의 순으로 큰 수에서 작은 수로의 진행인데 역방향이다. 그런데 1항과 10항이 09와 90이고 2항과 9항은 18과 81로 수의 위치가 서로 거꾸로 되어 있다. 이처럼 1과 10, 2와 9, 3과 8, 4와 7, 5와 6을 짝으로 묶는 형식은 그 합이 11이 되는데 이때는 5와 6이 체수가 되고 나머지 수가 용수가 되는 체계이다.

반면, 앞에서 배운 바 있는 두 수의 합이 10이 되도록 묶은, 이른바 '잃어버린 조각을 찾는 사상 수 방식'의 1과 9, 2와 8, 3과 7, 4와 6은 그 합이 10이고 10은 본수로 0이 되며 두 수가 진행하는 방향 역시 정반대라는 사실을 알고 있어야 한다. 이때 5와 10은 체가 되고 나머지 수는 용이 된다(아래 그림).

1	2	3	4	5
9	8	7	6	10

앞에서 언급한 것을 기억하는 독자도 있을 것이고 기억이 가물거리는 독자도 있을 것이다. 체수를 설명할 때,

- 공간적 형상의 입장에서는 5와 10이 체수가 되고 1.9, 2.8, 3.7, 4.6이 용수가 되며,
- 시간적 운동의 입장에서는 5와 6이 체수가 되고 4.7, 3.8, 2.9, 1.10이 용수가 되는 이치가 있으므로 서로 다른 결과가 생기는 것이다.

지금까지 십십단을 통해서 단수와 본수, 체수와 용수의 이치를 세밀하게 분석해 보았는데 이 중에 단수는 보다 정밀한 분석이 요구된다. 단수는 이미 81궁의 마방진을 통해 낙서 편에서 살펴보았는데 이것만으로는 뭔가 부족한 감이 있어 이어서 81궁씩 9궁을 만들어서 좀 더 정밀하게 729궁으로 만들고 분석을 곁들이고자 한다.

729궁은 가로 27칸, 세로27칸으로 1부터 729까지의 수를 중복 없이 나열하여 가로, 세로, 대각선의 합이 모두 9,855가 되는 마방진이다. 단수는 729궁을 통하여 보다 정확하게 증명될 것이다.

5. 729宮(9局×81宮)

1→729	총수	266,085
	종횡선	9,855
	대각선	

*장전(長田)식

274	319	256	279	324	261	272	317	254	679	724	661	684	729	666	677	722	659	112	157	94	117	162	99	110	155	92
265	283	301	270	288	306	263	281	299	670	688	706	675	693	711	668	686	704	103	121	139	108	126	144	101	119	137
310	247	292	315	252	297	308	245	290	715	652	697	720	657	702	713	650	695	148	85	130	153	90	135	146	83	128
273	318	255	275	320	257	277	322	259	678	723	660	680	725	662	682	727	664	111	156	93	113	158	95	115	160	97
264	282	300	266	284	302	268	286	304	669	687	705	671	689	707	673	691	709	102	120	138	104	122	140	106	124	142
309	246	291	311	248	293	313	250	295	714	651	696	716	653	698	718	655	700	147	84	129	149	86	131	151	88	133
278	323	260	271	316	253	276	321	258	683	728	665	676	721	658	681	726	663	116	161	98	109	154	91	114	159	96
269	287	305	262	280	298	267	285	303	674	692	710	667	685	703	672	690	708	107	125	143	100	118	136	105	123	141
314	251	296	307	244	289	312	249	294	719	656	701	712	649	694	717	654	699	152	89	134	145	82	127	150	87	132
193	238	175	198	243	180	191	236	173	355	400	337	360	405	342	353	398	335	517	562	499	522	567	504	515	560	497
184	202	220	189	207	225	182	200	218	346	364	382	351	369	387	344	362	380	508	526	544	513	531	549	506	524	542
229	166	211	234	171	216	227	164	209	391	328	373	396	333	378	389	326	371	553	490	535	558	495	540	551	488	533
192	237	174	194	239	176	196	241	178	354	399	336	356	401	338	358	403	340	516	561	498	518	563	500	520	565	502
183	201	219	185	203	221	187	205	223	345	363	381	347	365	383	349	367	385	507	525	543	509	527	545	511	529	547
228	165	210	230	167	212	232	169	214	390	327	372	392	329	374	394	331	376	552	489	534	554	491	536	556	493	538
197	242	179	190	235	172	195	240	177	359	404	341	352	397	334	357	402	339	521	566	503	514	559	496	519	564	501
188	206	224	181	199	217	186	204	222	350	368	386	343	361	379	348	366	384	512	530	548	505	523	541	510	528	546
233	170	215	226	163	208	231	168	213	395	332	377	388	325	370	393	330	375	557	494	539	550	487	532	555	423	537
598	643	580	603	648	585	596	641	578	31	76	13	36	81	18	29	74	11	436	481	418	441	486	423	434	479	416
589	607	625	594	612	630	587	605	623	22	40	58	27	45	63	20	38	56	427	445	463	432	450	468	425	443	461
634	571	616	639	576	621	632	569	614	67	4	49	72	9	54	65	2	47	472	409	454	477	414	459	470	407	452
597	642	579	599	644	581	601	646	583	30	75	12	32	77	14	34	79	16	435	480	417	437	482	419	439	484	421
588	606	624	590	608	626	592	610	628	21	39	57	23	41	59	25	43	61	426	444	462	428	446	464	430	448	466
633	570	615	635	572	617	637	574	619	66	3	48	68	5	50	70	7	52	471	408	453	473	410	455	475	412	457
602	647	584	595	640	577	600	645	582	35	80	17	28	73	10	33	78	15	440	485	422	433	478	415	438	483	420
593	611	629	586	604	622	591	609	627	26	44	62	19	37	55	24	42	60	431	449	467	424	442	460	429	447	465
638	575	620	631	568	613	636	573	618	71	8	53	64	1	46	69	6	51	476	413	458	469	406	451	474	411	456

*여연(如淵)식

274	319	256	679	724	661	112	157	94	279	324	261	684	729	666	117	162	99	272	317	254	677	722	659	110	155	92
265	283	301	670	688	706	103	121	139	270	288	306	675	693	711	108	126	144	263	281	299	668	686	704	101	119	137
310	247	292	715	652	697	148	85	130	315	252	297	720	657	702	153	90	135	308	245	290	713	650	695	146	83	128
193	238	175	355	400	337	517	562	499	198	243	180	360	405	342	522	567	504	191	236	173	353	398	335	515	560	497
184	202	220	346	364	382	508	526	544	189	207	225	351	369	387	513	531	549	182	200	218	344	362	380	506	524	542
229	166	211	391	328	373	553	490	535	234	171	216	396	333	378	558	495	540	227	164	209	389	326	371	551	488	533
598	643	580	31	76	13	436	481	418	603	648	585	36	81	18	441	486	423	596	641	578	29	74	11	434	479	416
589	607	625	22	40	58	427	445	463	594	612	630	27	45	63	432	450	468	587	605	623	20	38	56	425	443	461
634	571	616	67	④	49	472	409	454	639	576	621	72	⑨	54	477	414	459	632	569	614	65	②	47	470	407	452
273	318	255	678	723	660	111	156	93	275	320	257	680	725	662	113	158	95	277	322	259	682	727	664	115	160	97
264	282	300	669	687	705	102	120	138	266	284	302	671	689	707	104	122	140	268	286	304	673	691	709	106	124	142
309	246	291	714	651	696	147	84	129	311	248	293	716	653	698	149	86	131	313	250	295	718	655	700	151	88	133
192	237	174	354	399	336	516	561	498	194	239	176	356	401	338	518	563	500	196	241	178	358	403	340	520	565	502
183	201	219	345	363	381	507	525	543	185	203	221	347	㉟(365)	383	509	527	545	187	205	223	349	367	385	511	529	547
228	165	210	390	327	372	552	489	534	230	167	212	392	329	374	554	491	536	232	169	214	394	331	376	556	493	538
597	642	579	30	75	12	435	480	417	599	644	581	32	77	14	437	482	419	601	646	583	34	79	16	439	484	421
588	606	624	21	39	57	426	444	462	590	608	626	23	41	59	428	446	464	592	610	628	25	43	61	430	448	466
633	570	615	66	③	48	471	408	453	635	572	617	68	⑤	50	473	410	455	637	574	619	70	⑦	52	475	412	457
278	323	260	683	728	665	116	161	98	271	316	253	676	721	658	109	154	91	276	321	258	681	726	663	114	159	96
269	287	305	674	692	710	107	125	143	262	280	298	667	685	703	100	118	136	267	285	303	672	690	708	105	123	141
314	251	296	719	656	701	152	89	134	307	244	289	712	649	694	145	82	127	312	249	294	717	654	699	150	87	132
197	242	179	359	404	341	521	566	503	190	235	172	352	397	334	514	559	496	195	240	177	357	402	339	519	564	501
188	206	224	350	368	386	512	530	548	181	199	217	343	361	379	505	523	541	186	204	222	348	366	384	510	528	546
233	170	215	395	332	377	557	494	539	226	163	208	388	325	370	550	487	532	231	168	213	393	330	375	555	492	537
602	647	584	35	80	17	440	485	422	595	640	577	28	73	10	433	478	415	600	645	582	33	78	15	438	483	420
593	611	629	26	44	62	431	449	467	586	604	622	19	37	55	424	442	460	591	609	627	24	42	60	429	447	465
638	575	620	71	⑧	53	476	413	458	631	568	613	64	①	46	469	406	451	636	573	618	69	⑥	51	474	411	456

* 위 그림에서 원으로 표시한 수는 각 분국을 쉽게 구분하기 위함이다. 즉 1이 위치한 81개의 사각형이 1국인데 나머지도 모두 이와 같은 식이다.
* 시작하는 수 1과 마지막 수 729는 회색 음영으로 표시하였다.
* 정중앙(천원점)에 365가 위치하는 것도 예사롭지 않다.
  如淵식의 분석은 생략한다.
  729궁(宮) '9국(九局)×81궁'(1→729)

일반적으로 9궁도와 81궁도만 가지고서는 단수(單數)의 묘리(妙理)를 파악하기에는 너무 거친 감이 있다. 따라서 이제껏 다뤄 온 천지인(天地人) 삼재(三才)의 이치를 가지고 단수의 의미를 더욱 정밀하게 다듬을 필요가 있다. 천지인 3재에 들어 있는 3의 원리를 적용, 9궁의 삼승(三乘), 즉 729궁의 구조를 파악해 보자는 말이다.

729궁도(宮圖)는 1부터 729까지의 숫자를 가로 27칸, 세로 27칸에 중복되지 않도록 나열한 것인데 가로선, 세로선, 및 대각선의 수열의 합이 모두 같도록 한 것이다. 729궁도는 크게 9국(九局)으로 나뉘고 각 국은 다시 9분국(九分局)으로 중분할되며 각 분국은 다시 9궁으로 소분할된다. 그림으로 나타내면 아래와 같다.

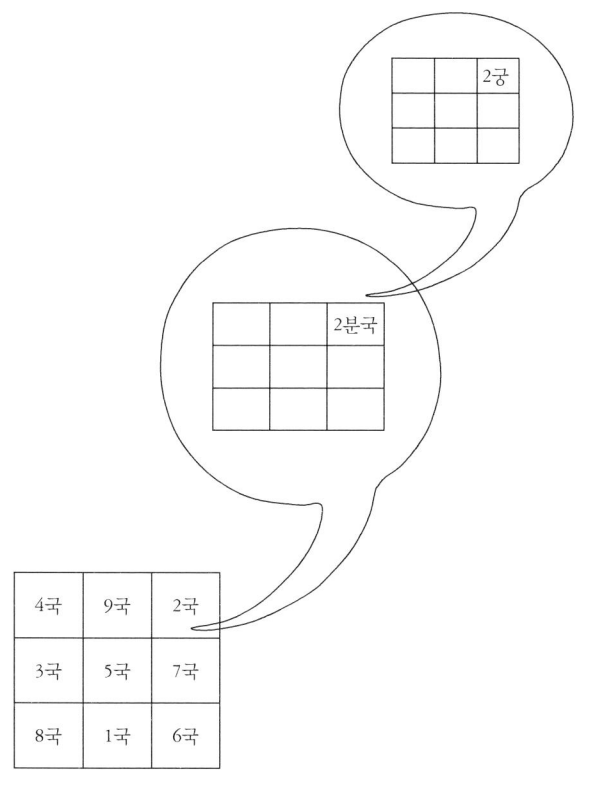

위 그림에서 보는 것처럼 가장 외곽에 있는 것은 9개의 국(局)이다. 제2국 안을 자세히 들여다보면 다시 9개의 구획이 있는데 그것들을 분국(分局)이라고 명명한다. 또 2분국의 안을 들여다보면 다시 9개의 구획이 있는 그것들을 9궁이라고 명명한다. 가장 작은 사각형이 바로 궁(宮)이 되는 것이다. 9궁은 작은 사각형이 9개로 되어 있고, 분국은 81개의 작은 사각형으로 구성되어 있으니 따라서 1국부터 9국까지 전부 더하면 9^3으로 729개의

사각형이 되는데 이것을 729궁이라고 명명한 것이다. 궁에 들어가는 숫자를 정하는 것은
낙서의 순서를 따르면 되는데 이것은 일명 '마방진(魔方陣)'이라고 알려져 있다. 낙서의 순
서는 아래의 화살표처럼 진행한다.

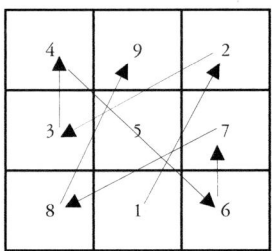

위의 마방진을 기본궁(9^1)으로 하여 확대적용하면 81궁(9^2)이나 729궁(9^3)이 된다. 그
결과 얻어진 729궁도가 장전과 여연의 방식이다. 둘 다 나름의 의미가 있지만 여기서는
長田式을 선택해서 논리를 전개하기로 한다.

729궁도에서 1국만 따로 떼어 내면 아래의 좌측처럼 9분국이 존재하고 각 분국 안을
들여다보면 9궁들이 존재한다.

4분국	9분국	2분국
3분국	5분국	7분국
8분국	1분국	6분국

→

31	76	13	36	81	18	29	74	11
22	40	58	27	45	63	20	38	56
67	4	49	72	9	54	65	2	47
30	75	12	32	77	14	34	79	16
21	39	57	23	41	59	25	43	61
66	3	48	68	5	50	70	7	52
35	80	17	28	73	10	33	78	15
26	44	62	19	37	55	24	42	60
71	8	53	64	1	46	69	6	51

A방식은 1국(81궁)의 작은 사각형 전체에 숫자가 찬 후에 제2국으로 넘어간다.
1분국 안에 있는 1궁을 다시 떼어내 보자.

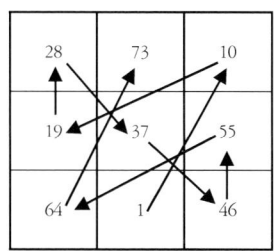

위 그림은 1국의 1분국을 솎아 내서 표시한 것인데, 궁의 숫자 배열은 1부터 시작하여 9씩 늘어나고 있음을 알 수 있다. 즉 1→10으로, 10→19로, 19→28로, 28→37로, 37→46으로 46→55로, 55→64로, 64→73으로 가서 종결된다.

나머지 궁도 전부 같음을 아래 그림에서 확인하기 바란다.

31	76	13	36	81	18	29	74	11
22	40	58	27	45	63	20	38	56
67	④	49	72	⑨	54	65	②	47
30	75	12	32	77	14	34	79	16
21	39	57	23	41	59	25	43	61
66	③	48	68	⑤	50	70	⑦	52
35	80	17	28	73	10	33	78	15
26	44	62	19	37	55	24	42	60
71	⑧	53	64	①	46	69	⑥	51

1국의
1분국의 1궁

어느 한 국(局)에서 다음 국(局)으로 넘어갈 때는 81씩 증가한다.

가령 위 그림에서 1국, 1분국은 1부터 시작하여 81로 종결되고 있다. 그러면 82는 어디에 있을까? 그 수는 제2국의 1분국 중의 1궁에 온다. 82는 제1국의 첫수 1과 비교할 때 81이 증가된 수이다(지면을 아끼기 위하여 독자들은 장전729궁도에 표시한 숫자 1과 82를 참조하기 바란다).

729궁도에 나오는 수들의 배열을 정리하면 아래와 같다.

4국: 244→324	9국: 649→729	2국: 82→162
3국: 163→243	5국: 325→405	7국: 487→567
8국: 568→648	1국: 1→81	6국: 406→486

729궁 배열의 특징을 정리한다. 아래의 표는 국(局)과 분국(分局) 그리고 궁(宮)을 한눈에 볼 수 있도록 함께 표시하였다.

1) 분국에 표시된 수를 단수화하면 아래의 표와 같은 수가 도출된다.

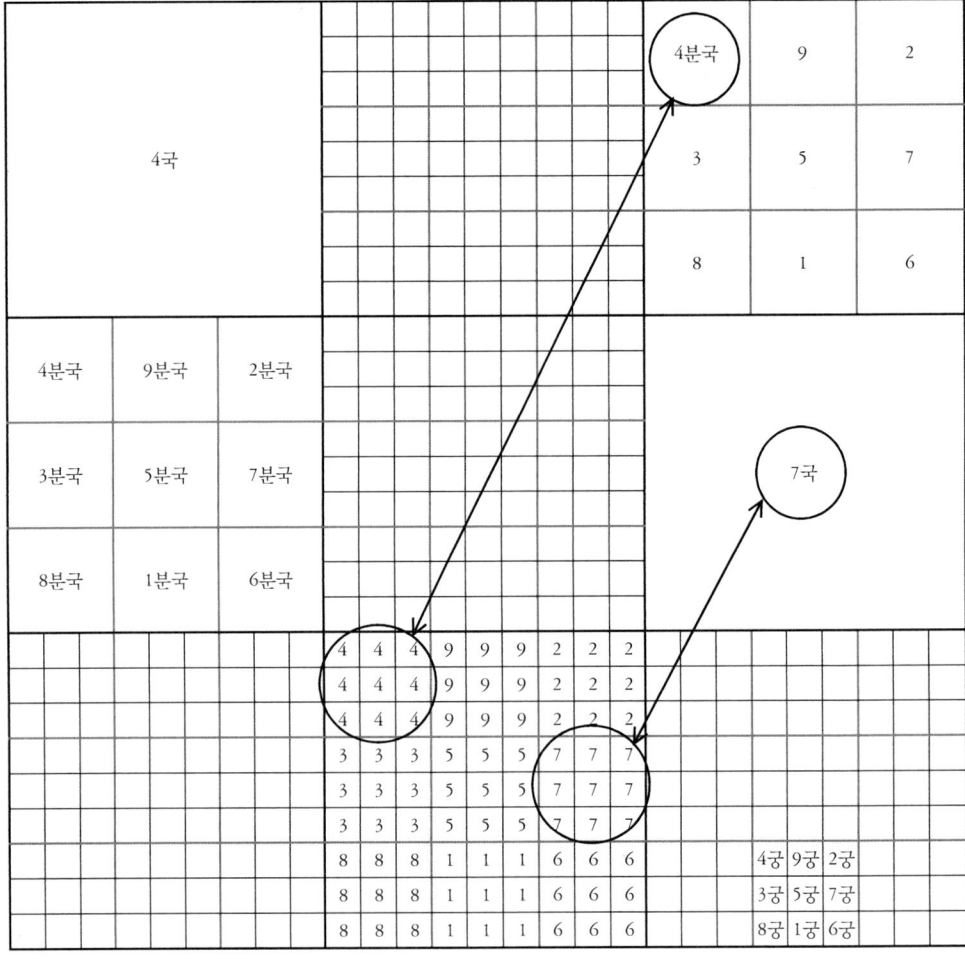

위에서 1국과 2국은 단수로 환원된 수를 보여 주고 있다. 나머지 국도 전부 동일하다. 결국, 각 국은 9개의 분국으로 프랙털 조직화되어 있음을 알 수 있다. 또 9개의 분국을 하나의 국(局)으로 표시할 수 있는데 위에서는 4국과 7국을 예로 들었다. 그리고 3국은 9개의 분국으로 나타남을 보여 주고 있다.

2) 각 국의 시작수와 끝수의 본수를 추출해 보면 각 국의 고유수와 동일함을 알 수 있다.

즉 1국에서 처음 수 1의 본수는 1이고 마지막 수 81의 본수도 1인데 이는 1국의 1과 동일하다.

2국=82의 2와 162의 2와 2국의 2가 같다.

3국=163의 3과 243의 3과 3국의 3이 같다.

……나머지 국도 전부 동일하다.

3) 각 국의 중심 수는 각 국의 정중앙에 위치하는 수인데 이들을 단수화하면 전부 5가 된다.

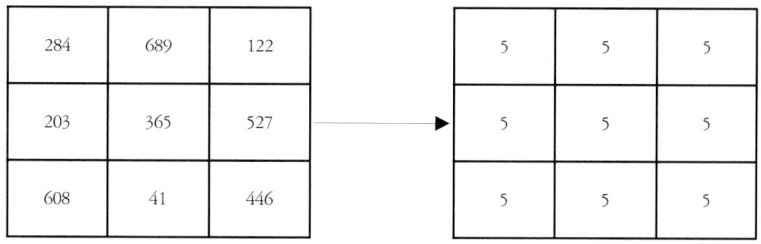

임의의 어느 한 국(局)의 중심 수에서 다음 국으로의 중심 수는 81만 더하면 도출된다.

가령, 1국의 중심 수 41에 81을 더하면 2국의 중심 수 122가 나오고, 같은 식으로 122에 81을 더하면 3국의 중심 수 203이 도출된다. 나머지도 전부 같다.

4) 각 국에 속한 9분국들의 단수는 각 분국의 고유수가 된다.

위 표에서는 제1국의 제4분국을 예를 들었는데 비단 제1국만이 아니라 모든 국에 있는 제4분국의 수들의 단수는 일제히 4로 귀결된다.

1국만을 정리하면 다음과 같다.

1국의 제1분국	1.10.19.28.37.46.55.64.73	단수 1
1국의 제2분국	2.11.20.29.38.47.56.65.74	단수 2
1국의 제3분국	3.12.21.30.39.48.57.66.75	단수 3
1국의 제4분국	4.13.22.31.40.49.58.67.76	단수 4
1국의 제5분국	5.14.23.32.41.50.59.68.77	단수 5
1국의 제6분국	6.15.24.33.42.51.60.69.78	단수 6
1국의 제7분국	7.16.25.34.43.52.61.70.79	단수 7
1국의 제8분국	8.17.26.35.44.53.62.71.80	단수 8
1국의 제9분국	9.18.27.36.45.54.63.72.81	단수 9

모든 국의 각 분국의 수를 단수로 추출하면 똑같은 결과가 나온다.

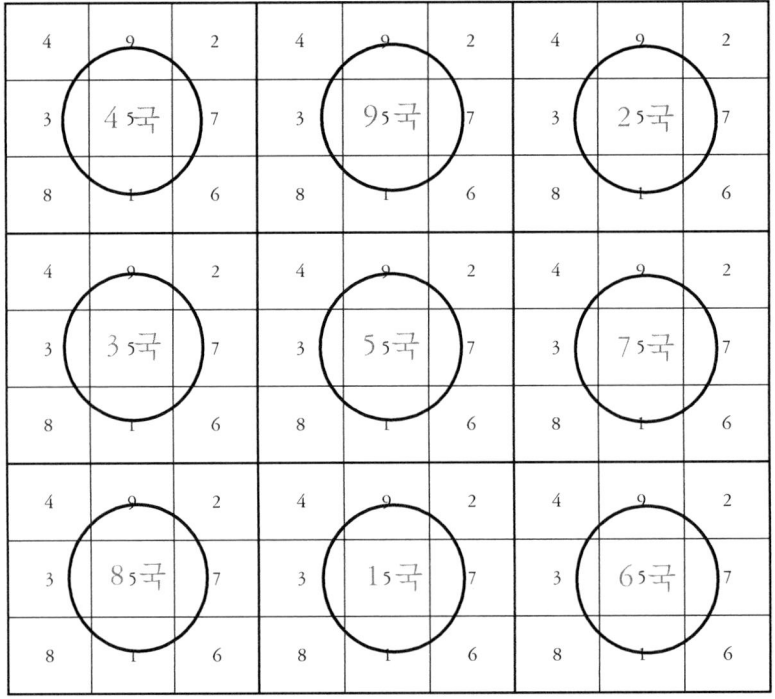

위의 도표는 729궁을 81분국으로 분류하고 단수를 써 넣은 것이다. 9국에는 각각 9개의 분국이 있고 또 각 분국은 각각 9궁으로 나열되어 있으니 총 81분국이 되는 것이다. 각 분국에 속한 9궁수는 위에서 설명한 바와 같이 단수로 환원하면 모두 각 분국의 고유수가 된다. 따라서 위 도표와 같이 기본국의 유형이 9국으로 나타남을 알 수 있다.

5) 각 국에 속한 각 분국의 중심 수 배열은 단수로 나타내면 기본국과 같다.

예를 들어 4국의 중심 수 284를 중심으로 9궁 배열하고 또 단수화하면 다음과 같다.

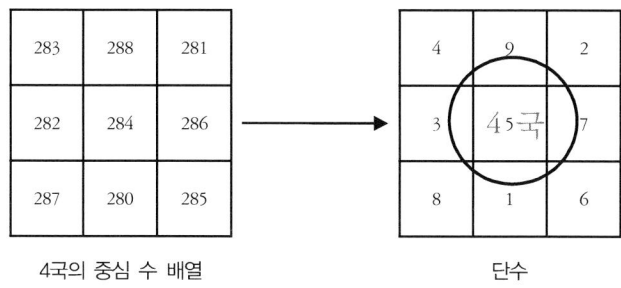

4국의 중심 수 배열   단수

8국을 보아도 마찬가지다. 608을 중심으로 9궁 배열하고 단수화하면 아래와 같다.

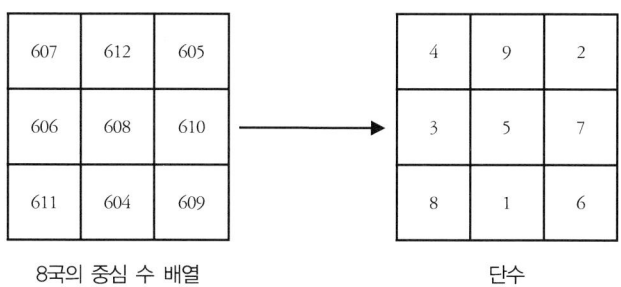

8국의 중심 수 배열   단수

729궁은 이상과 같은 여러 가지 특징을 가지고 있다.

다음은 이것을 각각의 국별로 세분화하여 더욱더 자세하게 살펴볼 차례이다.

① 729(9³) 宮 제1국(局)(1→81) 총수: 3,321

369	369	369	369	369	369	369	369	369	
31	76	13	36	81	18	29	74	11	369
22	40 / 4	58	27	45 / 9	63	20	38 / 2	56	369
67	4	49	72	9	54	65	2	47	369
30	75	12	32	77	14	34	79	16	369
21	39 / 3	57	23	41 / 5	59	25	43 / 7	61	369
66	3	48	68	5	50	70	7	52	369
35	80	17	28	73	10	33	78	15	369
26	44 / 8	62	19	37 / 1	55	24	42 / 6	60	369
71	8	53	64	1	46	69	6	51	369

- 제1국은 9분국(分局)으로 나뉘었다. 동그라미는 각각 9분국의 중심이다.
- 동그라미 안에 있는 숫자 2개 중 위의 수는 각 분국의 중심 수이고 아래의 수는 중심 수를 단수화한 수이다.
- 1궁부터 81궁까지 수의 총합은 3,321이다.
- 가로선에 있는 수의 합이나 세로선에 있는 수의 합이나 대각선상에 나타난 수의 합은 모두 369가 된다(점선에 걸쳐 있는 수들의 합).
- 제1국의 중심 수는 제5분국에 있는 41이다. 41을 단수화하면 4＋1로 5가 된다.
- 중심 수는 41이고 41을 단수화하면 5이다.
- 제1국을 이루는 81궁에는 평균값 41이 균등하게 포함되어 있다고 볼 수 있다. 그래서 평균값 41에 81궁을 곱하면 3,321이 나오게 된다.
- 또 중심 수 41에 9궁을 곱하면 369가 되는데 이는 가로, 세로선, 대각선으로 수의 합인 369와 같은 값이다.

■중심 수만 따로 뽑으면 아래와 같은데 가로, 세로, 대각선 수의 합은 123이다.

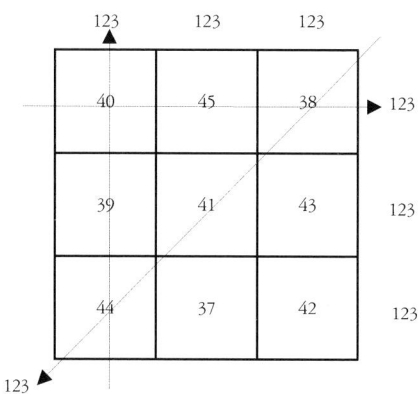

아래 그림은 앞서 소개했던 낙서이고 마방진과 같은 수열이다.

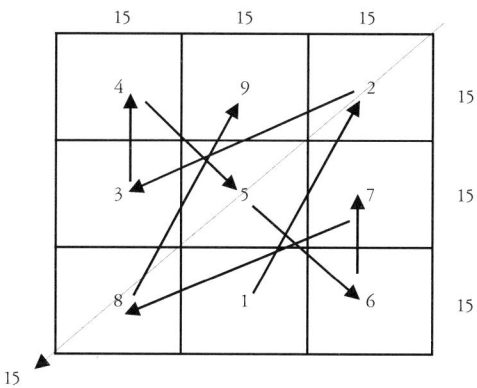

위와 같은 낙서의 순서를 '기본궁'이라고 호칭하자. 이것은 729궁 전체에 적용되는 기본수열이다.

■1부터 9까지 총수의 합은 45가 된다.

■중심 수는 5이다.

■중심 수 5에 9궁을 곱하면 45가 된다.

■가로, 세로, 대각선의 합은 15가 된다.

■이것은 중심 수 5에 3궁을 곱한 수인데 15가 된다.

위 낙서 그림을 아래와 같이 분해해서 고찰해 보자.

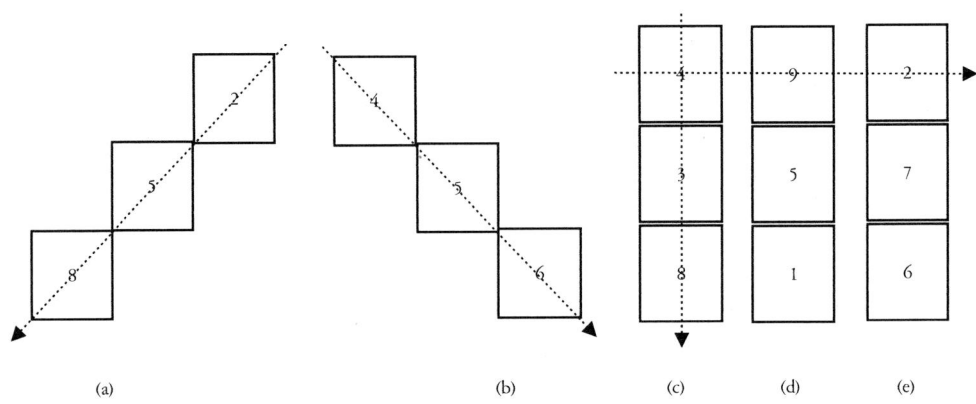

(a)　　　　　　　　　　　(b)　　　　(c)　　(d)　　(e)

위 그림에서 5가지 경우 모두 3수의 합은 15가 된다. 평균값은 15÷3이니 5가 된다. 평균을 지향하는 것이 만물이 진행하는 방향이다.

- (a)에서 보면, 중앙의 5는 마침 평균을 이루고 있다. 그러나 2는 5가 되기 위해서는 3이 부족하고, 8은 5보다 3이 더 많다. 8에서 남는 3을 가져다 부족한 2에게 벌충해 주면 결국 셋 다 평균수 5가 되어 균일해지니 서로 불만이 없다.

- (c)에서도 마찬가지다. 중앙수 3은 평균값 5보다 2만큼 작고, 8은 5보다 3이 많다. 3만큼 남아도는 8은 4에게 1을 주고 3에게는 2를 주니 남아도는 3을 정확히 소진하였다. 결과는 역시 5로 균일해졌으니 역시 불만이 없다.

인간적으로 해석한다면 어불성설이다. 부자인 8은 이유 없이 3을 빼앗겼으니 불만이 있지 않겠느냐고! 그러나 자연의 세계에서는 그렇지 않다. 에너지는 압력이 높은 곳에서 낮은 곳으로 흐르는 것이 정칙(定則)이다.

배고픈 자에게는 밥을! 뚱보에게는 다이어트를! 그것이 평균을 지향하는 자연의 힘이다. 허리가 잘록했던 아가씨(불평등했던 몸매)가 나이가 들수록 두루뭉술한 아줌마(평등한 몸매)가 되는 것이 그 단적인 예이다.

이와 같은 이치를 담고서 729궁이 만들어진 것이다.

이제, 이러한 이치를 근본으로 각 분국(分局)을 세밀하게 살펴보자.

◎ 제1국(局)의 제1분국(1→73)

111	111	111	
28	73	10	111
19	37	55	111
64	1	46	111

■ 1분국은 기본궁 수의 진행방향에 따라 1부터 시작하여 9씩을 더해 나가는 수열로 1, 10, 19, 28, 37, 46, 55, 64, 73 순이다.

■ 가로, 세로, 대각선 수의 합은 111이 되는데 이것은 중심 수 37에 3궁수, 3을 곱한 수가 된다.

■ 중심 수 37에 9궁수, 9를 곱하면 1분국 총수 333이 된다.

■ 그리고, 1분국의 수를 단수화하면 모두 1이 된다.

◎ 제1국(局)의 제2분국(2→74)

114	114	114	
29	74	11	114
20	38	56	114
65	2	47	114

■2분국은 2에서 시작하여 9씩을 더해 나가면서 2, 11, 20, 29, 38, 47, 56, 65, 74 순으로 나열된다.

■가로, 세로, 대각선 수의 합은 114가 되는데 이것은 중심 수 38에 3궁의 3을 곱한 수가 된다.

■중심 수 38에 9궁의 9를 곱하면 2분국 총수는 342가 된다.

■2분국의 수를 단수화하면 모두 2가 된다.

◎ 제1국(局)의 제3분국(3→75)

	117	117	117	
	30	75	12	117
	21	39	57	117
	66	3	48	117

■3분국은 3에서 시작하여 9씩을 더해 나가면 3, 12, 21, 30, 39, 48, 57, 66, 75 순으로 나열된다.

■가로, 세로, 대각선 수의 합은 117이 되는데 이것은 중심 수 39에 3궁을 곱한 수가 된다. ■중심 수 39에 9궁을 곱하면 3분국 총수 351이 된다.

■3분국의 수를 단수화하면 모두 3이 된다.

◎ 제1국의 제4분국(4→76)

120	120	120	
31	76	13	120
22	40	58	120
67	4	49	120

- 4분국은 4에서 시작하여 9씩을 더해 나가면 4, 13, 22, 31, 40, 49, 58, 67, 76 순으로 나열된다.
- 가로, 세로, 대각선 수의 합은 120이 되는데 이것은 중심 수 40에 3궁을 곱한 수가 된다.
- 중심 수 40에 9궁을 곱하면 4분국 총수 360이 된다.
- 4분국의 수를 단수화하면 모두 4가 된다.

◎ 제1국의 제5분국(5→77)

123	123	123	
32	77	14	123
23	41	59	123
68	5	50	123

- 5분국은 5에서 시작하여 9씩을 더해 나가면 5, 14, 23, 32, 41, 50, 59, 68, 77 순으로 나열된다.
- 가로, 세로, 대각선 수의 합이 123이 되는데 이것은 중심 수 41에 3궁을 곱한 수가 된다.

■중심 수 41에 9궁의 9를 곱하면 5분국 총수 369가 된다.

■5분국의 수를 단수화하면 모두 5가 된다.

◎ 제1국의 제6분국(6→78)

126	126	126	
33	78	15	126
24	42	60	126
69	6	51	126

■6분국은 6에서 시작하여 9씩을 더해 나가면 6, 15, 24, 33, 42, 51, 60, 69, 78 순으로 나열된다.

■가로, 세로, 대각선 수의 합은 126이 되는데 이것은 중심 수 42에 3궁을 곱한 수가 된다.

■중심 수 42에 9궁의 9를 곱하면 6분국 총수 378이 된다.

■6분국의 수를 단수화하면 모두 6이 된다.

◎ 제1국의 제7분국(7→79)

129	129	129	
34	79	16	129
25	43	61	129
70	7	52	129

■7분국은 7에서 시작하여 9씩을 더해 나가면 7, 16, 25, 34, 43, 52, 61, 70, 79 순으로 나열된다.

■가로, 세로, 대각선 수의 합은 129가 되는데 이것은 중심 수 43에 3궁을 곱한 수가 된다.

■중심 수 43에 9궁의 9를 곱하면 7분국 총수 387이 된다.

■7분국의 수를 단수화하면 모두 7이 된다.

◎ 제1국의 제8분국(8→80)

	132	132	132	
	35	80	17	132
	26	44	62	132
	71	8	53	132

■8분국은 8부터 시작하여 9씩을 더해 다가면 8, 17, 26, 35, 44, 53, 62, 71, 80 순으로 나열된다.

■가로, 세로, 대각선 수의 합은 132가 되는데 이것은 중심 수 44에 3궁을 곱한 수가 된다.

■중심 수 44에 9궁의 9를 곱하면 8분국 총수 396이 된다.

■8분국의 수를 단수화하면 모두 8이 된다.

◎ 제1국의 제9분국(9→81)

135	135	135
36	81	18
27	45	63
72	9	54

(우측: 135, 135, 135)

- 9분국은 9에서 부터 9씩을 더해 나가면 9, 18, 27, 36, 45, 54, 63, 72, 81 순으로 나열된다.
- 가로, 세로, 대각선 수의 합은 135가 되는데 이것은 중심 수 45에 3궁을 곱한 수가 된다.
- 중심 수 45에 9궁을 곱하면 9분국 총수 405가 된다.
- 9분국의 수를 단수화하면 모두 9가 된다.

이상으로 제1국의 제1분국부터 제9분국까지의 구조에 대한 분석을 마쳤다.

제1국을 분국별로 합산하면 아래와 같다.

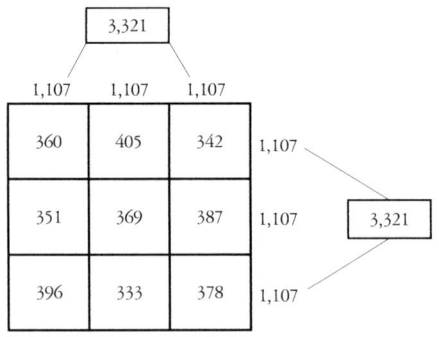

- 각 분국의 총합 3,321은 중심 수인 369에 9궁수 9를 곱한 것과 동일하다.
- 여기서 도출된 수를 또다시 단수화하면 역시 9로 집결되고 있는 것을 볼 수 있다. 즉 1,107은 1＋1＋0＋7로 9가 되며, 3,321 역시 3＋3＋2＋1로 9가 된다는 말이다.

이상으로 729궁 안에 있는 제1국에 대한 설명이 완료되었다.

이후로는 자세한 설명 없이 나머지 분국을 도해하는 것으로 대신하겠다. 왜냐하면 내용이 동일하기 때문이다.

② 729(9³)宮 제2국(局) (82→162) 총합: 9,882

1,098	1,098	1,098	1,098	1,098	1,098	1,098	1,098	1,098	
112	157	94	117	162	99	110	155	92	1,098
103	121 4	139	108	126 9	144	101	119 2	137	1,098
148	85	130	153	90	135	146	83	128	1,098
111	156	93	113	158	95	115	160	97	1,098
102	120 3	138	104	122 5	140	106	124 7	142	1,098
147	84	129	149	86	131	151	88	133	1,098
116	161	98	109	154	91	114	159	96	1,098
107	125 8	143	100	118 1	136	105	123 6	141	1,098
152	89	134	145	82	127	150	87	132	1,098

1,098

- 82부터 162까지 총합: 9,882(중심 수 122에 81궁의 81을 곱한 수와 동일)
- 가로선, 세로선, 대각선의 합: 1,098
- 중심 수: 122(단수화하면 5)

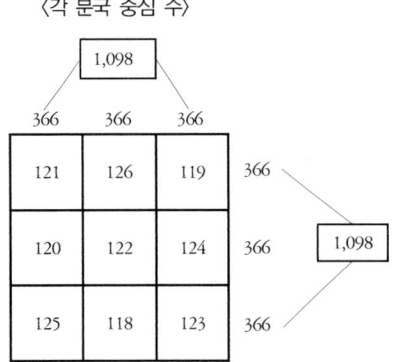

〈각 분국 중심 수〉

121	126	119
120	122	124
125	118	123

1,098

366 366 366

366 366 366 → 1,098

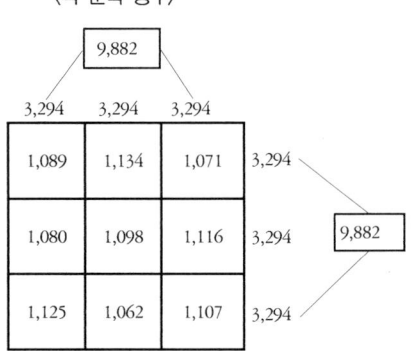

〈각 분국 총수〉

1,089	1,134	1,071
1,080	1,098	1,116
1,125	1,062	1,107

9,882

3,294 3,294 3,294

3,294 3,294 3,294 → 9,882

③ 729(9³) 宮 제3국(局) (163→243) 총합: 16,443

1,827	1,827	1,827	1,827	1,827	1,827	1,827	1,827	1,827	
193	238	175	198	243	180	191	236	173	▶ 1,827
184	202 / 4	220	189	207 / 9	225	182	200 / 2	218	1,827
229	166	211	234	171	216	227	164	209	1,827
192	237	174	194	239	176	196	241	178	1,827
183	201 / 3	219	185	203 / 5	221	187	205 / 7	223	1,827
228	165	210	230	167	212	232	169	214	1,827
197	242	179	190	235	172	195	240	177	1,827
188	206 / 8	224	181	199 / 1	217	186	204 / 6	222	1,827
233	170	215	226	163	208	231	168	213	1,827

1,827

- 163부터 243까지 총합: 16,443(중심 수 203에 81궁을 곱한 값과 동일)
- 가로선, 세로선, 대각선의 합: 1,827
- 중심 수 203(단수화하면: 5)

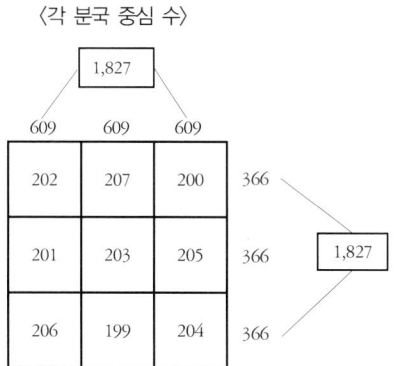

〈각 분국 중심 수〉

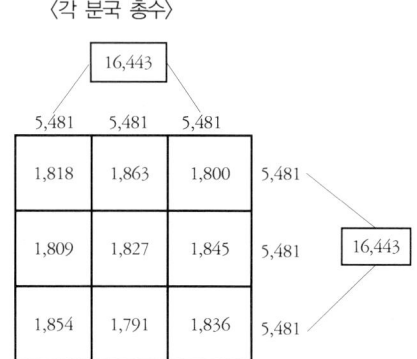

〈각 분국 총수〉

④ 729(9³)宮 제4국(局) (244→324) 총합: 23,004

2,556	2,556	2,556	2,556	2,556	2,556	2,556	2,556	2,556	
274	319	256	279	324	261	272	317	254	2,556
265	283 (4)	301	270	288 (9)	306	263	281 (2)	299	2,556
310	247	292	315	252	297	308	245	290	2,556
273	318	255	275	320	257	277	322	259	2,556
264	282 (3)	300	266	284 (5)	302	268	286 (7)	304	2,556
309	246	291	311	248	293	313	250	295	2,556
278	323	260	271	316	253	276	321	258	2,556
269	287 (8)	305	262	280 (1)	298	267	285 (6)	303	2,556
314	251	296	307	244	289	312	249	294	2,556

2,556

■ 244부터 324까지 총합: 23,004

■ 가로선, 세로선, 대각선의 합: 2,556

■ 중심 수: 284(단수화하면: 5)

⟨각 분국 중심 수⟩   ⟨각 분국 총수⟩

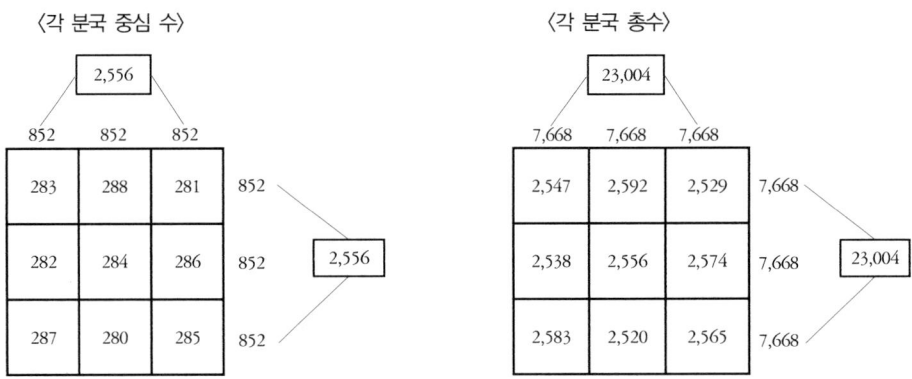

2,556			
852	852	852	
283	288	281	852
282	284	286	852 → 2,556
287	280	285	852

23,004			
7,668	7,668	7,668	
2,547	2,592	2,529	7,668
2,538	2,556	2,574	7,668 → 23,004
2,583	2,520	2,565	7,668

⑤ 729(9³)宮 제5국(局) (325→405) 총합: 29,565

3,285	3,285	3,285	3,285	3,285	3,285	3,285	3,285	3,285	
355	400	337	360	405	342	353	398	335	3,285
346	364 / 4	382	351	369 / 9	387	344	362 / 2	380	3,285
391	328	373	396	333	378	389	326	371	3,285
354	399	336	356	401	338	358	403	340	3,285
345	363 / 3	381	347	365 / 5	383	349	367 / 7	385	3,285
390	327	372	392	329	374	394	331	376	3,285
359	404	341	352	397	334	357	402	339	3,285
350	368 / 8	386	343	361 / 1	379	348	366 / 6	384	3,285
395	332	377	388	325	370	393	330	375	3,285

3,285

- 325부터 405까지 총합: 29,565(중심 수 365에 81궁의 81을 곱한 수와 동일)
- 가로선, 세로선, 대각선의 합: 3,285
- 중심 수: 365(단수화하면 5)

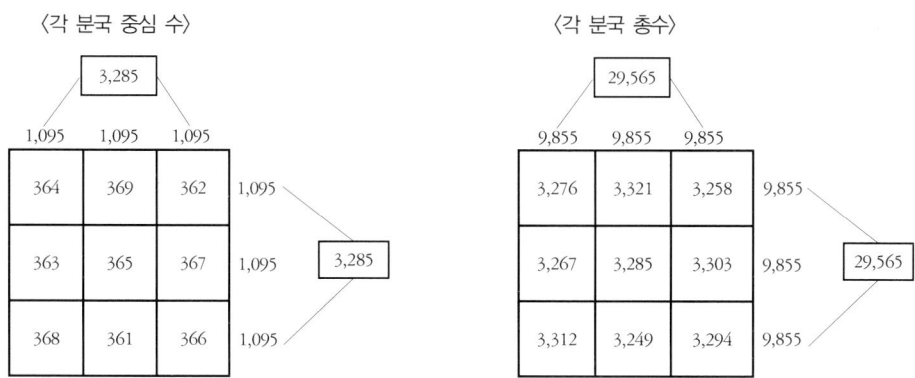

〈각 분국 중심 수〉

3,285

1,095	1,095	1,095	
364	369	362	1,095
363	365	367	1,095 → 3,285
368	361	366	1,095

〈각 분국 총수〉

29,565

9,855	9,855	9,855	
3,276	3,321	3,258	9,855
3,267	3,285	3,303	9,855 → 29,565
3,312	3,249	3,294	9,855

⑥ 729(9³)宮 제6국(局) (406→486) 총합: 36,126

4,014	4,014	4,014	4,014	4,014	4,014	4,014	4,014	4,014	
436	481	418	441	486	423	434	479	416	4,014
427	445 / 4	463	432	450 / 9	468	425	443 / 2	461	4,014
472	409	454	477	414	459	470	407	452	4,014
435	480	417	437	482	419	439	484	421	4,014
426	444 / 3	462	428	446 / 5	464	430	448 / 7	466	4,014
471	408	453	473	410	455	475	412	457	4,014
440	485	422	433	478	415	438	483	420	4,014
431	449 / 8	467	424	442 / 1	460	429	447 / 6	465	4,014
476	413	458	469	406	451	474	411	456	4,014

■ 406부터 486까지 총합: 36,126(중심 수 446에 81궁의 81을 곱한 수와 동일)

■ 가로선, 세로선, 대각선의 합: 4,014

■ 중심 수: 446(단수화하면 5)

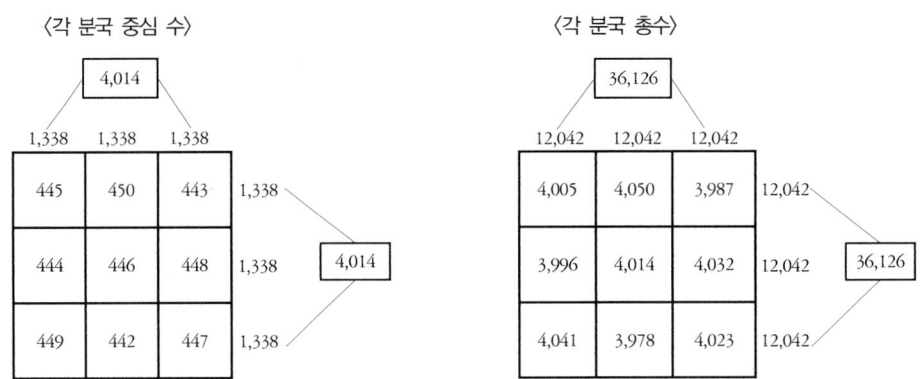

〈각 분국 중심 수〉

4,014

1,338	1,338	1,338	
445	450	443	1,338
444	446	448	1,338
449	442	447	1,338

4,014

〈각 분국 총수〉

36,126

12,042	12,042	12,042	
4,005	4,050	3,987	12,042
3,996	4,014	4,032	12,042
4,041	3,978	4,023	12,042

36,126

⑦ 729(9³)宮 제7국(局) (487→567) 총합: 42,687

4,743	4,743	4,743	4,743	4,743	4,743	4,743	4,743	4,743	
517	562	499	522	567	504	515	560	497	4,743
508	526 4	544	513	531 9	549	506	524 2	542	4,743
553	490	535	558	495	540	551	488	533	4,743
516	561	498	518	563	500	520	565	502	4,743
507	525 3	543	509	527 5	545	511	529 7	547	4,743
552	489	534	554	491	536	556	493	538	4,743
521	566	503	514	559	496	519	564	501	4,743
512	530 8	548	505	523 1	541	510	528 6	546	4,743
557	494	539	550	487	532	555	492	537	4,743

4,743

■ 487부터 567까지 총합: 42,687(중심 수 527에 81궁의 81을 곱한 수와 동일)

■ 가로선, 세로선, 대각선의 합: 4,743

■ 중심 수: 527(단수화하면 5)

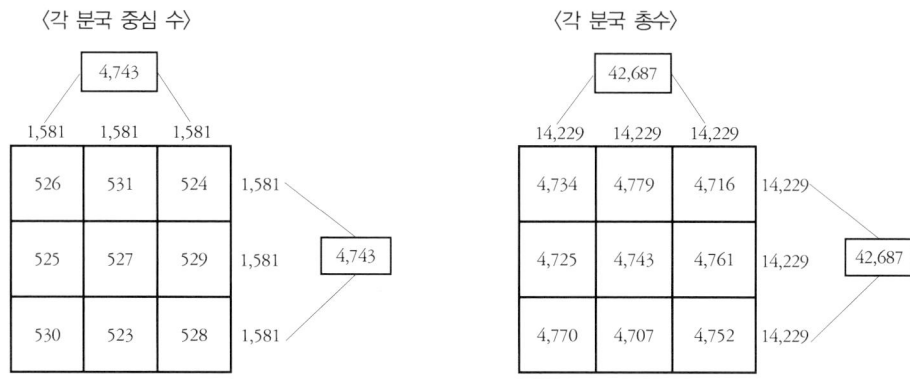

⑧ 729(9³)宮 제8국(局) (568→648) 총합: 49,248

5,472	5,472	5,472	5,472	5,472	5,472	5,472	5,472	5,472	
598	643	580	603	648	585	596	641	578	5,472
589	607 4	625	594	612 9	630	587	605 2	623	5,472
634	571	616	639	576	621	632	569	614	5,472
597	642	579	599	644	581	601	646	583	5,472
588	606 3	624	590	608 5	626	592	610 7	628	5,472
633	570	615	635	572	617	637	574	619	5,472
602	647	584	595	640	577	600	645	582	5,472
593	611 8	629	586	604 1	622	591	609 6	627	5,472
638	575	620	631	568	613	636	573	618	5,472

5,472

■ 568부터 648까지 총합: 49,248(중심 수 608에 81궁의 81을 곱한 수와 동일)

■ 가로선, 세로선, 대각선의 합: 5,472

■ 중심 수: 608(단수화하면 5)

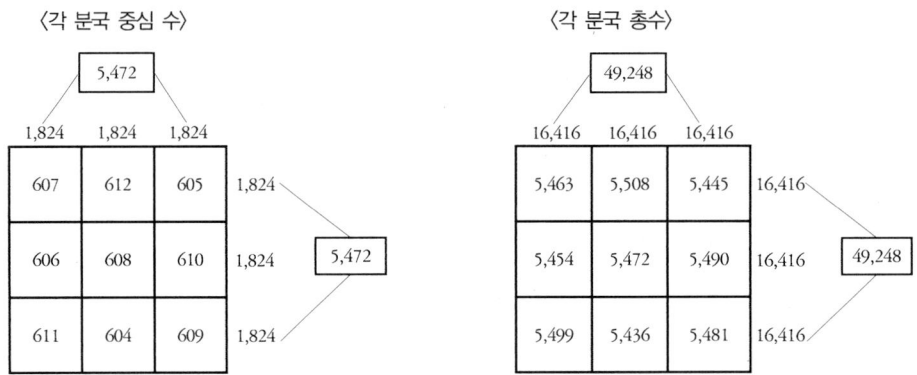

〈각 분국 중심 수〉

〈각 분국 총수〉

⑨ 729(9³)宮 제9국(局) (649→729) 총수: 55,809

6,201	6,201	6,201	6,201	6,201	6,201	6,201	6,201	6,201	
679	724	661	684	729	666	677	722	659	6,201
670	688 4	706	675	693 9	711	668	686 2	704	6,201
715	652	697	720	657	702	713	650	695	6,201
678	723	660	680	725	662	682	727	664	6,201
669	687 3	705	671	689 5	707	673	691 7	709	6,201
714	651	696	716	653	698	718	655	700	6,201
683	728	665	676	721	658	681	726	663	6,201
674	692 8	710	667	685 1	703	672	690 6	708	6,201
719	656	701	712	649	694	717	654	699	6,201

■ 649부터 729까지 총합: 55,809(중심 수 689에 81궁의 81을 곱한 수와 동일)

■ 가로선, 세로선, 대각선의 합: 6,201

■ 중심 수: 689(단수화하면 5)

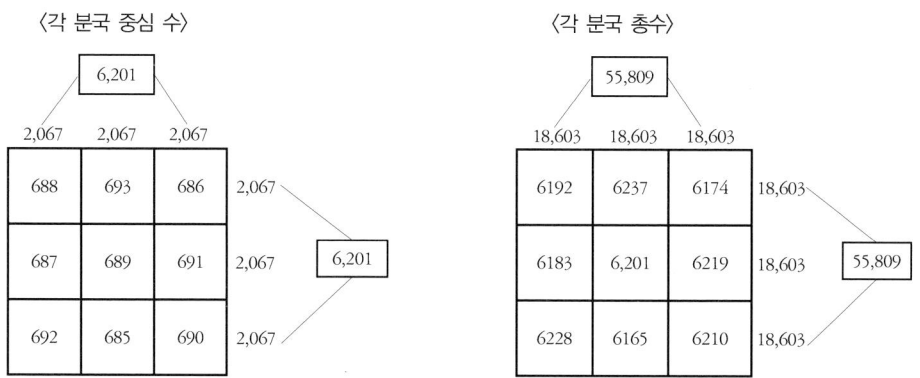

〈각 분국 중심 수〉

6,201

2,067　2,067　2,067

688	693	686	2,067
687	689	691	2,067
692	685	690	2,067

6,201

〈각 분국 총수〉

55,809

18,603　18,603　18,603

6192	6237	6174	18,603
6183	6,201	6219	18,603
6228	6165	6210	18,603

55,809

⑩ 729宮(9³) 81分局 중심 수도(中心數圖) 총합: 29,565(단 검은 원 안의 숫자는 9국(局)의 중심 수)

3,285　3,285　3,285　3,285　3,285　3,285　3,285　3,285　3,285

283	288	281	688	693	686	121	126	119	3,285
282	284 2	286	687	689 9	691	120	122 2	124	3,285
287	280	285	692	685	690	125	118	123	3,285
202	207	200	364	369	362	526	531	524	3,285
201	203 3	205	363	365 5	367	525	527 7	529	3,285
206	199	204	368	361	366	530	523	528	3,285
607	612	605	40	45	38	445	450	443	3,285
606	608 8	610	39	41 1	43	444	446 6	448	3,285
611	604	609	44	37	42	449	442	447	3,285

3,285

3,285

- 가로, 세로, 대각선 수의 합: 3,285(중심 수 365에 9궁의 수 9를 곱한 값과 동일)

- 3,285를 단수화하면 3＋2＋8＋5＝18로 9가 된다.

- 81궁의 총합: 29,565(3,285에 9궁의 수 9를 곱하거나 혹은 중심 수 365에 81궁의 수 81을 곱한 값과 동일)

- 29,565를 단수화하면 역시 9가 된다.

위 그림에서 각 국(局) 중심 수만 추출하면 아래와 같다.

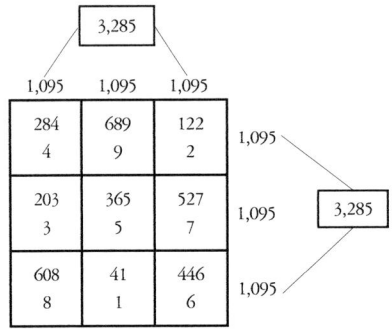

- 가로, 세로, 대각선 수의 합: 1,095
- 1,095를 단수화하면 6이 된다.
- 9궁을 전부 합한 수: 3,285
- 3,285를 단수화하면 9가 된다. (중앙수 365에 9궁수, 9를 곱한 값과 동일하다.)

274	319	256	279	324	261	272	317	254	679	724	661	684	729	666	677	722	659	112	157	94	117	162	99	110	155	92
265	283	301	270	288	306	263	281	299	670	688	706	675	693	711	668	686	704	103	121	139	108	126	144	101	119	137
310	247	292	315	252	297	308	245	290	715	652	697	720	657	702	713	650	695	148	85	130	153	90	135	146	83	128
273	318	255	275	320	257	277	322	259	678	723	660	680	725	662	682	727	664	111	156	93	113	158	95	115	160	97
264	282	300	266	(284)	302	268	286	304	669	687	705	671	(689)	707	673	691	709	102	120	138	104	(122)	140	106	124	142
309	246	291	311	248	293	313	250	295	714	651	696	716	653	698	718	655	700	147	84	129	149	86	131	151	88	133
278	323	260	271	316	253	276	321	258	683	728	665	676	721	658	681	726	663	116	161	98	109	154	91	114	159	96
269	287	305	262	280	298	267	285	303	674	692	710	667	685	703	672	690	708	107	125	143	100	118	136	105	123	141
314	251	296	307	244	289	312	249	294	719	656	701	712	649	694	717	654	699	152	89	134	145	82	127	150	87	132
193	238	175	198	243	180	191	236	173	355	400	337	360	405	342	353	398	335	517	562	499	522	567	504	515	560	497
184	202	220	189	207	225	182	200	218	346	364	382	351	369	387	344	362	380	508	526	544	513	531	549	506	524	542
229	166	211	234	171	216	227	164	209	391	328	373	396	333	378	389	326	371	553	490	535	558	495	540	551	488	533
192	237	174	194	239	176	196	241	178	354	399	336	356	401	338	358	403	340	516	561	498	518	563	500	520	565	502
183	201	219	185	(203)	221	187	205	223	345	363	381	347	(365)	383	349	367	385	507	525	543	509	(527)	545	511	529	547
228	165	210	230	167	212	232	169	214	390	327	372	392	329	374	394	331	376	552	489	534	554	491	536	556	493	538
197	242	179	190	235	172	195	240	177	359	404	341	352	397	334	357	402	339	521	566	503	514	559	496	519	564	501
188	206	224	181	199	217	186	204	222	350	368	386	343	361	379	348	366	384	512	530	548	505	523	541	510	528	546
233	170	215	226	163	208	231	168	213	395	332	377	388	325	370	393	330	375	557	494	539	550	487	532	555	423	537
598	643	580	603	648	585	596	641	578	31	76	13	36	81	18	29	74	11	436	481	418	441	486	423	434	479	416
589	607	625	594	612	630	587	605	623	22	40	58	27	45	63	20	38	56	427	445	463	432	450	468	425	443	461
634	571	616	639	576	621	632	569	614	67	4	49	72	9	54	65	2	47	472	409	454	477	414	459	470	407	452
597	642	579	599	644	581	601	646	583	30	75	12	32	77	14	34	79	16	435	480	417	437	482	419	439	484	421
588	606	624	590	(608)	626	592	610	628	21	39	57	23	(41)	59	25	43	61	426	444	462	428	(446)	464	430	448	466
633	570	615	635	572	617	637	574	619	66	3	48	68	5	50	70	7	52	471	408	453	473	410	455	475	412	457
602	647	584	595	640	577	600	645	582	35	80	17	28	73	10	33	78	15	440	485	422	433	478	415	438	483	420
593	611	629	586	604	622	591	609	627	26	44	62	19	37	55	24	42	60	431	449	467	424	442	460	429	447	465
638	575	620	631	568	613	636	573	618	71	8	53	64	1	46	69	6	51	476	413	458	469	406	451	474	411	456

위 그림의 검은 원 안의 숫자를 보면 각 국의 중심 수의 본수는 각 국의 국수(局數)와 일치한다.

■ 41＝1(1국), ■ 122＝2(2국), ■ 203＝3(3국), ■ 284＝4(4국), ■ 365＝5(5국),

■ 446＝6(6국), ■ 527＝7(7국), ■ 608＝8(8국), ■ 689＝9(9국)

또한, 위 그림에서 각 국의 중심 수를 단수화하면 전부 5로 나타난다.

■ 41＝5, ■ 122＝5, ■ 203＝5 ■ 284＝5, ■ 365＝5

■ 446＝5, ■ 527＝5 ■ 608＝5, ■ 689＝5

◎ 각 국(局)을 구성하는 9개 분국의 중심 수의 총합 수

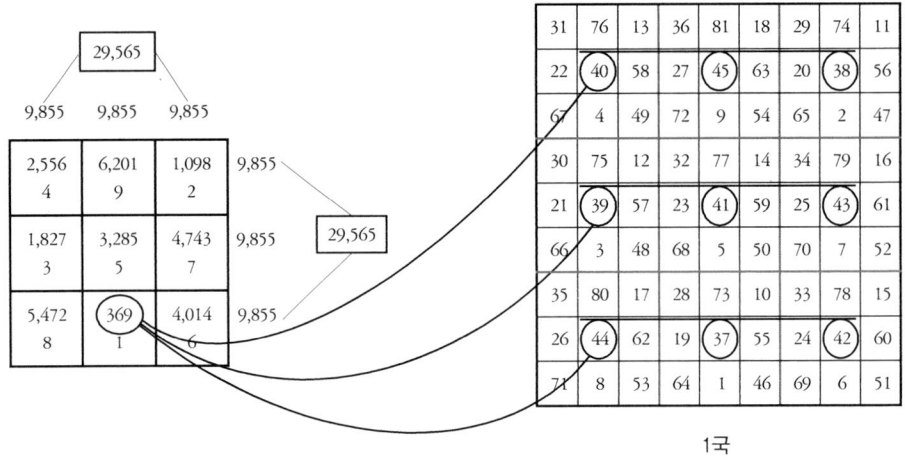

1국

■ 각 국의 9개 분국의 중심 수의 총합은 각 국 중심 수에 9궁을 곱한 값이다. 가령 7국의 총수는 7국의 중심 수 527에 9궁의 9를 곱하여 4,743이 된다. 또 3국의 총수는 3국의 203에 9궁의 수 9를 곱하여 1,827이 된다.

■ 가로, 세로, 대각선 수는 9,855

■ 9궁의 중심 수의 총합은 29,565

■ 9,855를 단수화하면 9가 된다.

■29,565를 단수화하면 역시 9가 된다.

■9개 분국의 총 합수는 각 국의 국수(局數)와 반대방향으로 나타난다. 가령, 위 그림에서 4분국의 총 합수 2,556의 본수는 6인데 위치하는 곳은 4분국이니 6과 4는 서로 반대의 방향이다(사상수로 나타난 손가락 참조).

■위 그림에서 각 분국의 중심 총합수를 단수화하면 모두 9로 나타난다. 가령, 2,556은 18이므로 9, 6,201도 9, 1,098은 18이므로 9가 된다.

⑪ 729(9³)宮 81궁 총수도(總數圖) 총수: 266,085

29,565	29,565	29,565	29,565	29,565	29,565	29,565	29,565	29,565	
2,547	2,592	2,529	6,192	6,237	6,174	1,089	1,134	1,071	▶29,565
2,538	2,556 ④	2,574	6,183	6,201 ⑨	6,219	1,080	1,098 ②	1,116	29,565
2,583	2,520	2,565	6,228	6,165	6,210	1,125	1,062	1,107	29,565
1,818	1,863	1,800	3,276	3,321	3,258	4,734	4,779	4,716	29,565
1,809	1,827 ③	1,845	3,267	3,285 ⑤	3,303	4,725	4,743 ⑦	4,761	29,565
1,854	1,791	1,836	3,312	3,249	3,294	4,770	4,707	4,752	29,565
5,463	5,508	5,445	360	405	342	4,005	4,050	3,987	29,565
5,454	5,472 ⑧	5,490	351	369 ①	387	3,996	4,014 ⑥	4,032	29,565
5,499	5,436	5,481	396	333	378	4,041	3,978	4,023	29,565

29,565

■가로, 세로, 대각선 수의 합: 29,565(중심 수 3,285에 9궁의 수 9를 곱한 값과 동일)

■29,565 단수화하면 9가 된다.

■81궁의 총합: 266,085(29,565에 9궁의 수 9를 곱하거나 혹은 중심 수 3,285에 81궁의 수, 81을 곱한 값과 동일)

■ 266,085를 단수화하면 역시 9가 된다.

◎ 각 국에 속한 궁별 총합 수(아래는 1국, 9국, 2국, 6국만 화살표로 표시)

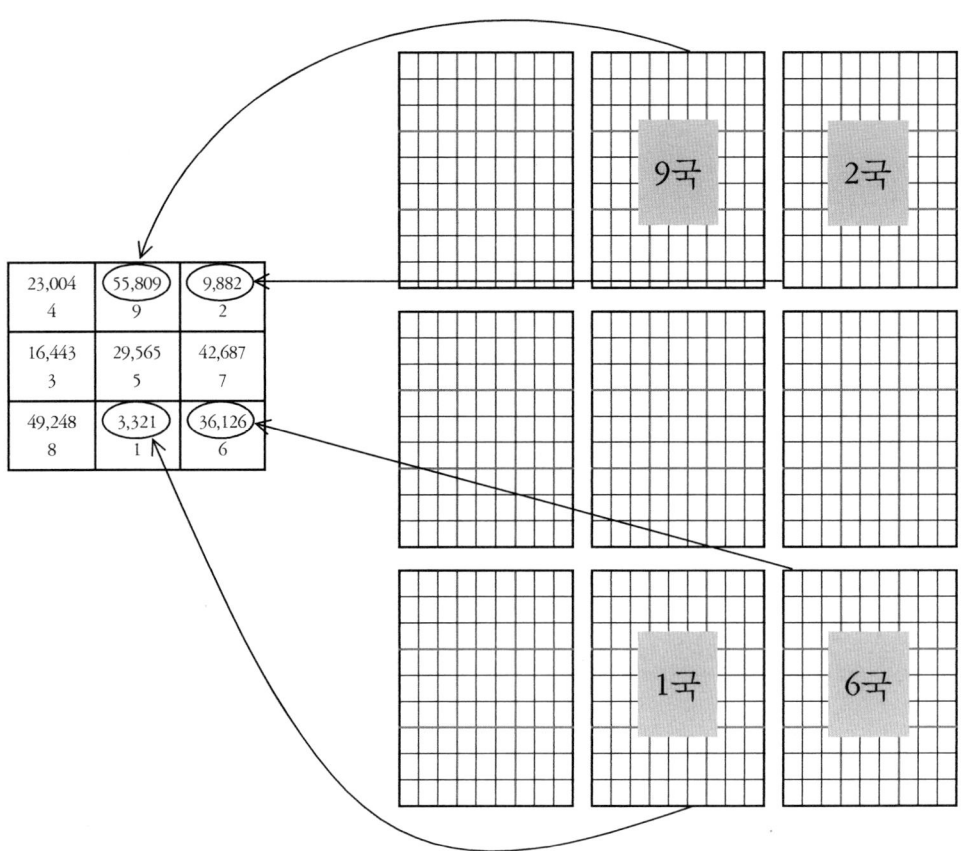

■ 각 국 총수는 각 국 중심 총 합수에 9궁의 수 9를 곱한 값이다. 가령, 8분국의 중심 총 합수는 5,472인데 이수에 9를 곱하면 49,248이 나온다. 또, 6국의 중심 총 합수는 4,014인데 이수에 9를 곱하면 36,126이 된다.

■ 가로, 세로, 대각선 수의 합은 88,695이다.

■ 9국 81궁에 속한 수를 전부 더한 총합수은 266,085이다.

■ 88,695를 단수화하면 9가 된다.

- 266,085를 단수화해도 역시 9가 된다.
- 각 국의 총합수의 본수를 보면 각 국수(局數)와 일치한다. 가령, 4국의 총 합수는 23,004니 본수는 4가 되고 4는 4국의 4와 일치한다.
- 각 국의 총 합수를 단수화하면 모두 9로 통일된다. 가령, 4국의 23,004인데 단수화하면 9가 되고, 8국의 49,248 역시 27이 되니 이를 단수화하면 9가 된다.

이상에서 살펴본 바와 같이 729궁에서는 각 국의 중심 수의 본수와 각 국의 총 합수의 본수는 각 국의 국수(局數)로 나타남을 알 수 있다. 또한 각 국 중심 수의 단수는 모두 5로 통일되어 나타나며, 각 국 총수의 단수 역시 9로 통일되어 나타남을 알 수 있다. 이를 통해서 알 수 있는 것은 수가 아무리 변화해도 본수는 그 국수(局數)를 그대로 유지하고 있음을 알 수 있고 중심 수의 단수는 중심을 벗어나지 않는다는 뜻을 나타내는 5를 유지하고 있음을 알 수 있고 각 국 총합수의 단수는 결국 9수로 나타남을 알 수 있다.

729궁의 가장 중앙부, 즉 천원점에는 365가 위치하고 있는데 이 수는 그러므로 729궁을 구성하는 모든 수의 평균값이 됨을 알 수 있다. 따라서 729궁의 총 합수는 365×729＝266,085가 된다. 그리고 가로, 세로, 대각선의 27궁 각 수 값은 365×27＝9,855가 된다.

지금까지 얻은 결과를 도표로 정리하면 아래와 같은 총괄표로 정리할 수 있다.

〈표〉729궁 총괄표

각 국	총 수	본수	단수	9궁수	본수	단수	중심 수	본수	단수
1국	3,321	1	9	369	9	9	41	1	5
2국	9,882	2	9	1,098	8	9	122	2	5
3국	16,443	3	9	1,827	7	9	203	3	5
4국	23,004	4	9	2,556	6	9	284	4	5
5국	29,565	5	9	3,285	5	9	365	5	5
6국	36,126	6	9	4,014	4	9	446	6	5
7국	42,687	7	9	4,743	3	9	527	7	5
8국	49,248	8	9	5,472	2	9	608	8	5
9국	55,809	9	9	6,201	1	9	689	9	5
총국합수	266,085	5	9	29,565	5	9	3,285	5	9

- 각 국의 중심 수에 9배를 하면 각 국의 가로선, 세로선, 대각선의 9궁수가 나오고,
- 각 국의 9궁수에서 9배를 하면 각 국의 총수가 나온다.

- 따라서 각 국의 중심 수에 81배를 하면 각 국의 총수가 된다.
- 각 국의 총수의 본수와 중심 수의 본수는 각 국의 고유 국수(局數)가 되고, 9궁수의 본수는 역행하고 있음을 알 수 있다.
- 각 국의 총수의 단수와 9궁수의 단수는 9가 되고 중심 수의 단수는 5가 된다.
- 729궁 총국의 총합수와 9궁수 그리고 중심 수의 본수가 5가 되고 단수가 9가 되는 것은 본수 5는 수의 체(体)가 되고, 단수 9는 수의 용(用)이 된다는 것을 의미한다.

4	9	2
3	5	7
8	1	6

5가 수의 체(体)가 된다는 것은 기본 9궁의 중심 수가 되기 때문이다.

수가 1부터 9까지 전개되지만 9궁의 평균값은 5가 된다. 즉 1부터 9수까지의 총수는 45가 되는데 45를 9궁으로 나누면 각궁의 평균값은 5가 된다. 그러므로 중심 수 5는 각 궁을 대표하는 수가 되므로 9궁의 체수(体數)가 되는 것이다. 또, 1부터 9수까지 나열되어 9가지 성질을 대표하여 사용되고 있으니 이는 곧 9궁의 용수(用數)가 되는 것이다.

수는 아무리 부풀려져 커지더라도 혹은 축소되어 작아지더라도 결국 본수와 단수로 표현될 수 있으므로 낙서의 기본 9궁도의 범위를 벗어나지 못한다.

이와 같이 729궁 총국의 수에서도 중심 수, 9궁수, 총 합수의 본수가 모두 5가 되고 단수는 9가 되는 것이다.

기본 9궁도를 자승(自乘)한 81궁도만 가지고서는 본수와 단수의 수리를 정확하게 파악하기가 어렵다. 기본 9궁도의 삼승(三乘), 즉 729궁도가 완성되어야 본수와 단수의 본래 성향이 뚜렷하게 드러난다.

수의 정량(定量)만 가지고서는 사물에 내재되어 있는 상(象)을 정확히 파악할 수 없고 수의 리(理)가 있어야 파악이 가능하다.

수의 리(理)란 바로 수의 정성(定性)적 분석을 의미하는데 그러기 위해서 절대적으로 요구되는 것이 바로 수의 체(体)와 용(用)을 상징하는 본수와 단수의 개념이다. 일반적으로 동양학에서 본수의 개념은 널리 통용되어 왔으나 단수 개념은 독자들에게 더러 생소하게 들릴 것이다. 하지만 본수 개념만 가지고서는 수의 理를 정확하게 파악하기 어렵다. 체(体)와 용(用)이 함께 아우러져야 보다 정확성을 기할 수 있는데, 그러한 의미에서 단수는 상당히 중요한 가치가 있음을 인식해야 한다.

729궁도에서 중심 수는 바둑판으로 말하면 판의 정중앙, 천원점에 들어 있는 365이다. 365는 공교롭게도 1년의 날수와 같다. 그런데 이 365는 각 궁의 평균값이기도 하다. 즉 729궁의 사각구멍 안에 365를 전부 삽입해 보자. 그러면 그 총합이 얼마인가? 729×356이 되어 266,085가 된다.

천간지지는 甲子부터 시작하여 60번째 癸亥에서 끝나고 다시 61에 갑자가 배속되어 계속 순환하는 구조로 되어 있다. 그런데 만일 갑자를 처음 시작하는 1이라고 가정하면 계속 돌아서 365번째와 729번째 되면 어느 간지가 오게 될까?

365번째는 戊辰이 오고 729번째는 壬申이 온다.

결론부터 말하자면 戊辰은 지구를 상징하고, 壬申은 역법(曆法)상 역(曆)의 근본이 되는 역원일(曆元日)이 된다. 역원(曆元)에 관해서는 후속편 『부인도와 과학정역』에서 자세히 다룰 예정인데 다만 여기서 역원이란 달력을 만들 때 처음 시작되는 간지를 말한다. 어쨌든, 간지(干支)에서 戊辰과 壬申은 아주 중요한 의미를 띠는데 여기서 간략하게 다루어 보고자 한다.

壬申은 60甲子 중 9번째로 오는 간지(干支)로 오행상 壬水와 申金으로 표현하는데 특히 水의 기운이 아주 왕성하다. 이것은 약 76년을 주기로 출몰을 반복하는 핼리혜성, 그리고 여자의 임신(姙娠)과도 밀접한 관계를 가지고 있다. 우선, 戊辰과 壬申이 가지고 있는 상징성을 설명하기 위해 태양계와 간지(干支)의 관계를 간략하게 밝히고자 한다. 태양계를 이루는 행성들은 독립적으로 존재하는 것이 아니라 서로 유기적인 관계를 가지면서 공전과 자전 운동을 하고 있다. 그런데 이런 행성의 공전과 자전의 목적이 무엇일까? 이러한 문제는 전혀 새로운 것이 아니다. 고금을 통해서 살아오는 인간이 가장 알고 싶어 하는 난제 중의 난제 가운데 하나다.

필자가 주장하고 싶은 것은 이러한 행성의 공전과 자전의 목적은 바로 태양에서 날아오는 빛을 다른 행성으로 반사해서 전해 주는 빛의 중개자라는 것이다. 태양계 내에서 주인은 바로 태양이다. 크기로 보나 내부에 품고 있는 에너지의 양으로 보나 단연 왕 중의 왕이다. 그러나 생명체는 살아갈 수 없다는 것이 현재까지의 정설이다. 물론 그렇게 극렬

한 환경에서 살아갈 생명체가 없다고 단언할 수는 없지만 지구적 환경과 비교해 본다면 생명체가 살아 있을 개연성은 거의 없다고 해도 될 것이다.

태양과 지구를 제외한 나머지 행성들에 생명체가 있는지 없는지의 문제도 우선 제쳐 두자. 다만, 태양은 태양계의 에너지원으로서 역할을 하고 지구는 그 안에 생명체를 품고 있다는 전제만을 깔고 논리를 진행시키고자 한다.

태양은 에너지를 생산하고 여타의 행성들은 그 에너지를 빛과 열이라는 형태로 반사해서 지구에 전하는 임무를 띠고 있다는 것이다. 물론 지구를 제외한 여타의 행성들이 어떤 물질적인 '의식'이 있어서 그들이 지금 '지구에 에너지를 전달하고 있는 중'이라는 인식을 한다는 것은 아니다. 물론 그럴지도 모르지만 우선은 '그저 무심하게 그런 현상이 일어나고 있다'고

가정하자.

행성들은 햇빛을 반사시켜 줌은 물론 멀리 우주에서 날아오는 다른 종류의 빛도 나름대로 가공해서 지구로 보내 준다. 태양에서 가장 가까운 위치의 수성이 햇빛을 받아 반사하면 빛은 굴절되고 분광되고 지구에 도달된다. 굳이 생명체로서의 가이아를 들먹이지 않더라도 지구는 생명이 살고 있는 살아 있는 별이기 때문에 그 빛을 흡수해서 지구 자체의 삶을 위한 에너지로 사용한다.

지구는 태양으로부터 직접 빛을 받지만 수성에 반사되는 빛도 받는다.

이런 식으로 행성들을 따라가면 목성, 토성에 이르기까지 다양한 종류의 파장을 가진 빛을 받아들이고 다시 그 빛을 지구를 향해 일부 반사하는 것이다.

장구한 세월 동안 그 행성들은 태양이 보내는 빛을 묵묵히 받아 왔다. 그러나 자신에게 맞는 적합한 파장의 빛은 그대로 간직하고 적합하지 않은 파장은 다시 우주(지구를 포함)

를 향해서 반사해 왔을 것이다. 자신에게 적합한 특정한 빛만을 몸에 지니면서 이제 각자의 행성은 행성 자체의 독특한 성향을 띠게 된다. 그러므로 우리는 이 다섯 개의 별에서 오는 에너지가 모두 똑같다고 보아서는 안 된다는 결론에 이른다. 이러한 기운을 동양에서는 木氣(木星), 火氣(火星), 土氣(土星), 金氣(金星), 水氣(水星)라고 부른다.

그러면 천왕성, 해왕성, 명왕성은 어찌된 일인가?

일단 이들은 지구로부터의 거리가 상당히 멀리 떨어져 있어서 지구에 살포되는 기운이 적다고 간주했을 것이다. 또한 지구에 사는 인간의 눈에는 너무도 멀리 있어서 웬만큼 눈이 밝은 지구인이 아니면 그 존재 자체도 몰랐을 것임에 틀림없다. 여기서는 거리가 먼 행성은 자체의 반사광이 지구에 도달하는 기운이 미약하므로 무시하자는 의견이다.

아래의 표를 보면 대략 태양 빛이 우리의 지구를 향해 다가오는 경로를 짐작할 수 있다.

〈표〉 태양계

행성	태양과의 거리	공전주기	수	天干	地支
수성	57,900,000km	88일	4	丙	寅
금성	108,200,000km	224일	5	丁	卯
지구	149,600,000km	365.24일	6	戊	辰
화성	228,000,000km	687일/1.88년	7	己	巳
소혹성	—	—	—	—	—
목성	778,400,000km	4,307일/11.86년	8	庚	午
토성	1,427,000,000km	10,767일/29.4년	9	辛	未
혜성	—	76년	0	壬	申
천왕성	2,900,000,000km	30,660일/84.02년	1	癸	酉
해왕성	4,498,000,000km	60,590일/165년	2	甲	子
명왕성	5,899,050,000km	90,115일/247년	3	乙	丑
북극성	—	—	●		戊亥

동양에서는 예로부터 60세를 넘겨 61세가 되면 회갑이라고 하여 성대한 잔치를 열었다. 말하자면 장수를 축하하는 잔치였다. 의료 환경의 발달로 이제는 회갑연이 그다지 커다란 의미를 갖지 않지만, 그러나 여전히 60은 한 마디를 넘기고 다음 마디로 넘어가는 중요한 시점으로 평가된다.

위 표에서 보면 공전 주기가 60년 이내인 행성은 수성부터 토성까지 6개이다. 내가 몸담고 있는 지구를 제외하면 5개의 행성이고 그것은 곧바로 5행(五行)으로 배속한 이유가 된다. 물론 화성과 목성 사이에 소혹성들, 즉 행성의 무리들이 존재하는 것으로 밝혀졌지만 크기가 그다지 크지 않기 때문에 인체에 영향을 주지 않을 것이므로 무시한다. 토성을 벗어나 그 외곽에 있는 천왕성, 해왕성, 명왕성 등은 공전주기가 인간의 생명주기인 60보다 훨씬 길기 때문에 역시 인체에 영향을 미치는 작용이 미미하다고 본다.

그러나 현대에 와서 의료기술의 발달로 인간의 수명이 연장되었는데 76년 주기로 나타나는 핼리혜성, 84년 주기의 천왕성, 166년 주기의 해왕성, 247년 주기의 명왕성이 인체에 다소나마 영향을 미치고 있음은 분명할 텐데 이에 관해서는 좀 더 심도 있는 고찰이 필요하다고 본다.

어쨌든 지구는 태양계의 행성들과 밀접한 관련을 갖고 있고 고대 천문학에서는 육안으로 확인할 수 있는 이 5개의 오행성이 지구에 강한 영향력을 미치고 있는 별이라 생각해 왔다. 동양학에서는 이 5개의 행성들을 木, 火, 土, 金, 水라는 오행(五行)사상에 연결시켰고, 이 오행에 의해 하늘에는 오운(五運)의 작용이 있다고 믿어 오운설(五運說)을 제창하게 된 것이다. 그런데 오행에도 역시 음양의 구분이 있으니 따라서 10가지로 분류하여 甲, 乙, 丙, 丁, 戊, 己, 庚, 申, 壬, 癸라는 10천간(天干)이 나오게 되었다. 이때 甲, 乙은 木, 丙, 丁은 火, 戊, 己는 土, 庚, 辛은 金, 壬, 癸는 水라 하여 오행의 철학적 의미를 부여하였다.

위의 도표는 행성들이 태양을 공전할 때 걸리는 주기순일 뿐 아니라, 태양에서 점차 멀리 있는 위치순의 배열이다. 태양에 가장 가까운 수성은 뜨거운 태양의 기운을 가장 많이 받고 있으므로 丙, 즉 양화(陽火)에 배정하였고, 그다음의 금성은 丁인, 음화(陰火)에, 다음으로 우리가 몸담고 있는 지구는 오행성의 중심에 위치하니 戊인 양토(陽土)에, 그다음의 화성은 己인 음토(陰土)에, 다음의 목성은 천간 10간(干) 중 후반부 음위(陰位)에 속하므로 庚인 양금(陽金)에, 마지막의 토성은 辛인 음금(陰金)에 배정하였다. 다음으로 태양과 명왕성 사이를 약 76년의 주기로 도는 혜성은 29.4년의 토성과 84.02년의 천왕성 사이 값에 해당하므로 7번째에 배속하고 壬인 양수(陽水)에 배속하였다. 다음에 오는 천왕성은 癸인 음수(陰水)에, 해왕성은 甲인 양목(陽木)에, 명왕성은 乙인 음목(陰木)에 배속하였다. 지구를 중앙 土인 戊土에 배속한 것은 지구가 태양계의 중심에 위치하기 때문이다. 그러나 지구를 무엇에 배속할지 모르는 상황이라도 태양과 가장 가까운 수성을 丙火로 배정한 다음 순차적으로 배정하면 지구는 자연히 戊土가 된다.

'하도의 10수와 인체의 규(竅)' 章에서 설명하였듯이 76년 주기의 핼리혜성도 다른 행성과 마찬가지로 태양을 중심으로 공전한다. 그러나 다른 행성과 다른 점은 핼리 혜성이 9개의 행성의 궤도를 모두 포함하는 궤도를 돌기 때문에 여성의 질(膣)과 같은 종합적 기능이 있다고 본 것이다. 숫자 10은 최대 분열의 수 9에 1을 더하여 된 수로 10에 이르러야 비로소 종합이 되는 것이므로 10이라는 수에 핼리혜성을 배속하였다. 여기서 종합적인 기능이라고 표현한 것은 여성의 질이 완전한 한 인간을 만들어 내는 기관이라는 것을 염두에 두고 한 말이다.

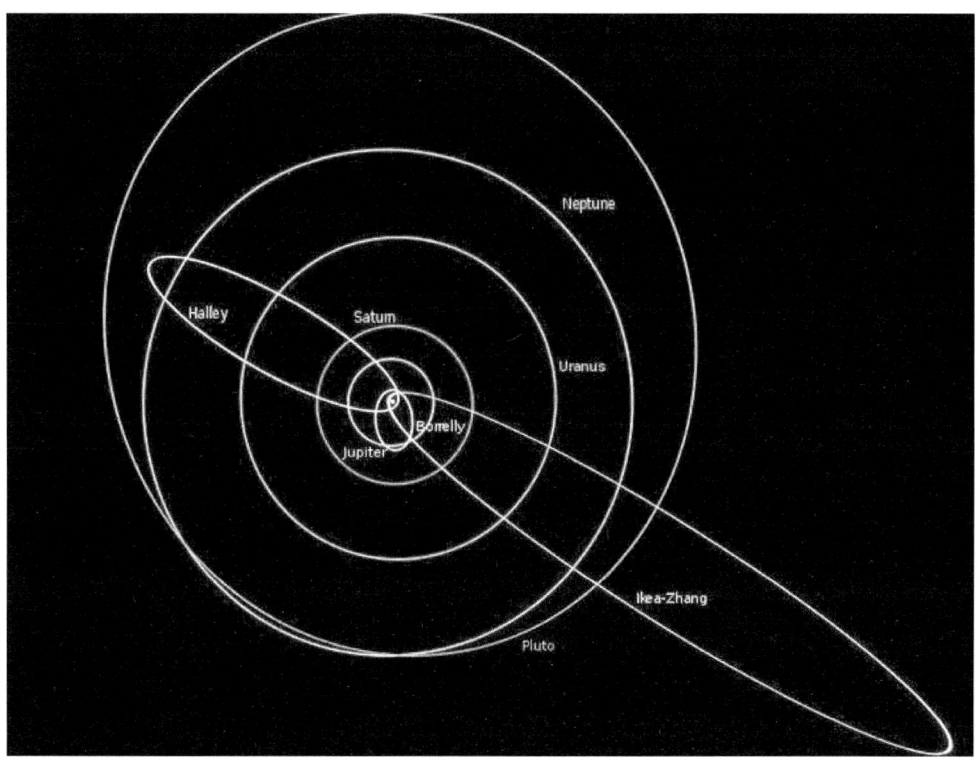

10은 본수로 보면 0이므로 핼리 혜성을 0으로 놓고 그다음에 순차적으로 수를 매기면 천왕성1, 해왕성2, 명왕성3, 수성4, 금성5, 지구6, 화성7, 목성8, 토성9의 순서가 된다.

핼리혜성의 76년 주기가 중요한 것으로 평가받는 이유가 있다.

1년을 정의하는 방법은 태양을 기준으로 하는 태양력과 달을 기준으로 하는 태음력이 있다. 문제는 태양력과 태음력이 정확히 일치하지 않는다는 데 있다. 그 이유는 지구가 태양 둘레를 단순히 공전만 하는 게 아니라 자전을 하면서 공전하기 때문에 발생한다.

그러면 이것을 해결하기 위해서는 어떤 작업이 필요할까? 우선 태양력과 태음력으로 1년의 길이를 계산해 보자.

태양력으로 1년은 정확히 365일이 아니라 약 $365\frac{1}{4}$ 일이다. 또 태음태양력은 달이 지구를 도는 공전일수와 치윤법(置閏法)을 배정하였다. 즉 달(月)의 1년 주기는 $354\frac{348}{940}$ 日이고 月의 지구 공전주기는 $29\frac{499}{940}$ 일이다. 이제 태양력과 태음태양력이 서로 같아지게 하는 작업이 필요한데 아래와 같다.

- 태양력의 의한 $365\frac{1}{4}$ 을 19년 반복하면 $6939\frac{3}{4}$ 일이 된다.
- 달의 1년 주기 $354\frac{348}{940}$ 日을 19년 반복한 값에 달의 공전주기 $29\frac{499}{940}$ 日을 7년 반복한 값을 더하면 $6,939\frac{3}{4}$ 일이 산출된다. 결과적으로 이제 태양력과 태음태양력이 똑같이 되었지만 그러나 $\frac{3}{4}$ 이라는 꼬리표가 붙어 있어서 여간 불편한 것이 아니다. 즉 정수값이 아니므로 불편함이 사라지지 않았다는 말이다. 그래서 양자(兩者)를 정수화하는 작업이 필요하다.
- $6,939\frac{3}{4}$ 을 분수로 하면 $\frac{27,756}{4} + \frac{3}{4} = \frac{27,759}{4}$ 가 된다.
- 여기에 4를 곱하면 $\frac{27,759}{4} \times 4 = 27,759$ 가 도출된다. 즉 정수로 되었다.

그러면 여기서 4를 곱한 것은 무슨 뜻인가? 19년 반복하는 것을 4회 반복하였다는 뜻이다. 그러므로 76년이라는 말이 된다. 이는 곧 핼리혜성의 주기 76년과 같은 수 아닌가! 태양력과 태음태양력으로 산출된 값이 정확히 정수(27,759)로 일치하는 시점이 바로 핼리혜성의 주기인 76년과 동일하다는 말이다. 해와 달이 만나 정수로 떨어지는 27,759일은 천문역법상의 중요한 단위가 되는데 태음, 태양력이 이처럼 핼리 혜성의 주기인 76년과 연관을 가진다는 사실을 어떻게 단순한 우연의 결과라고 치부해 버릴 수 있겠는가! 그러므로 핼리혜성에 해당하는 壬申은 자의에 의해 기분 내키는 대로 정한 결정이 아니라 그렇게 될 수밖에 없는 필연적 귀결이다. 따라서 갑자 1부터 시작하여 729번째가 되는 壬申은 달력의 시원(始原), 즉 역원(曆元)이 될 수밖에 없다는 결론에 이른다.

729궁도의 중심 수 365도 역시 60갑자로 환산하면 戊辰인데 위 태양계의 표에서 전개한 논리로 보더라도 역시 무진에 배속되니 속단하기는 이르지만 우선은 지구가 무진에 속한다고 규정하기로 한다.

천간 10개와 지지 12개가 서로 배합되어 만나서 이루는 조합(양간과 양지, 음간과 음지)은 60개가 된다. 그 순서는 갑자부터 시작하여 을축, 병인, 정묘, 무진, 기사, 경오, 신미, 임신, 계유…… 그리고 마지막 60번째에 癸亥가 된다.

앞에 있는 태양계 도표를 보면 해왕성은 갑목에 배속되었으니 따라서 甲에 짝을 이루는 것은 子에 해당하므로 갑자가 해왕성이 된다.

해왕성을 갑자로 배속하였으면 순서에 따라서 을축은 명왕성, 병인은 수성, 정묘는 금성, 무진은 지구, 기사는 화성, 경오는 목성, 신미는 토성, 임신은 혜성, 계유는 천왕성, 그리고 마지막으로 2개 남는 술해는 천간과 짝을 이루지 못하는데, 이것을 북극성에 배속시켜 놓았다.

지지(地支)에 오행을 붙이면 寅卯는 木, 巳午는 火, 申酉는 金, 亥子는 水, 辰戌丑未는 土에 해당된다.

지구를 중심으로 놓고 볼 때 戊와 짝을 이룰 수 있는 토성(土性)의 지지(地支)는 辰과 戌이다. 그런데 갑자로부터 시작하여 戊와 짝이 되는 조합은 戊辰이 된다. 갑자를 1, 을축이 2, 병인이 3, 정묘가 4, 무진이 5가 된다.

지구가 戊辰이 됨을 알았으니 이제 차례대로 지지(地支)를 붙여 나가면 된다. 즉 지구로부터 내행성 쪽에 있는 금성은 卯, 수성은 寅이 된다. 외행성 쪽에 있는 화성은 巳, 목성은 午, 토성은 未, 혜성은 申, 천왕성은 酉, 해왕성은 子, 명왕성은 丑이 된다. 마지막에 있는 戌亥는 중궁(中宮)이 되어 북극성에 배속된다.

북극성을 戌亥에 배속함과 지지(地支)에 대한 해석은 더 정밀한 해설이 필요한데 여기서는 지면관계상 생략하기로 하고 본서의 후속 편인『부인도와 과학정역』에서 자세히 다룰 예정이다.

어쨌든 729궁도에 나타난 365와 729라는 수에는 戊辰과 壬申이라는 천문역수의 비밀이 내재되어 있는 것만 기억하고 넘어가자.

마지막으로 5행성의 명명은 어떻게 붙여졌는지 살펴보고 이 장을 마치도록 하자.

여기에도 선인(先人)들의 지혜가 깃들어 있음을 볼 수 있다.

지구에서 태양 쪽으로 위치한 내행성들은 태양의 지근거리에 위치하므로 마치 용광로처럼 들끓고 있음은 너무나 자명하다. 이름으로나마 그러한 열기를 식혀 주어야겠다는 선인들의 배려가 수성(水星), 금성(金星)이라는 이름을 낳았고, 반대로 비교적 태양에 멀리위치한 화성(火星)과 목성(木星)은 냉기로 가득 차 있음으로 양의 이름을 부여받았다. 학자마다 견해 차이가 있을 수 있지만, 木과 火는 陽에 배속하고 金과 水는 음에 속한다는 정설에 근거한 작명이다. 더운 양권(陽圈)에는 음의 오행인 金, 水를 붙이고, 차가운 음권(陰圈)에는 양의 오행인 木, 火를 붙여 음양의 균형을 이루게 했다.

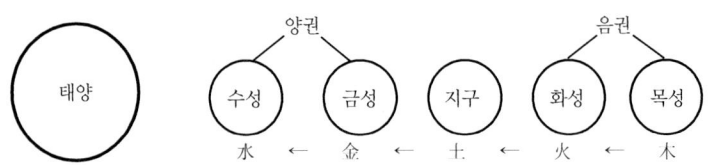

태양을 제외하면 지구는 5행성 가운데 중심을 차지한다. 태양과 멀리 떨어진 곳으로부터 木生火, 火生土, 土生金, 金生水로 상생(相生)의 구조를 가지고 있다. 태양과 가까운 수성과 금성은 丙火와 丁火로 火의 기운이 강한데 서로 상극(相剋)하는 水, 金의 이름을 붙여 서로 체(体)와 용(用)의 균형을 이루고 있고, 태양과 멀리 떨어진 화성과 목성은 己土와 庚金으로 음의 기운이 강한데 서로 상극하는 木, 火의 이름을 붙여 서로 체(体)와 용(用)의 균형을 이루고 있다.

이와 같이 뜨거운 태양과 가장 가까이 있는 행성에 수성(水星)의 이름을 붙이거나 지구 바깥쪽에 있는 목성(木星)으로부터 木, 火, 土, 金, 水로 상생(相生)이 되도록 이름을 붙인 것은 음양의 균형을 이루기 위한 옛사람들의 지혜가 아닌가 생각된다. 실제로 태양과 가까이 있는 수성은 외형상 丙火로 되어 있지만 수성이 존재하기 위해서는 그 내면에 수성(水性)이 강하게 작용해야 수성 자체가 존립할 수 있다. 나머지 별들도 이러한 음양오행의 체용의 법칙을 고려하여 명명한 것이다.

6. 수리(數理)와 차원

기하학의 시조는 그리스 수학자 유클리드(B.C. 330?~B.C. 275?)로 알려져 있다. 그는 자신의 저서 『기하학원론, Stoicheia』에서 점, 선, 면, 입체를 다음과 같이 정의했다.

- 점이란 부분을 갖지 않은 것
- 선이란 폭이 없는 길이만 있는 것
- 면이란 폭과 길이를 가진 것
- 입체란 폭과 길이와 높이를 가진 것

구체적으로 더 들어가 보자.

- 점은 ●으로 표시하자. 부분을 갖지 않는다는 말은 크기는 없고 대신 위치만 표시할 수 있다는 말이다. 이것을 0차원으로 정하였다.
- 선은 0차원의 점이 2개 이상 모여 길이를 형성한 것이고 이를 1차원으로 하였다.
- 면은 1차원의 선이 3개 이상 모여서 만들어진 형태를 말하며 이를 2차원으로 하였다.
- 입체는 면이 적어도 4개 이상 모여서 형성된 공간 형태를 말하며 이를 3차원으로 하였다.

이러한 차원에 관한 문제는 합리적인 과학적 논리를 전개하는 데는 물론, 앞으로 본서에서 전개될 주역과 천부경에서 아주 중요한 수단이 되므로 정확한 개념을 잡는 것이 필수적이다.

예를 들어 보자. 1차원의 선에서 사물 A와 사물 B를 구분하는 척도는 길이의 차이 말고는 없다. 그러나 2차원으로 들어가면 두 대상을 비교하는 척도가 오직 넓이의 대소(大小)차뿐일까? 아니다. 면적의 대소뿐만 아니라, 모양의 다양성이 생겨나기 시작한다는 말이다. 넓이가 같더라도 삼각형과 사각형은 엄연히 구분이 생기지 않는가 말이다.

1차원에 사는 벌레는 앞과 뒤밖에 없다. 전진과 후진을 해도 보이는 것은 0차원의 점밖에 없다. 저차원에 사는 벌레의 한계(비애)일 것이다.

2차원으로 들어가면 달라진다. 넓이라는 양적 요소 외에 모양이라는 개념이 등장한다. 모양(형태)이라는 요소는 이처럼 2차원 이상에서 나타나는 특징이다.

3차원은 어떤가? 당연히 부피의 대소가 존재할 뿐만 아니라 형태 역시 복잡다단해진다. 머리카락처럼 미세한 전자회로로부터 상상불허의 거대한 우주가 전부 3차원의 형태 아닌가!

3차원의 중요한 특징 하나 더. 즉 유기체가 만들어지기 위한 중요한 요건이 바로 3차원이어야 한다는 것이다. 만일 2차원으로 된 생명체(유기체)가 존재할 수 있을 것인가? 답은 '없다'이다. 생명체가 물질대사를 이루기 위해서는 입에서 항문까지 연결되는 관(duct)이 필수적인데 만일 2차원의 벌레에 입과 항문을 만들기 위해서 드릴로 구멍을 뚫으려고 하면 찢어져 버리는 결과가 되고 만다.

3차원 공간에는 입체뿐만 아니라 2차원의 면, 1차원의 선, 그리고 0차원의 점까지 전부 포함하고 있다. 포함관계를 따지자면 3차원이 나머지 저차원을 전부 아우른다고 할 수 있다. 그러므로 임의차원의 공간은 그보다 낮은 차원을 그 내부에 함유하고 있다고 말해도 별 무리가 없다.

그렇다면 3차원에 1차원을 더한 4차원은 어떻게 설정해야 하는가 하는 문제가 대두된다. 『기하학원론』에 실려 있는 유클리드의 개념을 인용해 보자.

- 입체(3차원)의 단면은 면(2차원)이다.
- 면(2차원)의 단면은 선(1차원)이다.
- 선(1차원)의 단면은 점(0차원)이다.

이처럼 고차원을 단면으로 잘라서 저차원으로 유도하는 유클리드방식은 아쉽게도 4차원에 대해서는 언급하지 않았다. 그런데 프랑스의 수학자 앙리 푸앵카레(1854~1912)가 나타나 유클리드가 이용한 단면법을 역이용한 다음과 같은 논리를 만들었다.

- 단면이 0차원(점)이 되는 것을 1차원(선)이라고 한다.
- 단면이 1차원(선)이 되는 것을 2차원(면)이라고 한다.
- 단면이 2차원(면)이 되는 것을 3차원(입체)이라고 한다.
- 단면이 3차원(입체)이 되는 것을 4차원(초입방체)이라고 한다.

저차원에서 고차원으로 올라간다는 점에서 유클리드와 다르다.

이 방법으로 논리를 전개한다면 아무리 고차원으로 올라가도 단면으로 자르면 그보다 하나 낮은 차원으로 환원된다고 정의하면 그만이다. 원하는 만큼의 무한 차원을 모두 정의할 수 있게 된 것이다. 그리하여 현재 우리가 다루고 있는 다차원의 기하학으로 발전된 것이다.

차원이 나온 김에 우리가 살고 있는 3차원과 주역의 8괘가 어떻게 관련되어 있는지를 살펴보는 것도 재미있다.

태극에서 양의(兩儀)가, 양의가 사상(四象)으로, 사상에서 다시 8괘로의 이분법 전개는 총 3단계를 걸쳐서 일어난다. 즉 3이라는 숫자의 등장을 눈여겨보라는 말이다. 사실 3 이전까지의 단계, 즉 태극, 양의 사상까지의 단계는 수면 아래에서 일어나는 내적 현상이고 3단계에서의 8괘는 바로 물질세계의 구체적 발현이라는 말이다.

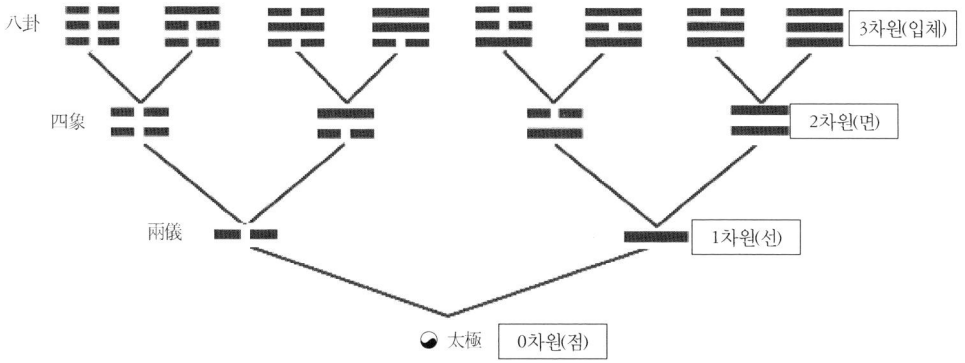

이상의 도식을 말로 정리해 보자.

- 태극은 크기가 없는 점의 형태로 0차원이다.

- 兩儀, 즉 음양은 --, ─의 두 가지 기호로 나타내며 직선, 곡선 또는 수평선이나 수직선의 1차원 형태로 나타난다.

- 사상은 태음, 소양, 소음, 태양의 4가지 기호로 나타내며 면적을 표시하는 2차원 구조이다.

- 8괘는 위의 건, 태, 리, 진, 손, 감, 간, 곤 8가지 형태로 나타나며 3차원이다.

이 중에서 4상과 8괘를 좀 더 깊이 고찰해 보기로 하다.

우선 4상부터 따져 보자. 앞서 배운 적이 있는 삼천양지(參天兩地)를 기억하고 있는지? 천(天)은 양으로 3에 배속하고 지(地)는 음으로 2에 배속한다는 원리를 말한다. 그런데 여기까지만 알면 50%밖에 모르는 것이다. 좀 더 논리를 확대시킬 필요가 있다. 바로 3이란 숫자에 관한 심화학습이다. 양(─)은 사실상 무한 원점에서 다시 만나므로 원(環)과 같다는 것! 그리고 양 막대기의 중앙 $\frac{1}{3}$ 을 솎아내면 --이 된다는 것도 이미 배워서 알고 있다. 그러면 음 막대기를 보자.

$$\frac{1}{3} \quad \frac{1}{3} \quad \frac{1}{3} \qquad \frac{1}{3} \qquad \frac{1}{3}$$

(양)   (음)

끊어진 음의 중간에 ▬을 이어붙이면 다시 양이 된다. 즉 $\frac{2}{3}$에 끊어진 $\frac{1}{3}$을 더하면 $\frac{3}{3}$이 되니 다시 1로 환원된 것이다. 여기에 들어 있는 논리가 실로 엄중하다. 이빨 빠진 중간을 메워 붙이는 순간 1이 된다는 논리인데 이것은 곧 3조각이 전체로서의 1과 같다는 것이다. 피자 한판을 3조각으로 나누면 3조각이나 1판이나 같다는 뜻이다. 이렇게 1과 3을 혼용해서 사용하는 것이 동양학이다. 언뜻 보면 궤변처럼 보이지만 엄연한 논리를 구성하고 있다. 숫자의 끝을 3이라고 규정한 데서부터 생겨난 논리다.

결론적으로 말하면 양은 1이라고 해도 되고 3이라고 해도 둘 다 맞는 표현이다. 반면 음은 2라고 해야 한다. 이때의 2는 1의 2배로서의 2가 아님에 유의해야 한다.

다시 사상으로 돌아가서,

■태양(═)을 보자.

양효가 상하로 중첩된 구조로 되어 있다. 양을 1에 배속하면 다음 도식과 같이 된다.

여기서 1이라는 수는 한 개를 의미한다. 그것을 점(●)으로 표시해 보자. 태극의 점과 혼동하지 말아야 한다. 여기서는 도식을 위한 점이지 태극의 점이 아니란 말이다.

자, 점을 사용해서 극단적으로 표현하면 아래와 같다.

天은 원(圓)을 표방하므로 원위에 상하의 점을 삽입하면 아래와 같이 된다.

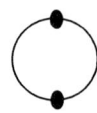

원둘레 상에 있는 2개의 점(●)은 上, 下 1개씩 존재한다. 아래 그림과 같이 上에서 보나 下에서 보나 똑같이 1개의 ●만이 나타난다.

이것을 기호로 ☰로 표시하며 태양이라고 명명하고 2차원 상에 나타나는 원(圓)으로 표현한다. 흔히 이것을 天地人 삼재(三才) 중에 天으로 표현하며 하늘의 둥근 상(象)을 취하여 천원(天圓) 혹은 천도(天道)라고 칭한다.

■ 태음을 보자.

태음(太陰)을 나타내는 ☷은 음효 2개가 上, 下로 겹쳐 있는 것인데 上에서 보나 下에서 보아도 그 모양이 똑같다.

음효인 −−을 음수의 대표수인 ● 2개로 대입하면 ☷은 ∷의 모양이 된다. 上, 下 2개의 점 역시 上에서 보나 下에서 보아도 그 모양이 똑같다.

上의 ● ●과 下의 ● ●을 연결하는 선으로 이루어진 면적은 방(方: 사각형)이 된다.

땅[地]은 方으로 표현하므로 方에 점을 첨가하며 아래와 같이 된다.

이것을 태음이라 하고 2차원상에 나타나는 방(方)으로 표현한다. 흔히 이것을 天地人 삼재(三才) 중에 地로 표현하며 지방(地方) 혹은 땅의 두터운 상(象)을 취하여 지덕(地德)이라고 부르기도 한다.

■ 소양을 보자.

소양(少陽)을 나타내는 ☳은 양효 1개가 위에 있고 음효 1개가 아래에 있는 것인데 上에서 볼 때와 下에서 볼 때가 그 모양이 다르다. 양효를 양수의 대표수인 ● 1개로, 음효를 음수의 대표수인 ●●로 대입하면 ☱은 ∴의 모양이 된다. 그런데 이것은 어느 쪽에서 보느냐에 따라 정반대의 모양이 된다. 즉 上에서 보면 ∴의 역삼각형이 되고 下에서 보면 ∴의 정삼각형의 형태가 되어 서로 반대의 모양이 된다. 上의 ●과 下의 ●●을 선으로 연결하면 정삼각형이 된다.

이것을 소양(少陽)이라 하고 2차원상에 나타나는 각(角)으로 표현한다. 한편 天地人 삼재(三才) 중에 人은 인물(人物)을 상징하는데 인물은 人과 物이 조합된 단어이다. 말 그대로 사람과 만물을 구별하여 표현한 것이다. 다시 말해 人은 인각(人角)으로, 만물은 물각(物角)으로 구분한 것인데 인각은 ∴(정삼각형)이고 물각은 ∴(역삼각형)의 형태로 표현된다.

인각을 정삼각형에 배속한 것은 사람의 머리가 1개이고 발이 2개인 형상(∴)이기 때문이다. 그러므로 天地人 삼재(三才) 중에 人으로 표현하되 인각(人角)이라 하고 사람의 직립(直立)하는 형상을 취하였으며 인간이 갖추어야 할 덕목인 인륜(人倫)에 배속하였다.

인륜이란 것은 흔히 우리가 알고 있는 도덕 철학적인 바탕에서 생겨난 단어라고 알고 있지만 그 근본에는 다음과 같은 배경이 깔려 있다. 즉 사람의 머리는 식물의 뿌리와 같은 것이다. 뿌리를 통해 양분을 섭취하여 성장하듯이 인간은 머리를 하늘로 향하여 하늘로부터 정신적 자양분을 섭취하고 동시에 음적인 존재인 땅을 향해 대소변을 배출하는 존재라는 것이다.

손과 발이 둘로 나뉘어 물질적 활동을 하는 것이 사람이므로 인륜(人倫)이라고 표현하는 것이다.

■ 소음을 보자.

소음(少陰)을 나타내는 ☲은 음효 1개가 위에 있고 양효 1개가 아래에 있는 것인데 上에서 볼 때와 下에서 볼 때 그 모양이 정반대가 된다.

양효를 양수의 대표수인 ● 1개로, 음효를 음수의 대표수인 ● 2개로 대입하면 ☲은 ∴의 모양이 된다.

上에서 내려다보면 ∴ 모양이고, 下에서 올려다보면 ∵ 모양이 된다.
이것을 선으로 연결하면 아래와 같은 역삼각형이 된다.

이 역삼각형을 소음(少陰)이라 하고 2차원 상에 나타나는 각(角)으로 표현한다. 소음인 역삼각형(▽)의 형태를 물각(物角)이라 하는데 마치 식물이 분화(分化)되어 나가는 모습을 취상한 것으로 물리(物理)라고 부르기도 한다. 물각의 아래 1점은 식물의 뿌리와 같고, 위의 2점은 가지가 위를 향해 퍼져 나가는 형상과 같지 않은가!

식물의 생김새를 자세히 고찰해 보자. 식물의 뿌리는 땅에 박혀 있으므로 陰에 근본을 둔 것이며 동시에 뿌리를 통해서 물질대사를 한다. 반면 공중에 매달려 있는 잎들은 탄소동화작용을 하는데 이것은 식물의 정신적 대사라고 표현할 수 있다. 식물의 이와 같은 양면적인 대사를 물리(物理)라고 부르는 것이다.

이상에서 살펴본 바와 같이 역(易)의 사상(四象)은 면적을 나타내는 2차원의 부호로 나타낼 수 있다. 天地人 삼재(三才)의 원방각(圓方角)이 오묘하게 변화를 이룬 것이다. 즉 원, 사각형, 정삼각형, 역삼각형이라는 사상(四象)의 모습을 나타내고 있다.

이러한 사상은 天地人物이라는 4글자로 압축되며 이것이 도덕윤리(道德倫理)와 결부되니, 하늘은 도(道)를 드러내고 땅은 덕(德)을 함유하고 있으며, 사람에게는 지켜야 될 륜(倫)이 있고 물(物)에는 반드시 리(理)가 있다고 말하는 것이다.

이것을 일컬어 천도(天道), 지덕(地德), 인륜(人倫), 물리(物理)라고 하는 것이다. 그러므로 天地人物이라는 사상의 체(体)에 도덕윤리(道德倫理)라는 사상의 용(用)이 서게 되는 것이다.

天地人의 삼재(三才)가 天地人物의 사상(四象)으로 바뀌는 묘용(妙用)은 결국 원방각(圓方角)이라는 2차원의 도형이 아니고서는 도출해 낼 수 없는 것이다. 이것이 천부경에서 말하는 운삼사성(運三四成)의 묘리인데 그 뜻을 풀이하면, 즉 "셋을 움직여 넷을 이룬다"는 사상이다. '운삼사성' 속에는 삼재가 사상으로 변하는 이치가 담겨 있고 주역의 64괘(卦) 또한 이러한 원리에서 연역되어 나온다는 비의(秘意)가 숨겨져 있다.

8괘는 효가 3개 상하로 중첩되어 3차원의 입체로 나타는 것인데 3차원의 입체의 대표는 5개의 정다면체를 들 수 있다.

5개의 정다면체 구조를 보자.
- ■5각형인 단면 12개로 이루어진 정12면체
- ■3각형인 단면 4개로 이루어진 정4면체
- ■3각형인 단면 8개로 이루어진 정8면체
- ■3각형인 단면 20개로 이루어진 정20면체
- ■4각형인 단면 6개로 이루어진 정6면체가 있다.

이 중에서 길이와 폭과 높이로 이루어진 입체의 특징을 가장 잘 나타낸 것이 정6면체이다.
- ■정6면체는 6개의 면과 8개의 꼭짓점으로 이루어져 있다.
- ■3개의 면이 만나는 곳에 한 개의 꼭짓점이 만들어진다.

앞서 하도·낙서의 5장 1절 '주사위로 드러난 제3의 역'에서 설명했던 것을 상기해 보자.

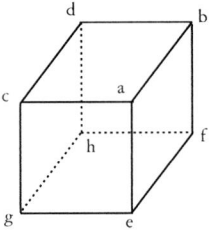

1개의 꼭짓점은 3면의 수를 합한 값과 같고 또한 3개의 꼭짓점의 수를 합한 값과 같다. 즉 8괘는 정6면체의 8개 꼭짓점에 대응하여 나타난다. 그런데 정6면체에 있는 8개의 꼭짓점에 8괘를 대응하는 방법이 있는가 하면, 정8면체에 있는 8면에 8괘를 대응시키는 방법도 있다. 어느 것이 더 합리적일까 하는 문제가 대두된다.

결론부터 말하면, 정8면체의 8면에 8괘를 대응하는 방법이 더 일목요연하다는 것이다. 이것에 관한 이유는 본서의 말미에 있는 '단군도와 정8면체'에서 밝힐 것이다.

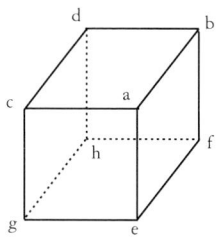

결론부터 말하자면 5개의 정다면체 중에서 8괘를 가장 아름답게 드러내는 것이 정8면체이다. 단면이 3차원 입방체가 되는 것을 4차원이라고 가정하면 4차원 초입체가 3차원 공간을 지나갈 때 3차원의 입체가 단면으로 드러날 것이다. 4차원 공간을 다루는 기하학 이론에 의하면 4차원의 초입방체가 어느 각도로 3차원 공간을 지나갈 때 그 단면은 점→정4면체→정8면체→정4면체→점으로 변해 간다고 한다. 가령 4차원 초입방체가 어느 3차원 공간을 지나간다면 우리 눈앞에 갑자기 점 하나가 나타나고 그것이 성장해서 정4면체가 되고, 다시 정8면체, 정4면체로 변형되다가 마지막에는 점이 되어 사라지는 모습을 보게 될 것이다.

이와 같이 4차원 초입방체의 단면이 3차원 공간을 지나갈 때 최대로 성장하는 모습이 왜 정8면체가 되는 것인지는 자세히 알려진 바가 아직 없다. 다만 정다면체 중에서 4차원의 구조를 내포하고 있기 때문이 아닐까 추측할 뿐이다.

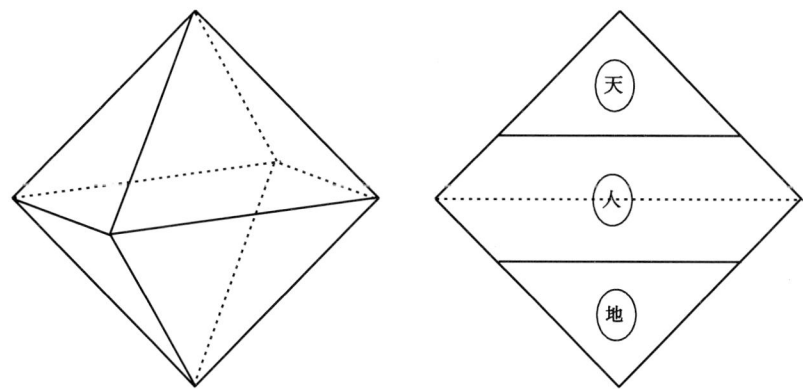

위 그림처럼 정8면체는 피라미드 2개를 반대방향으로 포개 놓는 것이다. 일단의 신비주의 학자들은 피라미드의 지하에도 외부로 드러난 모습과 정반대의 피라미드 구조물이

있을 것이라고 주장한다.

위 그림에서 보듯이 정8면체를 天地人의 3부분으로 나누어 보았을 때 중간에 있는 人의 부분 상단에 시신이 놓이게 된다. 지상으로부터 전체 피라미드 높이의 $\frac{1}{3}$ 지점이다.

天은 양에, 地는 음에 해당되는 데 반해 人은 천지(음양)의 어느 쪽으로도 쏠리지 않고 中에 위치한다. 따라서 음양 기운 가운데 어느 한쪽으로도 치우치지 않는 기운을 받으므로 그곳에 시신을 안치한 것이다.

피라미드의 바닥은 정사각형인데 이 밑바닥에 19줄로 된 바둑판으로 놓고 그 윗면에 17줄, 다시 그 위로 15줄, 13줄, 11줄, 9줄, 7줄, 5줄, 3줄, 그리고 꼭짓점이 되는 1줄을 쌓아 보자. 이때 3분의 1지점이 바둑판의 화점(花點)이 된다.

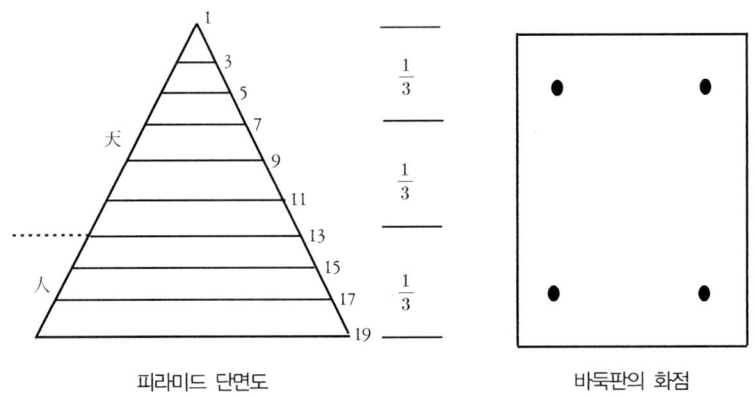

피라미드 단면도　　　　　　　　바둑판의 화점

지면부터 13줄까지가 전체 피라미드 높이의 3분의 1이 된다. 13줄 위는 天의 부분이고 13줄 아래는 人의 부분이 되며 13줄이 위치하는 부분이 바둑판으로 보면 화점이 위치한 자리가 된다. 위에서 피라미드 단면도를 좀 더 구체적으로 그려 보자.

제일 아래에 19×19의 바둑판이 있다.

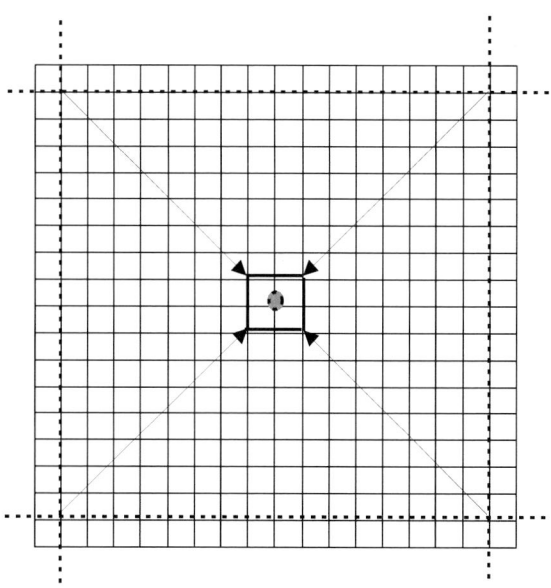

　식빵의 겉껍질을 잘라내듯이 점선을 따라 상하좌우를 1칸씩 도려내면 17×17의 바둑판이 된다. 이와 같은 작업을 반복하여 화살표 방향처럼 안을 향해서 계속 좁혀 나가면 15×15, 13×13……이 되며 위 그림의 중앙 검은 사각형은 3×3이고 최종적으로는 중앙점(천원점)만 남게 되는데 천원점은 1×1이 되고 열십자(十)의 교차점이 된다.

　밥상에 비유해 보자. 가장 큰 밥상이 맨 아래에 있고 그 위로 점점 작아지는 밥상이 겹겹이 쌓인 모습이다. 이렇게 탑을 쌓듯이 위로 세워 올리면 위의 피라미드 단면도가 완성된다. 피라미드에 나열된 숫자를 모두 합하면 100이 된다. 天에 해당하는 1에서 11줄까지의 수의 총합은 36이다. 또 人에 해당하는 13에서 19줄까지의 수를 모두 합하면 64가 된다. 하도·낙서 4장 1절 '36궁 서괘(序卦)'에서 이미 밝혔듯이 주역 64괘 중 부도전괘(不倒轉卦) 8괘의 도전괘(倒轉卦) 28괘를 합쳐 36괘로 요약할 수 있다. 피라미드의 단면도에 나타난 1부터 11까지 합수 36은 바로 36궁(宮)으로서 64괘의 근본을 밝힌 것이고 또 13부터 19까지의 합수 64수는 64괘를 나타낸다. 64괘는 13줄과 17줄이 합쳐 주역 상경(上經) 30괘로 나타나고 15줄과 19줄이 합쳐 하경(下經) 34괘가 된다. 따라서 36궁과 64괘를 합한 수가 100이 되어 36은 체수(体數)가 되고 64는 용수(用數)가 된다.

　한편 바둑판 19줄 속에 들어 있는 작은 밭 전(田) 자는 모두 81개가 된다. 이 밭 전(田) 자의 중앙 교차 부위가 81곳이며 천부경의 81자를 넣을 수 있다.

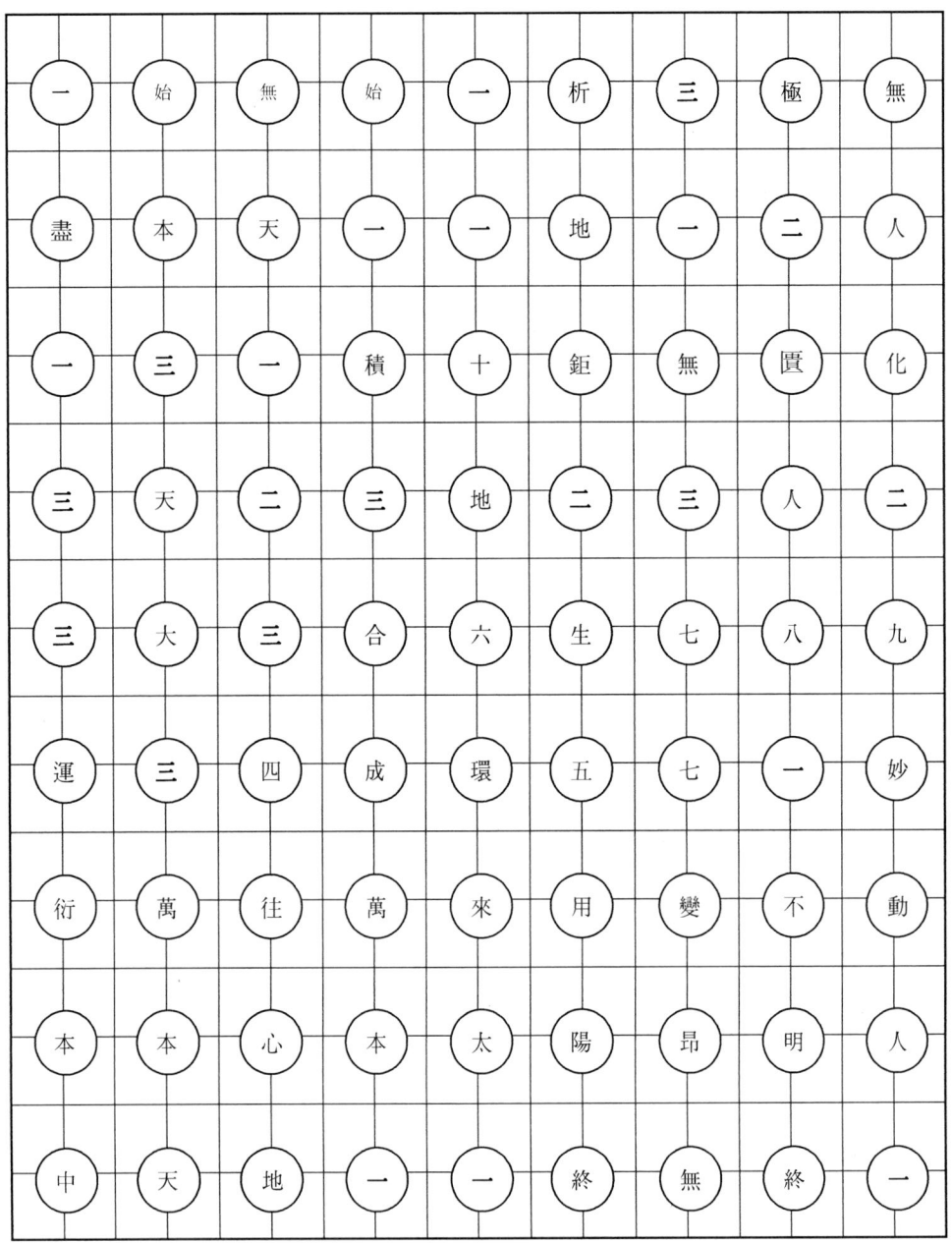

〈그림〉 19×19 바둑판 천부경

피라미드 단면도를 보면 제일 밑바닥에 19줄의 바둑판이 있고 그 위로 17, 15, 13, 1
1……1까지 총 9층으로 이루어져 있다. 19줄을 제외한 17줄부터 1줄까지의 합수는 81이 된
다. 따라서 19줄의 바둑판은 체수(体數)가 되고 그 위로 탑을 이루고 있는 81점은 용수(用

數)가 되어 천부경을 이루는 글자 수와 동일하게 된다. 또 체수와 용수를 더한 19+81은 100이 된다. 100이라는 수 안에서 19수와 81이 조화롭게 균형을 이루고 있다. 19라는 수 역시 하도 10수와 낙서 9수를 합한 수인데, 19년은 천문역법(天文曆法)에서 1장(章)이라고 불리며 상당히 중요한 상수로 취급된다. 바둑판은 가로세로 19줄로 구성되어 그 교차점에 생기는 점은 361이 되는데 정중앙의 천원(天元)점을 제외하면 360이 되니 역시 1년을 나타내 상수가로 취급된다.

위의 피라미드 단면도를 구성하는 숫자를 전부 더해 보면(1, 3, 5, 7, 9, 11, 13, 15, 17, 19) 100이 된다. 피라미드를 구성하는 각 층의 수는 체수(体數)가 되고 총수 100에서 이 체수를 뺀 값이 용수(用數)로서 작용한다. 즉 각 층은 나머지 9층을 용(用)하게 된다는 뜻이다.

〈표 1〉

체수	용수	합
1	99	100
3	97	100
5	95	100
7	93	100
9	91	100
11	89	100
13	87	100
15	85	100
17	83	100
19	81	100
100	900	1,000

위 표에서 보듯이 체수의 합은 100이고 용수의 합은 900으로 이 체용수의 합은 1,000이 된다. 천부경은 19수를 체수로 하여 1부터 17까지의 합수인 81수를 용수로 쓴다. 그런데 천부경 81자는 문자 50자와 숫자 31자로 구성되어 있는데 이 31자의 숫자를 모두 더하면 99가 된다.

주역 계사전에서 50은 대연지수(大衍之數)라고 불린다. 하지만 31은 도대체 어떤 의미를 가지고 있을까? 31자를 넣은 필연적인 이유가 분명 존재할 것이다. 미리 말해 두지만, 31은 물론 31자를 전부 합한 99 역시 천문역수(天文曆數)와 깊은 관련이 있다.

우선 다음 그림을 참조하면서 1층부터 17층까지 각각에 들어 있는 점의 개수를 구해 보자.

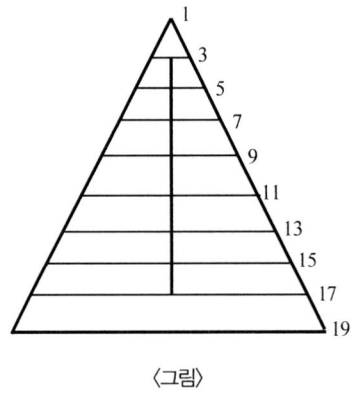

	$1 \times 1 = 1$
	$3 \times 3 = 9$
	$5 \times 5 = 25$
	$7 \times 7 = 49$
	$9 \times 9 = 81$
	$11 \times 11 = 121$
	$15 \times 15 = 225$
	$13 \times 13 = 169$
	$17 \times 17 = 289$
합	969

〈그림〉　　　　　　　〈표〉

위 표에서 보면 체수 100과 용수 900의 합은 1,000이 된다. 1,000에서 17줄까지의 총 합수 969를 빼면 31이 된다. 그러므로 17줄까지의 합수인 81자 중에 31자가 수(數)로 구성된 것이 아닌가라는 생각이 든다. 그리고 위 그림에서 보면 천원(天元)점 1에서 19줄까지 수직으로 내려 그으면 똑같은 위치의 천원점 8개를 관통하게 된다. 물론 맨 위에 있는 천원점과 19줄에 있는 천원점은 그대로 둔다. 이 8개의 천원점을 제외하고 계산하면 다음과 같다.

	$1 \times 1 = 1$	$1 - 0 = 1$
	$3 \times 3 = 9$	$9 - 1 = 8$
	$5 \times 5 = 25$	$25 - 1 = 24$
	$7 \times 7 = 49$	$49 - 1 = 48$
	$9 \times 9 = 81$	$81 - 1 = 80$
	$11 \times 11 = 121$	$121 - 1 = 120$
	$13 \times 13 = 169$	$169 - 1 = 168$
	$15 \times 15 = 225$	$25 - 1 = 224$
	$17 \times 17 = 289$	$289 - 1 = 288$
합	969	961

17줄에서 1줄까지 9층으로 된 구조물에서 겹치는 천원점 8개를 제외시키면 961이 된다. 그런데 우연인지 필연인지 몰라도 31×31은 961이 된다. 1줄부터 17줄까지 수의 합은 81인데 이들이 착종(錯綜)되어 나타나는 점은 961이 된다. 결국 961은 31이 착종된 수라는 말이다. 혹자는 견강부회가 아니냐고 항변할지도 모른다. 그러나 천부경에서 31개의 숫자를 사용한 것은 무관하지 않음을 숙지하고 있어야 한다. 더구나 천부경에서 사용한 31개의 수를 전부 합하면 99가 된다는 사실이다. 이 99는 천문역법에서 대단히 중요한 숫자이다.

천부경 원문에 '大三合六生七八九'가 있다. 이에 대한 자세한 것은 후반부에 있는 해설 편에서 다룰 예정인데 여기서는 우선 6, 7, 8, 9라는 숫자에만 주목해 보자.

사상수(四象數)로서 6은 태음, 7은 소양, 8은 소음, 9는 태양을 나타낸다. 태음수 6에서 나머지 7, 8, 9의 수가 나온다고 했는데 이는 6이 체(體)가 되고 7, 8, 9는 용(用)이 된다는 말이다. 그래서 7, 8, 9를 용수로 쓰는데 여기에 사상책수(四象策數)를 적용하면 다음과 같다. 사상책수를 적용한다는 말은 4상의 수, 4를 각각 곱한다는 뜻이다.

즉 ■7×4＝28(소양책수), ■8×4＝32(소음책수), ■9×4＝36(태양책수)이 된다.

사상책수에 윤년(閏年)이라는 개념의 1을 더하면 29, 33, 37의 숫자가 나온다.

■29년 주기는 4년에 1회 윤일을 두어 366일로 하되 24년까지 6회 반복하다가 24년 다음에는 28년이 아니고 5년 후인 29년에 1회 윤일을 두는 방식이다(총 윤일: 7회).

■33년 주기는 28년까지 7회 반복하다가 28년 다음에는 32년이 아니고 5년 후인 33년에 윤일을 두는 방식이다(총 윤일: 8회).

■37년 주기는 32년까지 8회 반복하다가 32년 다음에는 36년이 아니고 5년 후인 37년에 윤일을 둔다(총 윤일: 9회).

따라서 이상의 29, 33, 37을 더하면 99가 된다. 다시 정리하면 29년에 7회, 33년에 8회, 37년에 9회의 윤일을 두어 99년에 모두 24일의 윤일을 두는 새로운 역법이다. 이 방식을 '우주력(宇宙曆)'이라고 부른다. 이는 새로운 역법으로 日, 月의 운행과 24절기가 정확하게 맞아떨어진다.

4년에 1회 윤일을 두는 태양력은 (4×365)＋1＝1,461일이 되어 4로 나누면 1년 평균의 길이가 365.25일이 되어 많은 오차가 생기지만 이 새로운 우주 역법은 1년 평균 길이가 $365\frac{24}{99}$가 되어 365.242424일이 된다. 1년 평균길이인 365.242196에 아주 근사한 수치다. $\frac{24}{99}$는 0.242424……인데 소수점 이하의 무한 순환수로 살아 숨 쉬며 그야말로 약동하는 생명력을 상징한다. 0.242196로 끝나 버리는 기계적·단정적 수치보다는 02424……의 무한 순환이 훨씬 더 생명력으로 넘쳐난다.

365.242196이라는 수치는 현대 첨단장비를 이용해 도출한 정확한 값이겠지만 현대과학이 아무리 첨단기술을 갖추고 있다고 해도 과연 무한을 지닌 우주의 신비를 정확하게 밝혀낼 수 있을지 본인은 지극히 회의적이다.

다시 한 번 정리하자.

<표 1>에서 보는 바와 같이 1부터 19까지의 총수는 100이고 1이 체수일 때, 용수는 99가 된다. 천부경 안에 들어 있는 31개의 수의 합이 99가 되는 것은 바로 이런 이치가 있기 때문이다. 특히 우주력에서는 1개월을 31일씩 만들고 11개월을 사용한다.

즉 11개월은,

■ 申月31일, ■ 酉月31일, ■ 戌月31일, ■ 亥月31일, ■ 子月31일, ■ 丑月31일, ■ 寅月31일, ■ 卯月31일, ■ 辰月31일, ■ 巳月31일, ■ 午月31일이고,

이상을 합하면 총 341일이 된다(11×31＝341일).

그리고 이제 마지막 남은 未月에는 대서일(大暑日)에서 끝나는데 평년은 24일을, 윤년은 25일을 둔다(341＋24＝365, 341＋25＝366).

우주력은 우선 대서를 기준으로 하여 1년을 결정한다는 것만 기억하고 더 자세한 것은 후속으로 출간예정인『부인도와 과학정역』에서 밝힐 예정이다. 다만 이 우주 역법이 천부경에 그 근원을 두었다는 것을 분명히 알리고 싶다.

이상에서 살펴본 바와 같이 정8면체가 8괘와 역(易), 그리고 천부경과 상당히 밀접한 관계가 있음을 알 수 있다.

앞서, 0차원인 점(●)태극에서 처음 나온 것이 1차원 선인데 선은 음양이고, 다음으로 2차원은 면인데 면은 사상(四象)이고, 마지막으로 3차원의 입체인 8괘가 나왔음을 살펴보았다. 이것을 다시 소성괘(小成卦)에 비유해 보면 초효는 1차원의 선이 되고, 2효는 2차원의 면이 되고, 3효는 3차원의 입체가 되며 또한 대성괘의 4효는 4차원, 5효는 5차원, 6효는 6차원이 된다.

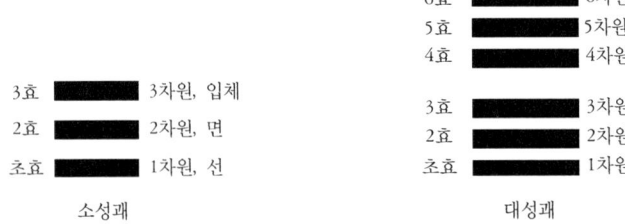

그러므로 주역은 6차원을 다루는 학문임을 알 수 있다. 수많은 차원이 있을 수 있지만 6차원의 세계만으로도 능히 다차원의 세계를 설명할 수 있기에 주역은 6효로 구성되어

있는 것이다. 또한 6은 天地人의 대표수인 1, 2, 3을 합해도 6이고 곱해도 6을 벗어나지 않는 특수한 수이다.

천부경 81자를 구성하는 바둑판의 정중앙(천원점) 숫자가 6인 까닭이나 천부경의 경문 안에 있는 '大三合六'도 바로 이것에 대한 심오한 논리에 다름 아니다.

제3장 천부인(天符印)과 64괘(卦)

1. 천부인(天符印)의 유래

　단군역사를 기록한 옛글을 들춰 보면 어디서나 어김없이 등장하는 내용이 '천부삼인(天符三印)'에 관한 것이다. 일연(一然)의 삼국유사에서도 "기원전 2333년에 환인(桓因)의 아들인 환웅(桓雄)이 널리 세상을 이롭게 할 목적으로 하늘에서 천부인 셋을 가지고 태백산으로 내려와 세상을 통치하였다"는 기록이 있는데, 아쉽게도 천부삼인의 내용과 형태에 대해서는 한마디도 언급하지 않고 있다. 그 외에 신단민사(神檀民史), 세종실록지리지(世宗實錄地理誌), 제왕운기주(帝王韻記註), 삼국유사(三國遺史), 신단실기(神檀實記) 등 단군에 관해서 소개하는 많은 책 속에도 천부삼인에 대하여 언급하고 있는데 천부삼인이 아마도 국조(國祖) 단군왕검과 필연적인 관계가 있기 때문이 아닌가 하는 생각이 든다. 이처럼 단군역사 기록에 어김없이 등장하는 천부삼인이 도대체 무엇을 의미하는지에 관한 소개가 없을뿐더러 그 내용조차 전혀 묘연하기 그지없다.

　어떤 학자는 천부인을 거울, 칼, 북(鼓)이라고 하거나 혹은 거울, 방울, 칼이라고 하기도 하고 혹자는 거울, 칼, 구슬 또는 북, 가면(탈), 지팡이라고 하기도 한다. 이 외에도 해, 달, 북두칠성 또는 천부경, 지부경(地符經), 음부경(陰符經)이라고 주장하는 학자들도 있다. 그런데 만일 천부인이 어떤 특정한 형태를 가진 물건이라면 그것은 아무리 잘 간직했다손 치더라도 수천 년이 흐른 지금에 와서는 이미 훼손되어 그 형태를 오롯이 유지하고 있을 리가 없을 것이다. 그러면 천부인이 과연 무엇인지 실체를 밝혀 보기로 하자.

　천부인과 천부경을 이름으로 비교해 보면 천부라는 글자는 동일하고 다만 경(經)과 인(印)이라는 글자만 다르다. 그런데 천부경에 대한 것은 신지(神誌)가 중히 여겨 석벽에 새겨 놓을 정도인 데 반해 천부인은 왜 세상에 전하지도 않고 새겨 놓지도 않았을까? 과연 천부경과 천부인과는 어떤 관계가 있어서 천부라는 공통 이름을 가지고 있는 것일까?

우선 천부(天符)는 '하늘의 원리'라는 뜻이며 하늘의 진리를 그대로 닮아 태어났다는 의미이다. 혹은 하늘을 그대로 빼어 박았다는 의미를 내포하고 있다. 결국 천부인과 천부경은 인(印)자와 경(經)자만 다를 뿐이다. 인(印)은 도장처럼 증표로 삼을 수 있는 도형(圖形)을 뜻하고 경(經)은 상통천문(上通天文)하고 하달지리(下達地理)하는 법(法)과 이치(理)를 밝힌 글을 말한다. 그러므로 천부인은 '하늘의 그림'이고 천부경은 '하늘의 글'이다. 하늘의 가르침으로서 천인(天印), 천경(天經)인 것이다.

처음에는 문자가 없었으므로 그림의 형태인 천부인으로 존재하다가 나중에 문자가 생긴 후 글의 형태인 경(經)의 형식을 가지게 된 것이 천부경의 유래이다. 그렇다면 천부인의 그림은 과연 어떠한 모습을 갖고 있을까? 하늘은 天地人에게 각각 똑같은 진리의 모형을 내려 주셨다.

먼저 둥근 하늘을 형상하여 원(圓)을, 모가 난 땅을 형상하여 방(方: 사각형)을, 그리고 삼각의 모양을 이룬 사람을 형상하여 각(角: 삼각형)을 내려 주셨을 것이다. 이것이 바로 본편의 주제가 되는 원방각이다.

사람은 만물의 영장으로 머리가 하늘[天]을 닮아 둥글게 생겨 원(圓)과 같고, 몸통은 땅을 닮아 네모로 생겨 방(方)과 같고, 팔다리는 세모꼴로 생겨 각(角)과 같다고 본다. 그러므로 사람의 형상은 天地人의 원방각 형태를 두루 갖추고 있는 것이다.

국조 단군왕검은 천부삼인을 이 땅의 종주지(宗主地)에 원방각 형태의 참성단(塹聖壇)을 축조하였다. 이 땅을 살아가는 우리들은 그러나 단군이 물려준 천부삼인의 인장을 알아보지도 못할뿐더러 찾아보려는 노력조차 하지 않았다. 그는 후손을 위해서 신지(神誌)에게 명하여 천부경을 저서(篆書) 형태로 석벽에 새겨 넣어 우리에게 전하였고 인화(人化)의 자리에 삼랑성(三郞城)을 제축(製築)하여 우리에게 생화(生化)의 이치와 자리를 깨우쳐 주었다. 아무리 장구한 세월이 흘러도 우리 후손들이 알아볼 수 있게 하였고 돌을 모아 백 년, 천년이 흘러도 잊히지 않도록 철두철미하게 마련하여 놓았지만 우매한 우리들은 미처 깨닫지 못하다가 오늘에 와서야 비로소 단서를 잡게 된 것이다. 그곳이 다름 아닌 강화도 마니산의 참성단이다. 참성단은 원방(圓方)형으로 되어 있는데 이는 天地의 모습을 본뜬 것이고 또 3층으로 되어 있으며 세 곳에 걸쳐 계단을 만들어 놓고 출입문 역시 3곳에 설치하였다. 사람이 출입하는 3곳의 문을 선으로 연결하면 바로 삼각형이 되어 각(角)의 모습을 본떴음을 알게 된다. 얼마나 치밀하고 섬세하게 원방각이 들어 있는지 필자도 처음에는 상상조차 할 수 없었다. 이제 감탄스러움을 넘어 경이롭기까지 하다. 이 같은 이치는 인체에서도 찾을 수 있다. 얼굴에 있는 눈은 하늘을 형상하여 둥근 원(圓)을 이루고 있고 입은 땅을 형상하여 모가 난 방(方)을 이루고 있고 코는 사람의 형상으로 세모꼴인 각(角)을 이루고 있다. 한글의 제자 원리에도 들어 있다. 자음은 모두 원방각(○□△)을 기초로 하여 만들어졌고 모음은 원방각의 모체인 天地人(｜ ― •: 차후설명)의 합성으로 만들어졌다.

의복에서는 어떤가? 머리에 쓰는 갓은 하늘을 형상하여 둥근 원(圓)을 이루고 있고, 저고리는 땅을 형상하여 모가 난 방(方)을 이루고 있고, 바지는 사람을 형상하여 세모꼴의 각(角)을 이루고 있다. 그리고 천부경 81자는 원도(圓圖)에도, 방도(方圖)에도 그리고 각도(角圖)에도 각각 배열할 수 있다. 이와 같이 원방각은 우리생활 주변 곳곳에 녹아 있으며 우리의 몸속에 유전자처럼 각인되어 수천 년을 이어 오고 있는 것이다.

천부삼인의 본체는 단군왕검께서 이 땅에 살아 계실 때나 지금이나 다름이 없이 존재하고 있는 것이다. 그것은 하늘의 섭리요, 진리이기 때문에 고금을 막론하고 근본이 변치 않은 채 약동하고 있는 것이다. 결론적으로 말해, 천부삼인은 바로 천원인(天圓印), 지방인(地方印), 인각인(人角印)의 3가지를 말한다. 또 천부삼인은 무엇보다도 원방각의 도형으로부터 주역 64괘가 나왔다는 데 있다.

이처럼 천부인은 천고(千古)의 비밀을 간직한 채 마니산의 참성단 안에 은닉된 채 말없이 전해 내려온 것이다.

필자는 1990년 4월 어느 날, 참성단에 올라 참배하던 중 원방형(圓方型)의 제단과 3곳의 출입문이 바로 원방각의 3가지 형태라는 사실을 홀연히 깨닫게 되었다. 그 후 원방각의 도형에 매료되어 치열한 연구에 연구를 거듭한 후 드디어 원방각으로 드러난 64괘 도표를 만들게 되었다(제4부 3장 3절 원방각과 64괘 그림 참조).

그렇다! 64괘는 바로 천부인의 원방각에서 나온 것이었다. 수많은 사서(史書)에 그렇게 자주 인용되면서도 그 실체가 무엇인지 모르다가 드디어 그 진면목을 드러내게 된 것이다. 마니산 참성단에 천제단(天際壇)을 쌓아 징표(徵表)를 남긴 단군왕검의 깊은 속뜻을 이제야 만 분지 일이라도 이해할 것 같다.

천부경에는 원방각이라는 문구가 없고 대신 天一, 地二, 人三으로 표현되어 있다. 원방각이 바로 天地人을 상징하기 때문에 원방각이란 표현 대신에 一, 二, 三이라는 수를 사용한 것이다. 천부경은 천부삼인을 글로 풀어 쓴 경전인 것이다.

2. 원방각도(圓方角圖)와 天地人용수(用數)

우리가 몸담고 있는 이 가시적인 세계는 3차원으로 이루어져 있다. 3차원의 세계에서 3이라는 숫자는 대단히 중요한 의미를 지니고 있다. 숫자 3은 여러 가지 형태로 분류가 가능하다. 특히 동양의 철인들은 天地人 삼재(三才)라는 도구를 이용해서 해석하였다.

눈에 보이는 자연의 구조를 관찰해 보면 '위에 하늘이 있고, 아래에 땅이 있고, 가운데 사람이 있다'와 같은 지극히 소박한 삼재 개념에서 천부경은 시발된 것이다. 다시 한 번 강조하지만 하늘은 둥글고, 땅은 모가 나며, 사람은 세모꼴로 되어 있는데 이것을 천원(天圓), 지방(地方), 인각(人角)이라고 표현한 것이다.

일반적으로 天地人 삼재(三才)는 음양중(陰陽中)이라는 삼원론(三元論)에 기초를 두고 있는데 공간적으로는 上中下의 개념이고, 시간적으로는 과거 현재 미래의 개념이다. 역(易)에서도 삼재의 이치를 이용하여 8괘를 공간적·시간적 개념으로 나누어 해석하였다.

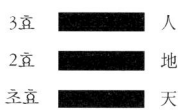

위는 시간적 개념으로 天이 地를 生하고 地가 人을 生하는 이치로 발생순서에 따라 초효부터 차례로 그어 올라가 8괘를 그렸다.

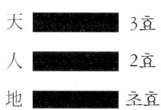

위는 공간적 개념으로 天이 上에 있고, 地가 下에 있고, 천지간 중위(中位)에 人이 위치하고 있다. 이것은 괘를 해석하는 방법이 된다.

한편 天地人 삼재는 수리론에서 살펴보았듯이 독특한 수리의 세계를 나타낸다. 천부경에서 天一, 地二, 人三이라는 표현을 하였는데 여기서 天 대신에 원(圓)을, 地 대신에 방(方)을, 人 대신에 각(角)을 대입하면 원1, 방2, 각3이 된다. 즉 원은 1이 되고 방은 2가 되며 각은 3이 된다는 뜻이다. 이것은 이미 '수리와 차원'에서 고찰한 것처럼 그렇게 될 수밖에 없는 필연적인 이유가 있다. 다시 말해 2차원 평면세계에서 원은 1이 되고, 방은 2가 되며, 각은 3이 된다. 왜 그런가?

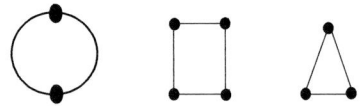

- ■원 1은 上에서 보나 下에서 보나 점 하나로 보이니 1이 되고,
- ■방 2는 上에서 보나 下에서 보나 점 2개로 보이니 2가 되고,
- ■각 3은 上에서 보나 下에서 보나 점 3개로 보이니 3이 된다.

천부경에서 '天一, 地二, 人三'이라고 표현한 것은 1, 2, 3이 천지인의 용수로 쓰이고 있음을 말하는 것이다(체수 용수에 관해서는 제4부 2장 3절 자연수의 체용을 참조). 즉 천수의 쓰임은 1이고, 지수의 쓰임은 2, 그리고 인수의 쓰임은 3으로 한다는 말이다.

용수가 있으면 반드시 체수도 존재하기 마련이다. 체수는 말 그대로 본체가 되는 수를 말한다. 위에서 1, 2, 3이 천지인의 용수로 작용하는 데는 반드시 필수 요건이 있다. 바로 2차원 세계여야 한다. 2차원은 바로 면적(도형)을 만드는 세계이다. 그런데 체수를 따지기 위해서는 용수의 밑바탕이 되었던 2차원보다 더 근본적인 차원으로 내려가야 한다. 즉 용수(2차원)를 있게 만든 근원적인 차원이 이미 존재하고 있었다는 말이다. 그러므로 2차원으로 나타나는 용수의 세계는 2차원 이전의 0차원, 혹 1차원으로 진입해야만 체수가 본모습을 드러낸다는 말이다. 따지고 보면 2차원 도형을 만드는 재료도 0차원의 점이나 1차원의 선 아닌가! 이런 배경을 가지고 천지인 체수를 알아보자.

1, 2, 3을 우선 자세히 살펴보자. 2는 1과 3의 중앙에 있는 수이다. 다른 말로 표현하면 중(中)을 이루고 있는 수가 2라는 말이다.

체	1	2	3
용	3	2	1
합	4	4	4

위 그림은 자연수의 체용에서 이미 다루었던 내용이다. 내용을 다시 한 번 상기해 보자.

1이 天의 體數가 되면 3은 天의 用數가 되고 3이 천의 체수가 되면 1은 천의 용수가 된다. 즉 1과 3은 그 체와 용의 역할이 서로 바뀌고 있는 상황이다. 반면에 2는 1과 3의 중앙에 위치하여 체수와 용수로 함께 쓰이고 있다. 흔들리지 않는 꼿꼿한 중수(中數)로서의 모습을 유감없이 발휘하고 있음을 볼 수 있다. 중수의 역할이 뭔가? 부족한 자에게 도움을, 남아도는 자로부터 탈취(奪取)를! 즉 천1은 2보다 작으니 2를 더해 주고, 인3은 2보다 크므로 2만큼 감해 주니 1이 된다.

- 天一(체수)에 중수 2를 더하면 天의 용수 3이 된다. 이때 체수와 용수의 합은 4가 된다.
- 地二는 자체가 중을 이룬 중수이기 때문에 체수도 2이고 용수도 그대로 2이다. 따라서 체수와 용수의 합은 4가 된다.
- 人三(체수)에서 중수 2를 빼면 人의 용수 1이 되고 체수와 용수의 합은 역시 4가 된다.

이상을 종합해 보자.

- 천1, 지2, 인3이 천지인의 체수가 되면 이때 천3, 지2, 인1이 천지인의 용수가 된다.
- 반대로 천3, 지2, 인1이 천지인의 체수가 되면, 이때 천1, 지2, 인3이 용수가 된다.

위의 2가지 경우에서 보듯이 체용이 서로 바뀌면서 사용됨에 유의해야 한다. 그런데 만일 天三, 地二, 人一을 天地人의 체수로 보는 것을 취해 보자. 이때 천3은 양수의 대표수로, 지2는 음수의 대표수로, 그리고 인1은 중수로서 태극을 나타낸다. 이때 인1은 0차원의 점이 되고, 지2는 1차원의 수평선이 되고, 천3은 1차원의 수직선이 된다. 역(易)에서 말하는 삼천양지(參天兩地)라는 말의 근원이 여기에 닿아 있다.

양값을 3, 음값을 2로 하여 8괘의 각효(各爻)에 대입하여 계산하면 8괘의 양괘와 음괘의 구별이 생기고 사상(四象)의 성격도 나타나게 된다.

8괘	≡ 3 3 3	☱ 2 2 3	☲ 2 3 2	☳ 3 2 2	☷ 2 2 2	☶ 3 3 2	☵ 3 2 3	☴ 2 3 3
합	9 태양	7 소양	7 소양	7 소양	6 태음	8 소음	8 소음	8 소음
		양괘					음괘	

天一의 체수는 3, 地二의 체수는 2, 人三의 체수는 1이 되는데 이것을 원방각에 대입하면 아래와 같다.

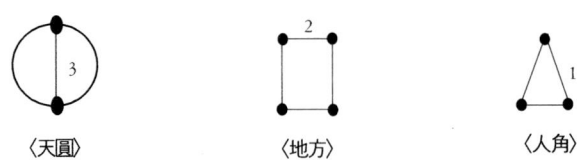

⟨天圓⟩　　　　　⟨地方⟩　　　　　⟨人角⟩

- 원3은 상하의 점을 연결하면 수직선이 되고 그 수 값은 3이 된다.
- 방2는 좌우의 점을 연결하면 수평선이 되고 그 수 값은 2가 된다.
- 각3은 삼각형의 특징이 꼭짓점이 되므로 위에 있는 1점이 특이점이 되고 그 수 값은 1이 된다.

따라서 天三은 양을 대표하며 상에서 하로 내리꽂는 수직선의 형태(|)로 나타나고, 地二는 음을 대표하며 좌에서 우로 가는 수평선의 형태(一)로 나타나며, 人一은 中을 대표하며 • 의 형태로 나타난다.

즉 人一의 •은 0차원의 태극을 나타내고, 地二의 수평선(一)은 1차원의 음을 나타내며, 天三의 수직선(|)은 1차원의 양을 나타낸다. 天地人 三才의 용수를 만들기 위해 태극과 음양이 사전에 天地人의 체수가 되어 치밀하게 준비해 왔음을 알 수 있다.

⟨표⟩ 천지인 삼재표

用	2차원	天	地	人	갯수	易
	2차원	○	□	△	3개	三才
	수	1	2	3		
體	1차원			—		2개	陰陽
	수	3	2			
	0차원			• 1	1개	太極

그러므로 원방각의 도형을 만드는데 0차원의 •에 해당하는 체수 人一(태극)은 사용하지 않는다. 즉 天三과 地二라는 1차원의 선만을 가지고 원방각의 도형을 만든다.

첫째, 천원(天圓)을 만드는데 수직선 3을 반지름으로 하여 원을 그린다.

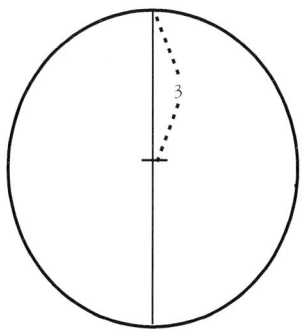

둘째, 지방(地方)을 만드는데 원의 중점에서 수직으로 上下로 2만큼, 좌우로 2만큼 선을 긋는다. 이렇게 그리면 원과 방이 겹치지 않고 원에 내접하는 정사각형이 된다.

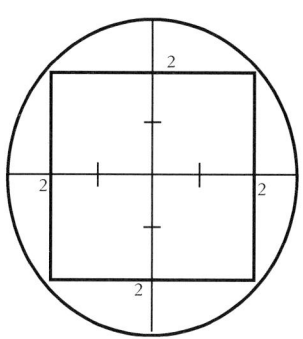

세 번째 인각(人角)을 만드는데 원의 上下점과 方의 수평선 중점을 연결하여 긋는다. 그러면 밑변이 4가 되고 높이가 3이 되는 삼각형이 2개가 된다. 정삼각형과 역삼각형의 2개의 모형이 나온다.

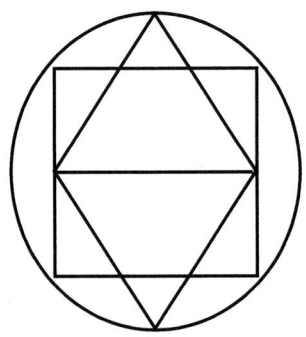

이와 같이 최종적인 원방각도가 완성되었다. 간혹 원방각의 개념을 불완전하게 이해한 결과, 아래와 같은 그림을 원방각도라고 주장하는 일단의 학자들이 있는데 이는 天地人 삼재의 체수를 정확하게 파악하지 못한 때문이며 더구나 정, 역삼각형 2개가 상하로 있어야 한다는 사실을 전연 모르고 하는 말이다.

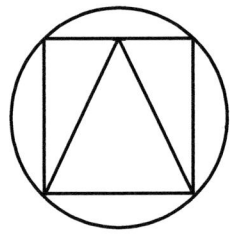

원방각도가 내포하고 있는 의미를 간략히 살펴보자.

- 원은 대우주의 허허공로(虛虛空路)와 같은 무한(無限)을 상징한다. 그러므로 방(方)은 원과 선이 겹치지 않아야 한다.
- 方은 대우주라는 원 안에 떠 있는 수많은 행성들을 대표하는 상(象)으로서 제아무리 많은 무한개의 행성이라도 대우주라는 큰 범주(원) 내에 있음에 불과한 것을 말한다.
- 각(角)은 방(方)에 밑변을 두고 원의 반지름을 높이로 둔 것이다. 이는 人이 地에 근본을 두고 天과 합일(合一)하려는 상(象)을 취한 것이다.

'수리와 차원'에서 이미 언급한 대로 각(角)은 인각(人角)과 물각(物角)으로 나뉘게 된다. 즉 삼각형은 보는 각도에 따라 정삼각형이 되기도 하고 역삼각형이 되기도 한다는 것이다. 정삼각형은 인각이 되고 역삼각형은 물각이 된다. 따라서 원방각도에는 2개의 커다란 삼각형이 나타나야 한다.

이제 이렇게 완성된 원방각의 넓이를 구해서 서로 비교해 보자.

天○	$\pi \times 3^2 = 28.274328 \doteqdot 28$
地□	$4 \times 4 = 16$
人◇	$\dfrac{4 \times 3}{2} \times 2 = 12$

*天○28:地□16人◇12 → 天7:地4:人3

그리고 天○과 地□ 그리고 人△ 1개의 넓이를 비교해 보면 天28, 地16, 人6으로 합을 구하면 대연지수(大衍之數) 50이 된다.

여기서 약간 꺼림칙한 사실이 있다. 분명함이 수학이라는 학문의 특징이다. 그런데 천원(天○)에서 도출된 값은 정확히 28이 아니라 28.274328……이라는 어림수로 나온다. 이것을 어떻게 받아들여야 할까?

이것은 천원 성분에 들어 있는 π가 부리는 마술 때문이다. 현대 천문학에서 우주의 크기를 추산할 때 무한대(∞)라고 말한다. 무한대는 모르기 때문에 붙이는 기호가 아니라 실제로 그 크기가 끝이 없을 때 사용하는 표현법이다. 무한을 연구하다 미친 사람들이 수학자들 중에 더러 있다. 무한을 연구하는 것과 天을 연구하는 것은 서로 닮았다. 어차피 天은 끝이 없는 무한한 세계이므로 딱 떨어지는 유한한 유리수로 표시할 수 없다. 수학의 표현법이 불완전해서가 아니라 완전한 수학을 가지고도 표현할 수 없는 한계를 말하는 것이다. 그만큼 천의 성질은 모호하다. 예로부터 동양에서는 이러한 천의 모호성을 현(玄)이라고 표현하였다. 더욱 구체적으로는 현묘(玄妙)하다고 하기도 한다. 玄은 흑(黑)이 아니다. 黑의 새김은 '검다'이지만 玄의 새김은 '가물다'이다. 가물다는 것은 너무도 오묘해서 알 수 없거나, 일 듯하면서도 그 실체를 파악하지 못하고 눈앞만 가물거린나는 뜻이나.

제1부의 하도 5장 3절 '하도와 한글'에서 이미 밝혔듯이 원방각은 한글 자음의 기본 원리가 되었다. 즉 원은 ㅇ(이응), 방은 ㄱㄴㅁ, 그리고 각은 ㅅ(시옷)으로 ㄱㄴㅁㅅㅇ의 기본 오행음의 자형(字形)이 되었다. 그리고 0차원의 ●과 1차원의 수직(ㅣ), 수평선(ㅡ)은 모음의 기본 원리가 되었다. 이와 같이 天地人삼재의 체와 용이 한글에서 자음, 모음의 기본 원리가 되었다.

<원방각도(圓方角圖)>

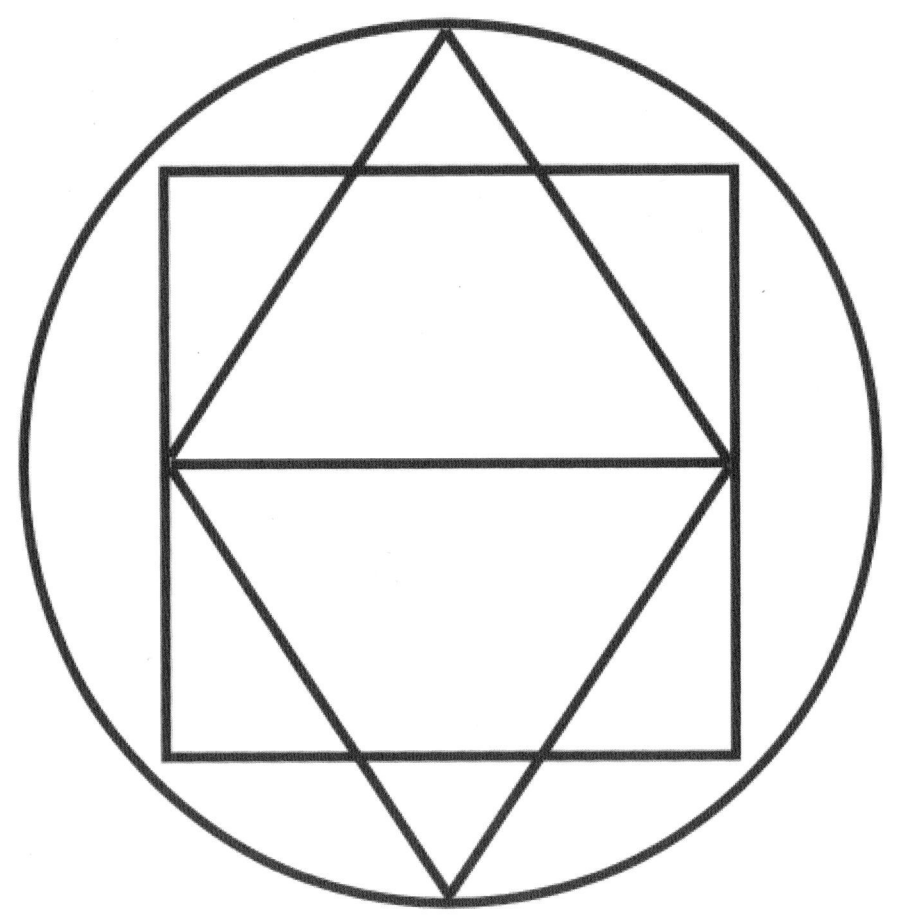

주의)

　하늘을 상징하는 원[天圓]과 땅을 상징하는 사각형[地方]은 서로 닿지 않고 떨어져 있다. 하늘과 땅이 서로 교류하는 것은 사실이지만 멀리 떨어진 상태에서 상호 원격교류를 한다. 이에 반해 천지가 교류하여 생겨난 인간과 물건의 삼각형(人角, 物角)은 하늘에도 닿아 있고 땅에도 닿아 있다. 천지가 교류하는 것은 인간이 나타나서부터 시작되는 것이다. 따라서 인간이 존재하지 않는 천지는 아무런 의미를 갖지 않는다. 천지의 기(氣)가 교감하여 인간과 물건이 만들어지는 것은 따라서 천지가 의미를 띠기 위한 필연이다.

<64괘 원방각도(天符三印)>

3. 원방각과 64괘(64괘 원방각도 작성법)

‘수리와 차원’에서 밝혔듯이 2차원의 원방각은 天地人 삼재의 도형이다. 그런데 天地人 삼재 중에 人은 인물(人物)로 나뉘어 天地人物이라는 사상(四象)으로 전개된다. 人을 ‘사람은 인각(人角)’, ‘사람을 제외한 기타의 물건은 물각(物角)’으로 나눈 것이다. 그러나 인물을 다음과 같이 보기도 한다. 즉 天地라는 부모 사이에는 人이라는 자식이 태어나기 마련인데 그 자식은 아들 아니면 딸이라는 자녀(子女)로 나뉜다. 이렇게 삼재는 자연스럽게 사상(四象)으로 분화(分化)하는 것이다.

이제 앞서 다루었던 천지인물을 도형으로 나타내는 방법을 알아보자.

양효(一)를 1개의 점(●)으로, 음효(--)는 2개의 점(● ●)으로 바꾸어 표현하면 역(易)에 나타나는 사상(四象)은 아래와 같이 2차원의 면적을 가진 도형으로 나타난다.

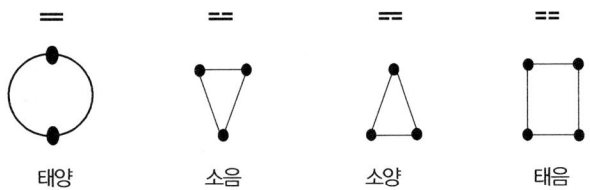

이처럼 주역의 사상(四象)이 원방각 도형으로 나타남을 알았다.

천부경에 天一, 地二, 人三이라는 삼재의 이치가 있듯이 역(易)의 소성괘에도 삼재의 이치가 들어 있다. 즉 양 1획과 음 2획이 합하면 3획이 이루어지는데 그것을 일컬어 소성괘의 삼재법이라고 한다. 이 삼재법에 따라 소성괘는 초효를 地에, 중효를 人에, 상효를 天에 배치하여 공간적 삼재의 리(理)를 갖추게 된다.

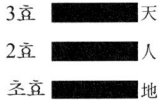

3획괘의 소성괘(小成卦)를 일정팔회법(一貞八悔法)에 의해 상하로 중첩하여 만들어진 것이 대성괘(大成卦) 64괘이다. 이렇게 이루어진 대성괘는 상괘(上卦)와 하괘(下卦)라고 하는데 상괘를 외괘(外卦), 하괘를 내괘(內卦)라고 부르기도 한다. 땅에 가까운 쪽이 내부라서 내괘이고 하늘에 가까운 쪽은 밖이라서 외괘라고 한 것이다.

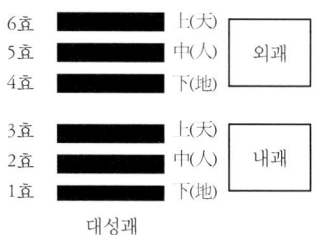

	地	人	天
외괘	4효	5효	6효
내괘	1효	2효	3효

이와 같은 대성괘에 삼재의 공간적 배치를 나열하면 아래의 표와 같다.

위 표와 같이 地는 1·4효가 되고, 人은 2·5효가 되고, 天은 3·6효가 된다. 또 자세히 살펴보면 내괘의 1·2·3효에서 공차 3만큼의 간격을 두고 외괘 4·5·6효가 존재하고 있다. 같은 임의의 한 대성괘 내에 존재하는 소성괘라고 하더라도 내괘, 외괘의 구분이 있다는 것은 효의 차원이 다르다는 것을 의미한다. 이렇게 차원이 다르지만 서로 호응하는 짝이 있기 마련이다. 전통 주역에서는 이러한 관계를 '응(應)'이라고 표현하고 있다. 음양으로 만나면 상응(相應)으로 음과 음 혹은 양과 양으로 만나면 무응(無應) 혹은 적응(敵應)이라고 한다. 즉 내괘의 1효와 외괘의 4효, 내괘의 2효와 외괘의 5효, 그리고 내괘의 3효와 외괘의 6효는 서로 응(應)하는 관계이다. 그 관계가 상응하든, 무응이든 간에!

다음 2가지의 요점만 잡으면 64괘를 원방각도로 표현할 수 있다.

■ 양효는 점 1개(●)만 찍는다. 음효는 점 2개(● ●)를 찍는다.

■ 1효의 짝은 4효, 2효의 짝은 5효, 3효의 짝은 6효이다. 이렇게 짝이 되는 효끼리 선으로 연결하면 완성된다.

괘를 가지고 구체적인 예를 들어 보자(수화기제, 택수곤).

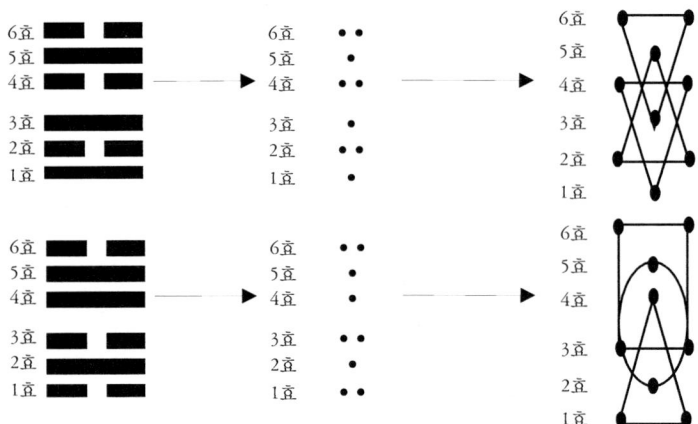

나머지 괘도 전부 같은 방식으로 진행하면 64괘 원방각도가 만들어진다.

주역 64괘는 상경(上經) 30괘와 그리고 하경(下經) 34괘로 구성되어 있는데 상경과 하경의 체계는 다음과 같이 독특한 체계로 되어 있음을 알 수 있다.

- 상경30괘는 체(体)가 되어 선천(先天)을 나타내고 하경34괘는 용(用)이 되어 후천(後天)을 나타낸다.

- 상경30괘는 자연의 이법(理法)과 천도지덕(天道地德)의 형이상학적인 면을, 그리고 하경 34괘는 인간사회의 인사(人事)와 인륜물리(人倫物理)라는 형이하학적인 면을 주로 설명하였다.

- 상경30괘는 복희8괘도의 정방(正方)에 있는 건곤괘(乾坤卦)로부터 시작하여 역시 정방(正方)에 있는 감리괘(坎離卦)를 마지막에 두었다.

- 상경 중에 건, 곤, 감, 리, 이, 대과(乾坤坎離頤大過) 6괘는 부도전괘이고 나머지 24괘는 도전괘가 된다. 180도 회전하여도 괘상이 변하지 않는 괘를 부도전괘라고 하고, 괘상이 변하는 괘는 도전괘라고 한다.

- 하경34괘는 문왕8괘도의 정방(正方)에 있는 태진괘(兌震卦)로부터 시작하고 역시 정방(正方)에 있는 감리괘(坎離卦)를 마지막에 두었다.

- 하경의 첫 괘는 소녀(少女), 태괘(兌卦)와 소남(少男), 간괘(艮卦)가 서로 만나 가정을 이루는 택산함(澤山咸)부터 시작하여 水火가 서로 뒤섞여 사귀는 모습을 나타내는 화

수미제(火水未濟)로 끝맺고 있다.

■하경 중에 중부, 소과(中孚,小過) 2괘는 부도전괘이고 나머지 32괘는 도전괘이다.

■상경은 천도지덕(天道地德)에 해당하기 때문에 天地를 체(体)로 하고 水火를 용(用)으로 하여 이루어지는데 天地는 水火의 작용으로 만물을 길러 낸다.

■水는 月이 되고 火는 日이 되는데 天地에 日, 月이 없으면 암흑이 된다. 그래서 상경은 天地를 체(体)로 삼았기 때문에 천지괘가 제일 먼저 나오고 그리고 제일 마지막에 水火의 의 대표 격인 日, 月을 용(用)으로 놓아 天地日月의 자연을 설명하였다.

64괘 원방각도를 보자. 상경에 건(乾)은 원(圓)으로만, 그리고 곤(坤)은 방(方)으로만 이루어져 있다. 상경의 마지막 2괘인 감(坎)괘와 리(離)괘는 원과 방이 섞여서 이루어져 있음을 알 수 있다.

■天地가 주체가 되므로 상경은 천원지방(天圓地方)으로 시종(始終)을 이루는 것이며 또한 자연의 원리를 천도지덕(天道地德)으로 설명하고 있는 것이다.

■하경은 처음으로 남녀가 서로 만나 가정을 꾸리는 인륜(人倫)을 표현하고 있다. 또한 水火가 서로 사귀고 日 月이 운행하는 물리(物理)를 나타내고 있다. 가정을 이루고 나아가 사회와 국가라는 복잡한 조직이 만들어지면서 복잡다단한 인사(人事)관계가 생겨나니 따라서 사람과 사람 사이에 지켜야 될 인륜(人倫)이 절실히 요구되었다. 또한 인간생활을 영위하기 위해 필요한 이기(利器)는 水火가 뒤섞이는 만물 구성원리를 통해서 발명되었다. 더구나 농사와 직접적인 관련이 있는 기후는 日, 月이 서로 만남과 헤어짐을 반복하는 가운데 나타나는 현상으로 이때 인간생활에 필요한 천문역수(天文曆數)가 등장하게 되었다. 따라서 하경은 특히 인륜물리(人倫物理)의 이법(理法)을 강조하게 되었다.

■하경의 시작인 택산함괘(澤山咸卦)와 뇌풍항괘(雷風恒卦), 그리고 마지막에 있는 수화기제괘(水火旣濟卦)와 화수미제괘(火水未濟卦)의 원방각도를 보면 모두 인각(人角)과 물각(物角)만으로 이루어져 있음을 알 수 있다.

이와 같이 원방각도로 64괘를 관찰하면 천지인물(天地人物)의 실상인 천도(天道), 지덕(地德), 인륜(人倫), 물리(物理)의 이법(理法)을 정확하게 파악할 수 있다.

상경의 11번째 괘 지천태(地天泰)는 물각(物角: 역삼각형)으로만 이루어져 있고, 12번째 괘인 천지비(天地否)는 인각(人角:정삼각형)으로만 이루어져 있다. 天과 地(☰, ☷)가 교류하여 비로소 11번째 가서 태(泰䷊)괘가 나타나고, 12번째 가서 비(否䷋)괘가 나타난다. 그런데 이렇게 교류한 모습이 원방각도에서는 물각(物角)과 인각(人角)의 삼각형으로 정교하게 나타나고 있다.

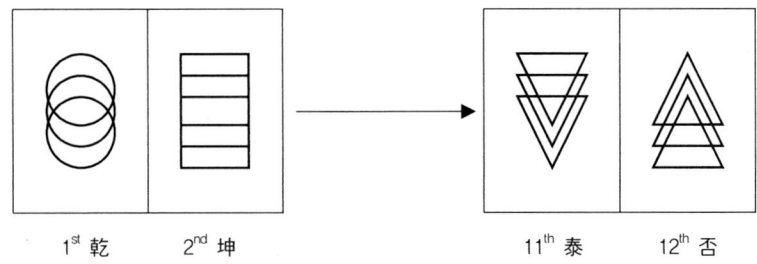

하경에서 삼각형으로만 이루어진 괘는 모두 6개 있다. 처음 시작하는 택산함(澤山咸)과 뇌풍항(雷風恒), 그리고 마지막을 장식하는 수화기제(水火旣濟)와 화수미제(火水未濟), 11번째, 12번째 괘인 산택손(山澤損)과 풍뢰익(風雷益)이 그것들이다.

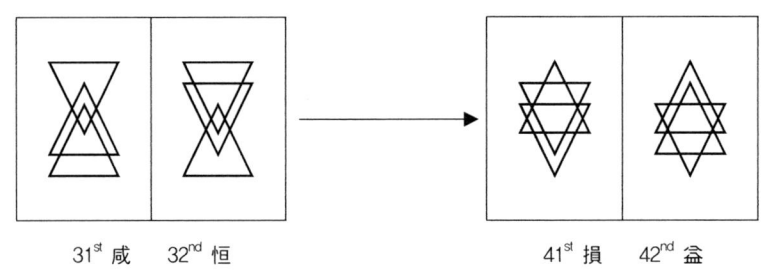

하경의 손익괘(損益卦)는 상경의 태비괘(泰否卦)와 달리 인각(人角)과 물각(物角)이 서로 섞여 있는 모습이다. 상경의 태비괘는 원(圓)과 방(方)이 교류하여 각(角)을 이루었으므로 물각(物角)이면 물각, 인각(人角)이면 인각의 모습만으로 뚜렷이 구별되어 나타나지만, 하경의 손익괘는 인각은 물각으로, 물각은 인각으로 바뀌어 나타난다.

64괘 원방각도에 나타난 상경과 하경의 몇 가지 특징은 다음과 같다.

	상경		하경		합
	수	괘의 순서	수	괘의 순서	
원	1	1			1
방	1	2			1
각	2	11.12	6	31.32.41.42.63.64	8
원방	2	29.30	4	51.52.57.58	6
원각	9	5.6.9.10.13.14.25.26.28	9	33.34.37.38.43.44.49.50.61	18
방각	11	3.4.7.8.15.16.19.20. 23.24.27	7	35.36.39.40.45.46.62	18
원방각	4	17.18.21.22	8	47.48.53.54.55.56.59.60	12
합계	30		34		64

필자는 64괘의 원방각도를 그리면서 天道, 地德, 人倫, 物理의 리법(理法)이 무궁무진하게 전개되고 있음을 알고 환희를 느꼈다. 그리고 그 순간 이것이 바로 天符三印의 비의(秘意)라고 감히 결론짓게 되었다.

4. 바둑판과 천부수리

역(易)을 처음 이야기하거나 설명할 때 주로 등장하는 것이 하도와 낙서이다. 바둑의 역사를 소개할 때 역시 은연중에 내비치는 것이 하도와 낙서라는 단어다. 그도 그럴 것이 바둑은 검은 돌과 흰 돌로 나누어 게임을 하는데 하도와 낙서도 검은 원과 흰 원으로 나열되어 있기 때문에 양자 간의 유사성을 생각하지 않을 수 없기 때문이다.

바둑은 天地人 三才의 원리로 구성되어 있다. 바둑판의 수리적 구조가 그렇기도 하지만 그보다는 바둑의 구성요소가 더욱 그렇다. 바둑돌은 원형으로 되어 있어 둥근 하늘을 본떴고, 바둑판은 사각형으로 되어 있어 방형(方形)의 땅을 본떴다. 그러므로 바둑돌과 바둑판을 흔히들 천원지방(天圓地方)이라 부른다. 그런데 바둑은 사람이 두는 것이고 만일 두는 사람이 없다면 바둑돌과 바둑판은 아무 의미가 없는 것이다. 따라서 바둑은 바둑돌과 바둑판 그리고 바둑을 두는 사람을 합하여 天地人 三才를 갖추었다고 하는 것이다. 바둑이 장기나 체스와 다른 점은 바둑판 안에 있는 361점 중 어느 점이든 구애됨이 없이 마음대로 둘 수 있다는 것이다. 비유하자면 보병과 기마병의 차이이며 대포와 미사일의 차이다. 칭기즈칸이 세계를 정복할 수 있었던 것은 바로 보병밖에 없었던 시대에 잘 훈련된 기마병이 있었기 때문이다. 바둑판은 가로 19줄과 세로 19줄의 361점으로 구성되어 있는데 이

361점 안에 무궁무진한 수리의 조화(造化)가 들어 있다. 앞서 배운 십십단 수리, 2진법, 마방진, 천문역수, 주역 64괘, 윷판, 장기판, 음양오행, 피라미드, 정다면체, 그리고 천부경에 이르기까지 전 방위에 걸쳐 모든 원리가 들어 있다.

이제 바둑판과 천부수리에 대하여 정밀한 분석을 전개할 시점이 되었다.

우선 바둑판은 방형(方形)으로 땅을 형상하였기에 그 안에는 지리(地理)의 오묘함이 함축되어 있다.

다음으로 바둑을 두는 사람이 평정심(平靜心)을 잃어서는 안 된다. 바둑이 불리하다고 불안, 초조해지거나 이기고 있다고 흥분하면 그 바둑에서 질 수밖에 없다. 불리하더라도 마음을 고요히 하고 호흡을 가지런히 해서 차분하게 대응한다면 얼마든지 전세를 역전시킬 수도 있는 것이다. 마치 정삼각형의 구조처럼 상허하실(上虛下實)의 자세를 갖추어야만 이 평정심을 유지할 수 있는 것이다.

정삼각형은 바로 인각(人角)의 형태다. 인각(人角)이 제대로 이루어질 때 비로소 인화(人和)가 이루어질 수 있다. 그래서 옛사람들이 말하기를 전쟁에서는 天時보다 地理가 더 중요하고 地理보다 人和가 더 중요하다고 했다. 이처럼 바둑에는 天地人 三才의 원리가 깔려 있다는 것을 숙지하기 바란다. 바둑에 天符의 수리와 心法이 담겨 있다는 엄청난 사실을 간과해서는 안 된다.

바둑에 숨겨진 무궁무진한 지혜를 천부의 수리를 통하여 이제 규명해 보자.

1) 바둑판과 천부수리(天符數理)

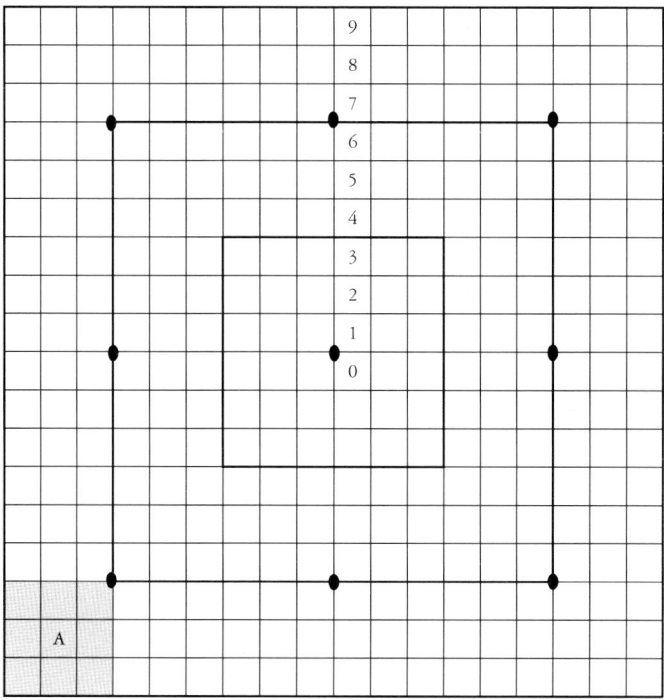

■ 바둑판은 가로 19점과 세로 19점이 교차하여 361점을 이룬다(19×19).

■ 정방형(正方型)의 작은 사각형을 궁(宮)이라고 하는데 바둑판은 가로 18궁과 세로 18 궁이 교차하여 324궁을 이룬다(18×18).

■ 가로 3궁과 세로 3궁이 교차하여 9궁을 이루는데 이 9궁이 36개 모여 324궁을 이룬다 (9×36, 위 그림의 회색 A부분이 9칸의 9궁이다).

■ 9개의 화점(花點)이 있으며 한가운데 점을 특히 천원(天元)이라고 한다.

■ 9개의 화점 역시 그 내부에 9궁을 이루고 있는데 천원(天元)은 태극을 상징하고 나머 지 8점은 8괘를 상징한다.

■ 천원을 중심으로 가장 안쪽에 있는 1, 2, 3 방(方)의 구역을 천방(天方)이라 하고, 가운 데 있는 4, 5, 6 방(方)의 구역을 지방(地方)이라 하며, 가장 외곽에 있는 7, 8, 9 방(方) 의 구역을 인방(人方)이라고 한다.

■ 천방의 둘레는 24점이고 천원을 제외하고 천방 안에 들어 있는 점은 48점이고, 9궁이

4개 모인 36궁으로 이루어져 있다.

■ 지방의 둘레는 48점이고 천방을 제외한 지방은 120점이며 9궁이 12개 모인 108궁으로 이루어져 있다.

■ 인방의 둘레는 72점이고 천방과 지방을 제외한 인방은 192점이며 9궁이 20개 모인 180궁으로 이루어져 있다.

이것을 정리하면 다음 표와 같다.

	천방	지방	인방	합계
둘레	24	48	72	144점
둘레비율	1	2	3	6
궁	36	108	180	324궁
궁비율	1	3	5	9
내부점	48	120	192	360점
내부점비율	2	5	8	15

간단한 해설을 붙이면 다음과 같다.

■ 천방, 지방, 인방의 둘레가 1:2:3의 비율로 구성된 것은 천부경의 天一, 地二, 人三의 수리를 나타낸 것이다.

■ 1, 2, 3의 합은 6이고 이는 곧 天地人의 합수이다. 그러므로 바둑판은 天地人 삼재(三才)의 원리로 구성된 것이며 천부경의 수리가 그대로 반영된 것이다.

■ 천방, 지방, 인방의 궁 비율이 1:3:5이다. 바둑판 안에 들어 있는 궁의 총수는 324궁이다. 이 324를 1:3:5의 비율로 분할하면 천방은 9궁이 4개 모여 36궁이 되고, 지방은 9궁이 12개 모여 108궁이 되며, 인방은 9궁이 20개 모여 180궁이 된 것이다. 여기서 도출된 4개:12개:20개의 비율 역시 1:3:5가 되는데 이 수의 합은 9가 된다. 9는 이미 우리가 배워서 알고 있듯이 삼재(三才)가 최대로 늘어난 수이다.

■ 천방, 지방, 인방 내부에 들어 있는 점들의 비율은 2:5:8이다. 2, 5, 8은 낯익은 수가 아닌가! 그렇다! 1, 4, 7이 천수(天數), 3, 6, 9가 인수(人數)인 데 반해 2, 5, 8은 天地人 삼재 중 지수(地數)에 해당한다. 내부의 점들의 비율은 地의 특성이 뚜렷하므로 지수의 대표수인 2:5:8의 비율로 두드러지게 나타나고 있다. 2:5:8은 둘레비와 궁비를 각각 합한 값이며, 또 둘레비의 합(1+2+3)은 6이고 궁비의 합(1+3+5)은 9인데 6과 9를 합하면 15가 된다.

- 천방 안의 천원점을 제외한 내부 점은 (7×7)－1(천원점)로 48점으로 중앙에 제일 먼저 자리를 잡게 되고 그다음 지방의 내부 점은 (13×13)－1(천원)로 168점으로 천방의 외부 자리를 이루게 된다.
- 천방과 지방의 내부 점들의 합은 216점이다. 이것은 주역 계사상전에서 공자가 말씀하신 건지책(乾之策) 216을 의미하는 것으로 건지책의 의미는 그러므로 천과 지가 합하여 생기는 것이다.
- 천원을 제외하고 나타나는 점들의 수는 360이다. 360에서 천방과 지방의 천지합일로 만들어진 수, 216을 빼면 순수한 인방(人方)의 내부 점 144가 나온다. 이것이 인방에서 이루어지는 곤지책(坤之策) 144이다. 인방의 내부점 192에서 천방의 내부점 48을 뺀 값과 동일하다.

이와 같이 바둑판은 天元, 天方, 地方, 人方 4가지 구조로 되어 있다. 이는 곧 바둑판이 天元 0을 중심으로 하여 삼현일장(三顯一藏)의 이치로 이루어져 있다는 것을 의미한다. 이 중에 9방에 속하는 人方의 둘레가 72점인 것은 대단히 중요한 의미를 가지고 있다. 72는 1년 24절기에 나타나는 72후(後)를 나타내기로 하고 또는 태양이 황도상의 1도를 이동하는 데 걸리는 시간, 72년을 나타내기도 한다.

천구상의 태양의 궤도를 황도라고 하는데 지구의 공전궤도를 우주공간으로 확대한 것과 같다고 보면 된다. 황도대에는 12개의 별자리가 있는데 황도전체의 각도가 360도이므로 한 개의 별자리는 30도가 된다. 그러므로 태양이 한 개의 별자리를 완전히 통과하는 데 걸리는 시간은 72년×30도가 되어 2,160년이고, 황도대를 일주하는 시간은 2,160×12가 되어 25,920년이 걸린다.

그런데 바둑판을 들여다보면 이런 숫자들이 들어 있다.
- 먼저 천원점을 제외한 360점에 각각 72년씩 머문다면 25,920년이 된다.
- 또, 천방과 인방을 곱한 수와, 지방과 인방을 곱한 수를 합하면 25,920년이 나온다.

즉, 천방 36궁 × 인방 180궁＝6,480궁

지방 108궁 × 인방 180궁＝19,440궁

위의 두 식을 더하면,

천지방 144궁×인방 180궁＝25,920궁, 즉 25,920년이 도출되어 나온다.

이것은 무엇을 의미하는 것일까?

천인합일(天人合一)하고 지인합일(地人合一)하는 것이다. 그것도 人을 중심으로 천지가 합일 하는 것을 보여 주고 있는 것이다.

또 한 가지 재미있는 사실이 있다. 바둑판의 324궁을 한 바퀴 회전하는 것은 태양이 황도를 일주하는 것과 같다는 사실이다. 日, 月의 공통주기인 19년을 일장(一章)이라고 하는데 이는 천지운행의 기본주기가 된다. 그러나 19년이란 주기는 일수로 따지면 $6,939\frac{3}{4}$ 되는데 뒤에 $\frac{3}{4}$이 붙어 있어서 자연수가 되지 않으므로 여간 성가신 일이 아니다. 그래서 4를 곱하는 작업을 수행해 보니 19년에 4를 곱한 76이 나오는데 76년이 되면 정확하게 日이 자연수화된다. 즉 $6,939\frac{3}{4}\times4=27,759$일이 되는데 이는 곧 76년과 같은 날수이다. 27,759를 일부(一蔀)라고 부른다. 따라서 76년은 日과 月의 공배(公倍)로 떨어지는 최소주기인데 이것을 蔀 중에서도 음부(陰蔀)라고 칭한다.

반면, 양력의 일법(日法)은 4년에 1회씩 윤일(閏日)을 두는데 76년에 총 19일의 윤일을 두는데 이렇게 하면 역시 27,759일이 된다. 그러나 이것은 60갑자와 공배로 떨어지지 않는다. 즉 (76년×365)+19=27,759일이 된다. 그런데 80년을 주기로 하면 윤일이 20일이 되면서 60갑자와 정확히 맞아떨어진다. 즉 (80년×365)+20=29,220일이다. 29,220일을 60갑자로 나누면 487회의 갑자가 나온다.

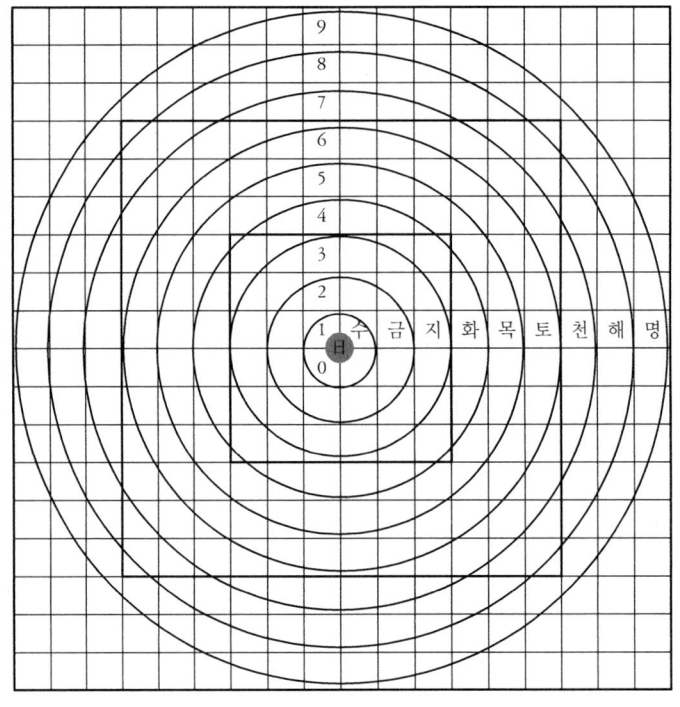

이와 같이 80년 가서야 487회의 60甲子로 맞아떨어지는데 이것을 음부(陰部)에 대해 양부(陽部)라고 칭한다. 1양부 80년을 바둑판의 각 궁에 대입하면 전체가 25,920년이 된다. 즉 80×324궁=25,920년이 된다. 1양부(日과 60甲子가 공배 되는 주기)가 324궁을 다 돌면 태양이 황도를 일주하는 25,920년의 주기와 정확하게 일치한다(324 양부). 이처럼 바둑판에 나와 있는 점과 궁의 수는 천문역수와 밀접한 관계가 있으며 여기에 나열된 수의 전개에는 많은 비의(秘意)가 숨어 있다.

위 그림에서 보면 천원점 0에서 출발하여 1, 2, 3, 4, 5, 6, 7, 8, 9 방(方)으로 전개되어 나가는 수리는 천부경에 나열된 수리와 동일하다. 즉 천원점을 태양이라고 한다면 1방에서 9방까지는 태양을 중심으로 해서 공전하는 9개의 행성과 같다. 공전주기가 가장 짧은 수성으로부터 금성, 지구, 화성, 목성, 토성, 천왕성, 해왕성, 명왕성 순으로 나열된다.

바둑판은 비단 태양계만을 나타내는 것이 아니다. 우주의 중심인 북극성을 천원(天元)에 배속하면 천방은 상원(上元)인 태미원(太微垣), 지방은 중원(中元)인 자미원(紫微垣), 인방은 하원(下元)인 천시원(天市垣)이 된다. 그러므로 천부경에서 말한 본심본태양(本心本太陽: 본심이 본태양이다)에서 본심은 북극성을 나타내고, 본태양은 태양을 의미한다.

우리가 흔히 사용하는 언어 중에 중심(中心)이라는 말이 있는데 이때의 심(心)은 고갱이 혹은 핵(核)과 같은 의미로 가장 중심이 되는 것을 의미한다. 따라서 본심(本心)은 바로 우주의 중심인 북극성을 의미한다고 보아도 좋다. 또 천원(天元)을 원자핵에 비유하면 나머지 9방(方)은 핵의 외곽 궤도를 회전하는 전자가 되니 이는 양자역학의 미시적 세계를 나타내기도 한다. 이상에서 살펴본 바와 같이 바둑판은 우주의 축소판이다. 우리가 사는 태양계를 나타내기도 하고 만물의 생성(生成)과 변화 원리를 함축하고 있는 유전자 코드라고도 말할 수 있다.

다시 바둑판으로 돌아가 보자.

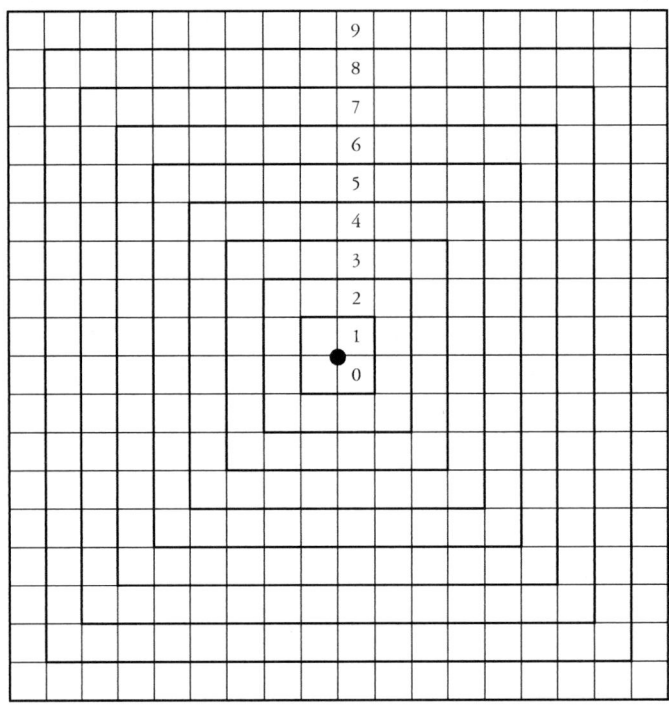

위 바둑판은 0부터 9까지 수가 전개되어 나가는 과정을 표시한 도형이다. 0은 천원점(天元點)으로 체(体)가 되며 1부터 9까지의 9수는 용(用)이 된다. 천원점의 0은 도형이 만들어지지 않고, 다만 중앙의 중심축으로서 9수의 체(体)가 된다. 천원을 중심으로 내부에서 외부로 9가지 방형(方型)으로 확대되면서 전개된다.

이것을 정리하면 다음과 같다.

	方점	方둘레	方內點	비고
0方(天元)	1	$8^0=1$	$1×1=1$	1
1방	3	$8×1=8$	$3×3=9$	1+8
2방	5	$8×2=16$	$5×5=25$	1+8+16
3방	7	$8×3=24$	$7×7=49$	1+8+16+24
4방	9	$8×4=32$	$9×9=81$	1+8+16+24+32
5방	11	$8×5=40$	$11×11=121$	1+8+16+24+32+40
6방	13	$8×6=48$	$13×13=169$	1+8+16+24+32+40+48
7방	15	$8×7=56$	$15×15=225$	1+8+16+24+32+40+48+56
8방	17	$8×8=64$	$17×17=289$	1+8+16+24+32+40+48+56+64
9방	19	$8×9=72$	$19×19=361$	1+8+16+24+32+40+48+56+64+72
합계	100	361	1,330	

위의 표에 대한 간략한 해설이다.

■ 방점은 방(方: 사각형)을 구성하는 4개의 선 중에 어느 한 선에 나타난 점의 개수를 말하는 것인데 천원점으로부터 1, 3, 5, 7, 9, 11, 13, 15, 17, 19점 순(順)으로 9층을 이루며 사방(四方)으로 전개되어 나간다.

■ 방 둘레는 각방(各方)을 이루고 있는 둘레 점의 합계를 말하는 것으로 8단의 곱하기 형식을 따라 전개된다. 원래 8은 2^3으로 3차원의 입체를 상징하는데 1방(一方)의 외곽 점은 8개로 이는 8괘를 이룬다. 1방 다음으로 2방, 3방을 거쳐 마지막 8방에 이르게 되면 방 둘레가 64점이 되니 이는 주역의 대성괘 64괘를 이룬 것이고, 또 1방부터 8방까지의 방점을 전부 더하면 81점(1+3+5+7+9+11+13+15+17=81)이 되어 이는 천부경을 이루는 글자 수 81이 된다.

■ 우연인지 필연인지 모르지만 묘하게도 8방에서 64괘와 81수가 만나게 됨을 볼 수 있다. 그리고 8방에서 한 칸 더 나아간 9방에 이르러 방점의 총수가 100점이 되니 100은 바로 수의 완성을 의미한다.

■ 각 방 둘레의 총합은 361점인데 체수 1점(0방의 천원점)을 빼면 360이 되고 이것은 1년의 날수인 당기지수(當期之數)가 된다.

■ 방 내부에 들어 있는 점들은 방점을 제곱한 수과 같다. 방 둘레를 누적한 합계와 같다.

■ 방 내부의 점들의 총합은 1,330이다.

- 10개의 방안에 들어 있는 점들의 평균은 1,330÷10이니 133이 된다.
- 19년을 1장(章)으로 할 때, 133년은 7장(章)에 해당한다.
- 바둑판의 1궁은 가로 2점, 세로 2점의 합수인 4점으로 구성되어 있으며 1방은 4궁으로 이루어져 있다.

1방은 내선의 방점이 천원점 1개이므로 1×4=4궁이 되고,

2방은 내선의 방점이 3점이므로 3×4=12궁이 되고,

3방은 내선의 방점이 5점이므로 5×4=20궁이 되고,

4방은 내선의 방점이 7점이므로 7×4=28궁이 되고,

5방은 내선의 방점이 9점이므로 9×4=36궁이 되고,

6방은 내선의 방점이 11점이므로 11×4=44궁이 되고,

7방은 내선의 방점이 13점이므로 13×4=52궁이 되고,

8방은 내선의 방점이 15점이므로 15×4=60궁이 되고,

9방은 내선의 방점이 17점이므로 17×4=68궁이 된다.

324궁을 전부 정리하면 다음과 같다.

	천방			지방			인방			합계
	방	방점	궁	방	방점	궁	방	방점	궁	
	1	1	4	4	7	28	7	13	52	84
	2	3	12	5	9	36	8	15	60	108
	3	5	20	6	11	44	9	17	68	132
합계	6	9	36	15	27	108	24	45	180	324
비율	2	1	1	5	3	3	8	5	5	

이와 같이 천방은 9개의 방점에 36궁이 되며, 지방은 27개의 방점에 108궁이 되고 인방은 45개의 방점에 180궁이 된다. 그러므로 천방, 지방, 인방의 방점과 궁의 비율이 1:3:5로 나타난다. 그리고 천방의 합은 6방이며, 지방의 합은 15방이고, 인방의 합은 24방이다. 이 것을 약분하면 2:5:8이고 이는 地數가 된다.

이것을 본수와 단수로 구별하면 다음과 같다. 6:15:24의 본수는 6:5:4로 나타나는데 역시 4, 5, 6의 지수(地數)로 나타나 방(方)이 地를 상(象)했음을 나타내고 있다. 또 6:15:24의 단수 6:6:6으로 나타나는데 이는 천궁과 지궁과 인궁이 똑같이 3궁씩을 1:1:1로 소유하고

있음을 나타내고 있다.

이번에는 바둑판에 숨어 있는 논리를 찾아보자.

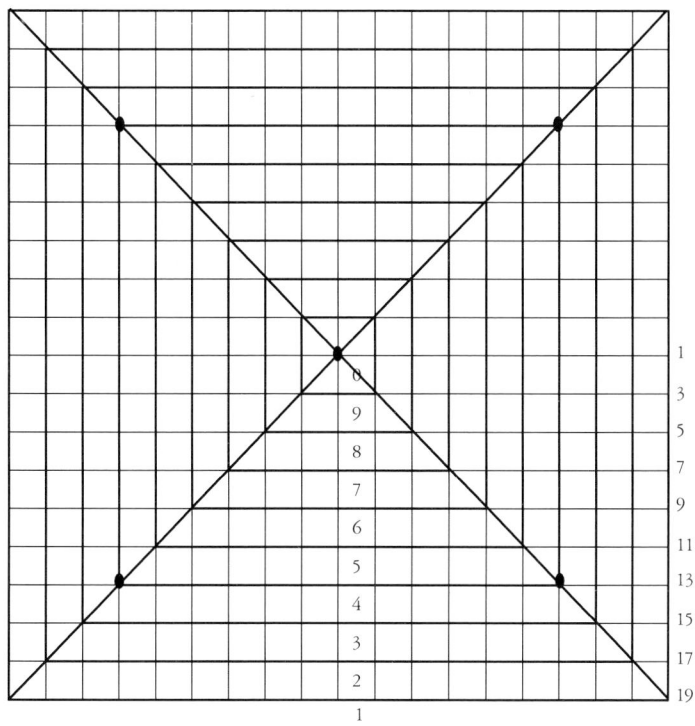

천원점을 제일 상부에 두고 19점의 9방을 1층으로 놓고, 17점의 8방을 2층에, 15점의 7방을 3층에, 13점의 6방을 4층에, 11점의 5방을 5층에, 9점의 4방을 6층에, 7점의 3방을 7층에, 5점의 2방을 8층에, 3점의 1방을 9층에 놓으면 피라미드의 모형이 된다. 13전을 가진 6방, 4층이 화점(花點)이 된다. 화점은 피라미드 높이의 $\frac{1}{3}$ 지점으로 여기에 사람의 시신을 놓으면 부패가 완만해지고 면도날을 놓으면 녹이 슬지 않거나 도리어 날이 더 예리해진다고 알려져 있다.

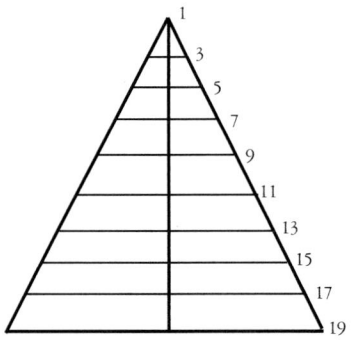

위 단면도를 보면 1층에서 4층 화점까지는 모두 64점이 된다(19+17+15+13=64). 또 5층부터 천원까지는 모두 36점이 된다(11+9+7+5+3+1=36). 이것은 이미 '수리와 차원'에서 언급했다. 즉 36은 36궁을 상징하고 64는 64괘를 상징한다. 피라미드의 외형이나 절에 있는 탑이나 고대 건축물의 구조는 서로 유사한 점이 아주 많다. 우선 절 탑의 구조를 보자. 아래 기단은 정사각형으로 넓게 앉아 있고, 위로 올라갈수록 점점 면적이 작아지는 모습으로 층을 이룬다. 이는 피라미드의 단면도에서도 똑같이 나타난다. 다만 육면체가 올라가는지 삼각뿔이 올라가는지의 차이만 있을 뿐이다. 이는 지방(地方)과 인각(人角)이 조화를 이룬 절묘한 모습이다. 지방에 기반을 둔 인간이 천원(天圓)을 향하여 오르려는 염원과 의지를 나타낸 것이 피라미드 혹은 탑의 모습일 거라는 생각이 든다.

172	353	154	335	136	317	118	299	100	281	82	263	64	245	46	227	28	209	10
11	173	354	155	336	137	318	119	300	101	282	83	264	65	246	47	228	29	191
192	12	174	355	156	337	138	319	120	301	102	283	84	265	66	247	48	210	30
31	193	13	175	356	157	338	139	320	121	302	103	284	85	266	67	229	49	211
212	32	194	14	176	357	158	339	140	321	122	303	104	285	86	248	68	230	50
51	213	33	195	15	177	358	159	340	141	322	123	304	105	267	87	249	69	231
232	52	214	34	196	16	178	359	160	341	142	323	124	286	106	268	88	250	70
71	233	53	215	35	197	17	179	360	161	342	143	305	125	287	107	269	89	251
252	72	234	54	216	36	198	18	180	361	162	324	144	306	126	288	108	270	90
91	253	73	235	55	217	37	199	19	181	343	163	325	145	307	127	289	109	271
272	92	254	74	236	56	218	38	200	1	182	344	164	326	146	308	128	290	110
111	273	93	255	75	237	57	219	20	201	2	183	345	165	327	147	309	129	291
292	112	274	94	256	76	238	39	220	21	202	3	184	346	166	328	148	310	130
131	293	113	275	95	257	58	239	40	221	22	203	4	185	347	167	329	149	311
312	132	294	114	276	77	258	59	240	41	222	23	204	5	186	348	168	330	150
151	313	133	295	96	277	78	259	60	241	42	223	24	205	6	187	349	169	331
332	152	314	115	296	97	278	79	260	61	242	43	224	25	206	7	188	350	170
171	333	134	315	116	297	98	279	80	261	62	243	44	225	26	207	8	189	351
352	153	334	135	316	117	298	99	280	81	262	63	244	45	226	27	208	9	190

〈그림 1〉

위 그림에서 사각형(□)으로 된 방(方)은 바둑판의 1점을 가리킨다. 숫자를 대입하기 위해 가로 19칸, 세로 19칸의 도형을 만들고 1부터 361까지의 숫자를 나열하여 가로선, 세로선, 대각선의 합이 모두 같도록 작성하였다. 일종의 19마방진이 되는 셈이다.

1부터 361까지의 중심 수는 181이다. 가로선, 세로선, 대각선 수의 합은 3,439가 되고, 361칸의 총수는 65,341이 된다.

중심 수 181×19=3,439   중심 수 181×361=65,341

이것을 정리하면 다음 표와 같다.

방	칸수	방합수	비고
0방	1	181	181×1
1방	8	1,448	181×8
2방	16	2,896	181×16
3방	24	4,344	181×24
4방	32	5,792	181×32
5방	40	7,240	181×40
6방	48	8,688	181×48
7방	56	10,136	181×56
8방	64	11,584	181×64
9방	72	13,032	181×72
합계	361	65,341	

<그림 1>에서 9방의 72칸에 있는 모든 숫자를 더하면 13,032가 되고 7방의 56칸에 있는 숫자를 다 더하면 10,136이 된다. 그런데 9방의 13,032는 중심 수 181에 72칸을 곱한 수와 같고 7방의 10,136은 중심 수 181에 56칸을 곱한 수와 같다.

<그림 1>에서 시작하는 수 1과 중심 수 181, 그리고 마지막 수 361의 본수와 단수는 모두 1이다. 그리고 가로선, 세로선, 대각선의 합수 3,439와 총수 65,341의 단수도 1이다.

<그림 1>의 수표를 단수로 환원하면 <그림 2>와 같다.

1	2	1	2	1	2	1	2	1	2	1	2	1	2	1	2	1	2	1
2	2	3	2	3	2	3	2	3	2	3	2	3	2	3	2	3	2	2
3	3	3	4	3	4	3	4	3	4	3	4	3	4	3	4	3	3	3
4	4	4	4	5	4	5	4	5	4	5	4	5	4	5	4	4	4	4
5	5	5	5	5	6	5	6	5	6	5	6	5	6	5	5	5	5	5
6	6	6	6	6	6	7	6	7	6	7	6	7	6	6	6	6	6	6
7	7	7	7	7	7	7	8	7	8	7	8	7	7	7	7	7	7	7
8	8	8	8	8	8	8	8	9	8	9	8	8	8	8	8	8	8	8
9	9	9	9	9	9	9	9	9	1	9	9	9	9	9	9	9	9	9
1	1	1	1	1	1	1	1	1	1	1	1	1	1	1	1	1	1	1
2	2	2	2	2	2	2	2	2	1	2	2	2	2	2	2	2	2	2
3	3	3	3	3	3	3	3	2	3	2	3	3	3	3	3	3	3	3
4	4	4	4	4	4	4	3	4	3	4	3	4	4	4	4	4	4	4
5	5	5	5	5	5	4	5	4	5	4	5	4	5	5	5	5	5	5
6	6	6	6	6	5	6	5	6	5	6	5	6	5	6	6	6	6	6
7	7	7	7	6	7	6	7	6	7	6	7	6	7	6	7	7	7	7
8	8	8	7	8	7	8	7	8	7	8	7	8	7	8	7	8	8	8
9	9	8	9	8	9	8	9	8	9	8	9	8	9	8	9	8	9	9
1	9	1	9	1	9	1	9	1	9	1	9	1	9	1	9	1	9	1

〈그림 2〉

위 〈그림 2〉에서 양쪽 세로선과 양쪽 대각선으로 1, 2, 3, 4, 5, 6, 7, 8, 9, 1, 2, 3, 4, 5, 6, 7, 8, 9의 순으로 아름답게 배열되어 있다. 그리고 중심 수 1의 상하좌우에 1이 배열되어 있고 대각선 사우방(四隅方)에 역시 1이 배열되어 있으며 중심 수 1을 중심으로 상하좌우로 모두 1이 배열되어 있다.

〈그림 2〉에 나타난 단수의 총합은 1,801이 되는데 이것을 정리하면 다음 표와 같다.

	1	2	3	4	5	6	7	8	9	10	11	12	13	14	15	16	17	18	19	합	단수
가로	91	100	91	100	91	100	91	100	91	91	91	100	91	100	91	100	91	100	91	1,801	1
단수	1	1	1	1	1	1	1	1	1	1	1	1	1	1	1	1	1	1	1	19	1
세로	28	46	64	82	100	118	136	154	163	19	37	55	73	91	109	127	145	163	91	1801	1
단수	1	1	1	1	1	1	1	1	1	1	1	1	1	1	1	1	1	1	1	19	1

<그림 1>에서 1부터 361까지 나열된 바둑판의 수를 단수로 환원하여 <그림 2>와 같은 단수의 나열을 보았다. 그런데 도표와 같이 나열된 단수의 합이 가로선이나 세로선이나 모두 단수화하면 1이 됨을 알 수 있다. 대각선으로 나열된 수의 합도 91로 단수로 1이 된다. 그리고 나열된 단수의 총합 1,801도 역시 단수화하면 1이 된다. 중심 수 181이 단수로 1이 되므로 모든 단수의 합 역시 단수로 1이 된다.

　　천부경에서 첫 글자가 1이고 마지막 글자가 1인데 1에서 시작한 수가 무한정 불어나서 수많은 변화가 일어나도 결국은 1로 귀일(歸一)되고, 다시 1에서 시작되는 무한 순환의 반복을 하는 것이 바로 이 단수의 나열과 그 성격이 일맥상통한다. 단수에서 2부터 9까지는 모두 40회씩을 사용하였고 유독 1수만 41회를 사용하였다. 이것은 모든 수중에 1이 중심 수로서 중앙에 자리 잡고 있기 때문에 1수도 다른 수와 같이 똑같이 40회를 사용하고 나머지 중심 수 1이 추가되어 41회를 사용한 것이 된 것이다. 바둑판의 마방진을 단수로 환원하여 본 결과 바둑판의 수리는 일시무시일, 일종무종일(一始無始一, 一終無終一) 하는 천부경의 81자 경문과 정확하게 일치한다.

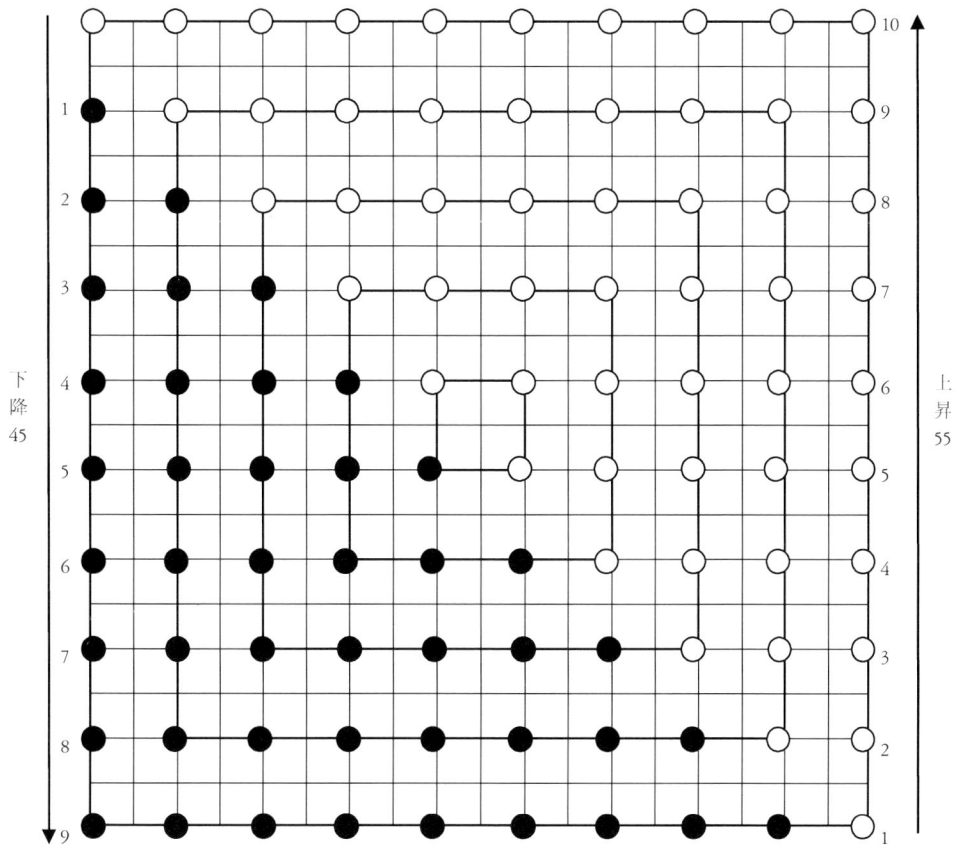

〈그림〉 天地 100수 5방도(五方圖)

　　천원점을 둘러싼 사각형을 기본으로 하여 정비례로 확대해 나가면 모두 5개의 방(方)이 나타난다. 이렇게 이루어진 도형은 가로 10점, 세로 10점으로 총 100점을 이루게 되는데 백점을 우측 하단 1점부터 시작해서 10점까지 차례로 상승하여 나열하면 55점이 되고, 흑점을 좌측 상단 1칸 아래 1점부터 시작해서 9점까지 차례로 하강하여 나열하면 45점이 된다. 백 10점과 흑 9점을 합하면 19가 되어 바둑판의 줄 수와 같게 되는데 이것을 흑백으로 나누어 대각선으로 나열하면 天地 100수가 된다. 백점은 1부터 상승하므로 天이라 하고 흑점은 1부터 하강하므로 地라 한다. 그러므로 백점이 天이 되어 흑점인 地를 덮고 있는 형상이다. 백55점은 하도에, 흑45점은 낙서에 비유하기도 한다. 天地 100수 안에서 흑백은 서로 유기적인 관계를 가지며 다음과 같은 몇 가지 특징을 나타낸다.

■ 백의 1양이 생(生)하면 흑의 9양이 왕성해진다(盛).

■ 백의 2음이 생(生)하면 흑의 8음이 왕성해진다(盛).

■ 백의 3양이 자라나면(長) 흑의 7양이 쇠약해진다(衰).

■ 백의 4음이 자라나면(長) 흑의 6음이 쇠약해진다(衰).

■ 백의 5양이 中하면 흑의 5양도 中하게 된다.

■ 백의 6음이 왕성해지면(盛) 흑의 4음이 나타난다(著).

■ 백의 7양이 왕성해지면(盛) 흑의 3양이 나타난다(著).

■ 백의 8음이 극(極)해지면 흑의 2음이 희미해진다(微).

■ 백의 9양이 극(極)해지면 흑의 1양이 희미해진다(微).

■ 백의 10음이 中하는데 흑은 운용하는 中이 없다.

이와 같이 흑백은 생하면 왕성해지고, 자라나면 쇠약해지고, 왕성해지면 나타나고, 극해지면 희미해진다. 흑과 백이 서로 상보적인 관계를 가지면서 끊임없이 순환하고 있다.

天地 100수는 중앙으로부터 5개의 방(方)을 이루고 있다. 중앙으로부터 1, 2, 3 방(方)을 내방(內方)이라 하고 외곽의 4, 5 방(方)을 외방(外方)이라고 한다.

내방(內方)은 1, 2, 3의 합수인 6이 되어 체(體)가 되고 외방(外方)은 4, 5의 합수인 9가 되어 용(用)이 된다. 天地 100수가 5방(方)을 이루며 1, 2, 3, 4, 5의 생수로 나타나는 것은 나름대로 커다란 의미를 암시하고 있는 것이다. 5는 중수(中數)의 의미도 있지만 오행(五行)이라는 수리를 암시하고 있기 때문에 자세히 살펴볼 필요가 있다.

天地 100수의 구조를 도식화하면 다음과 같다.

	方	흑점	백점	합계	비고
內方	1方	1	3	4	$2^2 ×$① 水 (4×1)
	2方	5	7	12	$2^2 ×$③ 木 (4×3)
	3方	9	11	20	$2^2 ×$⑤ 土 (4×5)
	계	15	21	36	$2^2 ×9$ (4×9)
外方	4方	13	15	28	$2^2 ×$⑦ 火 (4×7)
	5方	17	19	36	$2^2 ×$⑨ 金 (4×9)
	계	30	34	64	$2^2 ×16$ (4×16)
합계		45	55	100	$2^2 ×25$ (4×25)

1, 2, 3방으로 구성된 내방의 흑백 점 합은 36이다. 이것은 주역 서괘(序卦)의 36궁과 같은 수다. 4, 5방으로 구성된 외방의 흑백 점의 합은 64점이다. 이것은 주역 64괘의 수와 같다.

흑점으로 구성된 4방의 13점과 5방의 17점이 합하여 30점이 되는데 이것은 주역 상경의 30괘와 수가 같다. 백점으로 구성된 4방의 15점과 5방의 19점이 합하여 34점이 되는데 이것은 주역 하경 34괘와 수가 같다. 그러므로 내방 36점이 체(体)가 되고 외방 64점이 용(用)이 되어 天地 100수를 완성하는 것이다. 1방은 4점으로 이루어져 4가 중심 수가 된다.

- 그러므로 1방은 4점으로 4로 나누면 1이 되어 1·6水의 水가 된다. 水는 씨앗으로 가장 중심부에 깊숙이 자리 잡고 있다.

- 2방은 12점으로 4로 나누면 3이 되어 3·8木의 木이 된다. 木은 水라는 씨앗을 감싸며 씨앗이 발아할 수 있는 조건을 형성한다.

- 3방은 20점으로 4로 나누면 5가 되어 5·10土의 土가 된다. 土는 水木이 성장하는 것을 어느 일정단계에서 멈추게 하는 작용을 한다.

- 4방은 28점으로 4로 나누면 7이 되어 2·7火의 火가 된다. 火는 꽃을 피우고 새로운 열매를 만들어 가는 과정이다.

- 5방은 36점으로 4로 나누면 9가 되어 4·9金의 金이 된다. 金은 火라는 열매의 껍질로 火가 꺼지지 않게 보호막의 역할을 한다.

표에서 보는 바와 같이 1방은 ①, 2방은 ③, 3방은 ⑤, 4방은 ⑦, 5방은 ⑨로 5방의 대표 수가 양수 1, 3, 5, 7, 9로 나타난다. 1, 2, 3 방의 내방은 생수 1, 3, 5로 들어나고 4, 5 방의 외방은 성수 7, 9로 들어나며 생수 1, 3, 5는 水木土로 성수 7, 9는 火金으로 나타난다. 1, 3, 5의 합수는 9로 先天을 나타내고 7, 9의 합수는 16인데 본수가 6이므로 後天을 상징한다. 이와 같이 5방에 나열되어 있는 수속에 36궁과 64괘의 구조 그리고 오행의 수리가 내포되어 있음을 알 수 있다.

아래의 목록은 바둑판에 들어 있는 다양한 도형들인데 모두 역상(易象)의 수리(數理)를 나타내고 있다.

---

(1) 천원하도(天圓河圖)
(2) 지방낙서(地方洛書)
(3) 인각천부(人角天符)
(4) 천원 천부경
(5) 지방 천부경
(6) 인각 천부경
(7) 화점 윷판도 (圓)
(8) 화점 윷판도 (方)
(9) 신(新) 장기판
(10) 天地 100수 5방도
(11) 64괘 사상(四象) 변화도
(12) 화점 복희8괘도
(13) 화점 문왕8괘도

---

(1) 天圓河圖

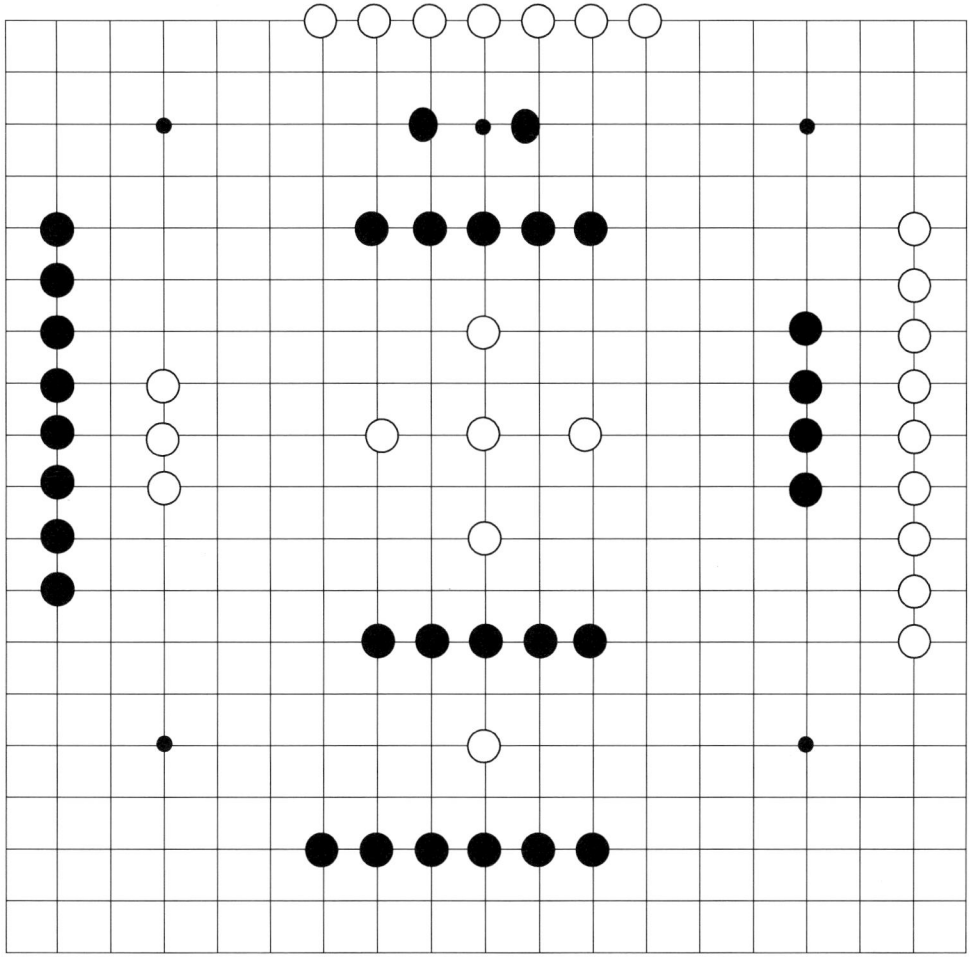

하도는 음양 생성(生成)의 원리와 오행의 상생(相生) 원리를 닮은 그림으로 원형으로 좌
선(左旋)하며 운행한다.

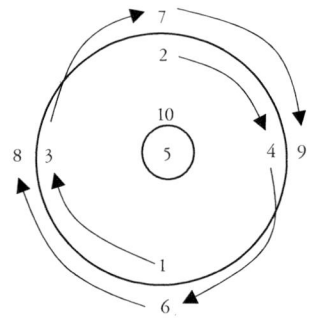

생수(生數)는 화점 안에 있고 성수(成數)는 화점 밖에 있다. 그리고 천원(天元)에 中宮五가 있다. 그림과 같이 하도는 원형에 배속되므로 천원하도라고 한다.

(2) 地方洛書

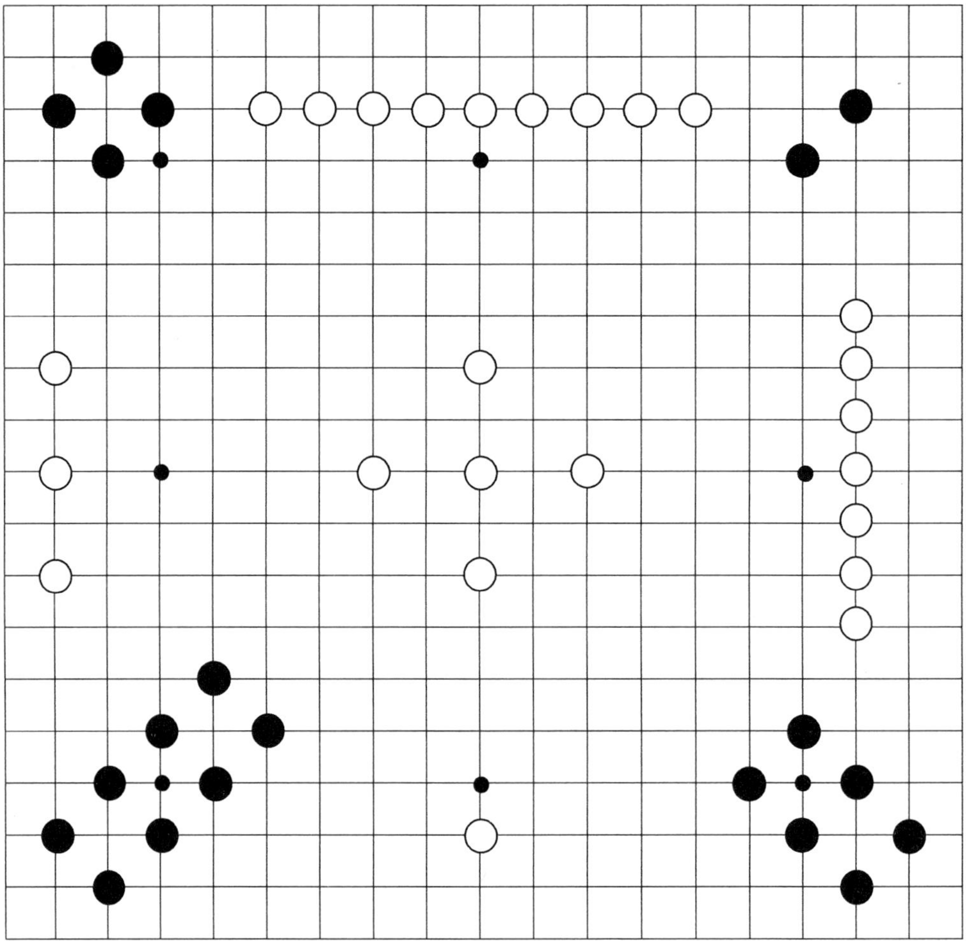

낙서는 음양변화의 원리와 오행의 상극(相剋)원리를 담은 그림으로 사정(四正)은 좌선(左旋)하고 사우(四隅)는 우선(右旋)한다.

4	9	2
3	5	7
8	1	6

하도에서 10수가 5방(方)으로 나뉘어 짝을 이루던 것이 낙서에서는 9수가 9궁(宮)으로 나뉘어 음양과 오행이 운행하면서 변화하는 모습을 보이고 있다. 그리고 금화교역(金火交易)을 이루면서 화점 밖으로 수가 전개되며 나열되어 있다.

그림과 같이 낙서는 方型(사각형)에 배속되므로 지방낙서라고 한다.

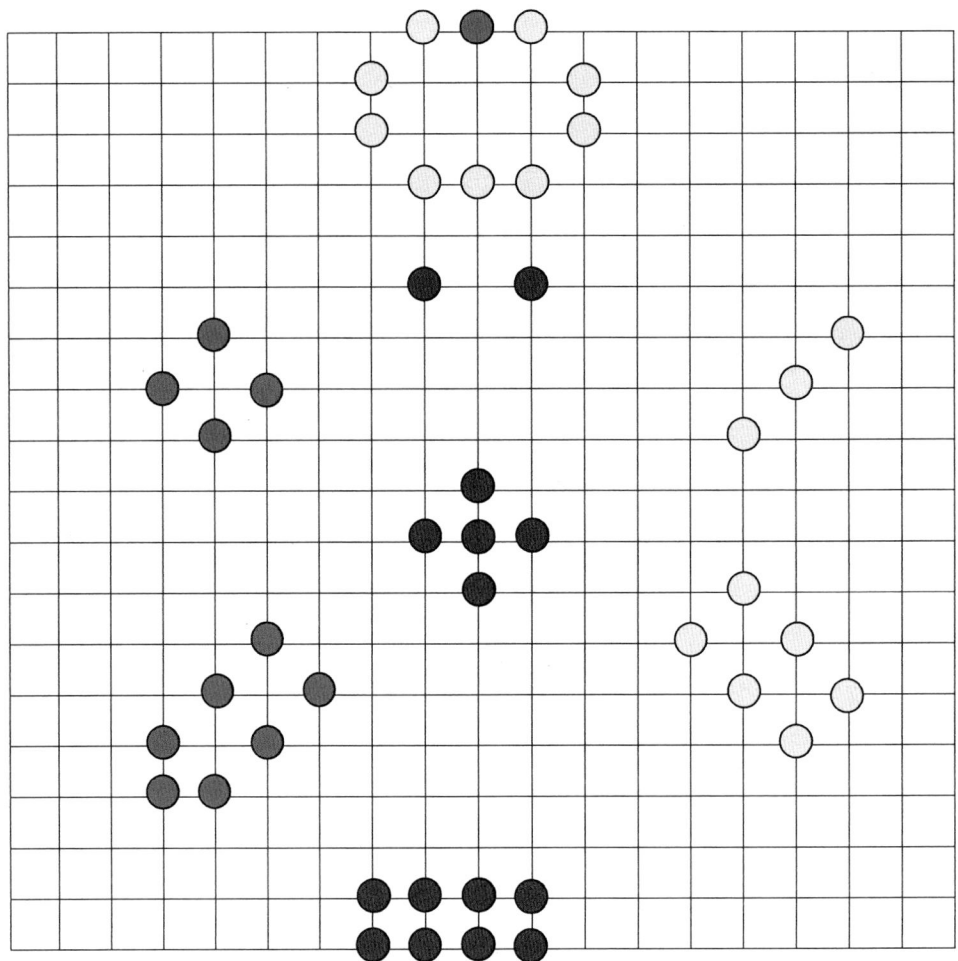

　단군도는 천부경의 수리에서 나온 그림으로 天地人 三極數의 배열이다. 위 그림에서 보듯이 천지인은 색깔별로 구분되어 있으며 좌측부터 우측으로 천지인 순이다.

天	1.4.7 적색
地	2.5.8 청색
人	3.6.9 황색

　위 그림을 인체에 비유해 보면 1, 9는 머리, 2는 목, 3, 4는 손, 5는 오장, 6, 7은 발, 8은

꼬리뼈로 총 6위(六位)를 형성한다.

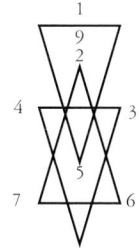

■좌측 그림과 같이 天符는 3개의 삼각형으로 이루어져 있고 각 삼각형의 합은 15가 된다.
(3＋4＋8＝15), (2＋7＋6＝15), (1＋9＋5＝15)
■3개의 삼각형으로 이루어져 있으므로 인각단군천부 혹은 단군도라고 부른다.

(4) 천원 천부경(天圓天符經)

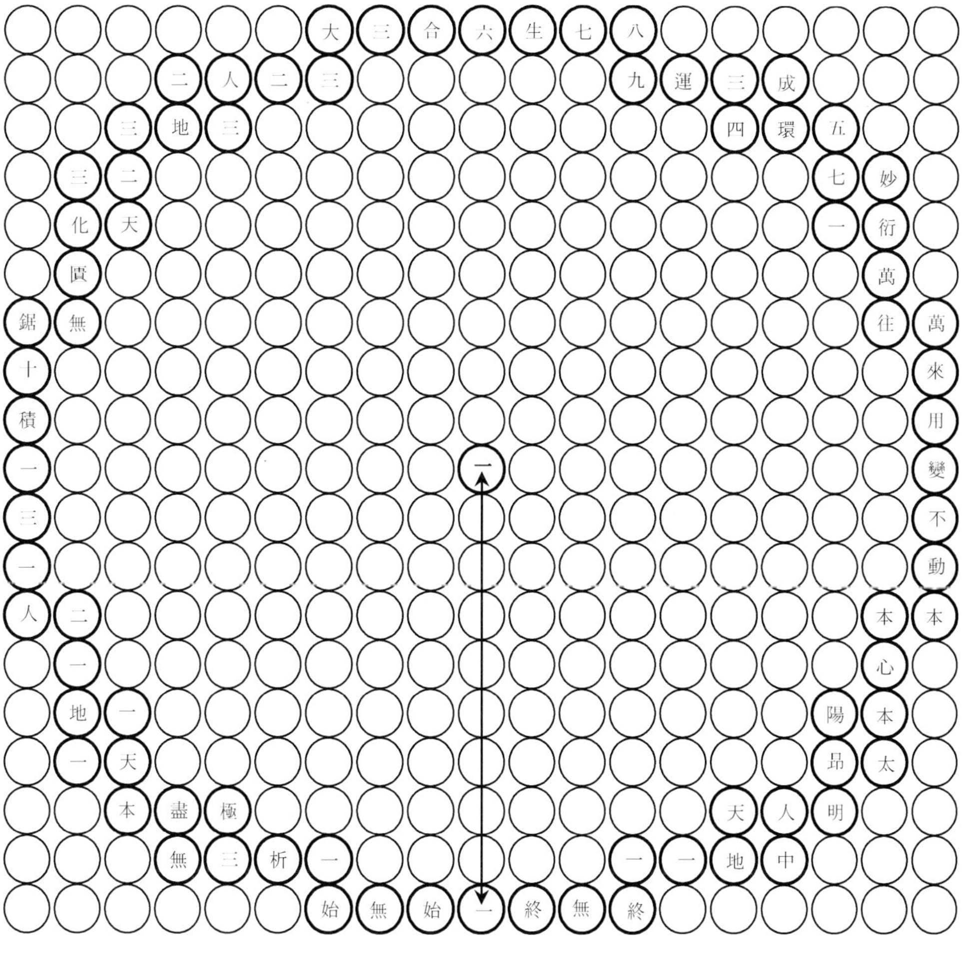

천원 천부경은 천부경 81자를 바둑판에 원형으로 배열한 것이다. 중앙에 一을 배속하고 나머지 80글자를 원에 배열하였다. 80자에는 4正方을 제외하고 4정방 사이에 19자씩 배속하였다. 運三四成의 이치에 따라 각 4정방에서 3.4.3의 순으로 배열하여 원을 형성하였다.

4정방을 제외한 76자는 일음부(一陰蔀) 76년에 해당하고, 4정방을 포함한 80자는 일양부(一陽蔀) 80년에 해당한다. 원에 배속된 글자의 순서는 다음 그림의 순번과 같다.

중앙의 천원점에 있는 一은 좀 특수하다. 하도에서 이미 설명한 것처럼 이 一은 사실 '一始無始一'과 '一終無終一'을 연결하는 고리로 작용을 하고 있는 근본 수이다.

'일종무종⊖시무시일'처럼 도식으로 나타낼 수 있다.

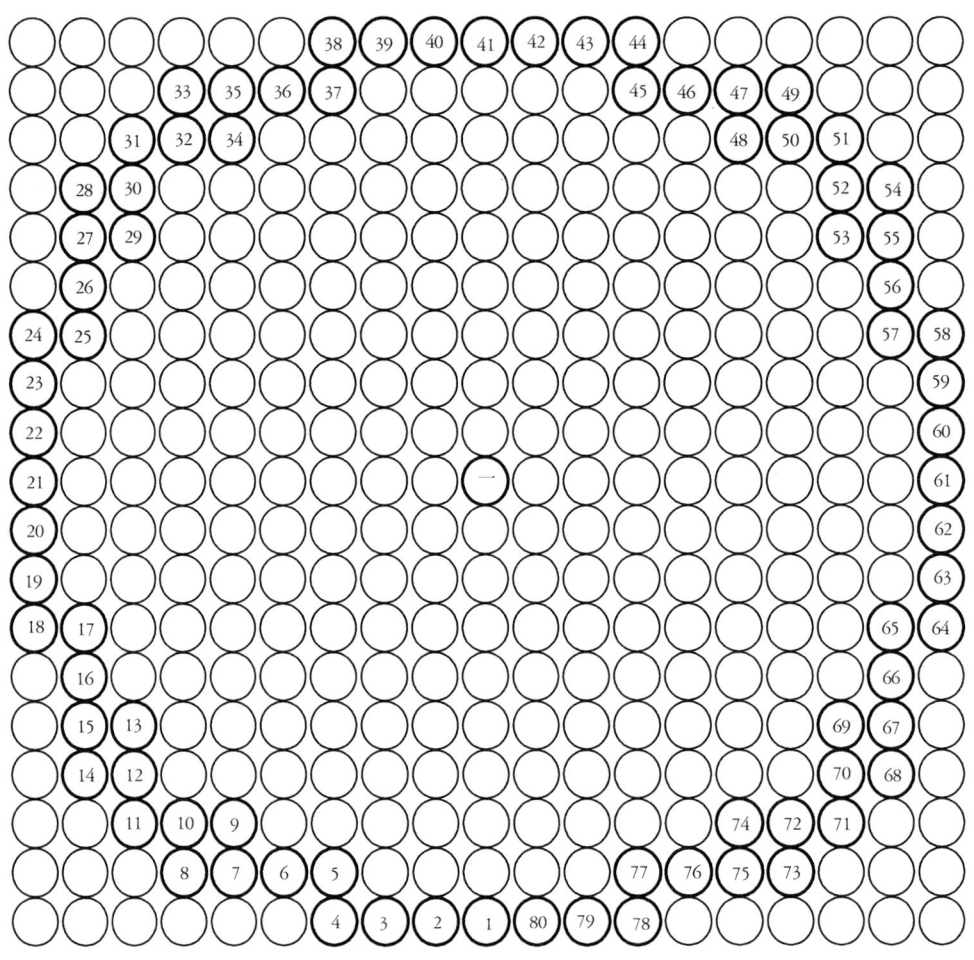

(5) 지방천부경(地方天符經)

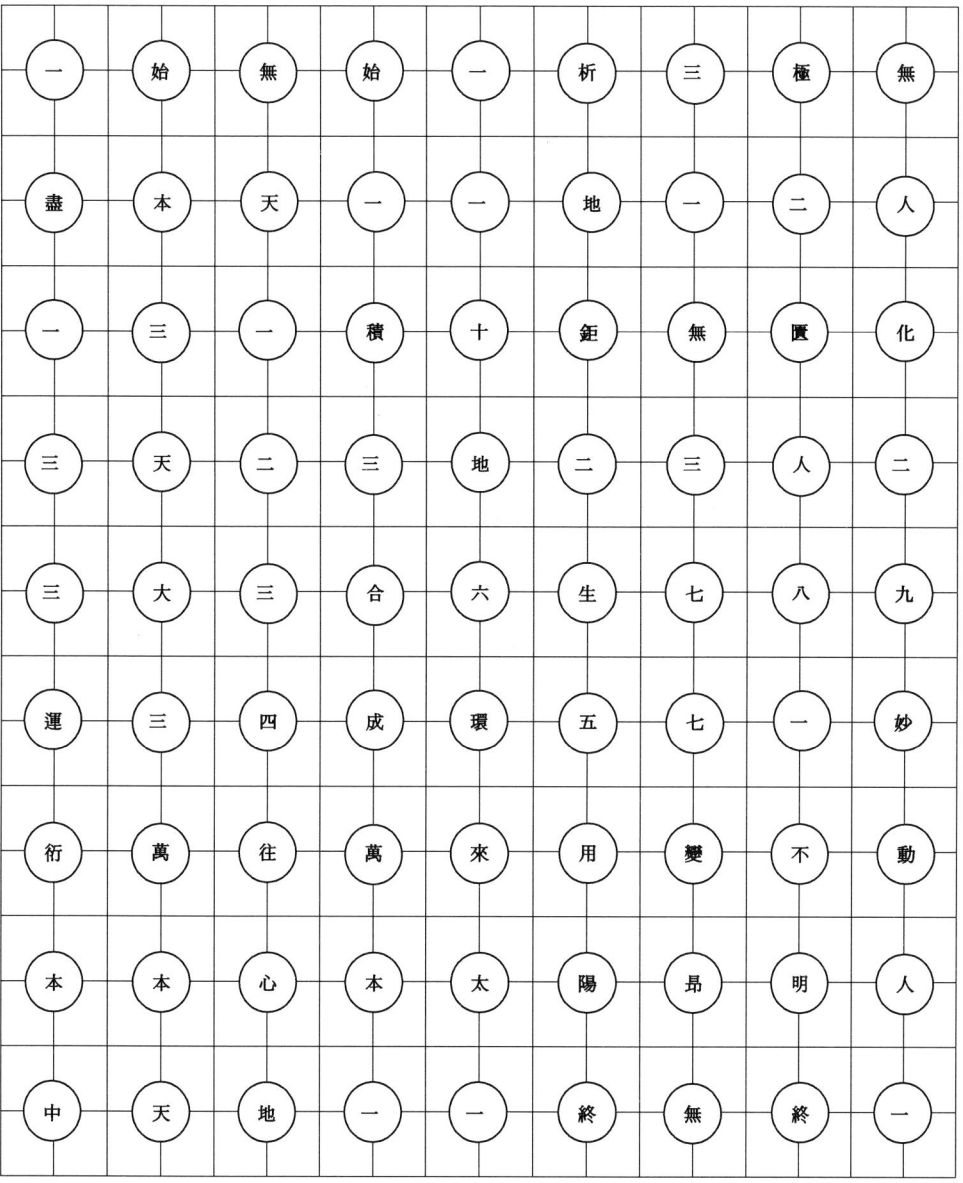

바둑판은 9궁으로 이루어진 밭 전(田) 자가 가로 9개, 세로 9개로 모두 81개로 이루어져 있다. 9궁의 중심에 원을 그리고 그 원 안에 천부경 81자를 넣으면 방형천부경이 된다. 이 것을 지방(地方) 천부경이라 한다.

지구는 달의 질량의 약 81배가 된다. $(5.97 \times 10^{24} kg) \div (7.35 \times 10^{22} kg) = 81.2244 \fallingdotseq 81$

(6) 인각천부경(人角天符經)

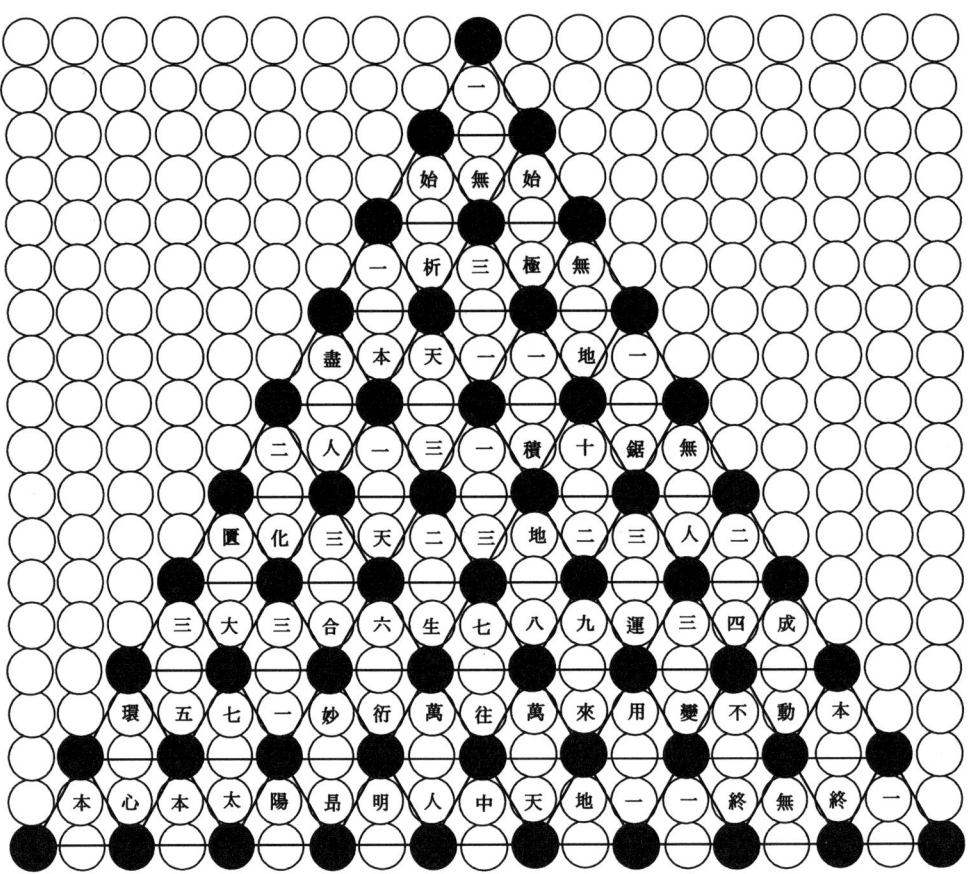

바둑판에 그림과 같이 흑돌을 놓으면 1, 2, 3, 4, 5, 6, 7, 8, 9, 10의 55점이 된다. 흑돌과 흑돌 사이를 연결하면 삼각형이 만들어지고 그 안에 백돌이 1, 3, 5, 7, 9, 11, 13, 15, 17이 되어 모두 81점이 된다. 이 백돌에 천부경 81자를 넣으면 각형(角型: 삼각형)으로 이루어진 천부경이 된다. 이것을 인각 천부경이라 한다.

7) 화점(花點) 원(圓) 윷판도

바둑판에는 화점 9개가 있는데 사정방의 화점을 중심으로 그림과 같이 원을 나열하면 원(圓) 윷판도가 된다. 현대에는 정사각형의 윷판을 사용하고 있지만 고분(古墳)이나 암각

화(岩刻畵)된 고문양(古紋樣)을 살펴보면 당시는 둥근 윷판을 사용하였음을 알 수 있다.

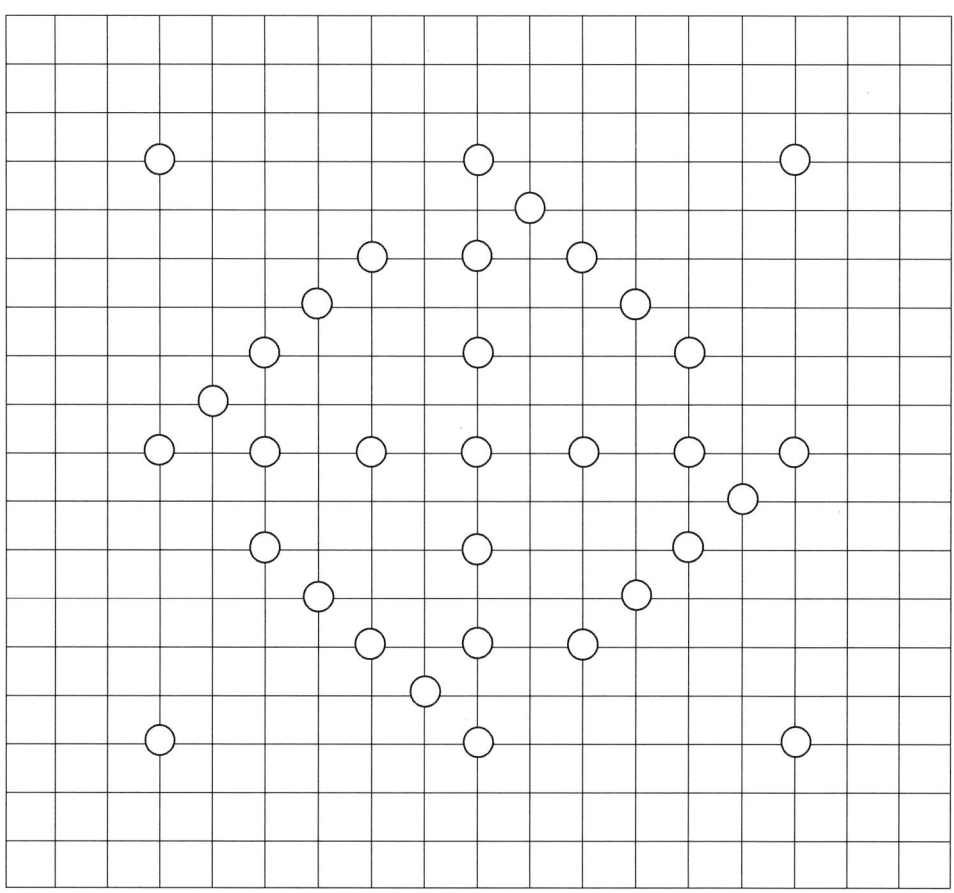

8) 화점(花點) 방(方) 윷판도

사우방(四隅方)의 화점을 중심으로 그림과 같이 원을 나열하면 방(方)윷판도가 된다. 윷판은 모두 29점으로 구성되는데 천원점은 진극(辰極)으로 북극성을 가리킨다. 북극성을 제외한 28점은 28수(宿)를 의미하는데 북극성을 중심으로 하늘의 적도상에 분포되어 있는 28자리의 항성이다. 동에서 북으로, 북에서 서로, 서에서 남으로 우선(右旋: 시계바늘 반대 방향)한다.

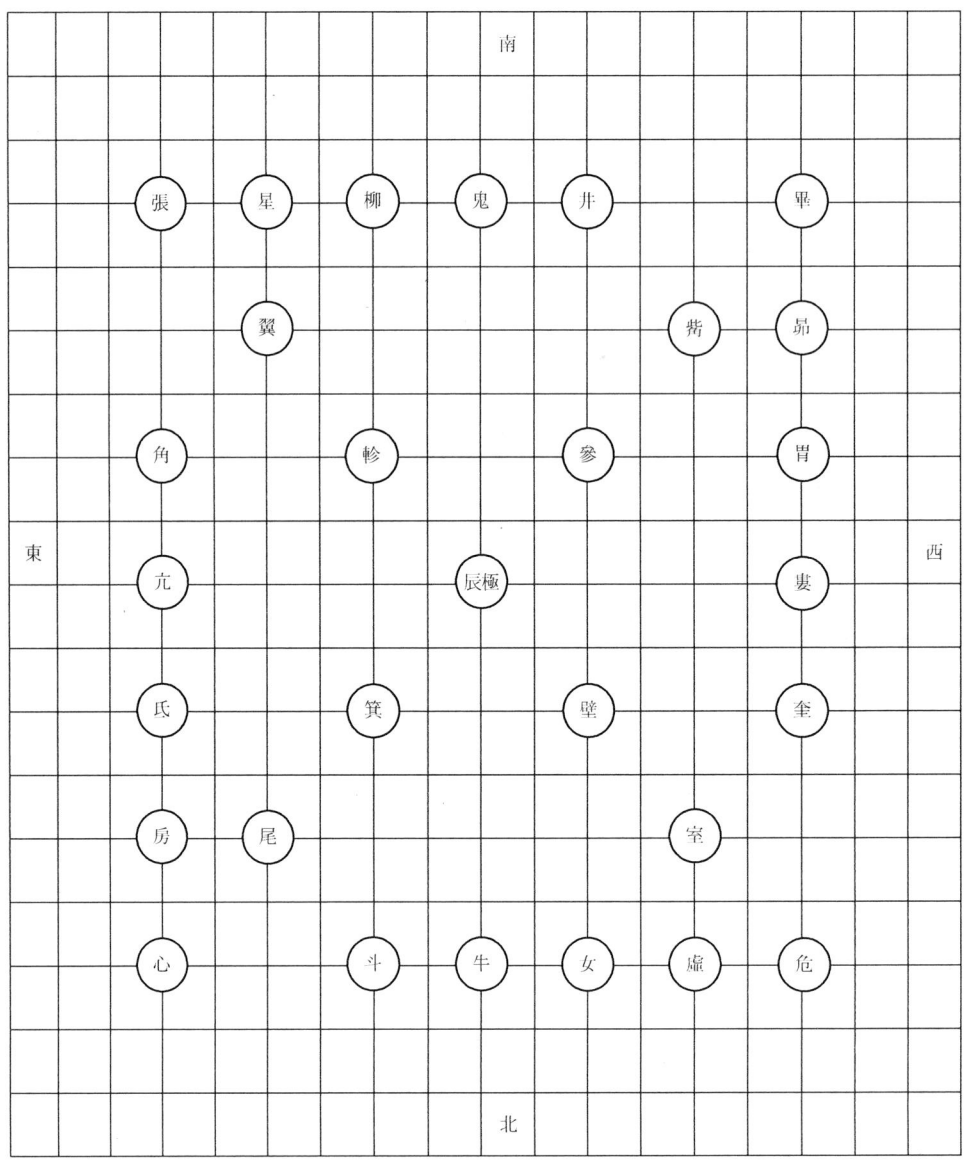

(9) 신(新)장기판

기존의 장기판은 가로가 9줄, 세로가 10줄이다 그러나 신장기판은 가로가 9줄에 세로가 11줄로 바둑판에 그렸다. 기존의 장기판은 90점인 데 반해 신장기판은 99점이다. 바둑판에 장기판을 그리면 기존의 장기판으로는 천원점의 중심이 잡히지 않는다. 그리고 윷판이나 장기판이나 모두 천문역수와 연관이 있다. 기존의 90점은 태음력도수인 데 반해 신 장기판은 우주력 도수 99수를 나타낸다.

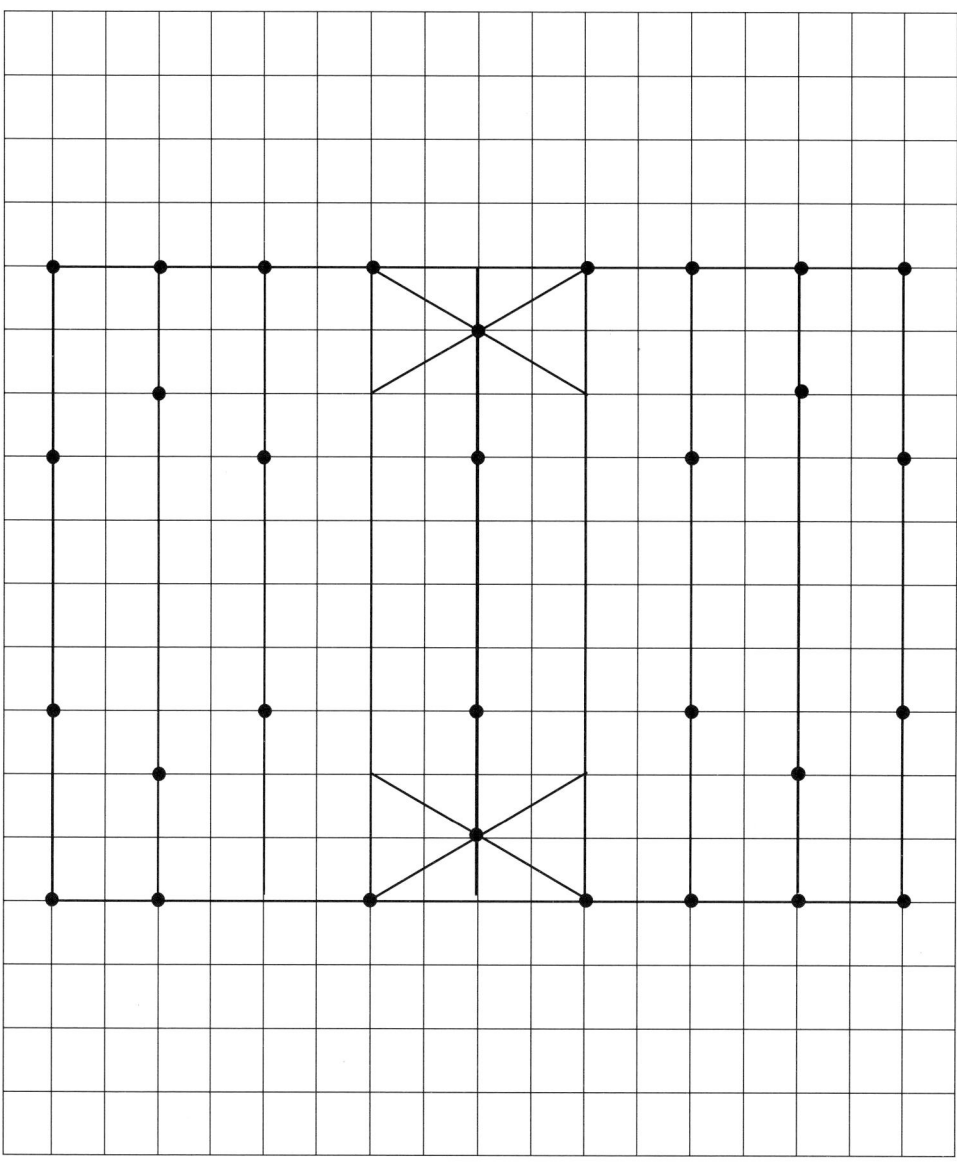

(10) 天地 100수 오방도(五方圖)

바둑판에 그림과 같이 백돌 55점과 흑돌 45점을 놓으면 天地 100수가 된다. 그리고 천원(天元)을 중심으로 백돌과 흑돌을 연결하여 방(方)을 만들면 모두 5방(五方)이 생기게 된다. 이것을 天地 100수 오방도라고 한다.

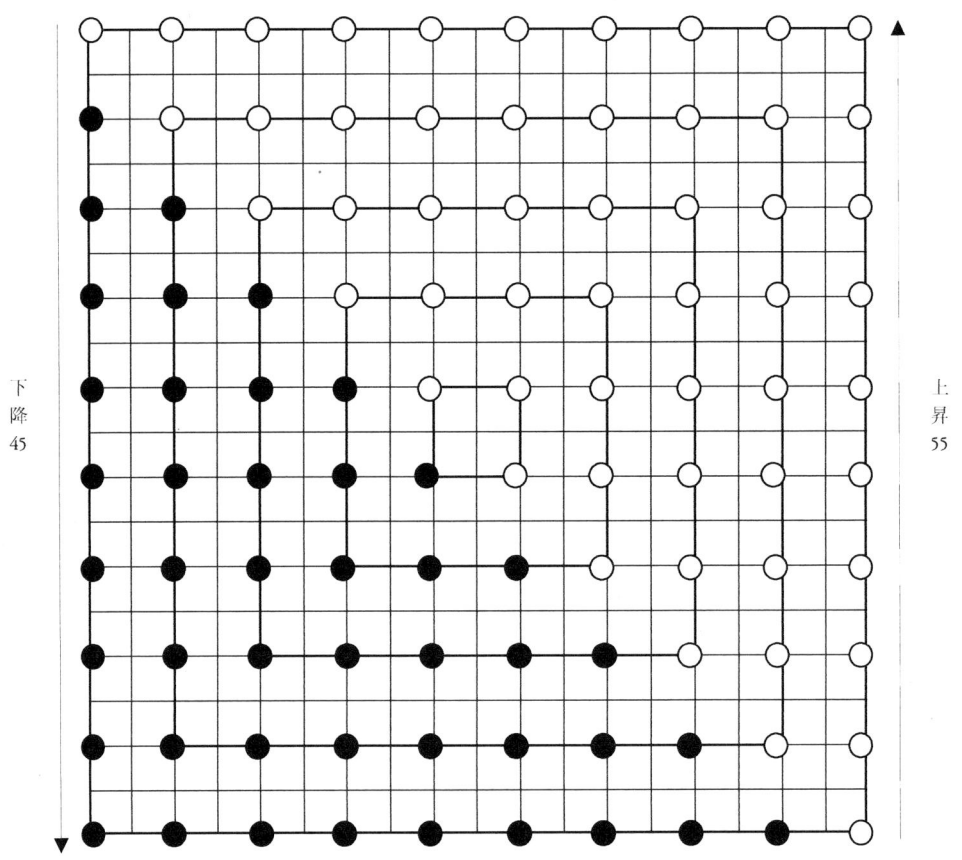

(11) 64괘 사상(四象)변화도

春	夏
冬	秋

바둑판에서 가장 외곽을 도는 72점과 중앙 크로스 되는 열십자(十)부위 33점, 합 105점을 제외하면 아래 그림처럼 4구역으로 분획된다. 각 분획에는 64점이 들어 있고, 춘하추동 4계절이므로 4를 곱하면 256점이

된다. 각 분획별로 64괘를 채워 넣을 수 있다.

춘하추동의 사상(四象)을 의미하는데 각 구역마다 64괘의 배열순서가 다르다.

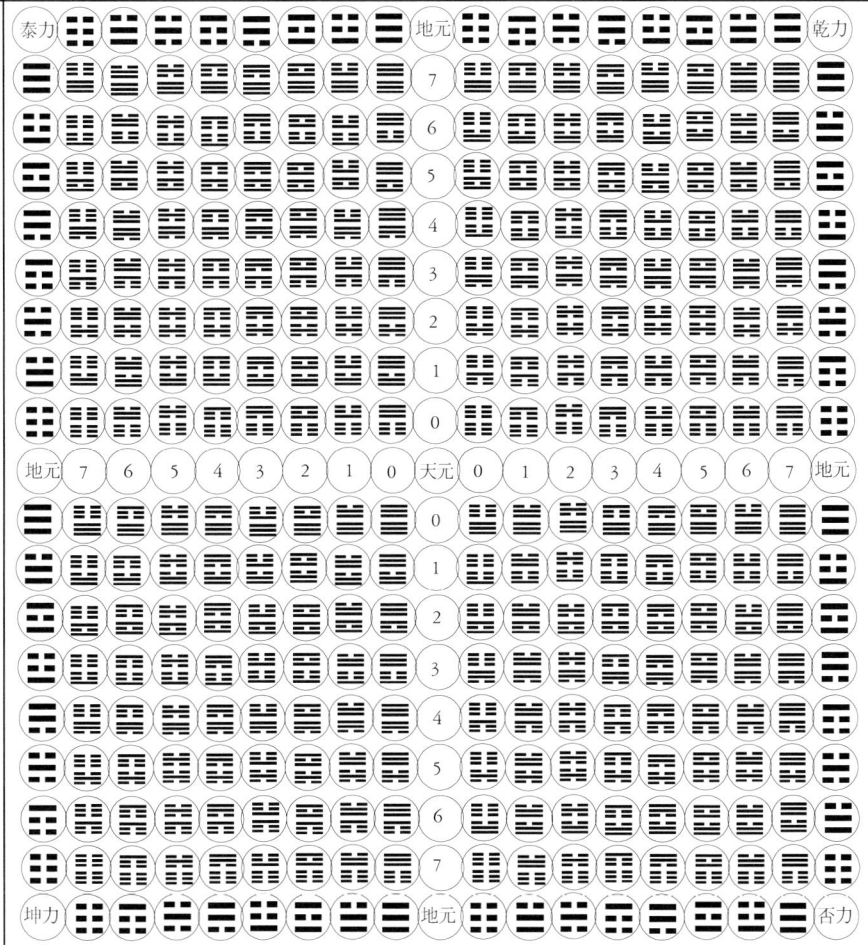

(12) 화점(花點) 복희8괘도

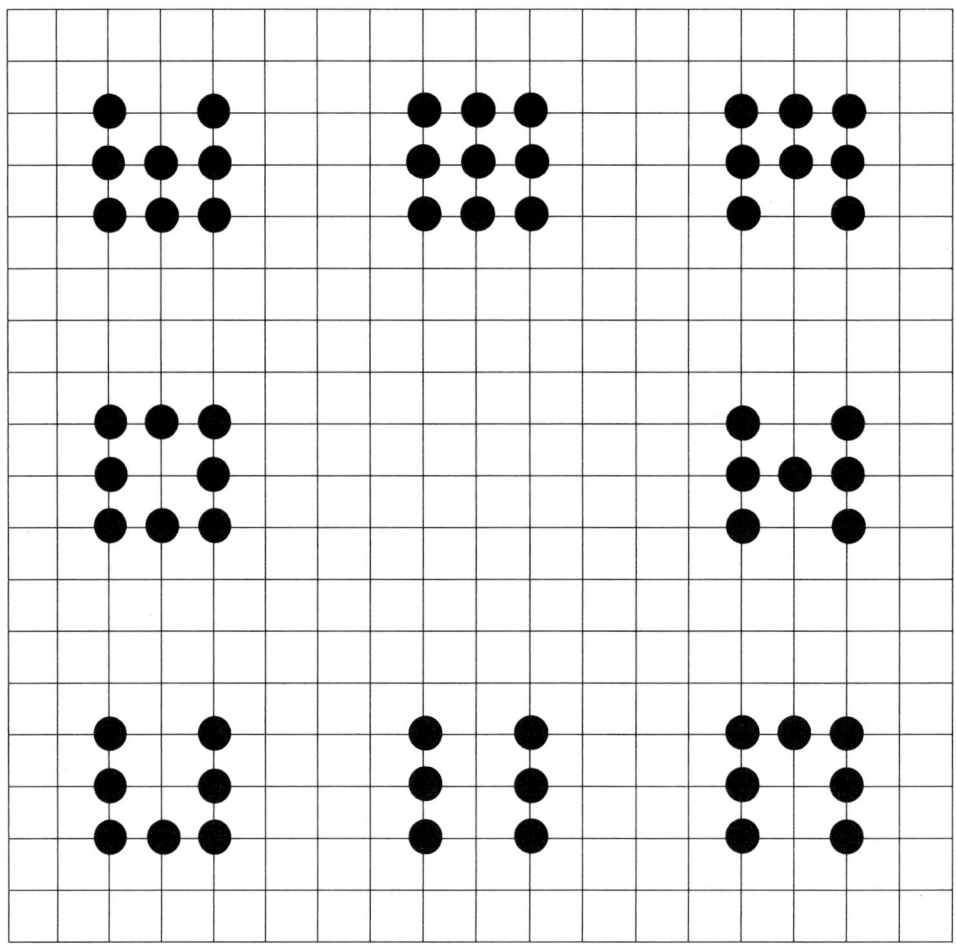

삼천양지(參天兩地) 법칙에 따라 양효(陽爻: ━)는 흑돌 3개를, 음효(陰爻: ╍)는 흑돌 2개를 놓아 화점을 중심으로 복희8괘도를 배열한 것이다.

(13) 화점(花點) 문왕8괘도

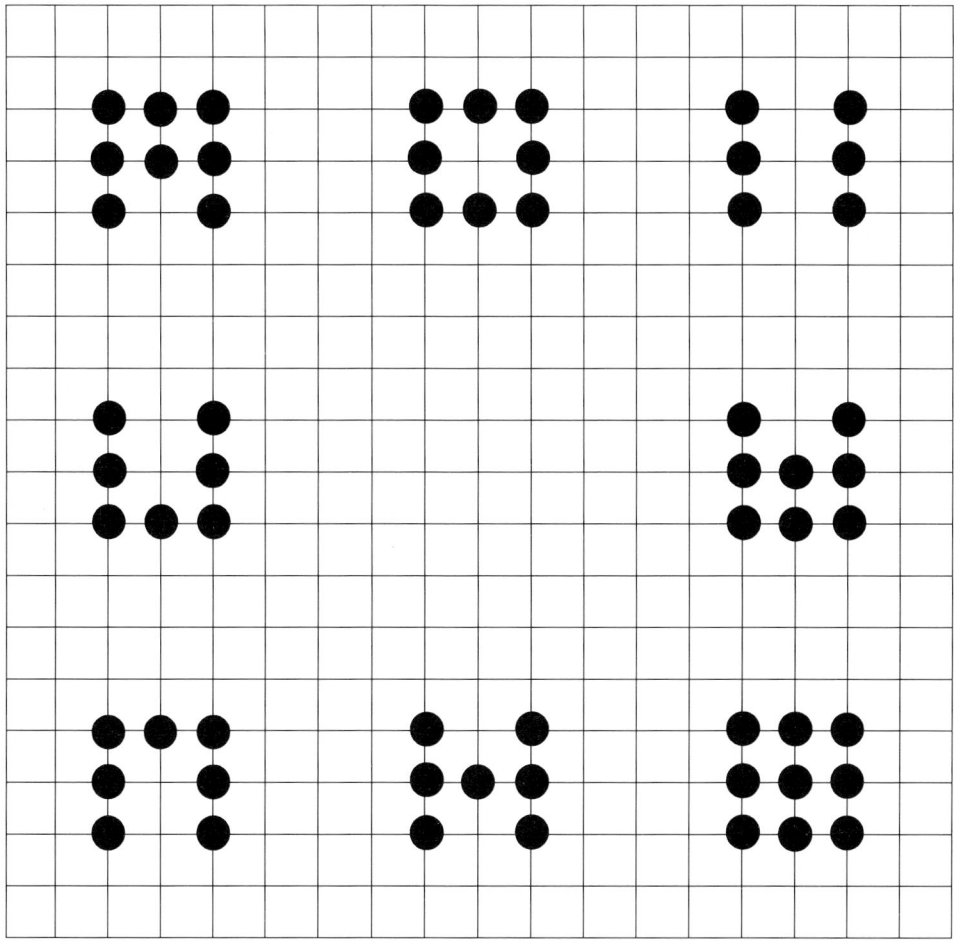

역시 심친양지 법칙에 띠리 회점을 중심으로 문왕8괘도를 배열하였다.

제4장 천부경의 구조

1. 천부경의 문자와 숫자

천부경은 총 81자로 되어 있는데 이 중 중복 사용된 36자를 제외하면 실제 사용된 글자수는 45자에 불과한 아주 짧은 경전이다. 또 실제 사용된 45자도 문자 35자, 그리고 숫자 10자로 구성되어 있다. 중복된 것까지 포함하여 계산하면 문자는 50자, 숫자는 31자로 되어 있다. 천부경 경문을 가로 9줄, 세로 9줄의 9×9 행렬로 배열하여 81자의 구조를 살피는 것이 아주 편리할 때가 많다.

결론부터 말하자면, 천부경은 9 혹은 10 체계로 되어 있다. 특히 숫자 9의 범주를 사용하여 고도의 치밀한 논리로 짜인 신비한 경전이라고 말할 수 있다. 천부경을 감히 '9字經'이라고 불러도 좋을 만큼 9의 논리가 곳곳에 숨어 있다.

우선, 실제로 사용된 문자수 45는 9와 관련이 있다. 어떻게? 1부터 9까지 전부 더한 수는 45가 된다. 천부경 81자는 8＋1은 9가 되어 역시 9를 상징하고 있다. 중복 사용된 글자수 36도 역시 3＋6으로 9가 된다.

실제로 사용된 35개 문자(중복하면 50문자)의 분포를 도식화하면 다음과 같다.

■1회 사용된 27개 문자

析	極	盡	積	鉅	匱	化	大	生
合	運	成	環	妙	衍	往	來	川
變	不	動	心	太	陽	昻	明	中

■2회 사용된 3개 문자

始	萬	終

■3회 사용된 3개 문자

天	地	人

■4회 사용된 2개 문자

無	本

35개의 문자 중에 1회 사용된 문자가 27개, 2회 이상 사용된 문자가 8개다. 27은 천부경 81자를 天地人의 수 3으로 나눈 수이다. 그리고 8은 2분법(二分法)이 3회 진행되어 나타난 3차원으로 이것은 8괘를 상징하는 변화의 수이다. 그러므로 2회 이상 사용된 문자를 눈여겨볼 필요가 있는데 이는 주로 변화를 나타내는 의미를 띠고 있음을 놓쳐서는 안 된다. 萬, 始, 終이 각각 2회, 天地人이 각각 3회, 無와 本이 각각 4회씩 사용되었다.

■먼저, 萬은 천변만화라는 그 변화의 무궁무진함을 말한다.
■始終은 시점과 종점에서 변화가 시작되고 종결됨을 규정한다.
■天地人은 변화의 3주체를 일컫는다.
■無는 4無에 관한 것으로 아래에서 고찰한다(변화가 없는 무변화도 변화의 일종이다).
■本도 마찬가지로 변화가 일어나는 그 뿌리를 지칭하고 있다.

27글자가 1회 그리고 나머지 8글자가 2회, 3회, 4회 반복되었다. 여기서 사용된 횟수의 합(1회＋2회＋3회＋4회)은 10회가 되니 이는 천부경의 또 다른 수리인 10을 상징하고 있다. 여기서 4회 사용된 글자 無와 本을 좀 더 구체적으로 살펴볼 필요가 있다. 천부경에 나오는 無字 계열의 4구절인 무시(無始), 무진(無盡), 무궤(無匱), 무종(無終)은 각각 그 의미하는 바가 다르다.

원래 유형(有形)의 현상계에서 만물은 始하고, 盡하고, 匱하고, 終하는 것이다. 즉 개체의 생명으로 태어나서(始) 성장하기 위해 있는 힘을 다하여 진력(盡力)을 쏟아부어 궤(匱)라는 틀, 열매를 완성하고 生을 마치는 것이다(終). 즉 生하고, 長하고, 盛하고, 衰하는 자연의 이법(理法)대로 生하여 성장하다가 후손을 만들고 죽어가는 인생사와 다름이 없다. 그런데

'一始無始一'하고 '一終無終一'하는 一이라는 근본적인 우주의 대생명체는 무시하고 무진하고 무궤하고 무종하는 것이다. 영원히 살아 있는 생명의 핵심인 一은 개체의 생명처럼 시하고 진하고 궤하고 종하는 사법도(四法度)에 구애됨이 없이 무시하고 무진하고 무궤하고 무종하면서 계속 순환 반복하며 천변만화(千變萬化)하지만 그러나 그 근본자리를 잃지 않고 본체(本体)를 유지하고 있는 것이다.

本을 살펴보자. 석삼극무진본(析三極無盡本), 부동본(不動本), 본심(本心), 본태양(本太陽)의 本자 4문구 역시 각각 그 의미하는 바가 다르다. 석삼극무진본(析三極無盡本)의 본은 천극(天極), 지극(地極), 인극(人極)의 삼극으로 쪼개도 근본을 다할 수 없다는 의미이다. 그러므로 本은 天地人의 근본을 가리키는 말이고, 용변부동본(用變不動本)의 用은 변해도 근본(本)을 움직일 수는 없다는 의미로 地의 근본을 가리키는 말이며, 본심(本心)의 本은 人의 근본을 가리키는 말이고 본태양(本太陽)의 本은 天의 근본을 가리키는 말이다.

천부경 81자는 범인이 상상할 수 없을 만큼 天地人의 도수(度數)를 신묘(神妙)하게 짜 놓은 글로 81자로 전체의 맥락을 세밀하게 관찰하지 않으면 그 진의(眞意)를 제대로 파악할 수 없다.

10개 숫자의 분포도를 살펴보자.

■1회 사용한 6개 숫자

4	5	6	8	9	10

■2회 사용한 1개 숫자

7

■4회 사용한 1개 숫자

2

■8회 사용한 1개 숫자

3

■ 11회 사용한 1개 숫자

$$1$$

그런데 11회 사용된 1은 다른 수와 다른 특수한 성격을 띠고 있음을 알아야 한다.

앞으로 천부경 해설 편에서 자세히 다루겠지만 '일종무종일과 일시무시일'을 연결하는 고리로써 1은 천부경의 근간을 이루는 체수가 된다. 즉 '일종무종⊖시무시일'처럼 중간에 다리처럼 위치하면서 終始를 연결하고 있다. 따라서 천부경의 첫 글자와 마지막 글자인 1은 별개의 수처럼 보이지만 실은 같은 몸체에 붙어 있는 체수로서의 1이다. 따라서 1은 체와 용으로 구분해야 하는 것이다(제4부 3장 4절 바둑판과 천부수리 중 천원 천부경 화살표 참조). 따라서 체용으로 1을 구분하면 1개는 체로 쓰였고, 나머지 10개는 용으로 쓰였다.

위의 내용을 다시 정리하면 아래 표와 같다.

| | 一 | | 二 | 三 | 四 | 五 | 六 | 七 | 八 | 九 | 十 | 합 |
	体	用										
사용횟수	1	10	4	8	1	1	1	2	1	1	1	31
사용 값	1	10	8	24	4	5	6	14	8	9	10	99

■ 1회만 사용한 숫자: 1(체수), 4, 5, 6, 8, 9, 10(7개)

■ 2회 이상씩 사용한 숫자: 1(용수), 2, 3, 7(4개)

■ 1회씩 사용한 숫자 7개와 2회씩 사용한 숫자 4개의 비율은 7:4가 된다.

■ 1회는 양이고 2회는 음이므로 1회와 2회 이상의 비율은 7:4가 된다.

■ 2회 이상 사용한 숫자는 1이 10회, 2가 4회, 3이 8회, 7이 2회로 모두 짝수 횟수로 사용되었다.

천원점에 있는 1은 체수가 되며 무진본수(無盡本數)로 태극(太極)을 상징한다.

4, 5, 6의 합은 15가 된다. 그런데 15는 1, 2, 3, 4, 5 생수의 합과 같고 삼오착종지수(參伍錯綜之數)인 15와 같다. 8, 9, 10의 합은 27이 되는데 27은 천부경 81수를 天地人 3으로 나눈 天地人의 개별수가 된다.

4, 5, 6의 사용 값 15와 8, 9, 10의 사용 값 27의 합은 42가 된다. 그리고 2회 이상 사용한 수는 1×10회=10이 되고, 2×4회로 8이 되고, 3×8회로 24가 되고, 7×2회로 14가 되어 이들 수를 모두 합하면 56이 된다. 이 중에 1, 2, 3의 사용 값의 합은 42가 되고 7의 사용 값은

14가 된다. 42와 14의 비율은 3:1이 되는데 이것은 삼현일장(三顯一藏)의 理를 의미한다. 즉 삼현은 1, 2, 3의 天地人수 42가 되고 일장은 7의 物數와 3:1이 되어 삼현일장의 理를 이룬다. 1, 2, 3 天地人의 수 값 42와 4, 5, 6, 7, 8, 9, 10의 수 값 42가 같고 이들은 각각 7의 物數 평균 수 값 14와 3:1 관계를 이룬다.

1이 11회 사용된 것은 그 의미하는 바가 대단히 크다. 1은 11회 사용되었는데 사용 값의 총수 99를 11을 나누면 9가 된다. 이 9수는 천부경의 원리수가 되는데 99를 단수화하면 9가 된다. 천부경에 사용된 숫자가 31자이며 그 수의 합은 99가 된다. 이것은 '수리와 차원'에서 이미 설명한 바가 있다. 天地數 100 중에 1은 체수(体數)가 되고 99는 용수(用數)가 되어 천문역수의 중요한 상수가 된다는 것도 역시 '수리와 차원' 편에서 언급했었다.

한 가지 재미있는 사실은 임의의 수를 9로 나누게 되면 그 수 값은 소수점 이하의 수가 무한 순환한다는 사실이다. 물론 이때의 임의의 수는 9의 배수를 제외한 수이다.

$1 \div 9$	$0.111111 \cdots \cdots$
$2 \div 9$	$0.222222 \cdots \cdots$
$3 \div 9$	$0.333333 \cdots \cdots$
$4 \div 9$	$0.444444 \cdots \cdots$
$5 \div 9$	$0.555555 \cdots \cdots$
$6 \div 9$	$0.666666 \cdots \cdots$
$7 \div 9$	$0.777777 \cdots \cdots$
$8 \div 9$	$0.888888 \cdots \cdots$
$9 \div 9$	1
$10 \div 9$	$1.111111 \cdots \cdots$
$11 \div 9$	$1.222222 \cdots \cdots$
$\cdots \cdots$	$\cdots \cdots$

천부경의 숫자의 총합은 99이고 그중에 사용된 1의 총합이 11이니 결국 $\frac{11}{99}$이 된다. 이것을 약분하면 $\frac{1}{9}$이고 이것은 다시 0.111111······로 돌아와 위의 표와 같은 숫자의 순서를 반복한다. 이와 같이 소수점 이하로 1이 무한 순환하게 된다. 이는 천부경의 첫 구절, '一始無始一', '一終無終一'과 관련이 있는데 이에 대한 해설은 뒤에서 자세히 논할 것이다. 여기서는 다만 99분의 11이 비물질 영역의 기(氣)를 나타내는 수학적 표상으로 우주의 실상을 신묘(神妙)하게 드러내는 신비의 숫자라고 기억하기 바란다. 이것이 바로 1수가 11회 반복 사용된 연유이다.

다음으로 2는 4회 사용되어 그 사용 값이 8인데 이것은 2가 4회의 변화 과정을 거친 것을 나타낸다. $2^0=1$은 태극의 상태, $2^1=2$는 음양 상태, $2^2=4$는 사상, 그리고 $2^3=8$은 팔괘 상태인데 이렇게 이분법으로 분열해 나간 것이다.

다음으로 3은 8회 사용하여 그 사용 값이 24가 되었는데 이것은 3이 8방(八方)에 배열되어 24방(方)으로 나열된 것을 나타낸 것으로 낙서의 24방(方)으로 표현된 地의 위(緯)를 상징한다. 또한 계절적인 시간개념으로 24절기(節氣)를 상징하기도 한다. 28수(宿)는 하늘의 경(經)으로 하도의 배열과 같고 24방은 낙서의 각 8방을 다시 3방씩 나누어 배속시켜 24방을 만든 것이다.

4 辰巽巳	9 丙午丁	2 未坤申
3 乙卯甲	5	7 庚酉辛
8 寅艮丑	1 癸子壬	6 亥乾戌

7은 2회 사용되어 14가 되었는데 7수는 日, 月과 水火木金土의 오성(五星)을 합한 7요(七曜)를 뜻한다. 이 칠요와 북두칠성의 7별을 합한 14수로 천문(天文)을 상(象)하였다.

이제 양수의 사용 값과 음수의 사용 값을 비교해 보자.

	양수 값	음수 값
	$1\times11=11$	$2\times4=8$
	$3\times 8=24$	$4\times1=4$
	$5\times 1=5$	$6\times1=6$
	$7\times 2=14$	$8\times1=8$
	$9\times 1=9$	$10\times1=10$
합	63	36
비율	7	4

양수 값의 합 63이나 음수 값의 합 36은 단수화하면 똑같이 9로 통일된다. 또 양수 값과 음수 값의 비율은 7:4가 된다. 이것은 1회씩 사용된 숫자 7개와 2회 이상씩 사용된 숫자 4개의 비율과 같다. 1이 체와 용으로 나뉘므로 7:4가 된다.

이와 같이 천부경의 구조는 문자 50자와 숫자 31자가 신묘하게 배합되어 사용된 문자와 숫자에 함축되어 있는 의미가 다양하게 표현되어 신비한 모습을 갖추고 있다.

2. 원방각 천부경

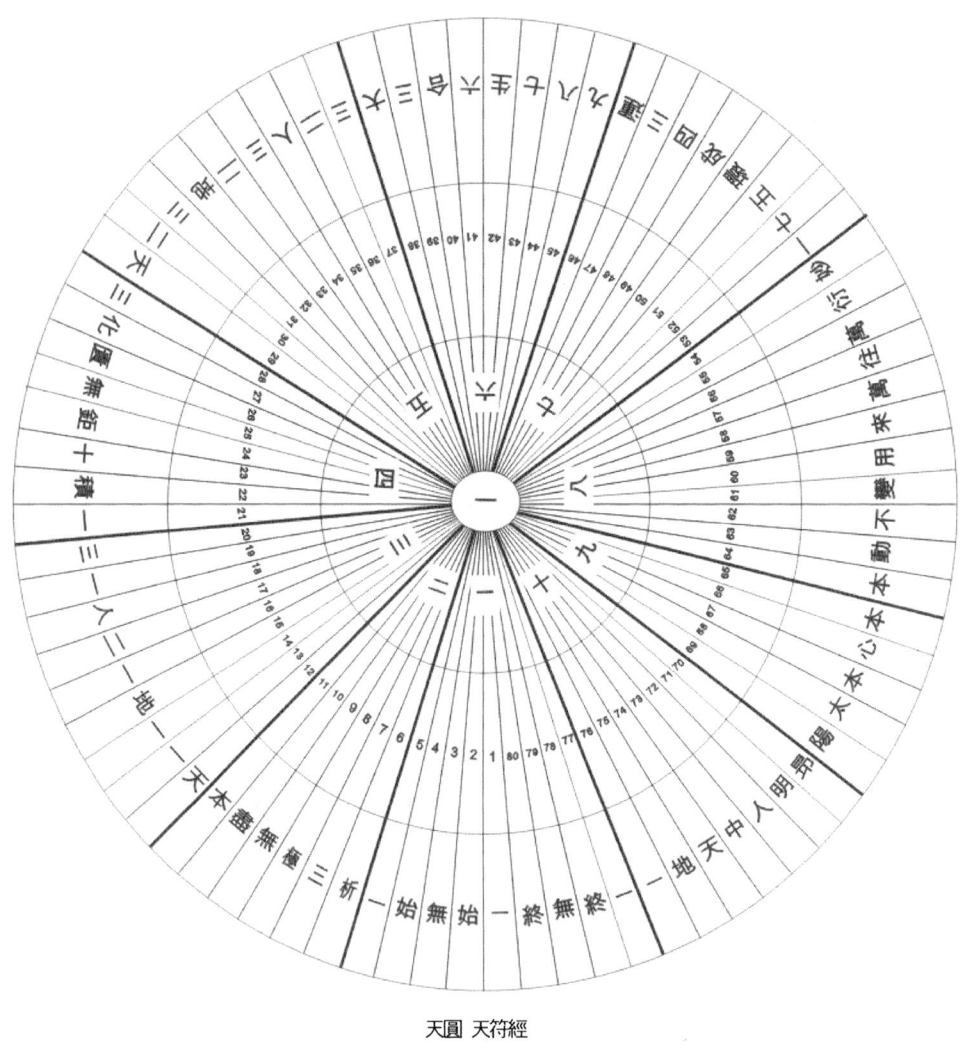

天圓 天符經

1) 천원천부경(天圓天符經)

위의 천원 천부경 그림은 천부경 81자를 원에 환으로 배열한 것이다. 이렇게 원에 배열할 경우에는 '一始無始一'의 앞에 있는 一과 '一終無終一'의 뒤에 있는 一이 중복된다. 앞서 말했듯이 이것은 始와 終을 연결하는 고리로 사용되는 것이 一이다.

이 중복된 一 가운데 어느 것을 중앙에 배속해야 할까?

답은 일종무종일의 뒤에 있는 一을 중앙으로 보내야 한다. 그리고 나머지 80자는 원둘레에 배열하면 천원 천부경이 그림과 같이 서로 대칭을 이루며 완성된다.

천부경의 해석은 구두점을 어디에 두느냐에 따라 학자마다 천차만별이다. 물론, 학자마다 나름의 논리를 가지고 있지만 그러나 억측과 비논리가 다반사고 더구나 아전인수 혹은 이현령비현령(耳懸鈴鼻懸鈴)으로 점철되어 있다는 것이 필자의 판단이다.

일관된 해석이 없다는 이유 때문에 일부 학자들로부터 천부경은 위작(僞作)이 아닌가 하는 의심을 사기도 한다. 그러나 필자는 오히려 이러한 난해성 때문에 천부경이 최상의 경전이 되었다고 생각한다. 더구나 유불선(儒佛仙) 삼교(三敎)를 아우르는 현묘지도(玄妙之道)가 81자의 신묘한 구조 속에 녹아 있지만 제대로 끊어 해석하지 않으면 그 뜻을 내놓지 않는, 즉 아무나 범접하기 힘든 신비한 경전이라고 말할 수 있다.

천부경이 학계에서 받고 있는 질시 속에서 필자 역시 수년간 인고의 세월을 견뎌 왔다. 그리고 종국에 와서 필자는 천부경을 천원(天圓), 지방(地方), 인각(人角)의 원방각 3형태로 나누어 배열하고, 모두 11단계로 구두점을 끊어 해석을 시도하였다.

천원천부경은 그림과 같이 중앙에 一을 배치하고 그 둘레를 10개의 큰 틀로 나누어 나머지 80자를 배열하였다. 이때 중앙의 一은 '大一'로 우주의 중심을 상징하며 하단부의 一은 개체생명의 종(終)과 시(始)를 나타낸다. 一은 六과 대칭을 이루면서 천부경의 골격을 형성하고 있다. 하부에 있는 一에서 시계방향으로 六까지 이르는 길은 양국(陽局)에 해당하고, 상부에 있는 六에서 다시 시계방향으로 돌아서 하부의 一까지 오는 길은 음국(陰局)에 해당한다.

하부에 있는 一을 보자. 一의 과거에는 종(終)이 있었고 一의 미래에는 시(始)가 있다. 이것이 바로 一에 들어 있는 종시(終始)의 개념이다. 즉 하늘에 떠 있는 해와 달이 회전하면서 밤낮을 만들고, 나아가 사시(四時)를 만든다. 사시가 만드는 1년이 끊임없이, 그리고 영원이 이루어짐을 보여 주고 있다. 태양의 수명이 다하지 않는 한, 그리고 혹성의 충돌에 의한 지구의 대재앙이 닥치지 않는 한 이러한 종즉유시(終則有始)의 법도는 항구하게 지켜질 것임을 천부경은 힘주어 명확하게 표현하고 있다.

봄에서 시작해 여름, 가을을 거쳐 겨울로 끝나는 것이 아니다. 겨울에서 이미 이듬해의 약동하는 봄을 준비하며 꿈틀거리고 있는 것이다. 이듬해 또다시 봄이 시작되기 때문에 겨울은 종(終)이 되고 봄은 시(始)가 되는 것이다. 따라서 시(始)는 언제나 종(終) 속에 들어 있고 종(終)은 시(始)를 늘 잉태하고 있다고 표현한 것이 종시의 개념인 것이다. 이것이 바로 종즉유시(終則有始)의 이치이며 이같이 끊임없이 반복 순환하는 생명의 실상을 표현한 것이 '一終無終一', '一始無始一'이다.

一과 마주 보고 대칭을 이루고 있는 六은 天地人 삼극(三極)을 합한 수로 一에서 시작하여 양국(陽局)의 접점이자 최정점(最頂點)에 이른 곳이다. 六의 前에는 合이 있고 後에는 生이 온다.

1에서 시작한 천지인의 기나긴 여정이 대통합하는 자리가 합(合)이 있는 자리이다. 이렇게 천지인이 합을 이루고 나면 양국의 접점(接點)인 六에 도달한다. 보다시피 6은 천원도에서 보면 최정점의 자리이다. 이곳에 이르면 이제 내부에 간직된 힘(에너지)을 가지고 내리막길을 내달리기 시작할 참인데 그것이 바로 생산적인 활동의 과정인 것이다. 그래서 生字가 나타나는 것이다.

천부경 원문에 나와 있는 문구를 가지고 이 과정을 구체적으로 살펴보자.

- 첫 번째, 一이라는 생명체가 天地人 삼극(三極)으로 분열하여 성장하다가(일시무시일~무궤화삼)
- 두 번째, 天三, 地三, 人三의 과정을 거쳐 四五六이라는 地의 마당을 열게 된다(천이삼, 지이삼, 인이삼).
- 세 번째, 天一, 地二, 人三이라는 天地人의 큰 셋이 合을 하여 六을 이루게 된다(대삼합육).

자연에서 볼 수 있는 구체적인 예를 들어 보자.

- 1이라는 씨앗이 땅속에 묻혀 있다가 어느 시기에 발아하여 싹을 틔우게 되고,
- 그것이 분열 성장하여 줄기를 이루고,
- 마지막에 天地人이라는 3가지 큰 기운이 합하여 열매를 생산할 수 있는 커다란 나무인 六으로 완성되는 것을 의미한다.

一이 생명의 내재적 인자(內在的因子)라고 한다면 六은 생명이 외형적으로 완성된 것을 의미한다. 이렇게 정점에 이르러 완성된 六에서 시작하여 우측 시계방향으로 一을 향하는

과정을 음국(陰局)이라고 한다. 六에서 비로소 生이 이루어지는 것이다. 生이 이루어지기 전에는 시(始)와 합(合)의 과정이 반드시 필요한 것이다. 가령 남녀가 서로 만나 사랑하는 감정을 느끼기 시작하게 되면 밀고 당기는 과정을 통해 사랑을 키워 가다가 결국에는 합방에 이르고 그 결과 아이가 태어나게(生) 되는 이치와 같다.

六에서 이루어진 生이라는 열매는 다양한 환경 속에서 성장하다가 생로병사의 과정을 거쳐 종(終)하게 되어 있다. 시(始)와 종(終) 사이에는 합(合)과 생(生)이라는 과정이 들어 있음을 천부경은 정확하게 제시하고 있다. 모든 생명체는 '시합생종(始合生終)'의 과정을 거치며 끊임없이 순환 반복하고 있는 것이다. 그런데 놀라운 것은 천부경에서는 '시합생종'하는 생명체의 순환을 '종시합생(終始合生)'의 과정으로 설명하고 있는 것이다. 즉 '종즉유시(終則有始)'의 끊임없는 반복 순환을 통하여 생명의 사이클을 적나라하게 표현하고 있는 것이다.

이러한 의미는 특히 천부경을 원도(圓圖)에 배열할 때 더욱더 실감나게 나타난다. 천부경의 첫 문장인 일시무시일과 끝 문장인 일종무종일이 원도에서 서로 꼬리를 물고 이어져 무한히 순환하면서 '종즉유시(終則有始)'의 이법(理法)을 드러내고 있는 것이다.

2) 지방천부경(地方天符經)

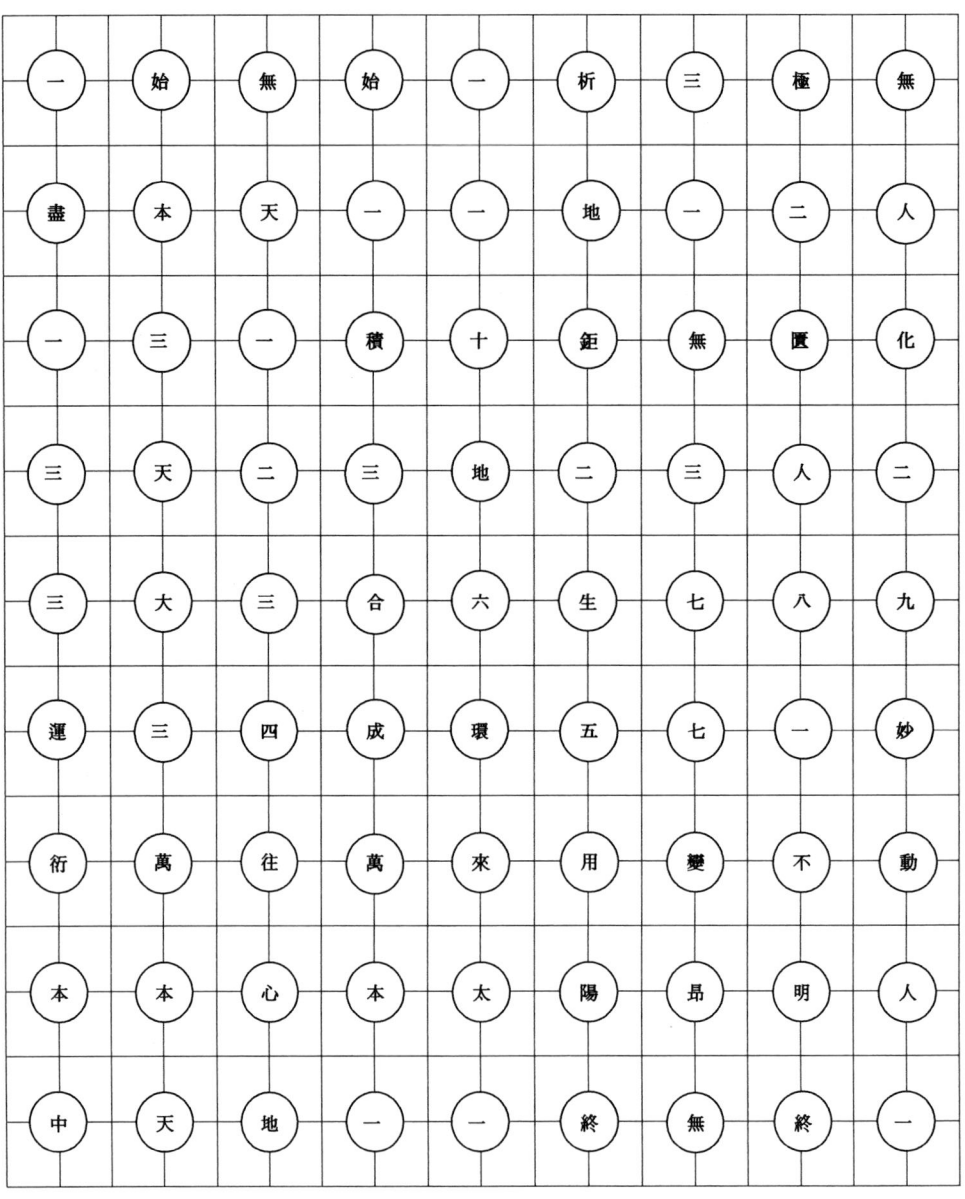

　9궁으로 이루어진 밭 전(田) 자를 한 세트로 바둑판을 잘라 나가면 위 그림처럼 모두
81개의 밭 전(田)이 된다. 田의 중앙에 원을 그리고 천부경 경문 81자를 넣으면 방형(方型)
으로 이루어진 '地方天符經'이 된다.

지방천부경을 커다란 밭 전(田) 자로 함축하면 아래와 같은 원 안처럼 9궁을 이룬다.

一	始	無	始	一	析	三	極	無
盡	本	天	一	一	地	一	二	人
一	三	一	積	十	鉅	無	匱	化
三	天	二	三	地	二	三	人	二
三	大	三	合	六	生	七	八	九
運	三	四	成	環	五	七	一	妙
衍	萬	往	萬	來	用	變	不	動
本	本	心	本	太	陽	昻	明	人
中	天	地	一	一	終	無	終	一

이제 원 안의 글만 빼내서 정리해 보자. 이 그림을 9궁 축약도라고 칭한다.

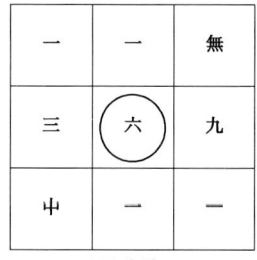
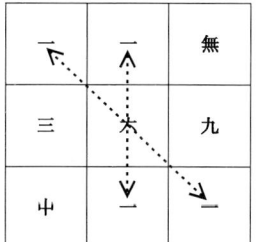

9궁 축약도

천부경은 '一'로 시작하여 一로 끝나는 경문(經文)이다. 이 과정을 9궁도를 통하여 표현한 것이 위 9궁 축약도이다.

- 먼저 첫 열에 있는 一一은 '一始無始一'을 가리키고 삼열에 있는 一一은 '一終無終一'을 가리킨다.

■ 처음 시작하는 一에서 마지막 끝나는 一을 대각선으로 연결하는 중간 다리가 六이 된다.

■ '一始無始一'의 끝 字, '一'과 '一終無終一'의 첫 자, '一'이 수직으로 연결되는데 역시 징검다리로서의 六이 있다.

결론적으로 말해서 9궁이나 81궁의 중심에 공히 六이 존재하고 있다는 것을 보여 준다. 이것은 一과 一 사이에 六이 분수령이 되고 있음을 의미한다.

『천원천부경』에서 보았듯이 하단의 一에서 시계방향으로 돌아 六까지 가는 과정은 양국(陽局)이고 정점에 있는 六에서 다시 하단의 一까지 가는 과정은 음국(陰局)이라고 했는데 양국에서 음국으로 분기되는 고리가 바로 6이기 때문에 분수령이라고 한 것이다.

위 축약된 9궁도가 의미하는 것은 무엇인가? 즉 일시무시일이 無始, 無盡, 無匱라는 無三의 과정을 거쳐 六에 이르고 六에서는 다시 九中의 과정을 거쳐 '일종무종일'에 이르게 되는 것을 9개의 글자 배열을 통하여 표현하고 있는 것이다. 후에 천부경 경문 해설에서 자세히 살펴보겠지만 우선 간략히 짚고 넘어가 보자.

■ 一에서 六까지의 양국(陽局)은 三無一本으로 이루어져 있다.

삼무일본이란 양국에서는 無始 無盡 無匱의 三無와 無盡本에서의 一本을 말한다. 삼현일장(三顯一藏)의 원리로 보면 무시, 무진, 무궤는 삼현이고 一本은 일장이다. 계절에 비유하면, 무시는 봄이라는 生의 과정이고, 무진은 여름이라는 長의 과정이며, 무궤는 가을이라는 盛의 과정이며 本은 겨울이라는 藏의 과정으로 天地人 三極의 시간적인 근본이 된다. 다시 말해 시간적 진행 순서에 따라 무시는 天이 되고, 무진은 地가 되고, 무궤는 人이 되는데 이것은 天地人 三極의 시간성을 의미한다.

三無의 無는 단순히 '없다'는 것을 뜻하는 것이 아니다. 힘주어 말하는 강조의 어기사(語氣詞)로 보면 좋을 것 같다. 즉 無始는 시원(始源)이 없을 정도의 시작을 뜻하고, 無盡은 다함이 없을 정도로 진력(盡力)을 다하여 장(長)하려는 뜻이며, 無匱는 궤라는 틀이 없을 정도로 궤가 성(盛)함을 뜻한다.

이러한 무시, 무진, 무궤의 三無가 天地人 三極의 시간적 진행을 하면서 天地人 三極의 공간적인 근본인 一本 속에 그 뿌리를 내리고 있음을 나타내는 것이다.

이와 같이 일시무시일은 一 本에 뿌리를 내리면서 三無의 과정을 거쳐 天地人 三極의 합수인 六에 이르게 된다.

■ 정점의 六에서 하단의 1에 이르는 음국(陰局)에는 三本一無로 이루어져 있다.

삼본은 不動本, 本心, 本太陽이고 無終은 一無이다. 역시 삼현일장의 원리로 대응시키면 부동본, 본심, 본태양은 三顯이고 무종은 一藏이다.

부동본은 '妙衍萬往萬來用變不動本'의 준말로 삼라만상이 가감승제(加減乘除)를 통하여 그 쓰임이 천변만화하더라도 그 근본은 변하지 않는다는 뜻이다. 삼라만상의 변화는 지상에서 이루어지므로 부동본의 本은 地의 本을 뜻하는 것이고, 本心은 인간의 마음 안에 있으므로 본심의 本은 人의 本을 뜻하는 것이며, 태양은 하늘에 떠 있으므로 본태양의 本은 天의 本을 뜻하는 것이다. 즉 三本은 天地人 三極이 공간적으로 배치된 현상을 뜻하는 것으로 下에는 부동본의 地가 있고 中에는 본심의 人이 있으며 上에는 본태양의 天이 있음을 나타낸 것이다.

일장인 무종의 일무는 무시, 무진, 무궤라는 삼무의 天地人 三極의 시간적 진행과정을 총괄하며 삼무의 원동력이 된다. 이러한 부동본, 본심, 본태양의 三本이 天地人 三極으로 공간적 바탕을 이루면서 天地人 三極의 시간적 근본인 一無 속에 그 뿌리를 내리고 있는 것이다.

이와 같이 六은 一無에 뿌리를 내리면서 三本의 공간을 형성하며 일종무종일에 이르게 된다. 그런데 음국에서는 六에서 九中의 과정을 거쳐 일종무종일에 이른다고 했는데 이 九中과 三本은 어떠한 관계가 있는 것인가?

양국에서 삼무의 과정을 거쳐 형성된 六은 삼극이 2차 분화를 통하여 이루어진 것이지만 궁극적으로 天一, 地二, 人三의 大三合(1＋2＋3＝6)에 의해서 六이 이루어진 것이다. 음국에 이르면 비로소 六이 七八九를 生하게 되는데 이것은 삼극의 3차 분화가 이루어진 것으로 天一, 地二, 人三에 각각 大三合의 합수 六을 더한 수가 된다. 원래 삼극은 무시, 무진, 무궤의 시간적인 삼무와 부동본, 본심, 본태양의 공간적인 삼본으로 나뉘어 시공간에 작용한다. 삼본은 天地人 삼극이 上中下의 공간적 배열을 이룬 것이다. 따라서 九는 이러한 삼본에 六을 합한 수가 되어 최대로 펼쳐진 수가 된다. 즉 九는 음국에서 삼본이라는 공간에 六과 합함으로써 형태를 갖춘 완성된 열매와 같게 된 것이다.

六에서 生한 완성체인 九는 형체를 유지하기 위해 현실적인 삶을 영위하면서 종(終)을 하게 되는데 中이라는 씨앗을 응축시키지 못하면 무종일(無終一)의 경지에 이르지 못하고 그냥 종(終)하고 말게 되는 것이다. 결실을 맺지 못한 헛된 終이다. 다시 말해 음국에서 生한 九는 반드시 終하게 되어 있는데 六에서 中이라는 과정을 통하여 씨를 뿌리고 영생케

되는 무종일을 할 수 있는 것이다.

九는 외형적으로 완성된 형태로 이 완성체의 한 가운데 있는 중핵(中核), 즉 씨앗을 응축시킬 수 있어야 진정한 무종일의 경지에 이를 수 있게 된다.

中이란 人中을 뜻하는데 단순한 人中이 아니라 중심에 위치한 앙명(昻明)한 人中이라야 본심 본태양의 天人合一을 이룰 수 있다.

앞에 있는 9궁도 축약도를 보자. 제2열에 三, 六, 九가 있는데 三은 양국에 속하고, 九는 음국에 속하며, 六은 中에 속한다.

	천	지	인
천	1	2	3
지	4	5	6
인	7	8	9

위 그림에서 가로 줄 天地人은 시간적 배열이고 세로 줄 天地人은 공간적 배열이다. 1, 4, 7은 天의 영역에, 2, 5, 8은 地의 영역에, 3, 6, 9는 人의 영역에 속한 수가 된다. 3, 6, 9는 人의 영역에 속한 수가 되는데 이 인수(人數)를 다시 공간적 天地人으로 삼분(三分)하면 六이 人中의 수가 된다. 그러므로 人中의 수인 六이 天一, 地二, 人三의 삼극수를 합하거나 곱한 수가 되어 9궁이나 81궁의 중심에 자리 잡고 있는 것이다.

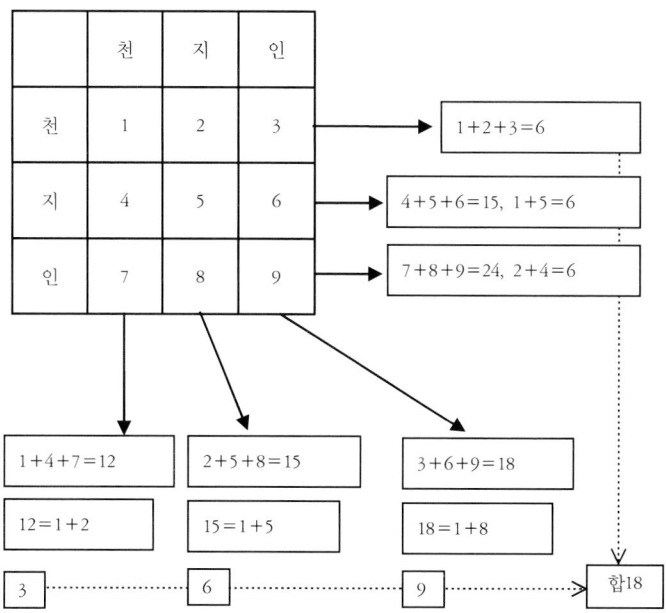

위 그림에서 3개의 가로줄 각각의 天地人 합수는 전부 6이다. 이것이 大三合六의 6을 뜻하며 이때 6은 삼극수의 체수(体數)가 된다. 그런데 세로줄은 무엇인가? 세로줄의 합수는 天地人을 펼친 수이다. 3, 6, 9는 天地人을 펼친 수로 그 합은 18이 되고 단수로는 9이다. 그러므로 9는 삼극수의 용수(用數)가 된다. 용수 9는 체수 6을 바탕으로 天地人 삼극수가 최대한 펼쳐진 것이다.

음극에서 완성된 용수 9는 부동본, 본심, 본태양의 3본에 체수 6이 조화되어 이루어진 수이다. 체수 6은 9궁과 81궁의 中央에 있으며 바둑판의 천원점(天元點)에 위치하여 스스로 발광(發光)하는 태양과 같이 人中에서 발향(發響)하는 것이다.

삼라만상의 대명사인 용수 9는 3본을 바탕으로 大三合의 체수인 人中수 六이라는 中의 과정을 거쳐야 무종일에 이를 수 있는 것이다. 이와 같이 종즉유시(終則有始)가 되어 생명의 사이클이 무한히 순환되는 것이다.

9궁 축약도는 결국 일시무시일이 無三의 과정을 거쳐 六에 이르고 다시 六에서 九中의 과정을 거쳐 일종무종일에 이르는 이른바 '大一'의 순환을 극명하게 표현한 것이다.

지방천부경의 특징은 一, 六, 一의 순서를 통하여 天地人 三極의 진리를 간명하게 드러내고 있는 것이다.

3) 인각천부경(人角天符經)

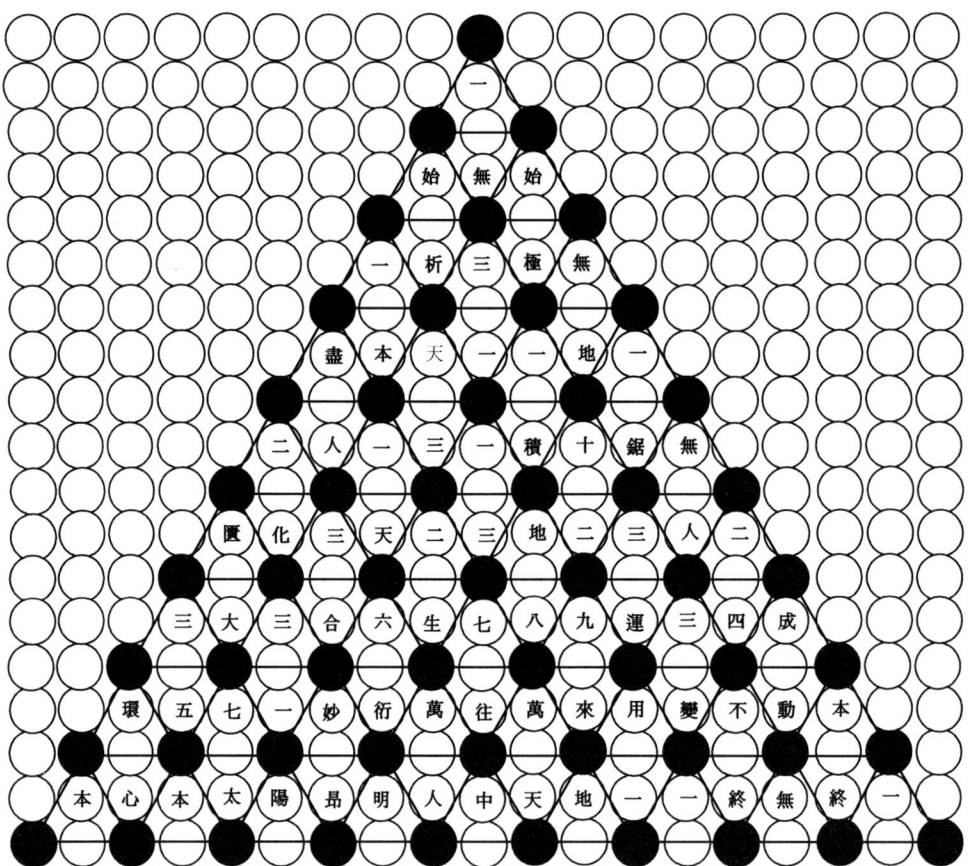

바둑판에 그림과 같이 흑돌을 올려놓고 돌 수를 계산하면 1, 2, 3, 4, 5, 6, 7, 8, 9, 10이 되어 모두 55점이 된다. 이제 모든 흑돌과 흑돌을 연결하면 삼각형들이 만들어지고 이 삼각형들 안에 백돌은 1, 3, 5, 7, 9, 11, 13, 15, 17이 되고 모두 더하면 81점이 되니 여기에 천부경 81자를 넣으면 각형(角形)으로 이루어진 천부경이 된다. 이것을 '人角天符經'이라고 한다.

인각천부의 구성은 다음과 같다.

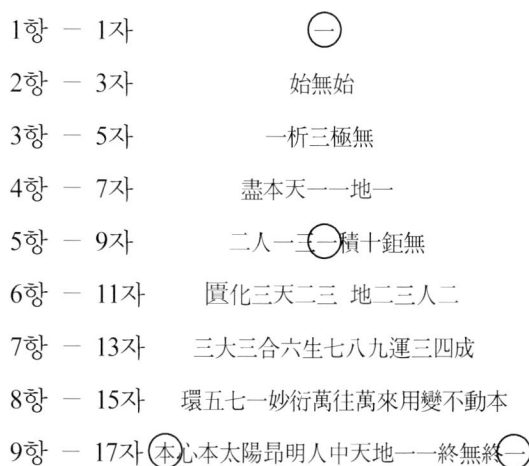

1항 — 1자　　　　　　　　一

2항 — 3자　　　　　　　始無始

3항 — 5자　　　　　　一析三極無

4항 — 7자　　　　　盡本天一一地一

5항 — 9자　　　　二人一三一積十鉅無

6항 — 11자　　　匱化三天二三 地二三人二

7항 — 13자　　三大三合六生七八九運三四成

8항 — 15자　　環五七一妙衍萬往萬來用變不動本

9항 — 17자　本心本太陽昂明人中天地一一終無終一

1항부터 9항까지 모두 81자로 이루어져 있으며 특히 8항까지는 64자가 된다. 1항부터 8항까지는 모두 천부수리에 관한 내용으로 수의 변화를 64자로 설명하고 있다. 주역 64괘 역시 수리의 구조로 이루어져 있는데 천부경을 인각으로 배열했을 때 천부수리에 대한 경문이 64자로 이루어져 있다는 것을 보면 천부경에 이미 64괘의 자연이법(自然理法)이 포함되어 있음을 미루어 짐작할 수 있다. 물론 8항까지 더한 64를 주역의 64와 연관 짓고 천부경이 주역 64괘를 포괄한다고 말하는 것은 참으로 위험천만한 발상이 아닐 수 없다. 다른 증거들도 속속 나타나고 있으니 가령 "원방각과 64괘", 그리고 "천지100수 5방도"에서도 천부수리와 64괘는 필연적인 연관성을 가지지 않았던가!

9항의 17글자는 천부의 심법(心法)으로 天人合一하는 昂明人中의 묘리(妙理)를 나타내고 있다. 흑돌 55점과 백돌 81점을 합하면 136점이다. 이것은 9번 항에 있는 17글자가 변화의 수, 8회로 반복한 숫자와 동일하다(17×8＝136).

이번에는 구조를 분석해 보자.

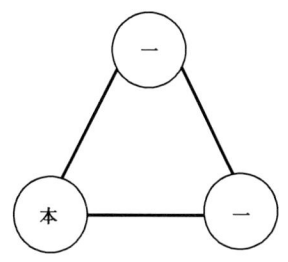

인각천부경은 人을 상(象)하는 삼각형으로 3개의 꼭짓점에 각각 一本一로 구성되어 있다. 이것을 一로써 始하여 一로 終하는 인생의 과정에서 가장 중요한 것이 본(本)이라는 것을 강조하고 있는 것이다. 여기서 本이라 함은 문구의 구성상 本心을 나타내는 말로 인생에 있어서 본심을 어떻게 유지하며 살아가야 하는가에 대한 인간이 지닌 궁극적인 명제(命題)를 말한다. 그리고 一은 1항부터 8항까지의 64자를 가리키고 本과 一은 9항의 17자를 가리키고 있는 것을 단적으로 나타내고 있다.

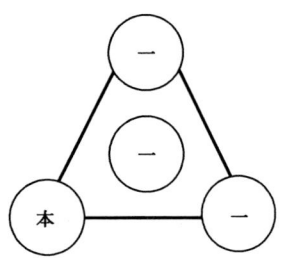

삼각형의 5항 중앙에는 一자가 있는데 이 중앙의 一은 삼각형의 중심이자 삼각형 내의 수직축의 중심으로서 천원천부경의 大一과 같이 중심에 자리 잡고 있다.

지방천부경의 중심은 六으로 음수인 데 반해 천원천부경과 인각천부경의 중심에는 一이라는 양수로 구성되어 있다. 그러므로 지방천부경의 六을 바탕으로 하여 천원천부경의 一과 인각천부경의 一은 동일한 수가 되는데 이는 天人合一의 도(道)를 일깨워 주고 있는 것이다.

인각천부경은 상부의 1점과 하부의 2점으로 구성되어 있는데 상부의 1점은 머리를, 하부의 2점은 발을, 뜻하여 人을 象形하였다.

인간의 머리는 식물로 보면 뿌리와 같은데 인간은 그 뿌리를 하늘에 두고 천인합일의 경지를 스스로 갖추고 있는 존재란 뜻이다. 그러므로 인각천부경은 천인합일의 妙理를 64자의 수리체계로 나열하고 천부심법의 秘義를 17자로 나열한 것이다.

제5장 천부경 원문(原文) 해설

1. 一始無始一(一은 시작이로되 시작이 없는 一이다)

一이라는 것은 수의 시작인데 마지막인 終에서 시작하므로 시작이 없는 一, 즉 無始之一의 의미가 된다. 그렇다면 '시작이 없는 一'이란 도대체 무슨 의미인가! 참으로 모호한 표현처럼 들린다. 이것은 '無極而太極也'의 이치를 담고 있는데 '지극한 정성으로 쉬지 않고 운행한다'는 뜻이다.

만물은 태극과 동의어인 大一에서 나왔는데 이 大一은 시작도 없고 끝도 없어 무극이라는 단어로 표현한다. 무극이란 말의 근원은 그 끝을 알 수 없으므로 무극이라고 했다.

비유를 들어 보자.

아무것도 그려져 있지 않은 백지가 한 장 있으면 그것이 무극이고 이 백색의 공간은 하나이므로 하나인 태극이라고 할 수 있다. 마찬가지로 아무것도 없는 흑색의 종이도 무극이라 할 수 있으며 이 흑색의 공간 역시 하나이므로 하나인 태극이라 할 수 있다. 이 백색의 종이 위에 수만 가지 종류의 색을 써서 그림을 그릴 수 있는데 그 색의 종류는 크게 9가지가 된다. 이렇게 9가지 색을 가지고 그려진 무량(無量)의 그림이 바로 천변만화하는 만물의 변화상이다. 一始無始一 가운데 一始는 태극이 되고 無始一은 무극이 된다. 그러나 대일(커다란 하나)의 관점에서 보면 一始도 一이고 無始一도 一이므로 무극이 곧 태극이 된다.

천원천부경에 배열된 글을 보면 일종무종⊖시무시일이 있다. ⊖은 바로 일종무종과 시무시일을 연결하는 고리(chain)로 작용하고 있음을 알 수 있다. 중앙에 있는 고리 모양의 一이 바로 동양학에서 자주 인용하는 종즉유시(終則有始)를 의미한다. 따라서 천부경의 원도에 배열한 천원 천부경은 종족유시로 끊임없이 반복 순환하는 생명의 사이클을 극명하게 보여 주고 있다.

옛사람들은 하늘을 둥글다고 보았다. 이 속에는 아주 의미가 심장하다. 우선 일은 한자로 '一'로 아라비아 숫자로는 '1'이다. 진리를 보는 눈에 동서양의 차이가 없음을 알 수 있는 대목이다. '一'은 인간의 눈으로 볼 때, 양 끝단이 있는 것으로 보인다. 그렇지만 실은 끊어진 것이 아니라 영원히 연결되어 있음을 나타내는 기호이다.

어떤 근거로?

중앙 '一'을 중심으로 좌우로 무한히 뻗어 나가는 가상의 선은 생략된 것이다. 지면이 부족하기 때문이기도 하지만, 굳이 그렇게 길게 그리지 않더라도 좌우가 영원히 전진하는 것을 一이라는 기호로 규정하면 그만이기 때문이다. 그런데 수학의 기하학, 특히 사영기하학에 '무한원점(point at infinity)'이란 개념이 있다. 다소 생소하고 어렵지만 一을 이해하기 위해서 소개하고 넘어가야겠다.

동일 평면 위의 2개의 평행인 직선이 무한히 먼 곳에 있는 어떤 점에서 만난다는 개념이다. 다시 풀어서 설명하면, 위 그림에서 좌로 무한히 뻗어나간 선과, 우로 무한히 뻗어나간 선이 어느 점에서 만난다는 것이다.

그렇다면 이제 무슨 일이 발생하는가?

A •————• B

A점과 B점이 저 광활한 우주의 한 점에서 서로 만난다는 것이다. 그러면 무엇이 되는가? 바로 원이 된다는 결론이다.

한 일(一)이 좌우로 무한히 뻗어 나가서 둥근 원이 된다는 사실을 간파한 고인들은 한 울타리에서 '한울', 하나[一]는 영원히 변함없이 늘 항상(恒常)하는 뜻에서 '하늘'이라는 단어를 창안했을 것이고 따라서 한 일(一)은 곧 하늘[天]로 그 의미가 확대되었다. 그래서 天一, 地二, 人三에서 보듯이 天을 1이라고 표현한 것이다.

이렇게 오직 하나인 一은 함께 짝이 될 배우자가 현재로서는 없기 때문에 오직 하나인 한 일(一)이라고 표현한 것이다. 또한 A, B점이 서로 만나 둥근 원을 형성했는데 원이란 쉬지 않고 무한히 순환하며 그 결과 무언가를 생성하고 변화하는 우주의 모습을 내포하고 있다. 첫 번째 순환과 두 번째 순환에는 차이가 있다는 것이다. 어제와 똑같은 오늘이 아니라 분명 변화하고 차이가 있는 오늘이라는 말이다.

천부경의 처음 글자가 '一'이고 81번 째 끝 글자 역시 '一'이지만 처음 시작된 '一'과 순환이 완결되는 마지막 '一'은 다르다. 항상 그 나물에 그 밥이 아닌 것이다. 이렇게 1에서 시작하여 순환하는 1이 점점 펼쳐지면서 2, 3, 4, 5, 6, 7, 8, 9가 된다. 그래서 9는 1이 최대한 펼쳐진 수가 된다. 그러면 9 다음은 어디로 가는가? 다시 1로 간다. 그리고 다시 9에 도착하는 연속 순환이 반복된다. 언제까지 이렇게 무한정 반복된다.

그런데 이렇게 무한정 반복된다는 것만을 강조하다 보면 무한의 늪에 빠지고 만다. 즉 논의를 진행시키기 위한 과정상 어느 정도의 제한이 필요하다. 무한히 계속된다는 개념은 계속 유지하되 논의를 진행시키기 위한 한정개념을 도입할 필요가 생긴 것이다. 그래서 다시 9가 등장한다.

다시 정리하면, 1에서 시작한 반복의 도(道)가 최대로 분열하면 9에 이르게 된다. 다시 1로 돌아가서 다시 9에 도달한다. 이번에는 이러한 반복과정을 9번 하게 되면 더 이상 분열을 할 수 없는 최대의 반복을 완수했다고 규정한다. 즉 9수가 9변(變)하여 81이 되면 이제 분열이 최대한 완성된 것이다.

81이란 수는 어떤 것인가? 전권(前卷)에서 배운 본수의 원리에 따르면, 81은 1로 치환될 수 있다. 9를 9번을 반복하니 다시 1이라는 수로 회귀하지 않는가!

81을 체수와 용수로 구분해 보자. 단수원리로 하면 8+1은 9가 되는데 9는 변화가 최종 단계에 이른 변화의 수이며 81의 본수는 1이 되는데 이는 체수로 다시 변화를 시작할 채비를 마친 상태를 의미한다. 말하자면 81 속에는 시작과 완성의 중의적 표현이 내재되어 있다는 말이다. 천부경 경문의 81번째 글이 '一'로 끝나는 것은 그래서 당연한 귀결이다.

다시 한 번 강조하지만, 천부경의 시작과 끝 글자가 '一'인 것은 위와 같은 수리적 원리 이면에 '종즉유시(終則有始)'의 이법에 따라 무한 순환하는 우주의 생명 사이클을 의미하는 것이다. 천부경 81자는 숫자(數字)와 평자(平字)로 구분되는데 숫자는 31자로 되어 있고 그 수를 전부 합하면 99가 된다는 사실도 예사롭지 않다. 또 숫자 31자 중에 특히 1은 11개가 사용되었으니 그 합이 11이다. 숫자의 총합 99와, 1의 총합 11의 비율은 9:1이다. 여기 $\dfrac{1}{9}$에도 수많은 의미가 함축되어 있다. $\dfrac{1}{9}$의 분모 수 9는 모든 수를 쪼개는(나누는) 변화의 수가 되며 천부경을 분석하는 천부수리(數理)의 핵심이 된다. 왜 그런지 보자.

1부터 9까지의 수를 각각 9로 나누어 보자.

1÷9=0.1111······
2÷9=0.2222······
3÷9=0.3333······
4÷9=0.4444······
5÷9=0.5555······
6÷9=0.6666······
7÷9=0.7777······
8÷9=0.8888······
9÷9=1

위에서 보듯이 1~8의 수를 9로 나누면 무한소수의 형태로 나타난다. 이것이 의미하는 것은 무엇일까? 1~8까지의 자연수는 무한히 분화하는 생명의 순환을 타나낸다. 즉 수가 무한히 순환한다는 것은 생명력이 무한히 연속되며 계승되는 것을 의미한다. 이러한 각기 다른 특질을 가지고 무한히 계속되는 생명 현상을 어떻게 표현하는 것이 좋을까? 동양의 성인들은 그것을 나타내기 위하여 8괘를 창안하였다. 그런데 9를 9로 나누면 무한소수가 되지 않고 1이라는 완결수로 나타난다. 이것은 무엇을 말하는가? 8까지 무한 분열하던 수가 9에 다다르면 임계점을 넘어서 이제는 하나의 완성을 이룬다는 말이다. 내친 김에 $\dfrac{1}{9}$에 대하여 더 고찰해 보자.

$$\frac{1}{9} = \frac{1}{10} + \frac{1}{100} + \frac{1}{1,000} \ \frac{1}{10,000} + \frac{1}{100,000} \cdots\cdots$$
$$= 0.1 + 0.01 + 0.001 + 0.0001 \ 0.00001 \cdots\cdots$$
$$= 0.11111 \cdots\cdots$$

소수점 이하로 무한히 1이 연결되어 있다.

먼저 $\dfrac{1}{9}$을 보면 분자에 있는 1은 대일(大一)이며 이 대일을 9등분하면 0.1, 0.01, 0.001, 0.0001······로 되어 점점 0에 가까운 수로 접근하지만 마지막에 여전히 1이 살아 있어서 0은 아니다.

비유를 들어 설명하는 것이 쉽다.

0.1에 있는 1을 나라고 하면 0.01에 있는 1은 나의 바로 위의 아버지가 되고, 0.001의 1은 할아버지, 0.0001의 1은 증조부, 0.00001의 1은 고조부가 되어 그 이하에 있는 1로 갈수록 점점 더 촌수 높은 조상이 되어 간다. 그러나 이 모든 수의 크기만 10배씩 줄어 갈 뿐 본수의 원리에 따르면 1이라는 사실은 변하지 않는다. 이 1들은 大一에서 분화된 것들인데 大一을 9등분하여야 나타난다는 사실이 특이하다. 그래서 9등분하는 9라는 수는 천부(天符)의 수라고 칭한다.

대일은 1~9의 수를 통하여 다양한 변화를 하다가 1로 귀일하여 다시 시작하는 것이다.

천부경 81자 중에 文字는 모두 35개 들어 있다. 그러나 이들 중에는 중복된 글자도 있는데 그것까지 전부 셈하면 모두 50개의 문자로 구성되어 있다.

그런데 50개의 문자 중에서 '無'와 '本'이 들어가 있는 단어들은 모두 4개씩인데 일명 '4無'와 '4本'이다. 여기에도 아주 중요한 의미가 함축되어 있다.

4無	無始	無盡	無匱	無終
4本	無盡本	不動本	本心	本太陽

여기에서 4無는 시간적 진행을 의미하고 4本은 공간적 구조를 뜻한다.

4無를 분석해 보자. 시간적인 진행과정이라고 했으므로 始→盡→匱→終의 순서로 생명의 과정이 흐른다. 이것은 자연의 4가지 법도인 生長盛藏의 이법과 똑같다. 봄에 싹이 트고(生), 여름에 성장하여 꽃 피우고(長), 가을에 열매 맺고(盛), 겨울에 갈무리하는(藏) 元亨利貞의 四德과 일치한다.

- 始: 만물이 태동하는 봄으로 元에 해당
- 盡: 성장하기 위해 끊임없이 진력(盡力)을 다하는 여름의 亨에 해당
- 匱: 궤는 틀, 궤짝의 뜻으로 유형의 완성체를 나타내는 열매의 의미로 가을의 利에 해당
- 終: 모든 것을 거두고(收) 갈무리하는 뜻으로 겨울의 貞에 해당

그런데 이 4글자의 앞에 無를 더한 것은 '시진궤종'의 의미를 보다 역설적으로 강조하기 위해 반어법(反語法)으로 표현한 것이다. 다시 말해, '無始'란 시작이 없을 정도의 시작을, '無盡'은 다함이 없을 정도의 다함을, '無匱'는 궤함이 없을 정도의 궤함을, '無終'은 끝이 없을 정도의 끝을 의미한다.

첫 글자 '一'에서 41번째 글자 '六'까지는 '三無一本'으로 되어 있고, 42번째 글자 '生'부터 마지막 글자 '一'까지는 '三本一無'로 되어 있다는 것을 '천부경의 숫자와 문자'에서 이미 밝힌 바 있다. 三無一本에서 一本은 공간에 바탕을 두고 三無의 시간적 진행이 이루어지는 것이고, 三本一無에서 一無란 시간에 바탕을 두고 三本의 공간적 구조가 이루어지는 것을 뜻한다. 따라서 無始는 三無의 시간적 진행이 유형의 세계에서 처음으로 나타나는 것으로 무시일이란 시작이 없는 一이 아니라 시작이 없을 정도의 미세한 시작인 一을 의미한다. 즉 1을 9로 나누었을 때 출현하는 무한 소수의 가장 마지막 자리에 있는 무한 번째의 1(영원히 반복되므로 결코 다다를 수는 없지만)이 바로 無始一에 있는 一의 의미이다.

결론적으로 말해, 一始에 있는 一은 0.1에 있는 1이요, 0.1111……의 무한 번째의 1은 바로 無始一의 一이란 의미가 된다. 다만, 一始에 있는 一과 無始一에 있는 一이 그 규모와 처해진 시간적 배경은 다르지만 一이라는 성격에서는 동일하다는 정도로 이해하면 된다. 一始無始一은 그러므로 一의 시간적 진행과정을 규명하는 아주 의미심장한 문구라고 평가할 수 있다.

2. 析三極無盡本[(그것은) 삼극으로 나누어도 다함이 없는 근본이다]

전 구절에서 一에 대하여 설명을 하던 것을 계속해서 설명하는 대목이다.

一始無始一에 있는 一, 즉 大一은 天地人이라는 공간의 근본으로 대우주를 지칭한다고 했다. 이 大一을 三極으로 나누어도 영원히 마르지 않는 샘물처럼 다함이 없는 근본이 된다는 말이다. 그렇다면 우선 삼극부터 정의해야 한다.

우주가 아직 만들어지기 전, 즉 빅뱅이 일어나기 직전은 하나의 작은 씨와 같은 상태로 존재했다. 그 씨 속에는 만유(萬有)를 포함하고 있었던 것으로 그것을 바로 대일(Whole oneness)이라고 표현하였다. 그리고 마침내 빅뱅이 일어났는데 빅뱅으로부터 우주가 만들어지는 과정은 3으로 분화하며 팽창하는 형식을 취한다는 것이다. 이때 大一이 三分되어 그것이 극을 이룬 것이 바로 삼극이다.

이해를 위해 주역의 이론을 빌려 보자.

주역에서 일획을 그어 天을 象하고 또 일획을 그어 地를 象하고 다시 일획을 그어 人을 象하니 이렇게 3획으로 1괘를 완성하여 삼극을 이룬 것을 묘사한 것이다. 만물이 만들어지는 데 과정과 절차가 있음을 암시한 것이다. 형식과 규칙도 없이, 무질서하게, 아무렇게나 만들어지는 게 아니다. 반드시 삼극의 룰(rule)을 따른다는 것이다.

이미 전권에서 다룬 바 있는 수리론을 상기해 볼 필요가 있다. 태극에서 음양이, 음양에서 사상이, 그리고 사상에서 팔괘가 나오지 않는가! 이것은 바로 3단계를 거쳐(三變) 하나의 괘가 만들어지는 것을 극명하게 보여 주고 있지 않는가. 이것이 바로 삼극의 원리이다. 무언가가 완성되는 것은 3수의 원리에 따라서 이루어지는 것이다.

3은 그렇다 치고 왜 '極'이라고 표현했을까? 천지인의 모태가 되는 빅뱅의 씨앗은 겉으로 보기에 고요하게 보이지만 그 안을 들여다보면 아주 분주하게 움직이는 요동(fluctuation)의 세계이다. 天地人 三才가 가만히 있는 것이 아니라 지극히(極) 요동치고 있는 것이다. 그것이 삼극이다. 그러면 삼극은 天極, 地極, 人極을 포함하는 말이다. 다른 말로 이것을 '三太極'이라고 말한다. 여기에 중요한 개념이 등장한다. 주역이 이분법적인 분화과정을 거치는 것이라면 천부경은 삼극(삼분법적)의 분화과정을 거친다는 것이다. 천부경이 우리에게 들려주는 우아한 소식은 바로 1이라는 대유가 삼극이라는 삼분법적인 분화과정을 통해서 만물을 창조하고 또 그 진화에 일조한다는 사실이다.

결론부터 말하면, 천부경의 삼태극은 주역에서 말하는 태극과 그 의미가 얼마간 차이가 있다는 사실을 분명히 알고 있어야 한다. 천부경에서는 1이 나누어지면 3이 되고, 3이 합쳐지면 1이 된다. 반면 주역에서는 1(태극)이 나뉘면 음양(2)이 되고 음양(2)이 합치면 태극(1)이 된다. 삼태극에서 태극은 天의 운행 변화를 의미하고 주역에서의 태극은 地의 생성법도를 의미한다. 一이 삼극으로 나뉘지만 나누어진 삼극 역시 다시 합일될 가능성은 언제든지 남아 있다. 天地人 삼극이 본래부터 일시무시일의 한 뿌리였기 때문에 별개의 것이 아니고 실은 하나의 몸통이었다. 따라서 삼극의 실체는 一이고, 一의 실체 역시 삼극이라고 말할 수 있다.

천부경에서 말하는 삼태극과 주역에서 말하는 태극은 성격상으로 판이하게 비교된다. 즉 주역에서 자주 인용하는 삼천양지(參天兩地)를 보면 天은 3을 用하고 地는 2를 用한다는 말이다. 삼태극에서는 3을 用하여 우선(右旋)하고 주역에서의 태극은 2를 用하여 좌선(左旋)한다. 주역에서의 태극은 一陰一陽之謂道를 갖추고 있어, 음이 양을 낳고 또 양이 음을 낳아 그 변화가 끝없이 生生不息한다. 이러한 문맥으로 보자면, 주역은 음태극, 양태극의 2태극 체계라고 할 수 있다.

이에 반해, 천부경에서는 석삼극으로 유추해 볼 때 천태극, 지태극, 인태극의 3태극 체계라고 할 수 있다.

일시무시일의 一은 둥근 원을 의미하고 하늘을 상징하며 일원(一圓)을 가리킨다. 이 원을 삼극의 태극 모양으로 분할 한 것이 삼태극이다. 一圓을 120°씩 3등분으로 분할하고 12지지를 배속하면 다음과 같은 그림이 된다.

위 그림에서 子水를 중심으로 申子辰 三合이 되어 수국(水局)을 이루는데, 申金은 水의 생지(生地)가 되고 子水는 水의 왕지(旺地)가 되고 辰土는 水의 고지(庫地)가 되는데 이것을 水의 삼합이라고 말한다. 마찬가지 논리로 寅午戌 火局, 亥卯未 木局, 巳酉丑 金局도 삼합을 형성한다. 특히 申子辰水局으로 분류한 것은 水가 만물 창조의 모태가 되기 때문이다.

申金生地에서 우선(右旋)하여 未午巳 火局을 거쳐 辰土 庫地까지가 天의 영역이고 辰土 庫地에서 우선하여 卯寅丑 木局을 거쳐 子水 旺地까지가 地의 영역이며 子水 旺地에서 우선하여 亥戌酉 金局을 거쳐 申金生地까지가 人의 영역이다.

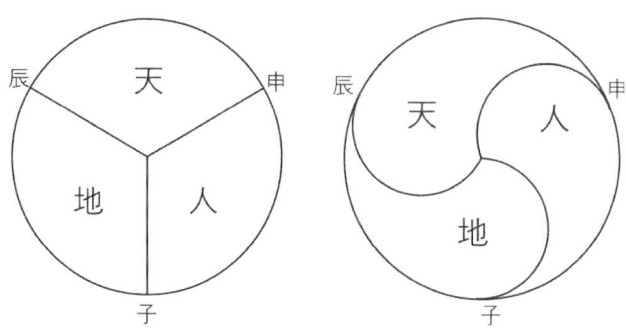

위 그림에서 보듯이 삼태극 문양을 보면 天은 天位에 있고, 地는 地位에 있고 人은 중앙, 人位에 위치한다. 좀 더 자세히 살펴보면,

- 天은 人의 마지막 영역인 申金에서 生하고,

- 地는 天의 마지막 영역인 辰土에서 生하고,

- 人은 地의 마지막 영역인 子水에서 생한다.

- 天生地, 地生人, 人生天으로 서로가 서로의 꼬리를 물고 우선(右旋)하는 상생순환 관계
  를 형성하고 있다.

결국 一이라는 대우주는 삼태극의 법칙으로 상생순환하면서 변화와 진화를 한다.

그러면 1이 삼태극으로 분화하는 삼분법의 분열을 고찰해 보자. 표로 도식하면 아래와 같다.

	天	地	人
天	1	2	3
地	4	5	6
人	7	8	9

삼태극의 가로줄을 먼저 살펴보자.

天의 1차 단계에서 1, 2, 3으로 분화한다.

地의 2차 단계에서 4, 5, 6으로 분화한다.

人의 3차 단계에서 7, 8, 9로 분화한다.

이렇게 3회에 걸친 분화과정으로 천수와 지수 및 인수는 자신의 영역을 확보하게 된다.

이번에는 세로줄을 살펴보자.

1, 4, 7은 天의 영역으로 天數에 해당하고,

2, 5, 8은 地의 영역으로 地數에 해당하고,

3, 6, 9는 人의 영역으로 人數에 해당한다.

천부경에서 1을 먼저 언급하고 析三極을 꺼낸 것은 천부경이 삼태극의 원리로 구성되어 있음을 말하고자 함이다.

삼태극의 원리는 위의 도표에서 보듯이 3단계를 거치며 또한 3변의 과정을 거치면서 1에서 9까지의 수가 나열되는 형식을 가진다.

외형적으로만 관찰할 때 1에서 9까지의 수는 1, 4, 7 천수와 2, 5, 8 지수, 그리고 3, 6, 9라는 인수로 대별되는데 그러나 삼태극의 성향을 보다 구체적으로 파악하기 위해서는 내면적인 접근이 필요하다. 따라서 一始無始一의 大一을 天地人의 혼합 수인 1, 2, 3, 4, 5, 6, 7, 8, 9로 각각 나누어 보면 이러한 삼태극, 天地人 數의 성향을 구체적으로 살필 수 있다.

삼태극과 대일의 나눗셈의 관계이다.

■ 대일을 1로 나누면 天數, 1이 나온다.

■ 대일을 2, 4, 5, 8로 나누면 나머지 없이 딱 나누어떨어진다.

■ 대일을 3, 6, 7, 9로 나누면 나머지가 생긴다. 즉 딱 나누어떨어지지 않는다.

이것을 표로 정리하면 아래와 같다.

大 一 (大 一 ÷ 1 = 天數 1)							
나누어떨어지는 수				나누어떨어지지 않는 수			
三顯			一藏	三顯			一藏
地數			天數	人數			天數
2	5	8	4	3	6	9	7
$\frac{1}{2}$	$\frac{1}{5}$	$\frac{1}{8}$	$\frac{1}{4}$	$\frac{1}{3}$	$\frac{1}{6}$	$\frac{1}{9}$	$\frac{1}{7}$
0.5	0.2	0.125	0.25	0.333……	0.166……	0.111……	0.142857142857……

위 도표에서 보면,

대일의 1을 2, 5, 8 地數와 4 天數로 나누면 나머지 없이 딱 떨어진다.

도출되는 몫을 살펴보면 0.5, 0.2, 0.125, 0.25인데 이 4개의 몫에 나타나는 숫자는 1과 2와 5라는 세 숫자뿐이다. 이것이 의미하는 바가 무엇일까? 즉 1은 1태극이라는 1이고, 2는 음양의 2, 5는 5행의 5를 나타낸다. 그것을 구체적으로 요약해 보자.

- 1을 2로 나누면 0.5인데 이 말은 陽도 0.5 陰도 0.5라는 말이다. 그런데 0.5 가운데 있는 5가 의미하는 바가 무엇인가? 바로 5행의 의미란 말이다. 즉 음(0.5), 양(0.5)이라는 말 속에는 이미 5행의 요소를 함유하고 있음을 대변한다는 말이다. 음양이라고 말하는 순간 그 속에는 5행이라는 전제가 깔려 있음을 분명히 알라는 말이다.

- 1을 5로 나누면 0.2가 되는데 0.2가 5개 모이면 다시 1이 된다. 즉 목화토금수는 각각 0.2씩을 점유하고 있는 셈이 된다. 그런데 몫으로 도출된 0.2 속의 2는 무슨 의미인가? 바로 5행이라는 것이 실은 음양(2)에서 시작되어 만들어진 개념이라는 것을 보여준다는 말이 된다. 갑자기 하늘에서 5행이 떨어진 것이 아니라 음양에서 출발된 것임을 암시하는 것이란 말이다.

- 1을 8로 나누면 0.125가 된다. 즉 0.125를 8개 모으면 1이 된다. 1을 8등분한 0.125는 바로 임의의 8괘 중 어느 하나에 배당된 값이라는 말이다. 그런데 0.125에서는 1과 2와 5가 전부 나타난다. 그러므로 8괘는 태극(1), 음양(2), 5행(5)의 性情을 전부 내포하고 있다는 뜻이다. 8괘 중 어느 한 괘를 거론하는 순간, 그 속에는 이미 태극, 음양, 5행이라는 의미가 배경에 깔려 있다는 말이다.

그러면 여기서 한 가지 모순이 발생함을 알 수 있다. 1을 2로 나눈 몫 0.5와, 1을 5로 나눈 몫 0.2에는 1이라는 수가 나타나지 않는다. 그렇다면 음양과 5행은 1이 포함되어 있지 않으므로 태극에 뿌리를 두고 나온 개념이 아니란 말인가? 동양학을 하는 사람이면 누구나 알고 있는 개념-음양은 태극에서 나오고 5행도 태극에서 나온 것은 너무나 자명하다고 여기는 원칙 아닌가?

그것에 대한 대답이다. 0.2와 0.5에 1이 없다고 해서 원래 존재하지 않는 것이 아니다. 이미 그 속에 암장(暗藏)되어 있을 뿐 겉으로 표출되지 않았을 뿐이다. 왜 그럴까? 여기에 다시 3이라는 중요성이 부각된다. 임의의 사물이 3변(3번의 변화)이라는 과정을 거치지 않으면 1태극은 절대로 겉으로 드러나지 않는 법이다. 1을 8로 나누어 8괘가 되는 과정은 8괘가 3변의 과정을 거쳤다는 뜻이 된다. 3변의 과정을 거쳤기 때문에 몫 0.125에 1이라는 수가 나타나 보이는 것이다. 태극에서 음양으로 변화가 제1변이고, 음양에서 사상 혹은 5행으로의 변화가 제2변, 그리고 사상(5행)에서 8괘로의 변화가 제3변이란 말이다. 이처럼 8괘에서만 天數가 나타나며, 더구나 8괘는 천수와 지수의 조합으로 되어 있고 나머지 수에서는 오직 지수만 나타난다(2 아니면 5). 위 도표에서 보면, 사상으로의 변화에 해당하는 몫 0.25에도 1이 보이지 않는 것도 똑같은 이치다.

이제 삼현일장의 원리를 도입하면 지수(2, 5, 8)는 3현이 되고, 천수(4)는 1장에 해당함을 알 수 있다. 그리고 2, 5, 8 지수의 합은 15가 된다. 이 15를 삼태극 원리에 따라 3으로 나누면 5가 되는데 이 5는 지수의 중심 수가 됨을 기억하고 있어야 한다(뒤에 후술됨).

2 ⑤ 8

이번에 1을 3, 6, 9로 나누어 볼 차례이다. 표에서 확인할 수 있듯이, 3, 6, 9로 나누면 그 몫이 나누어떨어지지 않는 순환소수가 된다.

몫에 나타난 소수점 이하의 수를 보면 0.333……, 0.1666……, 0.1111……, 0.142857……이다. 나타나는 숫자들은 1, 2, 3, 4, 5, 6, 7, 8까지다. 9는 제외되었다.

이것이 의미하는 바가 무엇일까? 이것을 표로 만들면 아래와 같다.

1÷3	0.333……	태극을 3분하면 삼태극이 되어 3으로 영원히 순환한다.
1÷6	0.1666……	태극을 6분하면 1태극을 바탕으로 6합이 영원히 순환한다.
1÷9	0.1111……	태극을 9분하면 9변에 이르러 비로소 태극이 본래의 모습을 나타내며 1로 영원히 순환한다.
1÷7	0.142857142857…	태극을 7분하면 3, 6, 9의 인수(人數)는 제외되어 나타나지 않고, 그 대신 1, 4, 7 천수(天數)와 2, 5, 8 지수(地數)가 혼잡된 142857이 나타나 영원히 순환한다.

삼현일장의 원리에 따라 3, 6, 9는 人數로 삼현에 해당하고 7은 천수로 일장에 해당한다. 또 3, 6, 9의 합은 18로 역시 삼태극의 원리에 따라 3으로 나누면 6이 되고 6은 따라서 인수의 중심이 됨을 기억하고 있어야 한다.

3 ⑥ 9

이상에서 정리한 것을 바탕으로 1부터 9까지의 습을 구해 보자.

	삼현	일장	합
나누어떨어지는 수	2.5.8(15)	4	19
나누어떨어지지 않는 수	3.6.9(18)	7	25
합	33	11	44

위 표에서 보듯이 삼현의 합은 33이고 일장은 11이 된다. 이 역시 3:1의 비율을 유지하니 삼현일장의 틀에서 벗어나지 않고 있음을 볼 수 있다.

위에서 1을 3, 6, 9, 7로 나누었다. 그런데 도출된 값에 1, 즉 태극을 포함하지 않은 수는 1을 3으로 나누었을 때뿐이다. 즉 0.333…… 속에는 1이라는 수가 포함되지 않은 채, 삼태극수 3만 무한히 순환한다. 여기에는 의미심장한 뜻이 담겨 있는데, 즉 1이라는 수를 3등분하여 그 도출된 값에 대우주의 숫자, 1이 포함되지 않는다는 말은, 3으로 나눌 때라야만 1의 순수한 혈통이 보존된다는 말이다. 이것은 1을 가장 완벽하게 나누는 수가 3이라는 말과 동일하다. 그러나 3을 제외한 6, 9, 7로 나누어 도출되는 값에는 1(대우주 수)이 포함된 상태로 순환하는 소수이기 때문에 1이라는 대우주를 정확하게 분해했다고 말하기 어렵다. 따라서 대우주에 무한히 존재하는 유형체인 은하계, 항성, 행성들은 물론이고 무형체, 가령 정신, 미(美), 인간관계조차도 3으로 쪼갰을 때라야 가장 완벽하고 순수한 생명력을 지니게 된다는 말이다. 또 1을 일장(一藏)수 7로 나누었을 때 0.142857……로 나타나는 것은 인수와 천지의 수가 뚜렷하게 구별되기 때문이다.

사실 一藏數 7로 나눈 $\frac{1}{7}$에는 재미있는 현상이 숨어 있다. $\frac{1}{7}$=0.142857142857……로 무한히 순환하는데, 소수점 이하의 순환하는 부분은 142857이다. 그런데 142857에 1, 2, 3, 4, 5, 6을 각각 곱해 보자.

■ 142857×1=142857

- $142857 \times 2 = 285714$

- $142857 \times 3 = 428571$

- $142857 \times 4 = 571428$

- $142857 \times 5 = 714285$

- $142857 \times 6 = 857142$

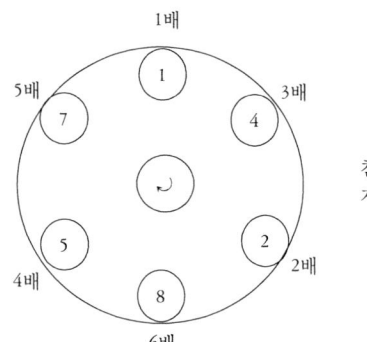

천수: 1.4.7
지수: 2.5.8

상부에는 천수 1, 4, 7이 있고 하부에는 지수 2, 5, 8이 있다. 1·8과 4·5와 2 · 7이 대척점을 이루며 서로 마주 보는 수의 합은 9가 된다.

곱셈의 결과, 숫자에 나타난 공통점이 무엇인가? 그렇다! 순서만 다를 뿐 구성되는 수는 142857을 벗어나지 않고 있다. 우연이라고 하기엔 너무 기막힌 결과이다. 그러면 왜 6까지이고 7부터는 아닌가? 이것은 독자들이 연구할 몫이다. 다만 142857이 6개의 숫자로 구성되어 있기 때문인 것 그리고 142857이 천지수로 되어 있는 것 또 人數인 3, 6, 9 중 中數인 大三合六 수를 적용한 것 때문이다.

잠시, 순환소수에 대해 탐구해 보자.

소수점 이하에 일정한 수가 계속 반복해서 나오는 소수를 순환소수라고 한다. 숫자가 끝없이 나열된 무한소수에는 2가지 종류가 있는데 순환하는 순환소수와 순환하지 않는 비순환소수가 있다. 여기서 순환소수는 유리수이고 비순환소수는 무리수다. 유리수의 정의는 분모 분자를 분수로 나타낼 수 있는 정수를 말한다. 단 분모는 0이 아니어야 한다.

예를 드는 것이 알기 쉽다.

- $0.2 = \dfrac{1}{5}$ - $0.8 = \dfrac{8}{10}$

0.2나 0.8은 두 정수로서 분수로 나타낼 수 있으므로 유리수이다. 그런데 순환소수도 분수로 나타낼 수 있다. 0.252525……를 분수로 고쳐 보자.

먼저 구하고자 하는 분수를 x라고 하면,

$x = 0.252525\cdots\cdots$ ─ ①식

양변에 100을 곱하면,

$100x = 25.252525\cdots\cdots$ ─ ②식

②식에서 ①식을 빼면,

$100x = 25.2525\cdots\cdots$ ─ ②식

$- \quad x = 0.2525\cdots\cdots$ ─ ①식

$99x = 25$ $\quad \therefore x = \dfrac{25}{99}$

한 가지만 더 분수로 고쳐 보자. $0.142857142857\cdots\cdots$

$x = 0.142857142857\cdots\cdots$ ─ ①식

양변에 백만을 곱한다.

$1,000,000x = 142857.142857142857\cdots\cdots$ ─ ②식

②식에서 ①식을 빼면,

$1,000,000x = 142857.142857142857\cdots\cdots$

$- \qquad x = \qquad 0.142857142857\cdots\cdots$

$999,999x = 142,857$ ②-① $\therefore x = \dfrac{142,857}{999,999} = \dfrac{1}{7}$

이것은 다시 말해 순환하는 부분, 142,857에 7을 곱하면 999,999가 된다는 것이다.
이것이 의미하는 바를 정리해 보자.

1, 4, 7은 天數이고, 2, 5, 8은 地數인데 天地數에 7을 곱하면 999,999가 되는데 이는 곧
9라는 人數가 도출된다는 것이고, 거꾸로 말해, 9라는 人數 속에는 天地數가 녹아 있다고
해석해도 좋다는 말이다.

142,857×7=999,999	999,999÷7=142,857

$\frac{1}{7}$이 0.142857142857……로 무한 순환되는 원인이 9수와 연관성이 있다는 것은 천부수리의 신비성과 더불어 삼태극의 정확도를 상징하는 것이다.

앞서 살펴보았던 1~9까지 자연수의 9로 쪼개기를 다시 한 번 거론해 보자.

1÷9=0.1111……
2÷9=0.2222……
3÷9=0.3333……
4÷9=0.4444……
5÷9=0.5555……
6÷9=0.6666……
7÷9=0.7777……
8÷9=0.8888……
9÷9=1

1~8까지의 자연수를 9로 나눌 때 소수점 이하의 수가 무한 반복 순환한다. 그런데 왜 9에 와서는 0.99999……로 순환하지 않고 1로 딱 떨어지는 것인가? 유치한 질문처럼 들리겠지만 여기에는 아주 심오한 뜻이 들어 있다. 만약 9÷9가 0.99999……로 순환한다면 그것은 과연 1과 정량적으로 똑같은 양인가? 0.99999……를 가지고 분수화 작업을 다시 시도해 보자.

구하는 분수를 x라고 하면,
$x=0.99999……$ —①식

양변에 10을 곱한다.
$10x=9.99999……$ —②식

②식에서 ①식을 빼면

$$10x=9.99999…… \quad —②식$$
$$-\quad x=0.99999…… \quad —①식$$

$$9x=9 \quad ∴ x=\frac{9}{9}=1$$

따라서 만일 $\frac{9}{9}$의 값이 0.99999……로 무한 순환 한다고 하더라도 결국 1과 같다. 0.99999……가 그 무한의 끝에 도달하면 1과 동일하지만 0.99999……로 표기하는 것과 1로 표기하는 것은 실로 상당한 차이가 있음을 명지해야 한다. 0.99999……가 의미하는 바는 바로 '수의 완성이 9에 이르러 최대로 펼쳐짐'을 의미한다. 최대로 펼쳐진 것처럼 보이는 그때가 실은 1, 즉 우주의 대완성, 전일(全一, whole oneness)함을 웅변으로 말해 주고 있는 것이다. 수가 1부터 시작해서 8에 이르기까지 무한 순환을 반복하다가 9에 이르러 마지막 갈 때까지 무한 순환하고 결국 그 무한소수는 1과 같다는 결론은 수는 9에 이르러 극(極)에 이르고 극을 이룬 9는 1과 같다는 것을 뜻한다.

지금까지 전개해 온 논리를 단문으로 정리하면 다음과 같다.

대우주라는 '一始無始一'의 大一(全一)을 천지인 삼극으로 쪼개면 천지인은 각각 $\frac{1}{3}$씩 할당되는데 $\frac{1}{3}$은 0.33333……으로 이것은 삼극 중 하나가 된다. 이 삼극이 다시 합쳐져 전일이 되면 0.99999……로 환원되는데 그것은 바로 대일(전일)을 뜻하는 1이 된다. 析三極無盡本이 의미하는 바는 이처럼 엄중하다. 대일의 1은 삼극으로 아무리 쪼개고 또 쪼개도 마르지 않는 옹달샘처럼 다함이 없는 근본이라는 뜻이다. 여기서 無盡의 의미는 사무(四無) 중에 2번째 나오는 문구로 元亨利貞 중의 亨을 의미한다. 亨은 싹이 튼 후, 이제는 사력을 다해 성장하는 모습을 담고 있다.

기진맥진(氣盡脈盡)이라는 표현이 있다. 이것은 모든 생명체가 성장을 위해 기운과 혈맥을 총동원하여 온갖 정성을 다 쏟는 모습을 말한다. 이것이 어디까지나 작위적인 노력의 모습의 표현임 데 반해, 無盡은 이렇게 인위적 모습이 아니다. 아무리 퍼다 써도 마르지 않는 화수분처럼 혹은 결코 고갈되지 않는 무한동력 에너지처럼 무한히 순환 반복하는 생명의 영속성을 의미한다. 대일을 삼극으로 쪼개면 0.33333……이 되어 3이 무한히 순환 반복하게 되는데 이렇게 무한 순환하는 소수가 바로 무진의 참모습이다. 천극, 지극, 인극으로 쪼개진 삼극은 또다시 각 극이 재차, 삼차 삼극으로 쪼개지는 무진 분할 작용으로 현재의 이 거대한 우주를 형성하게 된 것이다. 이러한 삼극이 하나로 모이면 다시 대일이 되므로 일시무시일은 영원히 마르지 않는 무한동력의 무진본이 되는 것이다.

대우주를 3으로 쪼개면 무한대의 우주가 가능하다. 무량의 수량으로 헤아릴 수 없는 은하계, 그 은하계 안의 무한대의 별들, 또 그 별 안의 무한대의 생명체들, 이 모든 것들이 3이라는 무진본의 수의 영속적인 분열작용에 의해 자체의 생명력을 영위하고 있는 것이다.

서양의 학자 중에 3에 대한 통찰이 뛰어났던 사람은 집합론의 아버지로 불리는 칸토어

(Georg Cantor, 1845~1918)와 그리고 시에르핀스키가 있다.

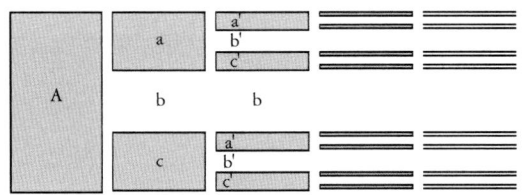

　위는 '칸토어의 먼지'라는 그림인데 좌측의 A가 대일(whole oneness)에 해당한다. 그리고 그 우측은 대일이 a, b, c로 분화한 것이고, 연속해서 a′, b′, c′로 계속 분화해 가는 모습을 보여 준다.

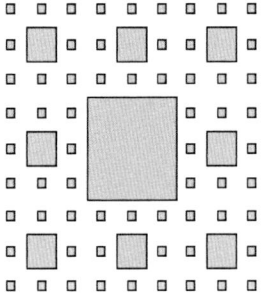

　위는 '시에르핀스키(Waclaw Sierpinski, 1882~1969)의 양탄자'라는 그림인데 역시 대일이 평면에서 3으로 분화하는 모습을 적나라하게 보여 주고 있다.

　그러면 3의 속성을 간략히 고찰해 보자.

　3이 1+2의 복합수라고 가정한다면 이것은 1과는 달리 음양의 혼성체다. 1이라는 독양(獨陽)이 작용을 하려는데 만일 음을 얻지 못하면 분열하고 진화하는 작용에 적합하지 못하다. 양의 분열작용은 만일 음의 통일적인 압력이 없다면 양으로서의 성질을 발휘할 수 없는 것이다. 그런데 3이 1에다 2를 더한 수라면 1은 2라는 음의 압력으로 드디어 발동하고 분열할 수 있는 소양을 갖추게 되는 것이다. 그러므로 1은 반드시 혼성체인 3을 얻어야 분열하고 진화하는 목적을 달성할 수 있게 된다. 대일의 一始無始一은 이러한 이유로 석삼극하여 삼태극이라는 대우주의 서사시를 쓰게 된 것이다.

수의 체(体)는 1이지만 수의 용(用)은 삼원론으로, 陰, 中, 陽이라는 3가지로 표현된다. 즉 이것은 天地人의 三才로 표현된다.

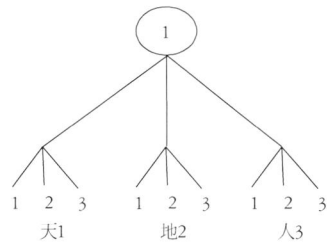

여기서 天一은 1운이 되고 地2는 2운이 되고 人3은 3운이 된다.

이것을 자연수의 표로 옮기면 다음과 같다.

〈표〉 천부수리도(天符數理圖)

운 \ 삼극	天	地	人
1운	1	2	3
2운	4	5	6
3운	7	8	9

天地人의 수는 각각 3번 움직여 極하게 되므로 1을 쪼개면 9가 된다. 1운의 1, 2, 3은 천지인의 근본 수가 된다. 이 중에 人3이 천지인의 극수(極數)가 되는 것은 3번째 움직인 수가 되기 때문이다. 따라서 2운은 天一, 地二, 人三을 각각 더한 수가 된다.

〈표〉 1운에서 2운으로 1차 변화

天1+3=4
地2+3=5
人3+3=6

그리고 3운은 天一, 地二, 人三에 2운의 원위수(原位數)인 6을 합하여 이루어진다. 또한 6은 天地人 1.2.3의 합수이다.

<표> 2운에서 3운으로 2차 변화

| 天1+6=7 |
| 地2+6=8 |
| 人3+6=9 |

4운은 天一, 地二, 人三에 3운의 원위수인 9를 합하여 이루어진다.

<표> 3운에서 4운으로 3차 변화

| 天1+9=10=1+0=1 |
| 地2+9=11=1+1=2 |
| 人3+9=12=1+2=3 |

10은 이미 꽉 찬 수가 되어 다시 0으로 되돌아갈 기운이다. 그래서 9 이상의 수는 단수로 표현된다. 따라서 10은 1과 같다.

앞서 살펴보았듯이 1에서 8까지는 무한 순환하다가 9에 이르러 1이 되듯이 3운에서 4운으로 3차 변화를 하는 과정에서 9가 다시 1이 된다는 사실을 확인하게 되었다. 천부경의 '운삼사성(運三四成)'이라는 문구는 4운에 이르면, 9가 다시 1과 동위(同位)가 된다는 것을 뜻한다. 즉 다하지 못한 1(不盡之一)이 있어서 마지막에 9에서 합한다. 그러므로 다시 成數의 一이 되므로 無盡本이 된다는 것이다. 아무튼 천부의 수리는 1과 9의 관계다.

1과 9는 사상수로 태양의 의미를 가지고 있는데 천부의 수리로 보면 1은 天天의 수가 되고 9는 人人의 수가 되어 天人合一하는 천부경의 심오한 뜻이 여기에 내재되어 있다.

析三極 無盡本에서 삼태극이 나오는데 이 삼태극의 의미를 제대로 해석하지 못한다면 천부경의 眞意에 한 발짝도 나아갈 수 없다고 단언한다.

3. 天一一, 地一二, 人一三(제1운에서 天은 一이요, 地는 二요, 人은 三이다)

일시무시일의 一은 삼태극으로 나뉘어 天地人 삼재가 된다고 하였다. 이 天地人 삼재는 서로가 서로의 꼬리를 물고 相生한다. 또 아래 그림에서 보듯이 天은 地를 生하고, 地는 人을 生하고, 人은 天을 生하고 있다.

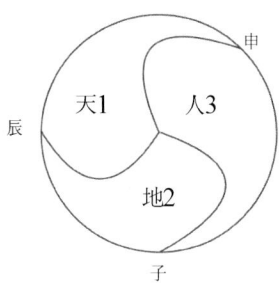

그림에서 보면,

天은 人에서 1번 움직여(人一運) 수 1을 얻고,

地는 天에서 1번 움직여(天一運) 수 2를 얻고,

人은 地에서 1번 움직여(地一運) 수 3을 얻는다.

天은 人이 가장 왕성한 시기인 申金에서 비로소 生하여 천태극을 그리며 수 1을 얻게 된다.

地는 天이 가장 왕성한 시기인 辰土에서 비로소 生하여 지태극을 그리며 수 2를 얻게 된다.

人은 地가 가장 왕성한 시기인 子水에서 비로소 生하여 인태극을 그리며 수 3을 얻게 된다.

天一一, 地一二, 人一三에는 一이 3개 있는데 이것은 수가 전개되어 나가는 법칙(제1운~제4운) 중에서 제1운이라는 뜻이다. 그러면 수의 전개 법칙인 4운이 무엇인지 보자.

천부경에 흐르는 천부수리는 1운에서 4운의 과정을 거쳐 전개된다.

	천부수리經文	天	地	人	四德
제1운	天一一, 地一二, 人一三	1	2	3	元
제2운	天二三, 地二三, 人二三	4	5	6	亨
제3운	大三合六生七八九	7	8	9	利
제4운	運三四	10 1+0=1	11 1+1=2	12 1+2=3	貞

위 표에서 보듯, 천부수리경문은 1운에서 4운의 과정을 거치고 또 1에서 10에 이르는 수의 구성으로 되어 있다. 제1운에 있는 3개의 一, 제2운에 있는 3개의 二, 제3운에 있는 1개의 三, 제4운에 있는 1개의 四는 각각 해당하는 運을 대표하는 숫자이다. 즉 제1운에 있는 3개의 一은 제1운을 대표하는 숫자이고 제1운은 사덕 가운데 元에 해당한다. 그러므로 天一一, 地一二, 人一三은 天地人 삼재의 시작이 元에서 열리는 것을 말하는 것으로 삼태극에 고유의 숫자를 갖게 된다. 天一, 地二, 人三은 天地人에서 얻어낸 원수(原數)를 말한다.

그러면, 天地人 三才 數, 1, 2, 3은 어떠한 과정을 통하여 도출되었는지 고찰해 보자.

단순히 하늘이 가장 높으니 天은 1이 되고, 땅이 낮으니까 地가 2가 되고, 천지가 서로 교배한 결과 태어난 人이 3이라고 설명해도 이치에 틀린 말은 아니지만 논리적으로 석연치 않은 구석이 많다.

앞서 '수리와 차원' 章에서 설명한 차원의 개념을 도입하여 설명함이 더 합당하다고 본다. 天地人 삼재는 차원의 과정을 거쳐 도출된 것이다.

수학적으로 볼 때, 차원은 무한차원까지도 가능하다. 그러나 삼차원의 세계에 몸담고 살고 있는 인간의 눈이 시각적인 변화를 느끼는 것은 2차원부터이다. 그도 그럴 것이 2차원은 면적을 말하는 것으로 2차원에 이르러야 비로소 도형이 생기기 시작되기 때문이다. 도형이 생기기 이전의 0차원(점)과 1차원(선)에서는 시각적 인지가 상당히 곤란하다는 말이다.

그러면 2차원은 무엇인가?

2차원은 0차원과 1차원을 거쳐 2차원에 도달한 것이다. 0차원 점들의 집합이 1차원 선으로 나타나고, 1차원 선들의 집합이 각종 도형을 만들면서 드디어 일정한 면적을 갖춘 형태로 나타나면서 인간의 눈에 사물의 형상으로 각인되는 것이다. 이러한 차원의 개념을 동양의 철학개념과 연관시키면 다음과 같다.

	차원	天	地	人	개수
태극	0차원(點)			●	1개
음양	1차원(線)	│ 3	― 2		2개
삼재	2차원(面)	○	□	△	3개
수리		1	2	3	
命名		天圓	地方	人角	

- ■ 0차원의 點(●)은 태극으로 1개로 나타나고 또 人의 數 1로 나타난다.
- ■ 1차원의 수직선(│)과 수평선(―)은 음양으로 2개로 나타난다.
- ■ 수직선은 양으로 天에 속하고, 수평선은 음으로 地에 속한다.
- ■ 2차원의 圓方角은 삼재가 되어 3개로 나타난다.
- ■ 天地人 三才 중에 천지는 음양이지만 人은 中을 나타내므로 태극은 0차원의 점으로 나타나 人一에 배속된다.
- ■ 양은 부피가 늘어나는 속성이 있으므로 수직선인 天은 양수인 3에 해당되고, 음은 응축하는 속성이 있으므로 수평선인 地는 음수인 2에 해당된다.

이처럼 2차원이 되어야 도형이 나타나고 또 도형의 재료가 되는 삼재를 이용하여 원방각이라는 3종류의 도형이 나타나니 비로소 三極을 이루게 된다. 2차원에 도달해야만 天地人 三才가 완전하게 나타남을 알 수 있다. '수리와 차원'에서도 이미 밝혔듯이, 음양은 삼천양지(參天兩地)로 나타난다. 이와 같이 0차원의 태극과 1차원의 음양이 모여 삼재를 이루기 위한 기본 구성요소를 형성하고 있는 것이다.

이상에서 전개한 논리를 근거로 원문을 해석하면 다음과 같다. 0차원과 1차원에서 天地人이 天三, 地二, 人一로 나타나던 것이 2차원에서는 天一, 地二, 人三으로 나타난다. 그러면 2차원에서 최초로 3개의 도형을 그림과 함께 연구해 보자.

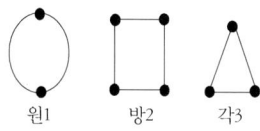

원1　　　방2　　　각3

- ■ 원 1은 상하 어느 방향에서 쳐다보더라도 1개의 점으로만 보인다.
- ■ 방 2는 상하 어느 방향에서 쳐다보더라도 2개의 점으로 보인다.

■ 각 3도 상하 어느 방향에서 쳐다보더라도 3개의 점으로 보인다.

원은 둥근 하늘을 형상하여 天이 되어 天一이라고 명명한다. 방은 모가 난 땅을 형상하여 地가 되어 地二라고 명명하고 각은 사람을 형상하여 人이 되어 人三이라고 명명한다. 이것을 天地人을 상징하여 얻어낸 원수(原數)라고 한다. 결국 원방각은 1을 나누어 드러난 3가지 형태의 모습이다. 즉 一을 나눌 때 나타나는 세 가지 모습이 원방각이란 말이다. 1을 나누어 1이 되는 모습을 극명하게 보여 주는 것이 원이고, 1을 나누어 2가 되는 모습을 극명하게 보여 주는 것이 방이고, 1을 나누어 3이 되는 모습을 극명하게 보여 주는 것이 각이다.

天一一, 地一二, 人一三은 天地人 三才의 시작이 元에서 열리는 것으로 天一, 地二, 人三이 각각 天圓, 地方, 人角이라는 2차원 도형으로 드러나는 것을 의미한다. 다시 말하자면 天符三印이 1, 2, 3이라는 수를 통하여 원방각으로 드러나는 것이다.

4. 一積十鉅 無匱化三(하나가 쌓여 열로 커지나 궤가 없어지면 3으로 化한다)

■ 積은 쌓는다는 뜻이다. 『구장산술(九章算術)』[1]에서는 '승득지수(乘得之數)'라는 말이 나오는데 '곱하여 얻은 수'를 지칭한다.

■ 鉅는 크다는 뜻과 건축용 연장의 일종인 톱을 의미한다. 톱니는 톱 끝부터 자루 쪽을 향하여 작은 톱니로 시작해서 큰 톱니의 연속체로 되어 있다. 鉅는 수가 10진법으로 커 나가는 것을 톱니에 비유하여 상징한 것이다.

■ 匱는 상자 혹은 모자란다, 무너진다는 뜻이다. 다른 동의어로는 함(函), 갑(匣), 울타리 등이 있다.

자연수 1에서 시작하여 무한대까지 진행하는 수열이 있다고 가정하자. 현대수학의 수론(數論)에 따르면 이것은 오직 수량(數量)에 관한 문제이다. 물론 무한대까지 진행하는 수량을 전부 나열할 수도 없다. 또 1과 1,254, 98,332와 1억 5,400이라는 숫자의 구별은 오직

---

1) 황제(黃帝)가 예수(隸首)에게 명하여 지었다는 중국 最古의 산법(算法)에 관한 책.

크기의 차이밖에 없다. 즉 양적인 크기의 차이와 순서가 존재할 뿐이라는 말이다(순서가 곧 크기의 차이와 동일하다고 본다).

그러나 동양 수론은 이와 다르다. 즉 수량이 아니라 수리(數理)에 관심이 있다. 동양 수론에서 다루는 수리는 1부터 9까지면 충분하다. 그러면 10은 무엇인가? 10은 순환을 위한 연결고리라고 생각하면 된다. 즉 10은 1+0=1이 되어 다시 1로 환원되니까 말이다.

'일적십거'(1이 쌓여 10을 이룬다)의 의미는 수가 백, 천, 만, 억, 조 등으로 무한히 커지지만, 이렇게 무한히 커지는 수라 하더라도 10수라는 수리(數理)를 벗어나지 않는다는 말이다. 달리 말하자면 모든 수는 1에서 10수(엄밀하게는 9수)의 범위에 머무른다는 말이다.

예를 들어 보자.

1,528은 8이라고 할 수 있다. 8은 본수가 된다. 20은 10이 2번 쌓인 것이다. 500은 10이 50번 쌓인 것이다. 1,000은 10이 100번 쌓인 것이다. 이렇게 앞 단위가 아무리 커지더라도 10진법에 의하면 결국 8이라는 수로 귀결된다.

1이 10개 모여 10이 되고 10이 10개 모여 百이 되고, 百이 10개 모여 千이 되고 千이 10개 모여 萬이 되고, 萬이상의 수도 역시 이러한 과정을 거쳐 億, 兆로 불어난다.

열십(十)은 완전함의 뜻이다. 10이 이루어지기 전까지는 고유의 수성을 유지하다가 열십이 되는 순간 1로 환원되어 다시 똑같은 적립의 과정을 반복한다.

1, 2, 3, 4, 5, 6, 7, 8, 9를 기수(基數)로 하다가 마지막의 9에 1을 더하면 10이 된다. 이렇게 순차(順次)적으로 10배씩 늘어나면 결국 새로운 단위인 百, 千, 萬, 十萬, 百萬, 千萬, 億, 十億, 百億, 千億, 兆 등등을 붙여 불어나는 것이 일적십거의 십승법(十乘法)이다.

우리의 일상이 되어 버린 십진법이 사실 그 근원을 따지면 천부경에서 시작되었음을 주목해야 한다. 수의 전개는 1에서 9까지이고 결국 9까지 도달하고 나면 다시 새로운 과정을 거쳐 다시 1부터 시작되는데 이때의 과정을 나타내고자 하는 수가 바로 0이다.

과거 쌀의 용량을 계량하던 '되'라는 단위가 있다(지금은 kg단위를 쓰고 있다). 1되, 2되, 3되……9되까지 세고 나면 그다음은 10되가 된다. 그런데 그것을 통상 10되라 부르지 않고 1말이라고 표현한다. 소위 단위가 달라진 것, 차원이 달라진 것이다. 좀 과장된 표현을 쓰면 애벌레가 커져서 이제 나비가 된 것과 같다고 할 수 있다.

20되가 되면 2말이라 하고 30되가 되면 3말이라고 한다. 그리고 27되가 되면 2말 7되라 부르고 36되가 되면 3말 6되라고 부른다. 10되나 20되나 30되가 되면 10은 1로 20은 2로, 30은 3으로 전환되고 뒤에 붙은 계량의 명칭이 달라지는 것이다. 이것은 수가 1부터 시작해서 9까지 다다른 후 그 다음에 진행되는 수는 10이다. 10이라는 수는 완전히 채워졌다는 뜻에서 '완전(온전)'을 뜻하는 '0'에다가 '다시 시작한다'는 '1'을 붙여 형성된 기호(숫자)이다. 그러므로 10과 1은 같은 뜻이다. 10되와 1말이 같다는 것은 누구나 다 알고 있다. 되와 말은 차원을 달리한 같은 표현이라는 것을!

되와 말은 차원적인 면에서 개념은 다르나 그것은 어디까지나 셈수에서 수량의 문제이지 理 의 개념으로 볼 때는 똑같은 것이라는 것만 염두에 두면 된다. 그러므로 쓰이는 용수(用數)는 1에서 9까지의 아홉 개의 수를 쓰지만 체(体)를 이루는 수는 역시 10수를 가져야 한다. 다음의 수표를 보자.

1	2	3	4	5	6	7	8	9	10^0
1십	2십	3십	4십	5십	6십	7십	8십	9십	10^1
1백	2백	3백	4백	5백	6백	7백	8백	9백	10^2
1천	2천	3천	4천	5천	6천	7천	8천	9천	10^3
1만	2만	3만	4만	5만	6만	7만	8만	9만	10^4
1십만	2십만	3십만	4십만	5십만	6십만	7십만	8십만	9십만	10^5
1백만	2백만	3백만	4백만	5백만	6백만	7백만	8백만	9백만	10^6
1천만	2천만	3천만	4천만	5천만	6천만	7천만	8천만	9천만	10^7
1억	2억	3억	4억	5억	6억	7억	8억	9억	10^8
1십억	2십억	3십억	4십억	5십억	6십억	7십억	8십억	9십억	10^9
1백억	2백억	3백억	4백억	5백억	6백억	7백억	8백억	9백억	10^{10}
1천억	2천억	3천억	4천억	5천억	6천억	7천억	8천억	9천억	10^{11}
1조	2조	3조	4조	5조	6조	7조	8조	9조	10^{12}

단순한 표처럼 보이지만 참으로 중요한 뜻을 내포하고 있다. 1, 2, 3, 4, 5, 6, 7, 8, 9까지 수가 전개되다가 9에 1을 더하여 10이 되는데 10은 1십이 되어 1의 위(位)에 머무르게 된다. 마찬가지로 1십, 2십, 3십, 4십, 5십, 6십, 7십, 8십, 9십으로 수가 전개되다가 9십에 1십을 더하면 100이 되는데 100은 1백이 되어 역시 1의 위(位)에 머무르게 된다. 이러한 수의 전개방식이 '일적십거'의 '십승법(十乘法)'이다. 이 십승법에 의하여 쌓인 수열의 1위(位)를 보면 1, 1십, 1백, 1천, 1만, 1십만, 1백만, 1천만, 1억, 1십억, 1백억, 1천억, 1조의 숫자가 10진법으로 전개되어 각기 차원은 달리하지만 1이라는 동위(同位)에 머무르게 된다. 여기에 나타난 십, 백, 천, 만, 십만, 백만, 천만, 억, 십억, 백억, 천억, 조 등의 단위는 수의 양(量)을 나타내는 단위 상자가 된다. 즉 수를 담은 상자(box)가 10의 배수로 커지며 무한대의 상자를 형성한다. 이 상자를 가리켜 궤(匱)라고 한다. 이 궤를 없애면 1, 2, 3, 4, 5, 6,

7, 8, 9의 9개의 숫자만 남게 된다. 이 9개의 숫자가 3개로 축소되어 天一, 地二, 人三으로 나타나는 것을 가리켜 '무궤화삼(無匱化三)'이라고 하는 것이다. 궤가 상자는 상자인데 꽉 찬 상자로 마치 속이 꽉 찬 열매를 뜻한다. 이것은 천부경을 이루는 삼무일본(三無一本)의 진행과정, 무시(無始)→무진(無盡)→무궤(無匱)의 三無 중에 마지막 과정을 묘사한 것이다. 十의 궤로 끝나는 것이 아니라 궤를 없애서 다시 1위(位)에 자리 잡아 삼변(三變)의 순환을 영속적으로 이어 나가게 되는 것이다. 1부터 9까지의 각수를 체수로 볼 때 이 체수에 용수 3(析三極의 3)을 각각 곱하면 다음과 같이 3, 6, 9의 펼쳐진 수를 얻게 된다.

$$
\begin{array}{ccc}
1 \quad 2 \quad 3 & 4 \quad 5 \quad 6 & 7 \quad 8 \quad 9 \\
\times 3 & \times 3 & \times 3 \\
\hline
3 \quad\; 6 \quad\; 9 & 12 \quad 15 \quad 18 & 21 \quad 24 \quad 27 \\
& (1+2),\ (1+5),\ (1+8) & (2+1),\ (2+4),\ (2+7) \\
& 3 \quad\; 6 \quad\; 9 & 3 \quad\;\; 6 \quad\;\; 9
\end{array}
$$

이상의 3, 6, 9를 다시 3으로 나누면 1, 2, 3이 된다. 결국 3단계로 펼쳐진 9수가 모두 1, 2, 3이 된다. 1, 2, 3도 1, 2, 3이 되고 4, 5, 6도 1, 2, 3이 되고 7, 8, 9도 1, 2, 3이 됨을 알 수 있다. 결국 1부터 9까지의 모든 수는 天一, 地二, 人三의 수가 펼쳐진 수라는 말이다.

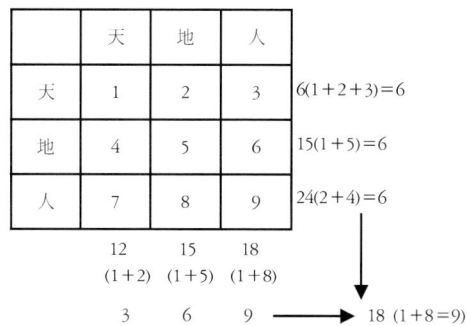

	天	地	人	
天	1	2	3	6(1+2+3)=6
地	4	5	6	15(1+5)=6
人	7	8	9	24(2+4)=6

12　　15　　18
(1+2)　(1+5)　(1+8)

3　　　6　　　9　→　18 (1+8=9)

天1+地2+人3=6
天4+地5+人6=15=1+5=6
天7+地8+人9=24=2+4=6

그러므로 天地人의 체수는 전부 6이 됨을 알 수 있다.

| 天6＋地6＋人6＝18＝1＋8＝9 |
| 天3＋地6＋人9＝18＝1＋8＝9 |

또 天地人의 용수는 전부 9가 됨을 알 수 있다. 따라서 천부의 수리는 6이 체가 되고 9가 용이 되는데 이는 애초에 3에서 비롯되었다. 1이 쌓여서 10을 이루고 이것이 다시 千, 萬, 億, 兆로 한없이 커진다 하더라도 결국은 1에서 9까지의 9개의 수를 용(用)하는데 다만 三運에서 生하고 四運에서 成할 뿐인 것이다.

| 天一, 地二, 人三에 3을 각각 합하면 4, 5, 6이 되고 (제2운), |
| 天一, 地二, 人三에 6을 각각 합하면 7, 8, 9가 되고 (제3운) |
| 天一, 地二, 人三에 9를 각각 합하면 10, 11, 12가 되고(제4운) |

이렇게 4운에 이른 수는 다시 1, 2, 3으로 화삼(化三)이 되는데 즉 10＝1＋0＝1, 11＝1＋1＝2, 12＝1＋2＝3이 되니 단수로 하면 1, 2, 3이 되므로 화삼이라는 말이다.

01	02	03	04	05	06	07	08	09
0+1	0+2	0+3	0+4	0+5	0+6	0+7	0+8	0+9
1	2	3	4	5	6	7	8	9
10	11	12	13	14	15	16	17	18
1+0	1+1	1+2	1+3	1+4	1+5	1+6	1+7	1+8
1	2	3	4	5	6	7	8	9
19	20	21	22	23	24	25	26	27
1+9	2+0	2+1	2+2	2+3	2+4	2+5	2+6	2+7
1	2	3	4	5	6	7	8	9
28	29	30	31	32	33	34	35	36
2+8	2+9	3+0	3+1	3+2	3+3	3+4	3+5	3+6
1	2	3	4	5	6	7	8	9
37	38	39	40	41	42	43	44	45
3+7	3+8	3+9	4+0	4+1	4+2	4+3	4+4	4+5
1	2	3	4	5	6	7	8	9
46	47	48	49	50	51	52	53	54
4+6	4+7	4+8	4+9	5+0	5+1	5+2	5+3	5+4
1	2	3	4	5	6	7	8	9
55	56	57	58	59	60	61	62	63
5+5	5+6	5+7	5+8	5+9	6+0	6+1	6+2	6+3
1	2	3	4	5	6	7	8	9
64	65	66	67	68	69	70	71	72
6+4	6+5	6+6	6+7	6+8	6+9	7+0	7+1	7+2
1	2	3	4	5	6	7	8	9
73	74	75	76	77	78	79	80	81
7+3	7+4	7+5	7+6	7+7	7+8	7+9	8+0	8+1
1	2	3	4	5	6	7	8	9

위의 표는 수가 제아무리 불어나도 결국은 1, 2, 3, 4, 5, 6, 7, 8, 9라는 9개의 수로 환원되어 사용됨을 보여 주고 있다. 9개의 수가 모두 단수(單數)로 쓰이지만 이 중에 특히 9는 다시 무궤(無匱)하여 3으로 化한다.

天符의 수리는 무궤화삼에서 단수의 원리를 은연중에 제시하고 있는 것이다.

위 수표에서 보듯이 2자리 이상의 모든 숫자는 단수로 전환되어 1부터 9까지 전개되며 계속 순환 반복하고 있다. 1부터 9까지의 총수 9는 다시 3으로 쪼개져 3이라는 기본수를 갖게 된다. 3은 天地人 三才로 구분되며 결국은 三太極을 연출하게 된다. 무궤화삼이라고 하는 것은 다만 人三의 위(位)일 뿐이며 모든 수의 근본이 3에서 비롯됨을 설명하고 있다.

아래의 표를 보면 3수에 1, 2, 3, 4, 5, 6, 7, 8, 9를 각각 곱해서 화삼(化三)이 되는 과정을 설명하였다.

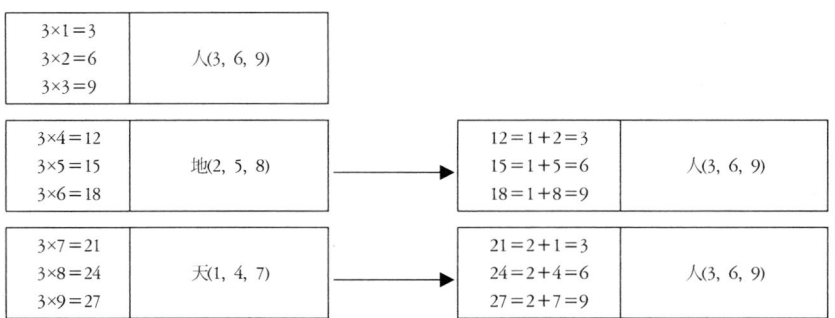

1, 4, 7 天數와 2, 5, 8 地數의 本數도 單數로 전환 처리하면 3개의 人數로 화삼(化三)이 된다는 사실, 또 3, 6, 9 人數도 3으로 축약하면 다시 天一, 地二, 人三의 삼재수로 化三이 된다는 것을 보여 주는 대목이다.

5. 天二三, 地二三, 人二三(제2운에는 天도 3이요, 地도 3이요, 人도 3이다)

天二三, 地二三, 人二三 중 3개의 二 자는 제2운의 2를 가리키는 말이고 3개의 三자는 제1운의 人三의 원위수(原位數)를 나타내는 말이다. 흔히들 이 대목을 해석할 때 二자를 음양으로 해석하고 三자를 天地人으로 해석하는 경향이 있는데 논리적으로 틀렸다고 할 수는 없지만 천부경의 수리체계를 정확하게 파악한 것이 아니며 천부수리의 정곡(正鵠)을 찔렀다고 말할 수 없다.

	天	地	人
1운	1	2	3
2운	4	5	6
3운	7	8	9

위 표에서 보듯이 1운은 1, 2, 3이 되고, 2운은 4, 5, 6이 되며, 3운은 7, 8, 9가 된다.

■ 天二三은 天의 두 번째 오는 제2운으로, 제1운의 天一에 제1운의 원위수 人三을 합하여 4가 되는 것을 보여 주고 있다.

■ 地二三은 地의 두 번째 오는 제2운으로 제1운의 地二에 제1운의 원위수 人三을 합하여 5가 되는 것을 보여 주고 있다.

■ 人二三은 人의 두 번째 오는 제2운으로 제1운의 人三에 제1운의 원위수 人三을 합하여 6이 되는 것을 나타낸다.

지금까지 析三極과 天一一, 地一二, 人一三이라는 문구를 사용하여 1, 2, 3을 표현하였다. 그러한 논리로 추론하면 4, 5, 6이라는 수가 다음에 뒤 따라 오는 것이 당연한 귀결일 텐데 4, 5, 6을 사용하지 않고 갑자기 天二三, 地二三, 人二三이라는 문구가 나오는 것은 뜬금 없어 보인다. 천부경의 저자는 왜 이러한 논법을 사용했을까? 그 이유는 4, 5, 6이 어떠한 수리체계를 통하여 나오게 되었는가를 자세히 밝히기 위해서였다. 즉 4, 5, 6이 天一, 地二, 人三이라는 삼극의 바탕 위에 人三이라는 제1운의 원위수를 합하여 나오게 되었다는 사실을 체계적으로 상세하게 설명하고 있는 것이다.

元亨利貞의 사덕(四德) 중에 天一一, 地一二, 人一三의 제1운은 元에 해당하고, 天二三, 地二三, 人二三의 제2운은 亨에 해당하는 것으로 1, 2, 3, 4, 5, 6, 7, 8, 9, 9개 수 중에 4, 5, 6이 中正에서 즐겁게 만나고 있는 것을 묘사하고 있는 것이다.

제1운의 天地人數 1, 2, 3을 섞어 4가 되는 경우의 수는 다음의 3가지다.

① 1+1+1+1＝4 (1을 4번 더하는 경우)

② 2+2＝4 (2를 두 번 더하는 경우)

③ 1+3＝4 (1에 3을 더하는 경우)

이 3가지 중에 합당한 것을 골라야 한다.

①의 경우는 天一이 4회 반복하여 생긴 것으로 모든 수가 1의 조합으로 이루어지는 기본적인 구조이다.

②의 경우는 음양이 다시 이분(二分)하여 사상으로 전개되는 구조이다. 그런데 2를 두 번 더한 경우, 2는 2, 5, 8이라는 地數의 범주에 속하는 수라서 적합하지 않다.

③의 경우는 天一에 人三을 합한 것으로 4라는 천수의 특성을 극명하게 나타내고 있는 천부수리의 구조이다.

일반적인 易의 관점에서 보더라도 4는 2＋2로 태극에서 음양이 나오고 음양에서 다시 二分되어 사상이 나오게 되는 원리에 부합되는 수이다. 그런데 천부경에서는 天一에 제1운의 원위수 人三을 합하여 4가 된다고 말하고 있다. 즉 4는 1에다 3을 더하여 성립되었다고 설명하고 있다.

그렇다! 이것이 천부경의 독특한 수리체계다.

음양이 각각 二分되어 사상이 나온다고 해석하는 주역의 원리도 이치에 맞다. 하지만 그 이전에 天地人 三才에서 2차원의 도형이 나오게 된 것은 '수리와 차원'에서 이미 살펴본 바 있다.

태극이 0차원의 점(●)이고, 음양이 1차원의 선이며, 사상이 2차원의 면이고, 팔괘가 3차원의 입체라는 사실도 역시 앞에서 이미 밝혔다. 그런데 독특하게도 천부경에서는 天一, 地二, 人三이라는 三才에서 원방각의 2차원 도형이 출현한다. 즉 원방각이라는 3개의 도형에 1개의 도형이 추가되어 4개의 도형이 된 것이 바로 사상의 원형이라는 것이다. 결과적으로 삼재와 사상은 2차원의 도형으로 나타낼 수 있다. 즉 원방각의 도형은 3개이지만 이 중에 角(삼각형)은 관찰자의 위치에 따라 정삼각형과 역삼각형의 2가지 형태로 나타날 수 있다. 다만 정삼각형이나 역삼각형은 모양이 같기 때문에 원방각의 삼재로 표현한 것이다.

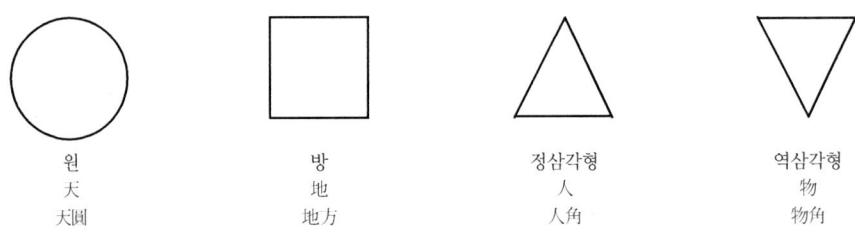

원	방	정삼각형	역삼각형
天	地	人	物
天圓	地方	人角	物角

원래 天地人 三才이지만 여기에 역시 人의 범주에 들어가는 萬物의 物을 추가시켜 天地人物이라는 四象이 출현하게 된 것이다. 天地人物이라는 사상에 道德倫理의 철학적 바탕이 배합되면 비로소 天道·地德·人倫·物理라는 사법도(四法度)의 개념이 성립된다.

원방각의 도형에서 보듯 원래의 도형은 3개의 형태이지만 1개는 감춰져 있으니 이것을 일컬어 삼현일장(三顯一藏)의 원리라고 한다. 즉 3개는 드러나 있고 1개는 감추어져 있다.

삼현일장의 원리는 우리를 둘러싼 환경에 여러 가지 형태로 곳곳에 숨어 있다. 몇 가지 예를 들어 보자.

- 일 년은 4계절인데 그중 봄, 여름, 가을에는 만물이 활발하게 생명활동을 하면서 드러나 있지만(3현) 겨울에는 만물이 생명활동을 멈추고 외형적으로 감추어져 있는 것(1장)을 말한다.

- 周易에서 사법도(四法度)를 元亨利貞으로 설명하고 있는데 元亨利는 3현에 해당하고 貞은 1장에 해당한다.

- 天地人物의 사상도 天地人은 3현에 해당하고 物은 1장에 해당한다. 역시 天道·地德·人倫은 3현에 해당하고 物理는 1장에 해당한다.

- 사람의 얼굴에 사규(四竅)가 있는데 전면에 눈, 코, 입은 3현에 해당되고 약간 후면에 위치한 귀는 1장에 해당한다.

- 인체의 체간(體幹)에 사규가 있는데 전면에 젖, 배꼽, 성기가 3현에 해당되고 약간 후면에 있는 항문이 1장에 해당된다.

- 역상(易象)에도 음양, 사상, 팔괘가 3현이고 겉으로 드러나지 않는 태극이 1장이 된다.

다시 원문으로 돌아가자.

천부경에서는 4를 天二三이라 표현하면서 天一에 人三의 원위수를 합한 수라고 설명하고 있다. 즉 4는 1에 3을 합한 수라는 말인데 여기에도 역시 삼현일장의 원리가 들어 있음을 시사하고 있다.

地二三은 제1운의 地二에 원위수 人三을 합하여 이루어진 수로 5를 나타낸다.

제1운의 天地人수 1, 2, 3을 섞어 5를 만들 경우 다음 3가지 경우가 있다.

① $1+1+1+1+1=5$

② $1+2+2=5$

③ $2+3=5$

①의 경우는 天一이 5회 반복하여 이루어진 기본 구조이다.

②의 경우는 天一에 地二를 2회 반복하여 합한 수이다.

1+2+2는 1에 양 2개, 음 2개를 합한 것을 의미하는데 1은 태극을 의미하므로 土에 배속하고, 양2는 木, 火로 오행 중의 양을, 음2는 金, 水로 오행 중의 음을 의미한다.

이를 구체적으로 비유하면 엄지손가락은 土에 해당하고, 제2지와 3지는 木火에 해당되고 제4지와 5지는 金水에 해당되어 제2, 3, 4, 5지는 木火金水의 사상으로 나타나 서로 붙어 있고 엄지는 나머지 4지와 떨어져 있으면서 土에 배속되어 결국 오행으로 나타나고 있는 것이다. 1+2+2는 결국 1+4로 오행의 구조를 설명하는 개념이다.

③의 경우는 地二에 人三을 합한 것으로 5라는 지수의 특성을 극명하게 나타내고 있는 천부수리의 구조이다.

수리의 차원에서 天地人數 중에서 天地는 음양을 나타내고 人은 中을 나타낸다. 中은 태극이므로 0차원의 점(●)으로 나타나 人一에 배속을 하고 天地는 음양으로 1차원의 수직선과 수평선으로 나타나는데 양인 수직선은 天三으로 나타내고 음인 수평선은 地二로 나타낸다.

음양의 대표적인 작용 주체는 天地인데 이 天地가 수평선과 수직선으로 서로 교차하여 2차원의 도형과 3차원의 입체 또는 그 이상의 수많은 차원의 형태들을 연출하게 된다. 이때 수직선의 수리는 天三으로 나타나고 수평선의 수리는 地二로 나타나 각각 음양의 수리를 대표하고 있다. 5는 바로 地二와 天三의 합수이며 이것을 일러 삼천양지(參天兩地)의 법칙이라고 한다. 즉 양은 3이고 음은 2라는 뜻이다.

앞서 원방각도의 작도법을 설명하였지만 원방각도도 삼천양지의 법칙으로 그리게 된 것이다. 구체적인 그림과 함께 살펴보자.

易에서 양효는 ─로 표시하고 값은 3이다. 음효는 ─ ─로 표시하고 값은 2가 된다. 양효가 3이고 음효가 2인 것은 삼천양지의 법칙에 따른 것이다.

$$\frac{1}{3}\quad\frac{1}{3}\quad\frac{1}{3}\qquad\qquad\frac{1}{3}\quad\frac{1}{3}$$

양효   음효

길이가 $\frac{1}{3}$인 것이 양효는 3토막이고 음효는 2토막이다. 그 비율이 3:2가 되어 삼천양지라고 하고 따라서 그 해당 값을 각각 3과 2로 대신하였다. 이 값을 소성괘인 8괘에 적용하여 계산하면 다음과 같다.

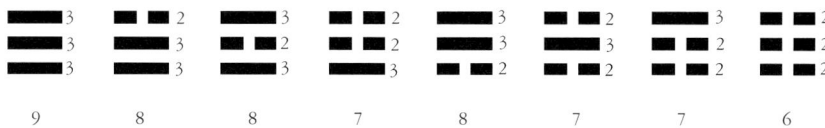

| 9 | 8 | 8 | 7 | 8 | 7 | 7 | 6 |

또한 5는 五行을 나타내는데 오행에도 삼천양지의 법칙이 적용된다. 즉 오행은 양 3개와 음 2개로 구성되어 있다. 시간적 구성으로 보면 木火土 3개의 양과 金水 2개의 음으로 구성되어 있고 공간적 구성으로 보면 火土金 3개의 양과 水木 2개의 음으로 구성되어 있다. 시간적 구성은 오행 중에 木火土 3개의 양이 봄, 여름의 기운으로 삼천에 해당하고, 金水 2개의 음은 가을, 겨울의 기운으로 양지에 해당한다. 공간적 구성은 오행 중에 火土金 3개의 장기는 심장, 비장, 폐로 인체의 상부에 있어 삼천에 해당하고, 水木 2개의 장기는 신장과 간으로 인체의 하부에 있어 양지에 해당한다. 그리고 오행의 발생순서로 구분하면 水火木金土 順인데, 이 중에 水火는 양지가 되고 木金土는 삼천이 된다.

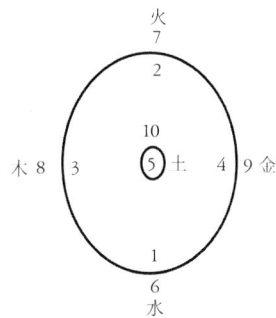

하도의 수리 순서대로 1·6水, 2·7火, 3·8木, 4·9金, 5·10土의 1, 2, 3, 4, 5 순서에 따라 水火木金土가 배열되어 있다. 오행 중 水火가 수직선상에 먼저 생기고 그다음 木金土가 수평선상에 차례대로 생기게 되었다. 水火는 가벼운 것으로 수직선상에 먼저 생기고 다음에 무거운 것인 木金土가 수평선에 차례대로 생긴 것이다. 한 가지 재미있는 것은 발생순서에 따라 자생(自生)한 삼천양지의 오행이 입체로 구성된 5가지 정다면체에 그대로 드러난다는 사실이다.

정다면체가 이루어지는 과정을 표로 살펴보자.

차원	易	天	地	人	物	中
0차원(점)	태극			•		
1차원(선)	음양	︱	一			
2차원(면)	삼재	○	□	△		
	사상	○	□	△	▽	
3차원(입체)	오행	火	水	木	金	土
		정12면체	정6면체	정8면체	정4면체	정20면체

위 표를 보면,

0차원의 점(●)과 1차원의 수평선(一) · 수직선(︱)을 바탕으로 원방각 3가지 도형이 2차원에서 나타나게 되었다. 태극과 음양을 바탕으로 삼재에 이르러 2차원의 도형이 처음으로 나타나고 더 나아가 사상의 도형까지 도출되었다. 그리고 3차원에 이르러 2차원 삼재의 원방각 도형을 단면으로 한 5개의 정다면체가 비로소 이루어지게 된다. 이것이 바로 1, 2, 3, 4, 5라는 생수가 0차원에서 3차원에 이르는 차원의 산출과정이다. 5개의 정다면체는 각각 오행의 구조와 대응되는데 오행은 3차원에서 정확하게 입체의 형태를 갖추게 된다. 5개의 정다면체는 하도의 水火木金土 오행의 수리와 밀접한 관련을 갖고 있다. 다음 그림은 하도와 정다면체의 대응도이다.

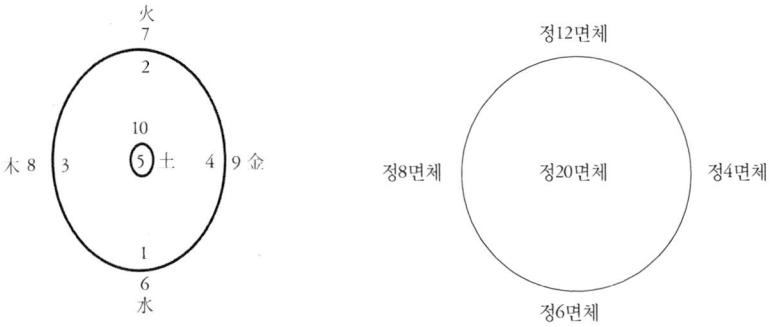

정다면체는 마주 보는 면과 대칭을 이루고 짝수 개의 면을 가지고 있는데 이는 하도의 2, 4, 6, 8, 10의 짝수는 정다면체의 면수를, 정다면체의 면수는 하도의 오행수리와 일치한다.

1 · 6水＝6＝정6면체

2 · 7火＝2＝정12면체(12의 본수는 2)

3 · 8木＝8＝정8면체

4 · 9金＝4＝정4면체

5 · 10土＝10＝정20면체(20의 본수는 0)

그렇다면 5개의 정다면체의 오행배속과 또 면을 구성하는 도형과 삼천양지를 알아보자.

다면체	오행	단면	삼재	원방각
정12면체	火	정5각형	天	원
정8면체	木	정3각형	人	각
정4면체	金	정3각형	人	각
정20면체	土	정3각형	人	각
정6면체	水	정4각형	地	방

위 표에서 보듯,

정6면체와 정12면체는 각각 水火에 배속되어 天地를 나타내며 양지에 해당하고, 정8면체와 정4면체 그리고 정20면체는 각각 木金土로 人을 나타내며 삼양에 해당한다.

정6면체를 구성하는 도형은 정4각형으로 지방(地方)에, 정12면체는 정5각형으로 천원(天圓)에, 정8면체와 정4면체 그리고 정20면체는 정삼각형으로 인각(人角)에 해당한다. 정5각형을 天圓에 배속한 까닭은 원방각 중에 圓角이 양에 속하고 方이 음에 속하기 때문이다. 또 3, 4, 5각형의 수리로 따질 때 3은 각에 배속되고 4는 방에 배속하였으니 5양은 자연히 천원에 배속된다. 이와 같이 5의 구성원리는 삼천양지로 되어 있으며 地二三은 5를 나다내는 표현으로 地二에 제1운의 人二 원위수를 합한 수를 뜻히는 것이다. 즉 5는 2에 3을 합한 수로 삼천양지의 법칙에 따라 이루어진 수이다.

人二三은 제1운의 人三에 원위수 人三을 다시 합하여 이루어진 6수를 말한다.

제1운의 天地人수 1,2,3을 섞어 6을 만들 경우 다음 4가지의 경우의 수가 있다.

① 1＋1＋1＋1＋1＋1＝6

② 2＋2＋2＝6

③ 1+2+3=6

④ 3+3=6

①의 경우는 天一이 6회 반복하여 이루어진 기본 구조이다.

②의 경우는 2+2+2는 6으로 음양이 3번 더해진 경우이다. 음양이 3번 더해졌다는 것은 음양이 天地人 3곳에 각각 작용한다는 뜻이다. 天에도 日, 月이라는 음양이 있고 地에도 海陸이라는 음양이 있고 人에도 男女라는 음양이 있듯이 天地人에 각각 음양이 있어 그 합수가 6이 된다는 뜻이다. 天二三, 地二三, 人二三에서 二 자를 2운으로 해석하지 않고 음양으로 해석하면 이러한 해석이 나오게 된다.

③의 경우는 1+2+3은 6으로 天地人 3수의 합으로 이루어진 경우이다. 6은 天地人 大三의 合이다. 이것은 천부수리의 체계와 부합된다. 그러나 이것 역시 人二三을 해석하는 정답은 아니다.

④의 경우는 人三에 人三을 합한 것으로 6이라는 인수의 특성을 극명하게 나타내고 있는 천부수리의 구조이다.

1, 4, 7 천수, 2, 5, 8 지수, 3, 6, 9 인수로 천지인수가 대별되는데 3, 6, 9 인수 중에 2번째로 나타나는 수가 6이다.

人三이 天一에 작용하여 삼현일장의 리(理)로 이루어진 사상이 되었고 人三이 地二에 작용하여 삼천양지의 법칙으로 이루어진 오행이 되었는데 人三이 人三에 작용하면 3이 중첩되어 보다 세밀하고 안정된 모습으로 만물의 모태를 이루게 된다.

시청후미촉(視聽嗅味觸)의 오감(五感)으로 감지하지 못하는 세계를 육감(六感)으로 감지할 수 있듯이 6수에 이르러서야 완벽하게 모든 세계를 감지할 수 있는 것이다. 6이라는 수의 중요성이 대두되는 대목이다.

만물이 입체적으로 완벽한 형태를 이루기 위해서는 6가지의 요소가 필요한데 前後, 左右, 上下라는 六合이 이루어져야 비로소 완성된 형태를 이룰 수 있다. 물이 6각수를 이룰 때 질 좋은 물이 되고 눈송이도 6각형의 격자 형태를 이루고 있다. 자연계에 존재하는 만물이 형태를 이루기 위해서 가장 안정된 구조가 6이 아닌가 하는 생각이 든다. 6보다 많으면 넘치고 6보다 적으면 부족한, 그런 완전성을 대표하는 수가 6이라고 생각한다. 수학에서 6을 완전수2)라고 칭하는 것도 결코 우연으로 넘길 수 없는 문제이다. 참고로 6다음의 완전수는 28인데, 동양학적 관점에서 볼 때 28도 상당히 신성시 여겨지는 수 중 하나이다.

원자는 양성자, 중성자 그리고 전자로 이루어져 있는데 전자에는 하부구조가 없고 원자핵을 이루는 양성자와 중성자에는 쿼크라는 소립자로 구성되어 있다. 그런데 이 쿼크들은 3개씩 모여서 분리되지 않는다. 3개씩 이중으로 중첩되어 6개의 구조를 이루고 있다.

이처럼 만물을 이루는 물질의 구조는 고전역학이나 양자역학을 불문하고 대략 3개의 마디를 기본으로 하고 있다. 팔이 상박, 하박, 손의 3부분으로 되어 있고 손은 다시 윗마디 중간마디 끝마디로 이루어진 것과 같은 이치이다.

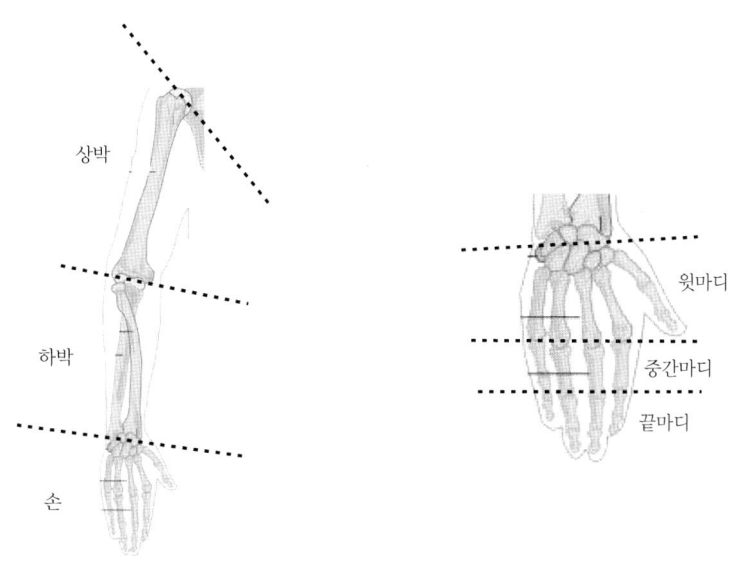

수가 제아무리 끝없이 전개되어도 임의의 수는 1, 2, 3, 4, 5, 6, 7, 8, 9의 9수로 정리되고, 이 9수는 다시 1, 2, 3의 수로 요약된다. 그런데 이 1, 2, 3의 합수가 6이 되니 6은 수를 낳는 모태가 된다.

---

2) 자연수 중에서 자신을 뺀 약수의 합이 자신이 되는 수. 예를 들어 6의 약수는 1, 2, 3, 6인데 자기 자신인 6을 뺀 나머지 약수(1, 2, 3)의 합이 바로 자기 자신인 6이 된다.

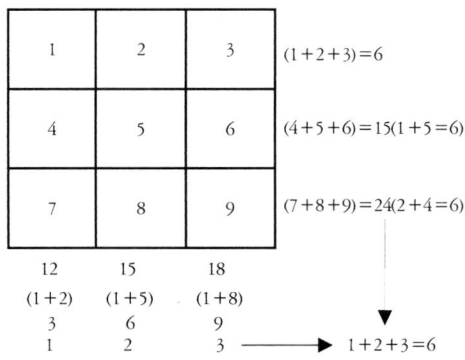

1, 2, 3의 합도 6이 되고 4, 5, 6의 합도 6이 되고 7, 8, 9의 합도 6이 되어 天地人의 합수는 6으로 귀결된다.

1, 4, 7의 천수와 2, 5, 8의 지수와 3, 6, 9의 인수는 12, 15, 18로 단수화하면 3, 6, 9로 펼쳐지는데 3, 6, 9는 3으로 약분하면 다시 1, 2, 3이 된다. 이 1, 2, 3을 합하면 다시 6이 된다. 6이라는 범주를 벗어나지 못한다. 따라서 6을 수의 모태라고 말하는 것이다.

자연계를 설명하는 易의 구조를 보면, 3효로 이루어진 소성괘를 기본으로 2개의 소성괘가 상하로 결합하여 6효를 이룬다. 이렇게 결합하는 조합이 8×8이 되어 도합 64괘가 형성되어 주역의 체계가 정립되었다.

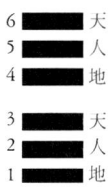

天人地 삼재로 이루어진 소성괘 2개가 상하로 결합하여 6효로 이루어진 대성괘가 되었다. 하괘에 3이 있고 상괘에 역시 3이 있는데 이는 3이라는 기본구조가 다시 3의 구조로 전개된 것이다. 3이라는 기본 구조가 이처럼 재차 반복될 때 물질의 구조는 비로소 안정되고 완벽해지는 것처럼 보인다. 마치 위에서 도식한 팔과 손의 관계에서 보듯이, 3마디가 이중으로 구성되고 또한 쿼크 역시 3개씩 이중으로 중첩되어야 안정되듯이 괘상을 이루는 효도 역시 6효로 이루어져야 완성되는 것이다. 이와 같이 6의 구성 원리는 삼재가 중첩된 구조로 되어 있으며 人二三은 6을 나타내는 표현으로 人三에 제1운의 人三 원위수를 합한 수를 뜻한다. 즉 6은 3에 3을 합한 수로 6이 만물의 모태가 되고 있음을 시사하고 있다.

6. 大三合六生七八九(큰 셋이 육을 합하여 칠팔구를 낳는다)

大三이라는 것은 큰 셋이란 뜻인데 즉 하늘 땅 그리고 사람을 뜻하는 天一, 地二, 人三을 지칭하며 동시에 제3운을 가리키는 말이다. 合六의 六은 제2운의 人三 원위수를 말하는데 2운은 天四, 地五, 人六을 말하고 그중 人六의 六을 말한다. 그러므로 大三合六生七八九는 大三인 天一, 地二, 人三에 제2운의 원위수 六을 각각 합하면 七八九를 낳게 된다는 뜻이다. 아래에 표로 정리한다.

| 天一에 제2운의 원위수 7을 합하면 7이 되고 |
| 地二에 제2운의 원위수 6을 합하면 8이 되고 |
| 人三에 제2운의 원위수 6을 합하면 9가 된다. |

	天	地	人
1운	1	2	3
2운	4	5	6
3운	7	8	9

다시 말해, 大三인 天一, 地二, 人三에 제1운의 人三 원위수, 3을 더하면 제2운의 수 4, 5, 6이 나오고, 大三인 天一, 地二, 人三에 제2운의 人六 원위수, 6을 더하면 제3운의 수 7, 8, 9가 나온다는 뜻이다. 大三에 제1운의 人三(3)을 더하여 4, 5, 6이 되는 것을 天二三, 地二三, 人二三이라고 표현하였듯이 제3운에 해당하는 大三合六은 天三六, 地三六, 人三六이라고 표현하면 그 뜻이 더욱 명료해질 것이다. 그러나 天地人 三才와 제3운의 三을 동시에 표현하기 위해서 大三이라는 간결하고 뚜렷한 문구를 사용하게된 것이다. 결국 大三은 天地人을 지칭하는 말로 大三合六은 天合六, 地合六, 人合六의 줄인 말로 天合六은 天1에 6을 합한 7이 되고 地合六은 地2에 6을 합한 8이 되며 人合六은 人3에 6을 합한 9가 된다는 뜻이다. 大三合六生七八九는 제3운에 가서 7, 8, 9가 이루어지는 과정을 설명한 것이다. 이는 元亨利貞의 사덕(四德) 중에 利에 해당하고 드디어 3운에 이르러 만화(萬化)의 공(功)을 이루게 되는 것을 묘사하고 있다. 앞서 언급했듯이 6은 자연수 중 최초의 완전수이다. 6은 天一, 地二, 人

三의 합수이면서 최초의 완전수로 천부경 원문 81자 중에 41번째 글자로 경문의 가장 한 가운데 위치하고 있다. 또한 제2운의 人三 원위수로서 만물의 모태가 되는 숫자이며 어머니 자궁과 같은 역할을 하는 수이다.

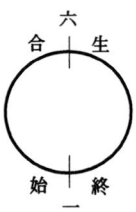

『천원천부경』을 보면 一에서 終則有始하고 六에서 合則有生하는 이치로 생명의 사이클이 무한히 순환되고 있음을 알 수 있다.

一	一	無
三	六	九
中	一	一

『지방천부경』을 보면 一始無始一이 無三의 과정을 거쳐 六에 이르고 다시 六에서 九中의 과정을 거쳐 一終無終一에 이르는 大一의 순환과정을 뚜렷하게 보여 주고 있다. 즉 만물이 一이라는 생수의 씨앗에서 발아하여 無三의 과정을 거쳐 六이라는 최초의 완전수로 열매를 맺게 되고 이 열매에서 九中의 과정을 거쳐 다시 一이라는 생수의 씨앗으로 귀일된다. 자연수는 1, 2, 3, 4, 5의 생수와 6, 7, 8, 9, 10의 성수로 이루어져 있다.

이 10수를 원에 나열하면 그림과 같이 배열된다.

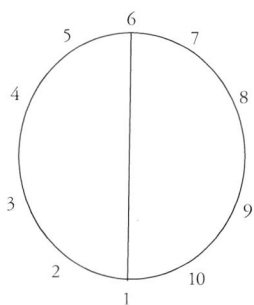

중심 수직선 상하에 1과 6이 위치하게 되는데 1에서 6까지는 生數의 과정이고 6에서 1 까지는 成數의 과정이다. 1에서 始하여 大三의 天一, 地二, 人三을 섞어 4.5의 과정을 거쳐 완전수 6이 되어 정점에 이르게 되고 大三에 다시 6을 합하여 7, 8, 9를 生하고 10에 이르러 1로 化하여 終하고 다시 始하게 된다.

현상계는 始合生終의 과정으로 나타나고 대우주의 본체생명은 終始合生의 과정을 무한히 반복하게 된다. 1은 생수의 시작이고 6은 성수의 시작이다. 생수의 시작점과 성수의 시작점이 분기점이 되어 終始合生의 순환을 반복하는 것이다. 大三인 天一, 地二, 人三에 각각 성수의 6을 합하여 7, 8, 9를 낳게 된다는 것이 大三合六生七八九의 본뜻이다.

천부경은 여기까지의 설명으로써 1부터 9까지 자연수의 형성과정을 설명하고 있다.

그렇다면 **大三合六에서 生한 7의 구성 원리**를 살펴보자. 제1운과 2운의 天地人수 1, 2, 3, 4, 5, 6을 섞어 7을 만들 경우 다음 4가지로 요약된다.

① $1+1+1+1+1+1+1=7$

② $2+5=7$

③ $3+4=7$

④ $1+6=7$

7은 1, 4, 7 중의 7천수에 속하는데 ②의 경우는 2가 2, 5, 8 지수에 속하므로 적합하지 않고 ③의 경우는 3이 3, 6, 9 인수에 속하므로 적합하지 않고 ④의 경우는 천수 1이 6과 결합하므로 천부수리에 적합하다.

①의 경우는 天一이 7회 반복하여 이루어진 기본구조이다.

②의 경우는 2+5는 7로 2의 음양과 5의 오행이 더해진 경우이다.

지수 2와 지수 5가 합해진 경우로 칠요(七曜)를 나타낸다. 즉 음양을 나타내는 日, 月과 火水木金土의 五行을 말한다. 칠요에는 이십팔수(二十八宿)의 별자리가 배속되어 있다.

〈표〉二十八宿

	木	金	土	日	月	火	水
東方七宿	角	亢	氏	房	心	尾	箕
南方七宿	井	鬼	柳	星	張	翼	軫
西方七宿	奎	婁	胃	昴	畢	觜	參
北方七宿	斗	牛	女	虛	危	室	壁

③의 경우는 3+4는 7로 삼재와 사상이 더해진 구조이다.

인수 3과 천수 4가 합해진 경우로 무지개 7색을 뜻한다. 무지개 7색은 색의 삼원색과 삼원색으로 합성된 나머지 4색이 합하여 이루어진 색이다.

무지개 7색은 다음과 같다.

적(赤)	등(橙)	황(黃)	록(綠)	청(靑)	남(藍)	근(菫)
빨강	주황	노랑	초록	파랑	남색	보라

이 중에 색의 삼원색인 빨강, 노랑, 파랑은 삼태극의 색으로 天은 빨강, 地는 파랑, 人은 노랑에 해당한다. 이들 天地人을 구성하는 삼원색을 가지고 서로 합성하면 나머지 4색이 만들어진다.

天(빨강)＋人(노랑)＝天人 주황
地(파랑)＋人(노랑)＝地人 초록
天(빨강)＋地(파랑)＝天地 보라
天地(보라)＋地(파랑)＋명도를 낮게 하면＝남색

④의 경우는 天一에 人六을 합한 것으로 7이라는 천수의 특성을 극명하게 나타내고 있

는 천부수리의 구조이다.

天二三이 4가 되는데 4는 天一에 人三을 더한 수이다. 人二三은 6이 되는데 6은 人三에 人三을 더한 수이다. 즉 人六은 3이 중첩된 구조이다. 7은 天一에 이 人六을 합한 수이다. 4는 삼현일장의 이치로 구성되었는데 7도 마찬가지로 삼현일장의 이치로 구성되어 있다. 다만 4와는 달리 7은 삼현에 3이 중첩된 6이 포함되어 있는 것이다.

인체에 있는 구멍을 가지고 예를 들어 보자. 얼굴에 눈, 코, 입이 전면에 있어 3현이 되고 귀가 약간 후면에 있어 삼현일장이 된다고 하였다.

구멍 수를 가지고 따져 보자. 귀, 눈, 코에는 2개씩의 구멍이 있고 입에는 1개의 구멍이 있으니 3곳이 삼현이 되고 입은 일장이 된다. 귀, 눈, 코의 구멍은 도합 6개이고 입은 1개이다. 다만 귀, 눈, 코 3곳의 구멍이 2개씩 있어 3이 중첩되어 6을 이루는 형상이므로 삼현이라고 말한 것이다. 귀, 눈, 코 3곳은 6개의 구멍을 통하여 듣고, 보고, 냄새 맡아서 정보를 취합한 다음 종합적인 판단을 내려서 한 개뿐인 입을 통하여 자신의 의사를 표현한다. 입에는 미각이라는 기능이 있지 않느냐고 반문할 수 있다. 그렇다. 그러나 입이란 기관은 미각 작용을 갖는 이외에 언어기능도 가지고 있다. 삼현일장으로 따질 때는 3:1로 나누는 것이 더 합리적이다. 춘하추동이 똑같은 비중을 갖는다고 보는 것보다 겨울은 다른 계절과 달리 감추는 작용이 있다는 것을 봐야 한다는 말이다. 각각 독립적인 위치를 갖지만 그중에서 독특한 것을 뽑아내는 안목이 필요한 대목이다. 입은 이때는 미각작용의 '입'이라기보다는 언어작용의 '입'으로 봄이 한 차원 더 높은 해석법이다. 1, 4, 7의 천수 중에 7은 4보다 삼현일장의 이치를 보다 세밀하게 나타내고 있는 것이다. 3을 중첩한 것이 3보다 더 정밀함은 두말할 것도 없다. 易의 대성괘를 이루고 있는 6효도 그중에 주효(主爻) 1개를 통하여 대성괘의 뜻을 표현하고, 또는 점을 쳐서 변효(變爻) 1개를 통하여 吉凶을 알아보는 것도 보다 세밀한 삼현일장의 이치를 나타내는 것이다. 이와 같이 7은 天一에 3의 중첩수인 6을 더해서 성립된 수로 천부수리 중에서도 아주 독특한 구조를 가지고 있는 수이다.

다음은 **大三合六에서 生한 8의 구성 원리**를 살펴보자.

제1운과 2운의 천지인수 1, 2, 3, 4, 5, 6을 섞어 8을 만들 경우 다음 3가지로 요약된다.

① $1+1+1+1+1+1+1+1=8$

② $3+5=8$

③ $2+6=8$

8은 2, 5, 8 지수에 속하는데 ②의 경우는 3이 3, 6, 9 인수에 속하므로 적합하지 않고 ③의 경우는 지수 2가 6과 결합하므로 천부수리에 적합하다.

①의 경우는 天一이 8회 반복하여 이루어진 기본구조이다.

②의 경우는 3+5는 8로 삼재와 오행이 더해진 구조이다.

地二三에서 충분히 설명하였듯이 3은 2차원의 원방각으로 나타나고, 5는 3차원의 5개 정다면체로 나타나 각각 삼재와 오행을 표현하고 있다.

③의 경우는 地二에 人六을 합한 것으로 8이라는 지수의 특성을 극명하게 보여 주고 있는 천부수리의 구조이다.

8은 최초의 입방수(2^3)로 8괘를 의미한다. 8괘는 부모 2괘와 여섯 자녀인 삼남삼녀가 합해 도합 8개의 괘로 이루어져 있다. 부모괘인 乾卦는 인체의 독맥(督脈)을, 坤卦는 임맥(任脈)을 가리키는데 이것은 地二를 상징하고, 삼남삼녀의 6괘는 육기(六氣)를 가리키는데 이것은 人六을 상징한다.

6괘의 六氣는 다음과 같다.

≡≡ 寅申少陽相火   ≡≡ 辰戌太陽寒水   ≡≡ 卯酉陽明燥金

≡≡ 巳亥厥陰風木   ≡≡ 子午少陰君火   ≡≡ 丑未太陰濕土

이 六氣는 手足 地二라는 임, 독맥의 바탕에 분포되어 12경락(經絡)을 이룬다.

上卦手	督脈	三焦申	大腸酉	小腸戌	任脈	心包巳	心午	肺未
下卦足	督脈	胆寅	胃卯	膀胱辰	任脈	肝亥	腎子	脾丑
六氣		寅申少陽相火	卯酉陽明燥金	辰戌太陽寒水		巳亥厥陰風木	子午少陰君火	丑未太陰濕土

이와 같이 8은 地二에 3을 중첩한 6을 더해서 성립된 수로 人六이라는 육기의 경락체계를 이루는 독특한 천부수리이다.

다음은 **大三合六에서 生한 9의 원리**를 살펴보자.

제1운과 제2운의 천지인수 1, 2, 3, 4, 5, 6을 섞어 9를 만들 경우 다음 3가지로 요약된다.

① 1+1+1+1+1+1+1+1+1=9

② 4+5=9

③ 3+6=9

9는 3, 6, 9 인수에 속하는데 ②의 경우는 4가 1, 4, 7 천수에 속하므로 적합하지 않고 ③의 경우는 3의 인수와 6이 결합하므로 천부수리에 적합하다.

①의 경우는 天一이 9회 반복하여 이루어진 구조이다.

②의 경우는 天 4에 地 5를 더한 수이다.

4는 삼현일장의 理로 이루어져 있고 5는 삼천양지의 법칙으로 이루어져 있다. 변화의 완성수인 9는 만물의 완성도를 나타낸다. 만물은 5라는 삼천양지의 법칙으로 공간적 형태가 구성되고, 4라는 삼현일장의 시간적인 理法으로 생명활동을 영위하고 있다.

③의 경우는 人三에 人六을 합한 것으로 9라는 인수의 특성을 극명하게 나타내고 있는 천부수리의 구조이다.

제1운의 天地人 大三이 天二三, 地二三, 人二三으로 二變하고, 大三合六으로 三變하여 드디어 七, 八, 九를 생하게 되었다.

이로써 天地人이 三變하여 변화의 완성수인 9로 전개되었다.

〈표〉 천부수리도

	天	地	人
天	1	2	3
地	4	5	6
人	7	8	9

天에도 天地人이 있고, 地에도 天地人이 있고 人에도 天地人이 있어 분류되어 드디어 9개의 변화된 수가 완성되었다. 이것이 천부수리의 기본 구조이다. 1.2.3 天地人, 4.5.6 天地人,

7.8.9 天地人의 가로방향은 시간의 진행에 따른 변화상이고 1.4.7 天地人, 2.5.8 天地人, 3.6.9 天地人의 세로방향은 공간의 위상에 따른 변화상이다. 1부터 9까지 三變을 거쳐 완성됨으로써 시공상의 배열이 완벽하게 정립된 것이다. 이로써 천부경은 1부터 9까지의 천부수리의 성립과정을 자세하게 설명하고 있는 것이다. 그런데 천부수리의 대미(大尾)를 大三合六生七八九라고 표현한 데에는 또 다른 비의(秘意)가 숨겨져 있다.

1은 생수의 시작이고 6은 성수의 시작인데 성수의 시작인 6을 바탕으로 7, 8, 9라는 수를 나열하였다.

성수의 6, 7, 8, 9가 나열되었는데 6을 体로 하고 7, 8, 9를 用으로 문장을 구성하고 있는 것이다. 앞서 배운 적이 있는 사상수 6, 7, 8, 9를 상기해 보자. 사상수로 6은 태음수이고 7은 소양수, 8은 소음수, 9는 태양수이다. 그런데 6태음수를 모태로 하여 7, 8, 9의 사상수를 활용하고 있다. 이게 무슨 말인가?

양수 1, 3, 5, 7, 9 중에 중수는 5가 되고 음수 2, 4, 6, 8, 10 중의 중수는 6이 된다. 양수의 중수가 5이고 음수의 중수가 6이라는 개념을 적용해 보자는 말이다. 사상수 6, 7, 8, 9 중에 중수가 되는 것은 어떤 수인가? 5는 없고, 6이 있으니 6이 바로 중수가 된다. 따라서 6이 체수가 되고 7, 8, 9가 용수가 된다는 것이다.

'수리와 차원'에서 이미 설명하였듯이 4×7=28은 소양책수, 4×8=32는 소음책수, 4×9=36은 태양책수로 이 사상책수에 윤년의 개념으로 1씩을 더하면 29와 33과 37이라는 수가 나온다. 이 세 수의 합(29+33+37)은 99가 되는데 이 숫자는 천부경의 근간을 이루는 수이다. 즉 천부경에 나오는 숫자의 합(총 31자)은 99이다. 따라서 29년에 7회, 33년에 8회 그리고 37년에 9회의 윤일을 두어 총 99년에 도합 24일(7+8+9=24)의 윤일을 두는 새로운 역법이 대두하게 된다. 즉 1년의 평균길이가 $365\frac{24}{99}$로 365.242424……가 되는데 소수점 이하 0.242424……는 무한 순환소수가 된다. 무한 순환소수는 쉬지 않고 영원히 반복되는데 이것은 영원히 죽지 않고 살아 숨 쉬며 순환하는 생명의 영속성을 의미한다. 삼태극의 0.333333……과 $\frac{1}{9}$의 0.111111……과도 그 맥을 같이한다. 이것이 천부수리의 특징이며 조화와 미의 극치라고 할 수 있다.

大三에 六을 합하여 七八九를 生함에는 이러한 비의(秘意)가 숨겨져 있는 것이다. 천부수리에 입각한 새로운 역법은 차후 간행 예정인 『부인도와 과학정역』에서 자세히 밝히기로 하겠다.

7. 運三四 成環五七一(3번을 움직여(三運) 4운에 가서 5를 고리로 하여 7위(位)가 하나로 이루어진다)

天地人의 수가 삼변(三變)하면 삼운(三運)이 되는데 이 삼운이 9에 이르게 되면 삼극(三極)을 마치게 된다. 4운(四運)에 이르러 天一에 九를 합하면 十을 이루게 되니 이것은 곧 공(空)으로 화(化)하게 된 것을 의미한다. 따라서 5를 고리로 하여 7위가 되어 하나가 된다.

이 대목은 천부경에서 가장 난해한 부분이며 천부수리의 핵심을 이루는 중요한 단서가 되면서 경(經)을 통해 수(數)를 얻고 수로 인하여 도(圖)가 나오게 된다는 구절이다.

천고(千古)의 비장(秘藏)으로 누천년(累千年) 동안 감추어져 왔던 천부삼인(天符三印) 중의 하나인 인각단군천부(人角檀君天符)가 드디어 그 신비의 베일을 벗게 되는 순간이다. 어떠한 과정을 거쳐 천부가 나오게 되었는지 표를 통하여 하나씩 점검해 보자.

	天	地	人
天	1	2	3
地	4	5	6
人	7	8	9

천부수리도

	天	地	人
天	1		
地		2	
人			3

제1운도

	天	地	人
天	4		
地		5	
人			6

제2운도

	天	地	人
天	7		
地		8	
人			9

제3운도

	天	地	人
天	10		
地		11	
人			12

제4운도

천부수리도를 분해하면 우측의 표와 같이 제1운도, 제2운도, 제3운도, 제4운도의 4개 표로 나누어진다. 이것은 天地人을 종횡으로 나누어 각각 수를 배열한 것이다. 이 4개의 표를 다시 합성하면 아래의 표와 같이 운삼사도(運三四圖)가 완성된다.

<표> 9위 運三四圖

運	位	三才		天	地	人
1 운	1 위	天		1 天一一		
	2 위	地			2 地一二	
2 운	3 위	人	天	4 天二三		3 人一三
	4 위		地		5 地二三	
3 운	5 위	天	人	7 天合六		6 人二三
	6 위	地			8 地合六	
4 운	7 위	人	天	10 四成十		9 人合六
	8 위		地		11四成十一	
	9 위		人			12四成十二

　　제1운의 1, 2, 3은 각각 天一一, 地一二, 人一三으로 天地人의 기본수이다.

　　제2운의 4, 5, 6은 각각 天二三, 地二三, 人二三으로 天一, 地二, 人三에 인위수 3을 각각 더한 수가 된다. 4天二三은 天一에 인위수 3을 더한 수이므로 人一三의 3위에 나란히 동위(同位)하게 된다.

　　제3운의 7, 8, 9는 각각 天合六, 地合六, 人合六으로 天一, 地二, 人三에 각각 인위수 6을 더한 수이다.

　　제4운의 10, 11, 12는 각각 四成十, 四成十二, 四成十二로 天一, 地二, 人三에 각각 인위수 9를 더한 수가 된다.

　　7天合六은 天一에 인위수 6을 더한 수이므로 6人二三의 5위에 나란히 동위(同位)하게 된다. 10四成十은 天一에 인위수 9를 더한 수이므로 9人合六의 7위에 나란히 동위(同位)하게 된다. 이와 같이 1부터 12까지의 숫자가 4운을 거쳐 9位에 배열되어 天地人의 기본수가 이루어진다. 그런데 여기서 주목할 것은 제4운의 10, 11, 12는 단수화하면 각각 1, 2, 3으로 化하여 다시 天一一, 地一二, 人一三에 배속된다. 그러면 9위로 이루어졌던 도표가 이제 7위로 재편성된다.

〈표〉 7위 運三四圖

운	위	삼재		천	지	인
1운	1위	天		1		
	2위	地			2	
2운	3위	人	天	4		3
	4위		地		5	
3운	5위	天	人	7		6
	6위	地			8	
4운	7위	人		(10)		9

제4운의 10은 제1운의 天一에 인위수 9를 더한 수이므로 7위에서 人合六 9와 동위를 이루게 되는데 10은 꽉 찬 수가 되어 무궤(無匱)하여 다시 1이 되므로 제1운의 天一一과 동위를 이루게 된다. 따라서 四成10이 天一一의 위치에 복귀하므로 人合六의 9도 제1운의 1위 가운데 비어 있는 人位에 天一一과 그 위를 함께하며 복귀한다. 그러므로 1위에서 天一一의 1과 人合六의 9가 동위를 이루게 되고 1위에서 1과 9가 합하여 10을 나타낸다. 그러면 7위로 편성되었던 '운삼사도'가 다시 6위의 운삼사도로 재편성된다.

〈표〉 6위 運三四圖

운	위	삼재		天	地	人
1운	1위	天	人	1		9
	2위	地			2	
2운	3위	人	天	4		3
	4위		地		5	
3운	5위	天	人	7		6
	6위	地			8	

1운은 1위와 2위로 이루어져 天1, 地2, 人9로 삼재를 이루었고, 2운에서는 3위와 4위로 이루어져 天4, 地5, 人3의 삼재를 이루었으며, 3운에서는 5위와 6위로 이루어져 天7, 地8, 人6의 삼재를 이루었다. 그리고 세로 열을 좌측은 천수, 1, 4, 7로 배열되고 중앙은 지수, 2, 5, 8로 배열되었으며 우측은 인수, 9, 3, 6으로 배열되었다. 제4운 7위 人의 자리에 있던 9는 1운 1위 人의 자리로 이동하여 제1운 1위에는 天1과 人9가 天人으로 상응하고 2위에는 地2가 바탕을 이루고 있다. 제2운의 3위에는 天4와 人3이 天人으로 상응하고 4위에서 地5가 바탕을 이루며 제3운의 5위에는 天7과 人6이 天人으로 상응하고 6위에서 地8이 바탕을

이루고 있다. 이와 같이 1운과 2운과 3운에서 각각 天人으로 상응하고 地가 바탕을 이루면서 삼재의 묘(妙)를 다하고 있음을 알 수 있다. 따라서 운삼사도는 육위(六位)로써 체(体)를 삼고 구변(九變)으로써 용(用)을 삼아 1부터 9수까지 정교하게 나열된 것이다.

위의 표에서 보면, 9와 1은 동위로 제1위가 되고, 2는 上에서 正位를 이루어 제2위가 되고, 3과 4는 中에서 左右로 나뉘어 제3위가 되고, 5는 中에서 正位를 이루어 제4위가 되고, 6과 7은 下에서 左右로 나뉘어 제5위가 되고 8은 下에서 正位를 이루어 제6위가 된다. 그리고 1부터 9까지의 수는 1운, 2운, 3운에 上 中 下로 각각 3개씩 골고루 배분되어 있다.

여기서 잠깐 운삼사도를 공간적 배열로 옮겨 보도록 하자.

6위 운삼사도의 1운, 2운, 3운을 각각 상부, 중부, 하부라고 고치고, 또 1위부터 6위를 상부의 상위, 상부의 하위, 중부의 상위, 중부의 하위, 하부의 상위, 하부의 하위라고 고쳐서 정리하면 아래의 운삼사 방위도가 완성된다.

〈표〉 운삼사 방위도

部	位	左	中	右
上	上	1		9
	下		2	
中	上	4		3
	下		5	
下	上	7		6
	下		8	

1은 上部에 上에 있으면서 左位에 있고
9는 上部에 上에 있으면서 右位에 있고
2는 上部에 下에 있으면서 中位에 있다.

4는 中部에 上에 있으면서 左位에 있고
3은 中部에 上에 있으면서 右位에 있고
5는 中部에 下에 있으면서 中位에 있다.

7은 下部에 上에 있으면서 左位에 있고
6은 下部에 上에 있으면서 右位에 있고
8은 下部에 下에 있으면서 中位에 있다.

위 표를 보면 상부, 중부, 하부에서 각각 상위의 수 2개가 左右로 나열되고 하위의 수 1개가 中에 位하여 상위수의 바탕이 되고 있음을 알 수 있다. 그리고 상부에 1, 2, 9가, 중부에 3, 4, 5가 그리고 하부에 6, 7, 8이 나열되어 있고 세로 열로 보면 좌측에 1, 4, 7이 중위 열에 2, 5, 8이 그리고 우측 열에 9, 3, 6이 나열되어 있는데 이 중에 중부에 있으면서 중위를 이루고 있는 수가 5라는 사실이 중요하다. 즉 1에서 9에 이르는 9수가 모두 5를 중심으로 上下左右로 배열되어 방위를 형성하고 있는 것이다. 자세히 살펴보면 5를 중심으로 2, 3, 4, 6, 7, 8이 대칭을 이루며 둥글게 포진되어 있지만 유독 1, 9는 중앙 5로부터 약간 상부로 치우쳐 있음을 볼 수 있다. 5를 제외하면 2, 3, 4, 6, 7, 8의 6座와 1, 9의 2座로 모두 8座를 형성하고 있다. 그런데 상부의 상위에 있는 1, 9는 5를 중심으로 대칭 배열한 그룹과는 다소 동떨어져 위치하면서 다소 소외된 감이 없지 않다. 상부의 하위에 있던 2는 엄밀히 말하면 상부의 1, 9그룹에 속해야 마땅한데도 중앙이 이끄는 5를 중심으로 포진된 그룹에 쏠려 버리고 말았다. 결과적으로 1, 9만 외톨이로 전락해 버렸다. 이때 1, 9는 둘이 힘을 합쳐 서로 상합되어 1개의 座를 형성하게 된다. 5를 중심으로 포진된 그룹에 저항하기 위해서는 하는 수 없이 1과 9가 서로 힘을 합칠 수밖에 없는 형국이 된 것이다.

총정리를 해 보자.

1, 9를 제외한 6座는 5를 중심으로 2·8, 3·7, 4·6으로 서로 대척점을 이루며 그 합이 10이 된다. 2는 8을 대하는 순간 6좌에 합류하게 된다. 중앙좌 5를 제외하고, 상합된 1·9를 1座로 치면 도합 7座가 된다. 이제 천부경 본문의 뜻을 추리해 보자.

'成環五七一'의 뜻이 과연 무엇인가에 초점을 맞추어야 한다. 즉 중앙좌 5가 고리가 되어 수들이 나열되는데, 5를 제외하면 모두 8座가 되지만 실제로는 상합된 1·9를 1座로 간주하면 총 7座가 된다. 그런데 힘을 상합하지 않은 상태의 8좌나, 힘을 합쳐 상합한 7좌나 결국은 하나(서로 같다)라는 뜻이다. 또한 1위에서 시작하고 1위에서 종(終)하는 것으로 말하면 2위에서 6위까지의 수 2, (4, 3), 5, (7, 6), 8의 5좌는 시종순환(始終循環)의 中을 모두 갖춘 것이 되므로 1위에 있는 一始와 一終의 2좌를 합쳐 7좌가 되는 것도 역시 타당한 이치로 볼 수 있다. 그리고 9위로 이루어진 운삼사도가 7위의 운삼사도가 되었다가 마지막에 6위의 운삼사도로 완성되었는데 7위의 운삼사도는 결국 6위의 운삼사도와 똑같은 하나로 그 맥락을 같이하고 있다는 뜻이다. 이것 역시 성환오칠일의 뜻이 된다.

운삼사(運三四)는 元亨利貞의 사덕(四德) 중에 貞에 해당하는데 삼현일장(三顯一藏)의 이치대로 貞하여 本에서 물러나 감춰져 있다가 4운에 가서 10이 다시 1로 化하는 것을 뜻한다. 성환오칠일(成環五七一)은 三運이 이루어지고 그 象이 도로 드러나는 것을 뜻한다.

『석삼극 무진본』에서 밝혔듯이 大一(1)은 2, 4, 8, 5에 의해서 정확히 나누어떨어지고, 3, 6, 9, 7에 의해서는 나누어떨어지지 않고 순환하는 소수가 된다.

대일의 1을 양지(兩地)의 법칙인 2, 4, 8로 나누면 $\frac{1}{2} \cdot \frac{1}{4} \cdot \frac{1}{8}$이 되고 이것을 자연의 구조와 대비해 보면 바로 음양, 사상, 팔괘가 된다. 그런데 이 2, 4, 8을 더한 합수 14에 태극수 1을 더하면 15가 되고 이것을 다시 三分하면 5가 되는데 5는 나누어떨어지는 수의 중심이 되는 동시에 바로 일장(一藏)의 수가 되는 것이다. 양지의 법칙에 따라 1을 2, 4, 8로 나누어 나타나는 수들은 삼현이 되고 5로 나누는 수는 일장이 된다는 말이다.

같은 논리로 대일의 1을 삼천(參天)의 법칙인 3, 6, 9로 나누면 $\frac{1}{3} \cdot \frac{1}{6} \cdot \frac{1}{9}$이 되는데 이것을 자연의 운행 법칙과 대비하면 삼재(三才), 육합(六合), 구변(九變)에 해당한다. 그런데 이 3, 6, 9를 더한 합수 18에 삼태극수 3을 합하면 21이 되고 이것을 다시 三分하면 7이 되는데 7은 나누어떨어지지 않는 수로 역시 일장이 된다는 말이다.

	삼천	양지
3현	3.6.9	2.4.8
1장	7	5

나누어떨어지게 하는 수의 중심 5가 1장이 되고 나누어떨어지지 않게 하는 수의 중심 7이 1장이 되니 서로 같은 1장이 되는 것은 서로가 연관성을 갖고 있다는 뜻이 된다. 즉 양지의 법칙에서는 5가 2, 4, 8의 중심 수가 되어 고리를 이루면서 자연의 구조를 형성하고 삼천의 법칙에서는 7이 3, 6, 9의 중심 수가 되어 변화를 이루면서 자연의 운행을 주도한다는 것이 서로 간의 연관성이다. 원문의 내용과는 상이한 점이 있지만 수리의 차원에서 볼 때 5와 7은 서로 일장의 수가 되어 같은 맥락을 띠고 있다. 5를 고리로 하여 5가 체수가 되고 7이 변화를 주도하여 용수가 되는 것도 성환오칠일의 또 다른 숨겨진 뜻이다. 어쨌든 '운삼사성환오칠일'의 뜻은 1부터 9수까지의 배열을 통하여 人角檀君天符의 출현을 예고하는 것이다.

지금까지 운삼사도를 통하여 經을 통해 數를 얻고 數로 인하여 圖가 나오게 되는 과정을 살펴보았는데 과연 운삼사도가 어떠한 구조로 이루어져 있으며 어떠한 내용을 담고 있는 것인지 수리의 특성을 통하여 살펴보기로 한다.

삼천양지의 리법대로 삼천은 天地人 삼재의 수리적 특성을 나타내며 양지는 사상의 수리적 특성을 나타낸다. 운삼사성도에 나타난 1부터 9까지의 수를 삼천양지의 특성으로 분류하면 다음과 같다.

	1	2	3	4	5	6	7	8	9
삼천	天天	天地	天人	地天	地地	地人	人天	人地	人人
양지 (사상수)	태양	소음	소양	태음	中	태음	소양	소음	태양

〈표〉 천부수리도

	天	地	人
天	1 天天	2 天地	3 天人
地	4 地天	5 地地	6 地人
人	7 人天	8 人地	9 人人

1·9 태양수중에 1은 天天이고 9는 人人으로 天人의 합일이 되고,
3·7의 소양수중에 3은 天人이고 7은 人天으로 天人의 합일이 되며,
4·6 태음수중에 4는 地天이고 6은 地人으로 天人의 합일이 되며,
2·8 소음수중에 2는 天地이고 8은 人地로 모두 地數로 되어 있다.

유독 5는 地地로 正中數가 된다. 태양, 소양, 태음수는 天人의 合一之數가 되고 소음수는 地로만 이루어져 가운데서 不動之体가 된다.

'운삼사 방위도'에 나타나듯이,

■ 1, 9는 상부에서 상위에 있으면서 天天과 人人의 合一로 이루어져 인체의 머리에 해당되고,

■ 2는 상부에서 하위에 있으면서 1.9의 머리를 받치고 있는 형상으로 인체의 중심부 중에 상위에 있어 목에 해당한다. 2는 天地로 地가 天을 받들고 있는 象이다.

■ 3, 4는 중부에서 상위에 있으면서 左右로 나뉘어 있고 각각 天人과 地天의 合一로 이루어져 몸통의 상위에 있으므로 左右手에 해당한다.

■ 5는 중부에서 하위에 있으면서 左右의 正中에 있고 地地로 구성되어 가장 중심부에 있으므로 인체의 오장(五臟)에 해당한다. 5는 地地로 중부에서 상위에 있는 左右手를 받치고 있는 형상이면서 인체의 上下와 左右의 중심에서 주도적 역할을 담당하고 있다.

■ 6, 7은 하부에서 상위에 있으면서 左右로 나뉘어 있고 각각 地人과 天人의 合一로 이루어져 몸통의 하위에 있으므로 左右足에 해당한다.

■ 8은 하부에서 하위에 있으면서 左右의 正中에 있고 人地로 구성되어 6, 7의 左右足의 연결고리가 되며 2의 목과 연결되는 꼬리뼈에 해당된다.

다시 정리하면,

■ 1·9 태양은 正位에서 首가 되고,

■소음 2·8은 머리를 그 아래에서 받들면서 正位에 똑바로 서서 上中下 전체 움직임의 体가 되고,

■4·6 태음과 3·7 소양은 사지(四肢)를 左右로 교차하여 手足을 象하면서 上中下 전체 움직임의 用이 된다.

■5는 전체의 正中에 위치하면서 전체의 움직임에 体用의 근본이 되어 中位에 있게 된다. 만물이 자라날 때 전신이 활동하게 되는데 5는 중심에서 그 주체가 됨을 의미한다.

이와 같이 인체는 1·9 태양의 머리와 2·8 소음, 4·6 태음, 3·7 소양, 中位 5로 구성된 몸통으로 이루어져 있다. 이 중에 2·8 소음의 척추와 5中位는 地에 속하면서 인체를 고정하는 역할을 하는 不動之体가 되고 1·9 태양, 4·6 태음, 3·7 소양은 天人의 合一体로 움직임의 用이 된다.

1, 4, 7은 天數이고 9, 3, 6은 人數인데 天人合一하여 서로 다른 수끼리 同位하게 된다. 천수와 인수 중에 1, 9는 상합하여 다시 十之一을 成하여 제1위에 있게 되고, 3과 4는 각각 나뉘어 제3위가 되고 6과 7은 각각 나뉘어 제5위가 된다. 天數와 人數는 각각 陽位인 1, 3, 5위에 배속된다. 2, 5, 8은 지수인데 한가운데 직립하여 2는 제2위에 있고, 5는 제4위에 있고, 8은 제6위에 있다. 그러므로 지수 2, 5, 8은 陰位인 2, 4, 6위에 배속된다. 이와 같이 天數와 人數가 陽位에 居하고 지수가 陰位에 居하면서 天地人수가 정연하게 나열되었다.

다시 사상수의 배열을 살펴보면,

■1·9 태양은 首에 居하면서 不動之本이 되고,

■5는 배꼽과 배에 居하면서 正中之位가 되고,

■2·8 소음은 上下로 직립하여 正脊之位가 되고,

■3·7 소양과 4·6 태음은 相交하여 左右手足之位가 된다.

사람의 머리와 목, 배, 꼬리뼈, 손과 발의 六体가 정연하게 象을 이루니 用數 9가 1에 本하고 끝에 가서 다시 합하여 1이 되니 그 오묘함이란 말로 다 형언할 수가 없다.

드디어 하도 낙서와 더불어 인각단군천부가 되니 소위 단군도가 완성되었다.

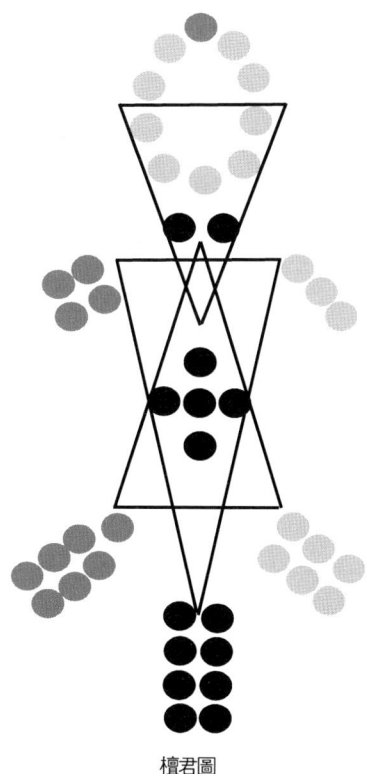

檀君圖

단군도는 3개의 삼각형의 조합으로 이루어져 있다.

제1삼각형: 1天＋5地＋9人＝15

제2삼각형: 4天＋8地＋3人＝15

제3삼각형: 7天＋2地＋6人＝15

■ 제1삼각형은 상부의 1·9 태양 首와 중부의 5중수 五臟이 서로 상응하여 내면적인 생명 활동의 중심이 되고,

■ 제2삼각형은 중부의 4.3 태음 소양의 左右手와 하부의 8소음 尾骨이 서로 상응하여 외면적인 생명활동을 영위하고,

■ 제3삼각형은 하부의 7.6 소양 태음의 左右足과 상부의 2소음 항(項:목)이 서로 상응하여 외면적인 생명활동의 기초를 이루고 있다.

또한

- ■1·9 태양은 뇌와 얼굴이 합하여 首가 되고,

- ■2·8 소음은 목과 꼬리뼈가 직립하여 척추가 되고,

- ■3·7 소양은 左手와 右足이 서로 상응하여 연결되고,

- ■4·6 태음은 右手와 左足이 서로 상응하여 연결되고,

- ■5는 인체의 중심에서 首와 척추와 手足의 활동을 조정하는 중추적(中樞的)인 역할을 담당하고 있다.

　이로써 天地人의 수를 배열하여 6위(六位)의 운삼사도를 완성하니 놀랍게도 사람의 형상을 닮은 단군도가 출현하게 되었다. 天圓地方의 하도, 낙서가 출현한 후 人角의 단군도의 소재가 불분명했었는데 단조(檀祖)께서 천부경 속에 그것을 감추어 놓으신 것을 알게 되었고 그 신비의 베일을 벗고 실체를 알게 되는 순간이 도래한 것이다. 무릇 하도는 數로써 卦를 얻고 卦에서 辭를 生하고, 낙서는 圖로써 疇를 얻고 疇에서 法을 生하고, 天符는 經을 통해 數를 얻고 數에서 圖를 生하였다. 그러므로 하도는 天을 象하고 낙서는 地를 象하고 天符는 人을 象하였다. 따라서 하도를 통하여 天文을 관측하고 낙서를 用하여 地理를 궁구(窮究)하고 天符에서 人事를 得하여 人本主義의 기틀을 마련해야 할 것이다.

　복희(伏羲)가 하도를 얻어 天을 象하여 天圓河圖라 하고, 대우(大禹)가 낙서를 얻어 地를 象하니 地方洛書라 하고, 단조(檀祖)가 천부를 얻어 人을 象하니 人角天符라 한다.

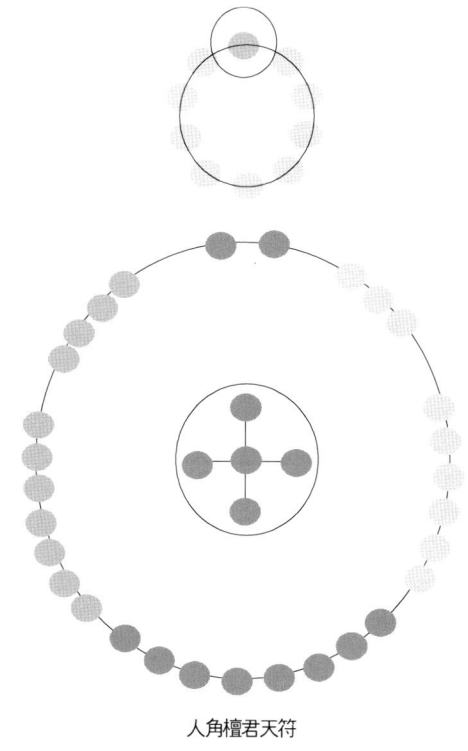

人角檀君天符

8. 妙衍萬往萬來 用變不動本(묘하고 연하고 만 번 가고 만 번 오는 用의 변화는 무궁무진하지만 근본은 움직이지 않는다)

■ 妙는 정미(精微)하다, 작다, 세소(細少)하다는 뜻이며 미분화된 象을 가리킨다.

■ 衍은 원래의 것의 크기를 부풀려 쌓아서 지극히 커지는 象을 말한다. 강냉이에 열과 압력을 가해서 뻥 튀긴 상태라고 생각하면 이해하기 쉽다.

■ 往은 지나갔다는 과거형의 상태를 말하는데 다른 표현으로는 없어져 버린 멸(滅)의 의미를 가진다.

■ 來는 내가 있는 쪽으로 다가오는 것으로 미래형 상태의 표현이며 다른 말로 生의 의미가 있다.

■ 萬은 수량의 단위로서의 '一萬', '二萬'만을 말하는 것이 아니라 아주 많다, 아주 크다는 것을 의미하는 비유 대명사이다.

이상을 염두에 두고 위의 字句를 연구해 보자.

'일시무시일'에서 '운삼사성환오칠일'까지가 천부수리의 기본구조와 '인각단군천부'의 형성 과정을 설명한 글이라면 '묘연만왕만래'는 천부수리의 쓰임새, 즉 用에 관해서 설명한 것이다. 현대 수학에서 수를 다루는 것은 고차원으로 가면 미분, 적분, 위상, 기하학 등이 있지만 아무래도 그 근간을 이루는 것은 역시 초등학교에서 다루는 사칙연산이다. 그렇다! 이 문구는 사칙 연산에 관한 것을 설명하는 부분이다. 사칙연산은 익히 알다시피 가감승제(加減乘除)를 말한다. 모든 수의 변화는 가감승제에서 출발한다는 것을 천부경에서는 묘연만왕만래라고 표현하고 있다. 여기에는 단순히 수학적인 가감승제만을 의미하는 것이 아닌, 수리 철학적인 의미를 모두 포괄하고 있음에 주의해야 한다.

자세히 살펴보자.

① 妙란 가감승제 중에 제산(除算), 즉 나누기를 말한다.

妙가 왜 나눗셈인지 추리해 들어가면 천부경의 저자의 마음을 쉽게 이해할 법하다. 우리가 흔히 시쳇말로 '알 수 없는 것이 여자의 마음'이라고 한다. 妙는 계집녀(女)에 적을 소(少)가 결합되었다. 전부 그렇다고 말할 수 없지만 여자의 마음은 남자에 비해 자잘한 것에 집착하는 경향이 많다. 사건이 발생하면 나누고 또 나누는 분석력이 아주 뛰어나다. 여기에 여자가 가진 직관이 결합하면 영락없이 거짓말이 들통이 나고 마는 경우가 허다하다. 이것이 바로 묘한 여자의 마음이다.

남자의 행동방식이 성큼성큼 걸어가는, 선이 굵은 방식이라면 여자의 그것은 아주 미세한 파동조차도 잡아내는 미분법적 방식이다. 나누기의 달인을 여자의 마음으로 본 것이다. 그래서 妙를 나눗셈으로 본 것이고 이것은 생명체가 탄생하기 이전의 胞胎 단계이며 물질을 구성하고 있는 최소 단위의 극미립자(極微粒子)를 말한다.

예를 들어 1을 9로 나누면 0.1111……로 무한 순환소수가 나오는데 이때의 소수점 이하의 순환하는 부분을 이루는 1을 妙라고 한 것이다.

② 衍은 가감승제 중에 승산(乘算), 즉 곱셈을 말한다.

衍의 구성을 보면 '간다'는 의미의 行과 그 가운데 물을 의미하는 水가 결합하여 조자(造字)되었다. 물이 흘러가는 강물을 연상하면 쉽게 이해할 수 있다. 수많은 지류의 물이 계속 합쳐지고 또 합쳐져 하류에 이르면 물이 아주 대량으로 불어나 있는 상태이다. 더구나 지류에서 본류에 유입되는 양상은 순차적 유입이 아니라 그야말로 동시 다발적·무차별적 유입이다. 지리산 계곡의 물이 섬진강으로 유입되고 있는 그 같은 순간에 덕유산 계곡의 물도 동시에 유입되고 있다는 말이다. 이는 직렬연결이 아닌 병렬연결 구조를 보여주고 있다. 병렬연결이 바로 곱셈이다. 만일 직렬연결이라면 덧셈이라고 할 것이다.

십진법으로 수가 커질 때, 즉 10배씩 성큼성큼 뛰는 것도 바로 衍의 방식이다.

③ 往은 무엇인가? 가감승제 중 감산(減算), 즉 뺄셈을 의미한다.

往의 원래 자의(字意)를 보자. 往은 사람이 자기 자신이 주체가 되어 이곳저곳을 돌아다니는 것을 말한다. 100군데의 명승지를 방문하기로 계획한 사람이 차례대로 방문하는 모습을 상상하면 쉽다. 남원을 방문하고 나면 99곳이 남아 있고, 하동을 방문하고 나면 98곳이 남는 식이다. 남원과 하동을 동시에 방문할 수는 없지 않은가! 하나씩 제거해 나갈 수밖에 없다.

往은 생명체가 탄생한 이후 차례차례 소멸(消滅)해 가는 과정이며 물질이 최종적으로 붕괴되어 사라져 가는 상태, 불교에서 말하는 성주괴공(成住壞空) 중에 '괴(壞)'의 상태이다. 최종적으로는 0의 상태에 이르거나 심지어 마이너스 단계로 진입할 수도 있다.

④ 來를 살펴보자. 가감승제 중에 가산(加算), 즉 덧셈을 말한다.

주체인 나 자신은 가만히 있는데 주변의 사물이 내 주위로 몰려와 쌓이는 것을 말한다. 온다는 뜻의 來의 유래는 원래 보리를 뜻하는 麥(맥)이었다. 쌀이 아직 흔하지 않던 고대에 보리는 하늘로부터 전해 오는 오곡 중의 하나였다. 하늘로부터 땅으로 전해진 보리가 창고에 쌓이는 방식은 한 섬씩 차곡차곡 진입되는 방식이었을 것이다. 1에 1을 더해서 2가 되고, 2에 1을 더해 3이 되며 3에 1을 더해 4가 되는 방식으로 임의의 수에 일정한 수를 加해서 새로운 수가 탄생하는 방식을 뜻한다.

이상은 다소 억측처럼 보이지만 가감승제라는 도구를 사용하여 천부경을 해석하기 위한 방편이므로 독자 여러분들의 양해를 구한다.

묘연(妙衍)이란 생명체가 탄생하기 이전의 미세한 형태의 포태 단계와 정자와 난자가 결합되어 수정이 이루어진 후 생명체가 분열을 시작하여 무럭무럭 커져 가는 성장단계를 함께 표현한 말이다.

현미경이 발달하지 않았던 고대에 남자의 정액은 단순한 수양액(水樣液)에 다름 아니었다. 정액과 콧물의 차이를 그들은 구분할 수 없었다. 그러나 정액이 자궁에 심어지는 순간 콧물이 가지지 못한 정액의 신묘한 기능을 눈치챘을 것임은 자명한 사실이다. 더구나 수정된 태아가 자궁 속에서 체세포 분열을 통해서 2배수(이진법)씩 늘어나는 것은 그들에게 경이였을 것이다.

만왕만래는 태아가 자궁을 벗어나 드디어 세상에 태어난 후의 과정이다. 탄생 이후 벌어지는 무수히 반복되는 생멸의 과정을 萬이라는 한 단어로 축약하여 표현한 것이다.

연묘가 아니고 묘연이라고 한 것은 생명 탄생의 시간적 진행 과정을 표현한 것이다. 또 래왕이라 하지 않고 왕래라고 한 것도 중대한 의미가 함축되어 있다.

우선 보리에서 유래한 來는 生을 의미하고 왕은 이미 지나간 과거형, 즉 없어져 버림의 멸실(滅失)을 의미한다. 우리가 살아가는 현상계를 중심으로 보면 태어난 후에 죽어 없어지므로 래왕이 맞는 표현이다. "한 번 왔다가 가는 인생, 뜻있게 살다 가야지!"라는 표현에서 보면 분명 오는 것이 먼저고 스러져 가는 것이 나중이다. 하지만 우리가 살고 있는 현상계보다 좀 더 넓은, 광역의 범주에서 생각해 볼 필요가 있다. 물론 하루하루를 연명하기에 급급한 장삼이사(張三李四)에게는 필요 없는 말처럼 들릴지도 모른다. 적어도 철학적인 심전(心田)이 굳은 사람들은 그러나 반드시 이것에 관한 사색이 필요한 대목이다. 우리가 지금 탐구하고 있는 천부경과도 깊은 연관을 가지고 있기 때문이다.

비유를 들어 설명해 보자.

구멍이 숭숭 뚫린 백지가 허공에 떠 있다.

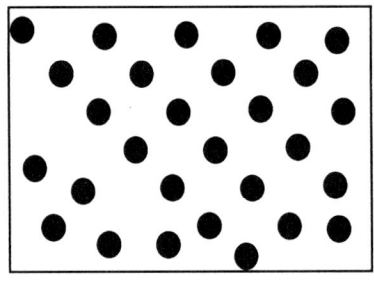

우리는 이 모습을 보고 다음과 같이 표현한다.

"백지에 구멍이 숭숭 뚫려 있구나!"

백지라는 범위 안에 구멍이 존재하는 것으로 파악한 것이다. 자세히 고찰해 보면 재미있는 현상을 발견할 수 있다.

우리는 먼저 有(백지)를 생각하고 無(구멍)를 나중에 말한 것이다. 이것은 마치 백지라는 바탕에 구멍이 뚫려 있는 것으로 상정한 것이다. 틀린 말은 아니다. 그러나 그 근본은 미처 발견하지 못한 것이다. 백지 위에 언뜻 언뜻 구멍들이 보이는데 그 구멍들은 有로 인해서 생긴 無가 아니라 원래 근본적으로 존재하던 무 자체였던 것이다. 그런데 有(백지)라는 장애물로 인해서 無의 일부는 가려지고 일부만 보였던 것이다. 그러면 무 자체를 정확히 파악하려면 어떻게 해야 할까? 물론 구멍을 통해서도 검은 無의 실체를 어렴풋이 파악하긴 할 수 있다. 그러나 무의 전모를 알기 위해서는 존재하던 백지 자체를 없애 버리는 것이 가장 좋은 방법이다. 그러면 유의 근본적인 배경인 無만 남게 된다.

이와 같은 배경지식을 가지고 '래왕'과 '왕래'에 대한 논의를 계속해 보자.

우선 불교의 윤회의 개념을 빌어서 설명하는 것이 쉬울 것 같다. 윤회란 불교에서 말하는 어떤 정신적 기전에 의해서 한 생명체가 삶과 죽음을 반복하는 과정이다. 즉 인간의 정신이 현상계와 비현상계를 넘나드는 것이 반복되는 현상이란 말이다. 물론 정신이 있으면 육체가 생기고 육체가 있으면 정신이 깃드는 것은 물론이다. 위에서 언급한 유무의 개념과 현상계 비현상계는 유사한 점을 가지고 있다.

범인(凡人)이 느끼는 인생이라는 길이는 한없이 긴 것처럼 느끼지만 윤회의 관점에서는 억겁의 시간도 찰나다. 억겁이라는 비현상계 시간이 無라면 고작해야 100년이라는 인생은 백지에 비유한 찰나의 有에 해당한다. 그렇다면 현상계와 비현상계 중 어느 쪽이 더 근본적인가?

생명현상이라는 징후가 없는 비현상계는 마치 죽음처럼 느껴지니 존재하지 않는 것으로 보기 쉽다. 그리고 비로소 모태를 박차고 나온 생명체는 비로소 생명을 얻었으니 존재하는 것으로 보인다. 그러나 유무의 관점으로 따져서 무가 근본적인 배경이듯이 비현상계가 현상계에 우선한다. 무의 요동에 의해서 有라는 생명체가 잠시 나타났다가 없어지기를 반복하는 것이 현상계와 비현상계의 교호(交互)작용이다. 그러므로 마치 죽어 있는 것처럼 보이지만 그러나 그 속에 생명의 씨앗을 품고 고요히 요동치고 있는 세계가 더 근본적이지 않겠는가! 따라서 없던 곳에서 있는 곳으로 나타나는 왕래가 더 적확(的確)한 표현이다.

천부경의 "一終無終一, 一始無始一"에 나타난 '終則有始'와 그리고 '萬往萬來'의 왕래(往來)는 전부 위와 같은 배경과 맞닿아 있다.

결국, 妙에는 一始의 의미를, 衍에는 一終의 의미를, 만왕에는 無終一의 의미를, 만래에는 無始一의 의미가 담겨 있다.

'묘연만왕만래'에는 생명체가 포태되어 탄생하고, 탄생 후에 성장하다가 멸하고 다시 탄생하기를 반복하는 억겁의 변화 과정을 모두 내포하고 있는 것이다. 초등 수학의 기초가 되는 가감승제의 단순한 연산이 실은 생명체의 구조와 생멸하는 이치를 담고 있다는 말이다. 그 다음에 나오는 구절이 **'용변부동본(用變不動本)'인데** 여기서 用은 쓰임새를, 본은 그 쓰임의 주체를 말하는 것이다. 즉 用은 생명체가 '만왕만래'하여 천변만화하는 변화상을 말하고 本은 개별 생명체가 아닌 대우주에 만연해서 생명체에게 공급되는 생명력의 실상 그 자체를 의미한다.

따라서 用에는 수많은 변화가 있을 수 있지만 생명을 유지하는 데 필요한 에너지 공급원인 에너지 풀(pool)은 절대 변하지 않고 요지부동이라는 말이다. 마치 아무리 퍼서 써도 마르지 않는 화수분과 같다. 그것을 주역의 괘상으로 표현하면 건위천(䷀)이다. 64괘 중에 건괘처럼 양으로 가득 찬 괘가 또 존재하는가? 없다.

천부경 81자 중에 本은 4번 나타난다. 전반부에 나오는 무진본(無盡本)은 천지인 삼태극의 근본을, 부동본(不動本)의 本은 地의 근본을, 本心의 本은 人의 근본을, 그리고 本太陽의 本은 天의 근본을 말한다(후술 예정).

부동본(不動本)의 本이 地의 근본이 된다는 것은 모든 생명체가 땅을 바탕으로 하여 그 형상을 이루기 때문이다. 묘연만왕만래하는 변화상은 天과 人이 상응하여 이루어지는 用의 모습이고 생명체의 모태가 되는 地는 움직일 수 없는 근본이 된다는 것이다.

운삼사도에 나타난 수의 구조를 보면 天數 1, 4, 7은 좌측에 있고, 人數 9, 3, 6은 우측에 있어서 서로 상응하여 인체의 움직임의 用이 되고, 地數 2, 5, 8은 천수와 인수의 중심에 있으면서 그들의 활동에 지렛대 역할을 하고 있다. 더구나 지수 2, 5, 8 중에서도 5는 상하의 중앙이고 또한 좌우의 중앙에 위치하니 가장 중추적인 역할을 담당한 수이다. 그래서 그 근본이 변하지 않는 부동본의 수라고 한 것이다. 따라서 여타의 모든 수가 '묘연만왕만래'하지만 5는 부동본의 수라고 표현한 것이다.

인각천부경의 구조에서 보듯이 부동본의 8항까지가 총 64자이다. 1항부터 8항까지는 모두 천부수리에 관한 내용인데 수의 변화를 64자로 설명하고 있는 것이다. 주역에서 다루는 64괘 역시 수리의 구조로 이루어져 있는데 천부경은 8항까지에 걸쳐 있는 64자를 통해서 천부수리의 독특한 특성을 정교하게 설명하고 있다.

천부수리의 특성은 묘연만왕만래를 통해서 가감승제를 설명하고 있으며 또한 그 속에는 우리가 알지 못하는 초등생 필수 코스인 '구구단의 원리'가 숨어 있다. 뚱딴지같은 소리지만 가감승제의 법칙은 구구단의 원리를 통해서 잘 드러나 있고 또 구구단의 원리는 수의 변화를 가장 극명하게 보여 주고 있다. 그것을 탐구해 볼 차례이다.

	1단	2단	3단	4단	5단
	1×1=1	2×1=2	3×1=3	4×1=4	5×1=5
	1×2=2	2×2=4	3×2=6	4×2=8	5×2=10
	1×3=3	2×3=6	3×3=9	4×3=12	5×3=15
	1×4=4	2×4=8	3×4=12	4×4=16	5×4=20
	1×5=5	2×5=10	3×5=15	4×5=20	5×5=25
	1×6=6	2×6=12	3×6=18	4×6=24	5×6=30
	1×7=7	2×7=14	3×7=21	4×7=28	5×7=35
	1×8=8	2×8=16	3×8=24	4×8=32	5×8=40
	1×9=9	2×9=18	3×9=27	4×9=36	5×9=45
	1×1=10	2×10=20	3×10=30	4×10=40	5×10=50
합	55	110	165	220	275
	5+5=10 1+0=1	1+1+0=2	1+6+5=12 1+2=3	2+2+0=4	2+7+5=14 1+4=5
단수	1	2	3	4	5

	6단	7단	8단	9단	10단
	6×1=6	7×1=7	8×1=8	9×1=9	10×1=10
	6×2=12	7×2=14	8×2=16	9×2=18	10×2=20
	6×3=18	7×3=21	8×3=24	9×3=27	10×3=30
	6×4=24	7×4=28	8×4=32	9×4=36	10×4=40
	6×5=30	7×5=35	8×5=40	9×5=45	10×5=50
	6×6=36	7×6=42	8×6=48	9×6=54	10×6=60
	6×7=42	7×7=39	8×7=56	9×7=63	10×7=70
	6×8=48	7×8=56	8×8=64	9×8=72	10×8=80
	6×9=54	7×9=63	8×9=72	9×9=81	10×9=90
	6×10=60	7×10=70	8×10=80	9×10=90	10×10=100
합	330	385	440	495	550
	3+3+0=6	3+8+5=16 1+6=7	4+4+0=8	4+9+5=18 1+8=9	5+5+0=10 1+0=1
단수	6	7	8	9	1
총합수	3,025=3+0+2+5=10, 1+0=1 ∴ 3,025를 단수화하면 1				

위의 표를 보고 정리하자.

- 1단의 합수는 55이고 55를 단수화하면 1이다.
- 2단의 합수는 110이고 110을 단수화하면 2이다.
- 3단의 합수는 165이고 165를 단수화하면 3이다.
- 4단의 합수는 220이고 220을 단수화하면 4이다.
- 5단의 합수는 275이고 275를 단수화하면 5이다.

- 6단의 합수는 330이고 330을 단수화하면 6이다.
- 7단의 합수는 385이고 385를 단수화하면 7이다.
- 8단의 합수는 440이고 440을 단수화하면 8이다.
- 9단의 합수는 495이고 495를 단수화하면 9이다.
- 10단의 합수는 550이고 550을 단수화하면 1이다.
- 그리고 1단부터 10단까지의 총합 수는 3,025이고 3,025를 단수화하면 역시 1이 된다. 특히 3,025는 55를 제곱한 수와 같다.

이상에서 보면, 1에서 9까지 최대한 분화된 후 10단에 도달하면 또다시 1로 환원되는 특이한 사실을 알 수 있다. 앞서 살펴본 4운에서 天一에 9를 합하면 10이 되는데 10은 도로 1이 되는 것과 같은 이치가 구구단의 10단에서 증명됨을 볼 수 있다. 또 1단에서 10단까지의 단수를 전부 더해 보자. 얼마인가? 46이다. 46을 단수화하면 역시 1로 귀결된다. 구구단의 각 단의 수가 1부터 10까지 곱해서 변화를 해도 그 합수를 단수화하면 본연의 단의 수가 된다는 것도 재미있는 현상이다.

가령 3단은 3×1에서 3×10까지로 10가지의 변화를 한다. 그러나 3단의 합수는 165이고 165를 다시 단수화하면 3이 되니 3단의 3과 같은 수가 된다는 것이다. 즉 묘연만왕만래라는 연산 중에 곱셈에서 10가지의 변화를 거듭하더라도 10가지 변화의 합수를 살펴보면 고유의 단수의 수자와 동일하다는 결론이다. 참고로 단수화를 하는 작업은 수의 쓰임새, 즉 用이 어떤가를 알아보는 과정이다. 아무리 천변만화하더라도 그 쓰임새의 근본은 바뀌지 않는다는 것이 이른바 '용변부동본'의 참뜻이다.

본서의 제2장 '수리론' 중 수의 用에서 이미 언급했듯이 구구단의 합의 본수가 5단과 10단의 체수를 제외한 1단과 9단, 2단과 8단, 3단과 7단 그리고 4단과 6단은 본수의 흐름이 거꾸로 진행됨도 눈여겨보아야 할 사항이다.

1단	1.2.3.4.5.6.7.8.9	9단	9.8.7.6.5.4.3.2.1
2단	2.4.6.8.0.2.4.6.8	8단	8.6.4.2.0.8.6.4.2
3단	3.6.9.2.5.8.1.4.7	7단	7.4.1.8.5.2.9.6.3
4단	4.8.2.6.0.4.8.2.6	6단	6.2.8.4.0.6.2.8.4

이것은 1·9 태양수와 2·8 소음수, 3·7 소양수, 4·6 태음수는 각각 사상수 자체 내에

서 서로 체용관계가 성립되고 있음을 나타내는 것이다. 그리고 구구단의 단수를 자세히 살펴보면 천수 1.4.7, 지수 2.5.8, 그리고 인수 3.6.9가 질서 정연하게 배열되어 있음을 알 수 있다.

天數						地數						人數					
1단	단수	4단	단수	7단	단수	2단	단수	5단	단수	8단	단수	3단	단수	6단	단수	9단	단수
1	1	4	4	7	7	2	2	5	5	8	8	3	3	6	6	9	9
2	2	8	8	14	5	4	4	10	1	16	7	6	6	12	3	18	9
3	3	12	3	21	3	6	6	15	6	24	6	9	9	18	9	27	9
4	4	16	7	28	1	8	8	20	2	32	5	12	3	24	6	36	9
5	5	20	2	35	8	10	1	25	7	40	4	15	6	30	9	45	9
6	6	24	6	42	6	12	3	30	3	48	3	18	9	36	9	54	9
7	7	28	1	49	4	14	5	35	8	56	2	21	3	42	6	63	9
8	8	32	5	56	2	16	7	40	4	64	1	24	6	48	3	72	9
9	9	36	9	63	9	18	9	45	9	72	9	27	9	54	9	81	9

위 표를 보면서 확인하기 바란다. 부분을 쪼개서 세부적으로 고찰해 보자.

먼저 좌측의 1.4.7단의 天數를 보자.

天數					
1단	단수	4단	단수	7단	단수
1×1=1	○1	4×1=4	○4	7×1=7	○7
1×2=2	□2	4×2=8	□8	7×2=14	□5
1×3=3	△3	4×3=12	△3	7×3=21	△3
1×4=4	○4	4×4=16	○7	7×4=28	○1
1×5=5	□5	4×5=20	□2	7×5=35	□8
1×6=6	△6	4×6=24	△6	7×6=42	△6
1×7=7	○7	4×7=28	○1	7×7=49	○4
1×8=8	□8	4×8=32	□5	7×8=56	□2
1×9=9	△9	4×9=36	△9	7×9=63	△9

○: 天數 □: 地數 △: 人數

1열에 1.4.7 천수가, 2열에 2.8.5 지수가, 3열에 3.3.3의 인수가, 4열에 4.7.1 천수가, 5열에 5.2.8 지수가, 6열에 6.6.6 인수가, 7열에 7.1.4 천수가, 8열에 8.5.2 지수가, 9열에 9.9.9 인수가 배열되어 있다. 즉 1.4.7열은 1.4.7 천수의 숫자로 구성되어 있고, 2.5.8열은 2.5.8 지수의 숫자로 구성되었고, 3.6.9열은 3.6.9 인수의 숫자로 구성되어 있음을 볼 수 있다.

다음으로 중앙의 2.5.8단, 즉 地數를 보자.

地數					
2단	단수	5단	단수	8단	단수
2×1=2	□2	5×1=5	□5	8×1=8	□8
2×2=4	○4	5×2=10	○1	8×2=16	○7
2×3=6	△6	5×3=15	△6	8×3=24	△6
2×4=8	□8	5×4=20	□2	8×4=32	□5
2×5=10	○1	5×5=25	○7	8×5=40	○4
2×6=12	△3	5×6=30	△3	8×6=48	△3
2×7=14	□5	5×7=35	□8	8×7=56	□2
2×8=16	○7	5×8=40	○4	8×8=64	○1
2×9=18	△9	5×9=45	△9	8×9=72	△9

○: 天數 □: 地數 △: 人數

1열에 2.5.8 지수가, 2열에 4.1.7 천수가, 3열에 6.6.6 인수가, 4열에 8.2.5 지수가, 5열에 1.7.4 천수가, 6열에 3.3.3 인수가, 7열에 5.8.2 지수가, 8열에 7.4.1 천수가, 9열에 9.9.9 인수가 배열되어 있음을 볼 수 있다. 즉 1.4.7열에는 2.5.8 지수가 섞여 있고, 2.5.8열에는 1.4.7 천수가 섞여 있고, 3.6.9열에는 6.3.9 인수가 섞여 있음을 볼 수 있다.

이번에는 우측 3.6.9단의 人數를 보자.

人數					
3단	단수	6단	단수	9단	단수
3×1=3	△3	6×1=6	△6	9×1=9	△9
3×2=6	△6	6×2=12	△3	9×2=18	△9
3×3=9	△9	6×3=18	△9	9×3=27	△9
3×4=12	△3	6×4=24	△6	9×4=36	△9
3×5=15	△6	6×5=30	△3	9×5=45	△9
3×6=18	△9	6×6=36	△9	9×6=54	△9
3×7=21	△3	6×7=42	△6	9×7=63	△9
3×8=24	△6	6×8=48	△3	9×8=72	△9
3×9=27	△9	6×9=54	△9	9×9=81	△9

△: 人數

1열에 3.6.9 인수가, 2열에 6.3.9 인수가, 3열에 9.9.9 인수가, 4열에 3.6.9 인수가, 5열에 6.3.9 인수가, 6열에 9.9.9 인수가, 7열에 3.6.9 인수가, 8열에 6.3.9 인수가, 그리고 9열에 9.9.9 인수가 배열됨을 볼 수 있다. 즉 1.4.7열에는 3.6.9가, 2.5.8열에는 6.3.9가, 그리고 3.6.9열에는 9.9.9가 배열되어 있다. 3.6.9 중에서 3은 天이 되고, 6은 地가 되며 9는 人이 된다.

1.4.7단 天數에 3.6.9의 순서로 배열된 것은 (바로 인수 중에서도) 天地人 순서를 따른 것이고, 또 2.5.8단 地數에 6.3.9로 배열된 것은 地天人 순서를 따른 것이며, 3.6.9단 人數에 9.9.9로 배열된 것은 순수하게 人만으로 구성된 人人人의 순서를 따른 것이다.

이상이 천부수리의 독특한 체계이다.

가감승제라는 사칙연산이 묘연만왕만래라는 이치를 나타내는 것이며 또한 이것은 구구단 내의 숫자들의 변화를 통하여 나타나며 天地人 삼태극이 조화를 이루며 서로 상응하고 있다는 것을 여실히 보여 주고 있는 것이다.

결론적으로 수는 1에서 9에 이르는 동안 3회의 운(運)을 거치고 4회째에 이르러 성(成)하는데 이는 곧, 수를 부풀리고(衍) 또 묘(妙)하게 이치를 보여 주는 것이다. 이렇게 곱하여 부풀려지고, 나누어 묘하게 되더라도 종국에서 1로 귀결된다는 놀라운 사실을 간파할 수 있어야 한다. 만 번을 가고 또다시 만 번이 오는(萬往萬來) 천변만화의 변화과정을 거치더라도, 숫자 속에 내재된 근본원칙은 여전히 유지되고 확고하다는 것을 볼 수 있어야 한다. 수가 전개되는데 運一은 人을 얻어 天數를 생하고, 天을 얻어 地數를 생하고, 地를 얻어 人數를 생한다. 運二, 運三은 天으로써 人을 합하고, 地로써 人을 합하고, 人으로써 人을 합한다. 득화(得化)해서 생하는 수인 4, 5, 6, 7, 8, 9가 바로 用의 변화일 뿐이다.

四運에 이르러 始一의 位에서 人이 天을 합하는 것이나 天一에 9를 합하면 10이 되어 1이 되니 다시 종일지일(終一之一)이 되는 것이다. 돌아오면 단지 이것이 시일지일(始一之一)이다. 이것이 부동지본이 되는 것이며 1, 9의 모습이 바로 이것이다. 그러므로 人道를 極하여 天德에 이르니 인이 천과 더불어 합일하게 된다.

이것을 일컬어 수리의 本이라고 한다. 9는 人人의 수이며 1은 天天의 수이다. 9는 인도를 극한 수로 天一에 합하면 10을 이루어 다시 1이 되니 천과 합일하게 되는 것이다.

9. 本心本太陽(본심은 태양을 本하였다)

本心本太陽의 5글자와 昂明人中天地一의 7글자, 그리고 一終無終一의 一은 成環五七一의 또 다른 비유로 천부심법의 정곡을 찌르는 핵심구절이다. 특히 本心本太陽 5글자는 天人合一의 경지를 구체적으로 묘사한 부분이다. 天地人 삼재 중에 地는 体가 되고 天과 人은 用이 된다. 운삼사도에서 地數 2, 5, 8은 중심 줄(line)에 위치하여 体가 되고, 1, 4, 7 天數와 9, 3, 6 人數는 각각 좌우에 위치하며 서로 상응하면서 움직임의 用이 되고 있다. 또 1, 4, 7 천수와 9, 3, 6 인수 중에서 1과 9는 天人을 대표하는 수로 상부에 위치하며 하늘에 떠 있는 태양의 모습을 본뜬 것이다.

앞서 언급한 대로, 천부경 안에는 4개의 本이 있다. 처음에 나오는 析三極無盡本의 本은 大三인 천지인의 근본을 말하는 것인데 이 無盡本이 삼태극의 3으로 쪼개지면서 공간을 상징하는 3개의 本으로 나누어진다.

이 3개의 本을 천부수리도를 참고하면서 탐구해 보자.

〈표〉 천부수리도

	天	地	人
天	1 天天	2 天地	3 天人
地	4 地天	5 地地	6 地人
人	7 人天	8 人地	9 人人

위 표에서 보듯이 순수한 천지인의 결합은 天天1과 地地5, 그리고 人人9의 3가지다. 따라서 天天1은 天의 근본이 되고 地地5는 地의 근본이 되고 人人9는 人의 근본이 된다. 그러므로 3本 중에 天天1은 本太陽이 되고, 地地5는 不動本이 되고, 人人9는 本心이 된다. 이 중에서 人人9의 本心과 天天1의 本太陽을 묶으면 本心本太陽이 되는데 이 말은 즉 人人9가 天天1을 본받아 이루어졌다는 뜻이고 환언(換言)하면 천인합일이라는 말이다.

6위 운삼사도를 다시 한 번 그려 보자.

〈표〉 6위 운삼사도

운	위	삼재		天	地	人
1운	1위	天	人	1		9
	2위	地			2	
2운	3위	人	天	4		3
	4위		地		5	
3운	5위	天	人	7		6
	6위	地			8	

위 표에서 보면, 1·9 태양이 地地5라는 不動本을 고리로 天天1과 人人9가 합일하여 1운의 1위에서 머리(首)처럼 위치하게 된다. 天1 본태양은 天의 근본이 되고 人9 本心은 人의 근본이 되어 地5라는 不動本을 体로 하여 천인합일의 用을 이루게 된다.

사람에게는 本心[속마음]이라는 게 있다. 즉 마음에 본이 있다는 것은 마음이 본래 태양을 근본으로 하였기 때문에 생기는 것이다. 태양빛이 사물에 파고들면 사물의 내면과 외면이 속속들이 다 드러나 감출 것이 없다는 뜻이 바로 본심이다.

태양 없는 하늘은 상상조차 할 수 없는 일이다. 태양은 그저 무심하게 떠 있을 뿐인 존재가 아니다. 태양이 존재함으로써 인간의 마음 또한 존재한다는 의미심장한 뜻이 들어 있다. 태양을 중심으로 행성이 자전과 공전을 반복하면서 명암이 생기듯이 인간의 마음도 태양이 출몰함에 따라 명암이 생기는 것이다. 어두우면 음심이 생기고 밝으면 귀정(歸正)의 마음이 동하는 것이 모두 다 태양의 힘이다. 태양의 명암에 따라 인심의 명암이 갈마드는 것이므로 인간의 마음은 태양을 닮았다고 하는 것이다. 태양을 닮은 인간의 마음이 주체가 되어 생명활동을 끊임없이 영위해 나가는 것이 인생이라고 감히 단언한다.

태양은 높은 온도를 가진 플라즈마로 형성되어 스스로 열과 빛을 발산하고 있다. 앞으로도 약 40억 년은 족히 버틸 것이다. 그런데 우리 태양계에 있는 태양과 같은 항성이 우주에는 수없이 많이 존재한다. 이러한 항성들은 고온의 열과 밝은 빛이라는 2가지를 내뿜는다. 고온은 물질의 영역을 대변하고 비물질을 대변하는 것은 빛이다. 이 두 가지에 의해서 모든 생명체는 생명력을 얻어 활동하고 삶을 영위해 나간다. 가령, 생명의 싹을 틔우고 자라게 하는 기운이 따뜻한 열기인데 이 열기는 빛이 생명체에 닿을 때 생긴다. 빛이 닿으면 생명이 싹트고 활력을 얻어 생장하게 된다는 말이다. 생명이 창조되고 생명체에 활력이 넘치게 하는 것은 모두 빛 덕택이다. 이처럼 빛은 물리적인 작용을 하지만 그러나 빛은 물질로 나타나기 이전부터 이미 밝음의 본성을 가지고 있었다. 밝아지면 어둠이 사라지는 것만 보더라도 빛의 밝음이 단순한 물질적 작용 이상의 의미를 가지고 있음을 알 수 있다.

사물을 식별하기 위해 사람에게는 눈이라는 기관이 갖추어져 있다. 그러나 소경도 사물을 분간할 방법은 있다. 눈으로 보기 이전에 마음이 먼저 작용하기 때문에 가능하다. 이처럼 눈 이전에 마음이 우선하듯이 하늘에는 빛을 발산하는 태양이 있지만 물질적으로 존재하는 태양 이전에 허허공로(虛虛空路)인 天이라는 공간이 있음을 간과해서는 안 된다.

텅 빈 무한대의 공간처럼 보이는 天이라는 일물(一物)은 그 자체가 허허롭게 보이지만 실은 天의 에너지로 가득 차 있다. 눈에 보이지 않는다고 존재하지 않는다고 말할 수 없다. 앞으로 과학이 훨씬 발전하는 단계에 이르면 혹시 天의 물질의 존재가 밝혀질지도 모를 일이다. 하늘에 가득 찬 天의 에너지는 앞서 언급한 대로 주역괘상 중 건괘(乾卦)의 에너지이다. 그 乾-에너지의 본체는 불순물이 없는 그야말로 純一한 에너지 덩어리다. 우리 몸에, 아니면 감각 기관 중의 어느 하나가 그 에너지를 받아들일 수용체를 갖추고 있다면 얼마든지 가져다가 자기 에너지화가 가능한 무궁무진한 힘의 보고(寶庫)이다. 하늘에는 태양열과 빛 이외에 乾-에너지가 있다는 말인데 이것을 곧 天-神이라고 표현해도 될 성 싶다. 천부경에서 本太陽이라고 표현한 것은 태양이 天의 매개체이기 때문에 태양의 밝음을 통하여 태양의 본바탕인 乾-에너지를 언급하고자 한 것이지, 물질로서의 태양을 신격화하여 태양신을 숭배하자는 논리는 아닌 것이다.

하늘이 흐렸다 개었다 하지만 하늘 그 자체의 명암이 바뀌는 것이 아니라 대기권을 둘러싼 구름양의 다소에 따른 변화인 것처럼 마찬가지로 인간의 기분에 굴곡이 생기는 것도 인간 자신의 본심의 변화가 아니다. 본심을 둘러싼 욕심에서 촉발된 칠정(喜怒哀樂愛惡慾)의 발로 때문이라는 말이다. 사람의 근본 마음인 본심은 천의 태양을 본받아 본래가 밝음 그 자체인 것이다. 천부경에서 태양이라는 단어를 쓴 것은 天의 바탕인 밝음, 더 나아가 '쉬지 않고 움직이는'-'終日乾乾'의 乾-에너지를 마음의 근본에 비유한 것에 다름 아니다.

단군도에서는 天의 근본이 되는 天1 本太陽과 人의 근본이 되는 人9 本心을 상부 1위에 있는 머리(首)에 배속하고, 地의 근본이 되는 地5를 중심으로 나머지 4, 7, 2, 8, 3, 6을 중부와 하부에 있는 몸통(體幹)에 배속하였다. 이것은 몸통을 用으로 하고 머리를 体로 하는 직립하는 인간의 형상을 본뜬 것이다.

체와 용, 어느 것 하나 중요치 않은 것이 없지만 인간 생명 활동에서 몸통에서 행해지는 用보다는 명령을 내리는 体가 훨씬 고도의 상위개념이다. 그렇다고 用이 하찮다는 것은 아니다. 단지 진화에 따른 발전과정으로 볼 때 더 중요한 개념이라는 말이다. 따라서 天人의 대표수인 1·9 태양수를 머리(首)에 배속한 것이다.

本心9와 本太陽1이 首에서 天人合一하는 모습을 『三一神誥』에서는 다음과 같이 표현하고 있다―"自性求子 降在爾腦"―"스스로의 본성에서 (하늘의) 씨앗을 구하라. 너의 뇌에 내려와 계시느니라." 좀 더 쉽게 풀이하면 "본심은 머리에 있고 本太陽의 신은 머리의 뇌로 내려온다"는 말이다.

우리 조상들의 인간관에 따르면 인간의 뿌리는 天에 있다고 굳게 믿어 왔다. 근취저물의 정신으로 탐구한 결과일 것이다. 가령 식물은 그 뿌리가 땅에 있고 몸통과 가지, 그리고 이파리는 하늘을 향해 뻗어 있는 기립지물(氣立之物)이다. 반면, 만물의 영장이요 신기지물(神氣地物)인 인간은 그 뿌리가 되는 머리는 하늘을 향해 있고 몸통과 손발은 땅이 있는 아래쪽을 향하고 있는 것이다. 이처럼 인간의 뿌리는 머리이기 때문에 가장 먼저 머리로 본태양의 천기를 흡수하고 그다음에 본심과 합일하여 생명 활동을 영위한다고 본 것이다.

인도의 우파니샤드에서 자아에 해당하는 아트만은 머리가 아니라 심장에 존재한다. 그런데 불교에서는 자아로서의 아트만을 부정하고 아트만이라는 자아의 생각을 완전히 차단하고 열반에 이르기를 주장한다. 또한 아리스토텔레스의 이론에 따르면 그 중심은 머리가 아니라 심장이라고 보았다.

이상을 종합해 볼 때 우파니샤드나 불교, 그리고 아리스토텔레스의 이론은 천부경에서 주장하는 天 사상과는 근본적으로 다르다. 다시 한 번 강조하지만, 천부경에서는 머리(首)가 인간의 뿌리가 되어 머리에서 본심과 天一神인 본태양이 합일하고 있다고 본 것이다.

주역 건괘에서 말하는 수출서물(首出庶物)도 눈여겨볼 만한 글귀이다. 기존의 해석을 따르면 "여러 물건에 앞서 머리가 되는 성인이 출현한다"고 새긴다. 그러나 필자는 좀 다르게 생각한다. 여기서 머리의 의미는 인간의 뿌리가 됨을 상징하는 것이다. 인간이 모태에서 빠져나올 때 머리부터 나오는 것도 이와 같은 이치에 닿아 있다.

아무튼 본심본태양은 머리에서 天人合一하여 태양의 근본인 天의 밝음을 본받아 밝은 지혜와 밝은 성품의 인격완성을 요구하는 하늘의 가르침이다.

10. 昻明人中天地一(태양같이 밝은 마음으로 비추어 보면 人 가운데서 天地가 하나다)

앙(昻) 자는 오를 앙, 해가 떠오르는 모습 앙, 높을 앙, 특출할 앙, 출중할 앙으로 앙명(昻明)은 해가 높이 솟아올라 온 세상이 밝은 모습을 말한다. 앙명은 그러므로 "눈부시게 빛나는 태양이 온 天下를 정조(正照)하는 모습"이다.

해가 서산에 지고 태양이 사라지면 온 세상은 즉시 암흑을 향해 변하고 생명체의 활동 또한 약화된다. 생명체의 모든 감각기관은 밝은 대낮보다 어둠에서 그 기능이 감소된다. 특히 시각적 기능이 저하되어 사물의 실상을 정확하게 감지하지 못한다. 태양광이 있든 달빛이 있든 아니면 인간이 인위적으로 만든 빛이 있든, 빛이 있어야 생명체는 밝음을 얻어 사물을 식별 할 수 있게 되고 생명활동을 영위할 수 있게 된다. 빛이 없는 어둠 속에서 이루어지는 일은 생명체의 활동에 역행하는 판단을 하거나 불필요한 행동을 야기하여 심한 경우, 죽음에까지 이를 수 있다. 왜냐하면 어둠 속에서는 사물을 정확하게 식별할 '빛'이라는 잣대가 없기 때문이다. 어둠 속에서는 밝은 지혜가 발휘되지 못하고, 오직 본능적인 욕구로 인한 갖가지 감정의 찌꺼기가 부정확한 판단에 부적절한 행동을 야기한다는 말이다.

태양은 아무런 조건 없이 무한정의 빛을 태양계 안에 방출하고 있고, 지구에 사는 생명체들은 지구의 자전공전으로 인하여 주야(晝夜)와 사시(四時)의 변화에 따라 밝음과 어둠을 반복적으로 감수(感受)하며 살아간다. 지구의 자전속도로 움직여 태양을 따라잡을 수 있는 생명체라면 모를까 언제나 밝음의 상태를 유지할 생명체는 없다. 어둠이 지나야 밝음이 찾아오고, 겨울이 지나야 여름이 오는 것이 적어도 지구 환경의 법칙이다.

비록 만물의 영장이라고는 하지만, 인간도 지구라는 우주선을 타고 여행을 계속하는 한 지구의 부침(浮沈)에 따라 나타나는 감정의 기복(起伏)은 피할 수 없다. 때를 가리지 않고 생겨나는 생존본능의 욕구, 또 그 욕구를 충족시키려고 사리에 역행하는 무리한 행동은 우리 인간을 우매하고 무질서한 상태에 붙잡아 매어 둔다. 비단 인간뿐 아니다. 지구에 사는 3차원 입체 혹은 2차원 면적에 존재하는 물체들 역시 모두 쉽사리 이러한 영향권에서 벗어나지 못하는 존재들이다.

여기서 잠시 현대과학에서 다루는 입자 물리학을 짚고 넘어가자.

20세기 중후반에 물리학자들이 발견한 물질의 궁극적인 요소인 렙톤과 쿼크 입자도 결국 3차원 공간 속에 극미립자의 결정이라고 생각했다. 물리학자들은 그러나 얼마 지나지 않아 그때까지 찾아낸 쿼크나 렙톤들이 실은 물질세계의 궁극적인 존재가 아니라는 사실을 깨닫게 된다. 그러는 사이 1968년 미국의 물리학자 레너드 서스킨드(1940~)는 오일러방정식을 통해서 물질의 최종적인 구성요소가 입자가 아니라는 사실을 발견하게 된다. 물질의 최종적인 구성요소는 탄력이 있어서 늘어나거나 줄어들기도 하면서 좌우로 춤추듯이 요동할 수 있는 길이를 가진 어떤 존재라고 정의하고 이것을 선이라고 명명하는 소위 '끈이론(string theory)'을 주창하기에 이른다. 이후 수많은 우여곡절 끝에 1984년에 물리학자인 존 슈바르츠와 마이클 그린이 끈이론을 수학적으로 완성하였다. 이들이 주장하는 끈이론이란 "물질의 궁극적인 요소가 물질도 아니고 에너지도 아니라는 것"이다. 그럼 무엇인가?

만물의 본질은 하드웨어적 실체인 질량이나 에너지가 아니라 질량이나 에너지가 없는 소프트웨어적 실체인 '정보'라 규정한 것이다. 그리고 이 정보의 실체가 끈이라고 하였다.

현대물리학의 빅뱅(big bang)이론에 의하면 태초에 빅뱅 직후에는 아주 높은 압력과 고온의 열이 생겼는데 온도가 조금씩 떨어지면서 순식간에 물질의 질료가 홀연히 생겼다고 보았다. 우주가 빅뱅을 일으키던 태초의 짧은 순간에 물질들이 무한히 높은 압력과 무한히 뜨거운 고열을 견뎌 낼 수 있었던 이유는 그것들의 정체가 그러한 고온 고압의 물리적 환경에 영향을 받지 않는, 질량이 없는 존재, 즉 순수한 정보로만 이루어진 존재들이었기 때문이라는 것이다. 따라서 질량과 에너지는 우주가 팽창함에 따라 압력이 낮아지고 열이 식으면서 이러한 정보들로부터 생겨 나온 것이라는 주장이다. 초끈이론에 의하면 물질의 궁극적인 요소는 선(끈)이라는 정보이며 이 정보로부터 질량(m)과 에너지(E)가 생겨 나온다는 것이다.

필자는 이것을 차원과 연계해서 다음과 같이 정리해 보았다. 물리학에 정통하지 못한 필자의 짧은 소견을 감안하여 읽어 주기를 바란다.

- 질량의 다소에 관계없이, 질량은 3차원의 입방체를 의미한다.
- 에너지는 3차원 구조의 단면인 2차원의 면적을 의미한다.
- 순수정보는 1차원의 선을 의미한다.

생명체는 3차원의 질량과 2차원의 에너지로 구성되어 있는데 3차원과 2차원의 구성요소는 3차원과 2차원의 공간에서 이루어진 극미립자가 아니라 3차원과 2차원에서 발견할 수 없는 초공간, 즉 1차원과 0차원에서만 그 해답을 찾을 수 있다는 것이다.

그런 의미에서 물질의 궁극적인 요소가 정보로 이루어진 선이라는 신개념을 정립한 초끈이론이 초공간인 1차원의 선과 일치한다는 사실에 주목할 필요가 있다고 생각한다.

치열한 연구와 실험 끝에 경이적인 성과를 얻어낸 물리학자들에게 우선 진심으로 경의를 표한다. 이처럼 우아한 이론이 과연 1차원의 선과 어떻게 일치하고 있는지 표를 통하여 살펴보자.

位	素	차원	易	天	地	人	점
초공간		0차원(점)	태극			•	1
	초끈	1차원(선)	음양	|	—		2
공간	에너지 쿼크, 렙톤	2차원(면)	삼재 사상	○	□	△	3
	질량	3차원(입체)	오행		◇		4

초공간은 0차원의 점과 1차원의 선으로 이루어져 있으며 공간은 2차원의 면과 3차원의 입체로 이루어져 있다. 3차원은 질량을 가진 물체가 존재하는 최초의 공간을 말하며 점 4개로 이루어진 최초의 입방체는 정4면체이다. 정4면체는 사상에서 만들어지며 정4면체를 포함하여 5개의 정다면체도 3차원에 속한다. 2차원은 쿼크나 렙톤으로 구성된 에너지를 나타내며 원방각 天地人 三才로 이루어져 있다. 삼각형은 점 3개가 이루는 2차원 최초의 도형이다. 1차원은 점 2개로 이루어져 있으며 수직선의 陽線과 수평선의 陰線으로 이는 天地를 상징하며 陰陽, 2개의 선으로 구성되어 있다. 초끈이론에서 가장 중요한 것은 끈의 형태인데 이 끈의 모양에는 크게 2가지가 있다. 닫힌 끈과 열린 끈이다. 열린 끈은 그냥 일직선으로 된 끈으로 두 군데의 단면이 있고 닫힌 끈은 고무 밴드처럼 끈의 단면이 없는 동그란 고리 형을 말한다. 수직선은 지선이 형태로 열린 끈인데 陽에 배속하고, 수평선은 곡선의 형태이며 닫힌 끈으로 陰에 배속하였다. 그리고 0차원은 점 1개로 이루어져 있으며 天地人삼재 중에 음양인 天地에 해당되지 않고 中인 人에 배속되어 태극을 나타낸다.

물리학자들은 각고의 노력 끝에 2, 3차원의 공간에서 물질의 궁극적요소인 쿼크와 렙톤을 발견했고 더 나아가 차원을 초월하여 초공간에 있는 1차원의 선을 발견하여 초끈이론을 고안해 냈다. 현대물리학은 2, 3차원이라는 현실적 공간으로부터, 마의 벽을 넘어 이제는 1차원의 초공간으로 진입하는 쾌거를 이루게 되었다. 아직 완성된 이론은 아닐지라도 2, 3차원의 공간을 초월하여 질량과 에너지가 없는 초공간의 세계로 접근한 것은 실로 위대한 업적이 아닐 수 없다. 그런데 우리가 여기서 반드시 짚고 넘어가야 할 중대한 대목이 있다. 즉 2, 3차원의 현실적 공간을 초월하여 초공간의 차원으로 진입할 수 있는 열쇠를 천부경에서는 '앙명'이라는 두 글자로 표현하고 있다는 것이다. 어둠과 밝음이 교차하는 3차원의 지구－우주선에 탑승한 생명체들에게 질량과 에너지 없이 밝음만이 존재하는 신비의 우주선에 탑승할 수 있는 단서를 제공하고 있는 것이다.

'本心本太陽' 다음에 앙명이라는 문장을 둔 이유가 바로 그것이다. 만물의 영장인 인간이 3차원 공간에 사는 여타의 생명체들과는 달리 머리(首)에 1·9 태양이라는 '本心本太陽'을 이고 있기 때문에 이 신비의 우주선에 탑승할 수 있는 조건이 구비된 것이라는 말이다. 다만 이 조건을 어떻게 활용하느냐에 따라 탑승할 수 있는지 없는지가 결정된다. 천부경에서는 이러한 조건을 활용하는 데 있어 앙명이라는 비장의 카드를 제시하고 있는 것이다. 앙명은 해가 높이 솟아올라 아주 밝은 모습을 본떠 표현한 말이다. 앙명은 본심본태양이 높이 솟아올라 눈부시게 빛나는 태양의 밝음처럼 1·9 머리의 位에서 天人合一을 하라는 것이다. 다시 말해, 본심본태양의 1·9合一을 이루기 위해서는 무엇보다도 앙명이 우선해야 된다는 것이다. 이것이 바로 天符의 앙명심법(昂明心法)이다. 어둠 한 점 없이 투명무영(透明無影)하게 밝은 태양의 모습처럼 성통광명(性通光明)하여 지혜의 극에 이르는 깨달음을 가리켜 '앙명'이라고 한 것이다. 이렇게 완벽한 앙명의 경지에 이르렀을 때 비로소 '人中天地一'이라는 초공간의 우주선에 탑승할 수 있다고 천부경은 강조하고 있다. 인중천지일이란 사람이 중심 주체가 되어 天地와 하나가 된다는 뜻으로 즉 사람이 근본이 되어 天地와 하나로 합일된다는 의미다.

'수리와 차원'에서 이미 언급하였듯이 2차원에서 天地人삼재의 도형이 면을 갖춘 최초의 모습으로 나타났다. 이때는 天1, 地2, 人3으로 구성되어 있고 원방각으로 이루어진 면적을 가진 모습이다. 이와 같이 2차원의 도형을 바탕에 깔고 그 위에 3차원의 입체를 이룬 것이 우리가 지금 존재하는 현상계다. 현상계의 구조 속에서는 진정한 인중천지일의 세계에 접근하기가 사실상 어렵다. 2차원의 면이나 3차원의 입체라는 공간은 빛과 그림자가 교차되는 세계이기 때문에 완전한 밝음의 세계인 성통광명한 초공간에 진입하기가 어렵다. 오직 앙명심법의 코드로 본심본태양이라는 1·9 합일을 도출해야 진정한 인중천지일의 세계에 접근할 수 있다. 다시 말해 앙명을 통하여 2차원과 3차원이라는 현실적인 공간을 초월하여야 한다. 차원을 초월하기 위해서는 2, 3차원이 형성되기 이전의 차원으로 거슬러 올라가지 않으면 안 된다. 그 해답은 바로 1차원에 있다. 3장의 천부인과 64괘 중 '원방각도와 천지인 용수'에서 배웠던 것을 상기해 보자. 초공간에서는 1차원인 天과 地는 음양이 되고 0차원인 점은 태극이 되어 天은 3이 되고 地는 2가 되고 人은 1이 된다. 人은 태극으로 體가 되고 天地는 음양이 되어 用이 된다. 다시 말해 人이 주체가 되어 天地를 用하는 것이다. 점을 중심으로 天이라는 수직선과 地라는 수평선이 서로 교차하여 十자를 이루는데 十자의 수직, 수평 교차점에 人에 해당하는 점(●)이 위치하고 天地가 교차하여 하나가 된다. 그러므로 물질의 궁극적인 구조와 천지창조의 참모습을 알기 위해 앙명이라는 특수현미경을 통하여 관찰해 보면 天地라는 2개의 선과 그 가운데 중심점이 1개 있음을 알 수 있다. 이 天地라는 2개의 선은 현대물리학이 말하는 초끈의 모습이다. 즉 질량이 없는 순수한 소프트웨어적 실체인 정보를 지칭하는 말한다. 그리고 가운데 있는 人이라는 중심점은 이러한 정보를 가진 天地라는 2개의 선을 운용하는 중심적 주체가 된다.

이처럼 천부경은 현대물리학이 아직 접근하지 못하고 있는 0차원의 점(●)인 人을 거론하고 있다. 한 걸음 더 나아가 人에 中을 추가하여 人이 天地를 운용하는 주체가 된다는 사실을 분명하게 밝히고 있다. 이것은 초끈이론의 2가지 선을 운용하는 주체를 분명하게 밝히고 있고 바로 그것을 人中이라고 표현한 것이다. 현대에 와서야 겨우 초공간의 1차원에 접근하고 있는 현대물리학을 천부경에서는 이미 6천 년 전에 '0차원의 ●을 人中'이라는 표현으로 분명하게 밝히고 있는 것이다.

눈 밝은 일단(一團)의 현대 물리학자가 천부경을 통해서 초끈이론의 배경을 포착할 수 있는 이 같은 단서를 찾을 수 있다면 이제껏 밝히지 못하고 있는 물질의 궁극적인 구조는 물론 우주탄생의 비밀까지도 정확하게 밝혀낼 수 있을 것이라는 것이 필자의 소신이다.

1차원의 天地는 2차원에서 나타난 天地의 개념과는 다르다. 2차원의 天地라는 개념은 하늘과 땅이라는 질량적인 형태를 말하고 1차원의 天地라는 개념은 질량이 없는 정보적인 성격을 말한다. 2차원의 天地가 형이하학적인 개념이라면 1차원의 天地는 형이상학적인 개념이다. 이러한 관점에서 볼 때 1차원의 天地는 天地神明이라는 용어와 아주 밀접한 연관성이 있다.

우리의 조상들은 무엇인가를 기원할 때, 정안수를 떠 놓고 '천지신명'이라는 용어를 빈번히 사용해 왔다. 천지신명이란 天神地明의 또 다른 표현인 것이다. 즉 天에는 神이 있고 地에는 明이 있다는 말인데 天은 陽이므로 神이라 했고 地는 음이므로 明이라고 한 것이다.

우리의 조상들은 天을 텅 빈, 마치 허허공로(虛虛空路)처럼 형질(形質)도 없고 무시무종

(無始無終)하고 상하사방이 없는, 그러나 담고 있지 않은 것이 없을 정도로 무한한 것이라 여겨 왔다. 이렇게 아무것도 없는 허공의 신묘한 작용과 절대성을 일컬어 神이라 표현하였다. 또 地는 자신들이 밟고 있는 지구라는 땅은 물론 하늘에 떠 있는 수많은 별들을 전부 포함시킨 표현이다. 이러한 별들이 스스로 빛을 내든, 광원을 가진 항성을 받아 반사를 하든, 밝다는 공통점이 있는 것으로 파악했고 그 밝음이 곧 天神의 작용이 드러나는 것이라고 이해했고 그것을 '明'이라고 표현했던 것이다. 비록 그들은 오늘날 현대인이 가진 물리학적 지식이 없었음은 분명하다. 그러나 天은 神하고 地는 明하다는 사실을 오직 사변적 사유만으로도 발견했었을 것이다. 그들의 지혜에 머리를 숙여 경의를 표하지 않을 수 없다. 그들의 이러한 표현이 과학적 지식이 존재하지 않았던 그 시절의 한계가 아니냐고 반문하는 것은 우문이라는 것이 필자의 생각이다.

이렇게 명료한 개념에서 출발한 '천지신명'이라는 용어가 시간이 흘러감에 따라 점차 형이상학적인 개념으로 고착화된 것은 참으로 유감이 아닐 수 없다.

아무리 강조해도 지나치지 않으므로 다시 한 번 반복하련다. 1차원에서 나타난 人中天地一의 天地는 그 이전에 나타난 2차원의 天地개념과는 근본적으로 다른 것이다. 즉 人中天地一의 天地는 질량이 없이 순수한 정보만을 간직하고 있는 1차원의 선과 같은 것으로 천지신명이라는 용어와 일맥상통하고 있다는 사실!!

이것은 오늘날 물리학계에서 이야기하는 초끈이론과 상당 부분 일치한다. 그러므로 태양을 본받아 본심을 지닌 인간은 어느 누구든 앙명을 통하여 천지신명과 하나가 될 수 있다는 것을 천부경은 천부수리를 통하여 정확하게 제시하고 있는 것이다. 2차원과 3차원의 공간에서 본심본태양의 수리구조로 앙명심법의 수련을 통하여 1차원과 0차원의 경지인 人中天地一 에 이를 수 있음을 친절하게 설명하고 있는 것이다.

人中天地一에서 핵심적인 것은 人中이라는 용어다. 人中은 0차원의 ●으로 태극을 상징하는데, 이는 앞서 언급한 대로 현대물리학의 난제를 해결할 수 있는 중대한 포인트가 되기도 하지만 현상계적인 관점에서 볼 때 인간이 天地의 중심이 되어 우주의 주인공이 될 수 있다는 人本主義의 상징적인 표현으로 해석할 수도 있다. 흔히 서구에서는 인간을 신의 피조물로 상정하고 따라서 인간은 신의 뜻을 따라야만 한다는 종교적 대상으로만 파악했던 것은 주지의 사실이다. 하지만 천부경은 이것을 강력히 거부하고 있다. 천부경은 단군도를 통하여 1·9태양 위에 본심본태양이 자리 잡고 있어서 인간도 전지전능(全知全能)하게 될 수 있음을 시사하였고 인중천지일을 통하여 일신강충(一神降衷: 일신이 나의 중심에 내려와 계심)으로 형성된 인간이 중심이 되어 天地의 주인공이 될 수 있음을 분명하게 밝히고 있다.

천부경의 핵심사상은 바로 인본주의에 있는데 이것을 人中이라고 간결하게 표현하였다. 人이 중심이 되는 보다 거시적인 뜻을 내포하고 있는 것이다.

이러한 인본주의 사상을 최초로 우리 사회에 표출한 인물이 동학(東學)을 창도(創道)한 수운(水雲) 최제우(崔濟愚, 1824~1864) 선생이다. 수천 년 동안 봉건사회의 억압된 신분제도를 혁파하고 사람이 곧 하늘이니 사람을 하늘처럼 섬기라는 전대미문의 기치하에 보국안민(輔國安民), 포덕천하(布德天下), 광제창생(廣濟蒼生)을 부르짖었다. 그러나 후천개벽(後天開闢)의 뜻을 이루지 못하고 결국 41세라는 젊은 나이로 형장의 이슬로 사라지고 말았다.

천부사상의 맥을 이은 이 같은 수운의 사상은 시천주(侍天主)에서 비롯된다. 시천주는 『동경대전』의 '논학문' 가운데 있는 주문(呪文)의 한 구절로 다음과 같이 언급되어 있다.

"至氣今至願爲大降 侍天主造化定 永世不忘萬事知"

수운은 주문을 강령주(降靈呪)와 본주문(本呪文)으로 나누었는데 21자 중에 "지기금지 원위대강"의 8글자는 강령주이고, "시천주조화정 영세불망만사지"의 13글자는 본주문이다.

강령주의 핵심은 지기(至氣)이다. 지기는 유심과 유물로 구분한 이원론을 지양하고 오히려 그 둘을 다 포함하고 있다. 수운은 자신의 종교적 체험을 바탕으로, 지기를 전통적인 氣의 개념과 달리 물질도 아니고 마음도 아닌 허령창창(虛靈蒼蒼)한 것으로 표현하였다. 즉 수운이 말하는 지기는 소위 성리학에서 말하는 理의 반대개념으로서의 氣가 아니다.

본주문에 나타난 시천주의 개념을 살펴보자.

侍者內有神靈外有氣化: "모신다는 것은 안으로 신령이 있고 밖으로 기화가 있어서"

一世之人各知不移者也: "세상 사람들이 각자 옮기지 못할 것을 아는 것이요"

主者稱其尊而與父母同事者也: "주(主)라고 하는 것은 존칭하는 것으로 부모처럼 섬기는 것과 같은 것이다."

수운은 天主의 主에 대하여 부모님을 대하듯 섬기는 것이라고 설명한다. 이것은 天主에 인격성을 부여한 것이다. 성리학의 天이 비인격적인 神을 말한다면 수운의 天主는 인격성을 부여하고 있다는 것이 커다란 차이점이다. 다만 서구의 인격신이 절대군주와 같은 성격을 띤 반면 수운의 천주는 부모와 같은 조상신의 개념이다. 그래서 수운은 시(侍) 자를 써서 사람이 천주를 모신다고 했다. 사람이 천주를 모시는 점이 서구의 절대적 인격신이나 성리학의 비인격인과 구별되는 동학의 특징이다. 내유신령은 천부경의 본심과 직결되고 외유기화는 본태양과 연결되니 이들이 서로 불가분의 관계임이 명확히 드러난다.

당시에 민간신앙으로 이어져 내려오던 天地神明이라는 용어를 天主라는 개념으로 포괄하여 곧, 天地父母 모시듯 섬기는 존재로 부각시켰던 것이다. 그런데 여기서 수운이 天을 언급하지 않은 이유가 있다. 수운이 말하는 天은 서양의 2차원적 공간으로 설명하는 天이 아니라 동양의 1차원적 정보로 이루어진 형이상학적 개념의 天이기 때문이다. 天主를 내 안에 모신다는 시천주의 사상은 천부경이 설명하는 일신강충(一神降衷)의 人中天地一과 그 맥을 같이한다. 또한 용담유사의 교훈가에서 "나는 도시 믿지 않고 한울님을 믿어 써라. 네 몸에 모셨으니 사근취원(捨近取遠)하단 말가"라고 했다. 이것은 '왜 인간 자신을 믿지 않고 밖에 있는 절대적 인격신을 믿는가? 나의 몸에 天主가 계신데 왜 가까이 있는 天主를 모시지 않고 멀리 밖에 있는 天主를 모신단 말인가?' 하며 다소 책망을 하고 있는 내용이다. 즉 이것은 인간 중심에 天主가 존재한다는 내용이다. 그리고 『동경대전』의 '논학문'에서 이야기하는 天心卽人心이라는 대목도 역시 시천주와 같은 맥락이다.

이상의 여러 정황으로 미루어 볼 때 수운의 시천주 사상은 천부경의 인본주의 사상과 일맥상통하고 있음을 엿볼 수 있다. 수운의 입을 빌자면, "구도과정에서 을묘천서(乙卯天書)를 신인(神人)으로부터 전수받아 독공(篤工)을 통하여 득도하였다"고 말하고 있다. 을묘천서에 대한 내용은 『동경대전』 등 여타 어느 서적에도 나와 있지 않지만 수운이 그 책을 통하여 득도한 것만은 분명한 사실로 보인다.

필자는 『동경대전』에 일관되게 흐르는 인본주의 사상을 접하면서 수운이 받은 을묘천서가 혹시 천부경이 아닐까 하는 생각을 떨칠 수가 없었다. 그도 그럴 것이 천부경은 단군님이 지으신 경전이고 이것을 다시 수운의 선조이신 고운(孤雲) 최치원(崔致遠) 선생이 한역(漢譯)한 것만 보아도 선대의 맥이 흘러 부지불식간에 고운 선생이 신인으로 나타나 수운에게 천부경을 전해 주었을 것이라는 생각이 든다.

그 후 수운의 맥을 이어 동학의 2세 교조인 해월(海月) 최시형(崔時亨) 선생이 사인여천(事人如天)을 기치로 역시 인본주의에 입각하여 동학혁명을 일으킨 것은 동서고금을 막론하고 어느 역사에도 없었던 완벽한 민주주의 혁명이었다. 이는 실로 세계사적인 사건으로 이 모든 것이 천부의 맥을 이어받은 인본주의의 이론 체계가 살아서 움직인 역사적인 사건이었던 것이다.

앙명인중천지일은 이처럼 천부경의 핵심을 이루면서 人中의 인본주의 사상으로 발전하여 역사의 한 페이지를 장식하였다.

昻明人中天地一의 또 다른 관점은 天文과 아주 밀접한 연관성이 있다는 것이다. 앙명이란 태양이 中天에 떠있는 正午를 상징하는 말로 하늘의 해를 관측하는 기준점이 된다. 지표 위에 막대기를 세우고 길게 늘어지는 해 그림자를 측정하여 밤과 낮의 변화와 계절의 변화를 알아내는 것은 고대문명에서 일반적으로 사용되어 왔던 방법이다.

동양에서 가장 오래된 수학적 문헌으로는 주나라 시대의 천문수학서인 『주비산경(周髀算經)』이 있다. 주비는 8척(尺) 길이에 해당하는 막대기라고 설명하고 있다. 1척은 손을 폈을 때의 엄지손가락 끝에서 가운데 손가락 끝까지 길이를 말한다. 고대인들이 태양의 위치나 그림자를 재기 위해서는 고정된 어느 위치에 박힌 단단한 직립막대기가 필요했을 것이다. 주나라 사람들은 8척의 주비를 사용했던 것이다.

8척의 주비를 중심점으로 고정시키면 태양이 움직이는 각도에 그림자의 길이가 생기고 주비의 최상단과 그림자의 끝부분을 연결한 빗변이 생겨 삼각형의 틀이 생기게 된다. 이러한 삼각형의 틀을 바탕으로 제작한 것이 삼각자다. 일반적으로 직각을 낀 짧은 변을 구(句)라고 하는데 이는 높이가 되며, 긴 변을 고(股)라 하고 이는 밑변이 되며 나머지 빗변을 현(弦)이라고 한다.

이것을 『주비산경』에서는 구고현(句股弦)의 원리라고 하는데 오늘날 수학으로 말하면 피타고라스의 정리와 정확히 일치한다. 피타고라스 정리와 구고현의 원리를 그림과 식으로 나타내면 다음과 같다.

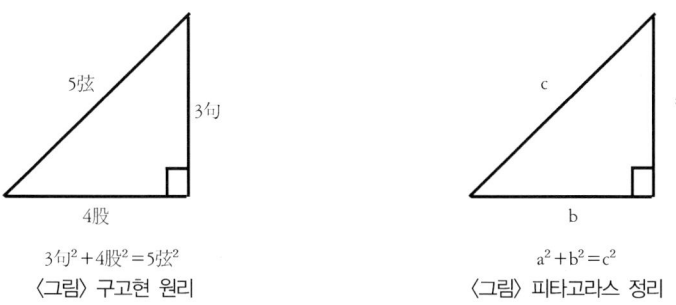

$$3句^2 + 4股^2 = 5弦^2$$
〈그림〉 구고현 원리

$$a^2 + b^2 = c^2$$
〈그림〉 피타고라스 정리

『주비산경』에서는 이 구고현의 원리를 이용하여 해의 높이와 크기, 빛이 비치는 범위, 네 극까지의 거리, 뭇 별자리, 천지의 크기까지 모두 계산을 할 수 있다. 그리고 실제로 그 원칙에 입각하여 계산을 하여 얻은 데이터들이 수록되어 있다.

구고현의 원리에 나타난 3, 4, 5의 수를 천부수리로 옮기면 아래 그림과 같다.

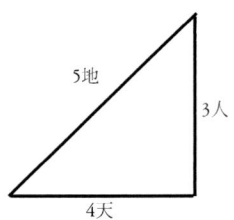

그림에서 人3, 天4, 地5가 된다.

人中天地一의 문장에 天地人 대신 수를 대입하면 三中四五一이 된다. 즉, 3 가운데서 4와 5가 하나가 된다는 뜻이다. 이것은 3이 가운데서 직립하여 서 있고(주비) 天4와 地5가 합하게 되어 人3과 하나가 된다는 뜻이다. 이것을 등식으로 옮기면 人3＝天4＋地5가 된다. 즉, 3은 9가 되는 것이다.

여기서 9는 天4 父와 地5 母가 합한 수가 되어 天地가 상교(相交)한 상이다. 부모가 상교하여 생긴 수가 9가 되니 부모의 공통인자는 9를 약분한 수가 된다. 즉, 9는 3×3으로 이루어진 수로 3²과 맥락을 같이한다. 天地보다 앞서 人이 중심이 되는 것을 강조하고 있는 것이다. 人中에서 天4와 地5가 동질성을 갖게 되는 것이다.

앙명이란 해가 중천에 가장 높이 떠 있는 상태를 말하는데 태양빛의 입사각이 직립막대기와 일직선이 되어 그림자가 하나도 없는 때를 말한다. 이 순간의 전후가 되어야 그림자의 길이가 달라진다.

앙명인중천지일이란 구교현의 원리 중에 높이에 해당하는 구(句) 人3을 중심축에 세우고 해가 가장 높이 떠 있는(남중 시점) 앙명을 기준점으로 하여 해의 그림자를 측정해서 天地도수와 일치하는(天地一) 정확한 천문력법을 세워야 됨을 간접적으로 암시하고 또한 역설하고 있는 것이다.

천부경은 天地人의 천부수리인 3, 4, 5를 이용하여 많은 천문상수를 만들어 내고 있다. 가령 3＋4＋5＝12이니 1년 12月을 象하고 3×4×5＝60이니 60甲子를 象하고 있다. 그리고

81자 중에 31개의 숫자로 구성된 31수와 이들 수의 총합수인 99, 그리고 육생칠팔구에서 파생되는 29, 33, 37의 윤도수 등등이 모두 천문상수에 해당된다.

구고현의 정리에서 3^2人 + 4^2天 = 5^2地가 되는데 이것은 5地를 고리로 하여 3人과 4天이 합一한 7수가 天人合一을 하는 모습을 수학적으로 보여 주고 있는 것이다. 또한 본심본태양의 5글자를 둥근 고리로 하여 앙명인중천지일의 7글자가 하나 됨이 환오칠일의 또 다른 표현이다. 이처럼 천부수리의 오묘함은 인간이 감히 상상할 수 없는 신묘한 경지라고 아니 할 수 없다.

주역 乾卦九五爻 문언전에 與日月合其明이라는 구절이 있는데, 즉 日, 月과 더불어 그 밝음을 합한다는 내용은 바로 '天時의 중요성'을 강조하는 말로 앙명과 대(對)를 이루고 與天地合其德이라는 구절은 天, 地와 더불어 그 덕을 합하는 것이 곧 天地神明과 하나가 된다는 말로 人中天地一과 대(對)를 이루는 것이니 이것은 천부경이 人이 중심이 되어 天地神明을 用하는 빛 사람, 즉 昻明人이 되라는 절체절명의 가르침인 것이다.

11. 一終無終一(1은 마지막이면서 마지막이 없는 1이다)

〈그림〉 우로보로스3)

우로보로스는 '一終無終一'을 설명하는 가장 극적한 표현이 아닐까 생각한다. 자신의 꼬리를 삼키는 뱀은 결국 일원상(一圓相)의 모습이다. 1에서 끝나는 줄 알았는데 알고 보니 그 1이 실은 다음을 위한 시작이었고, 시작인 줄 알았던 1이 실은 마침을 의미하는 그 1인 것이다. 이것이 천부경을 관통하는 핵심 내용이다. 머리와 꼬리가 서로 연결되어 마지막이 없는데 그 이유는 머리와 꼬리 사이에 시작인 1과 마지막에 1이 서로 맞물려 있기 때문이다. 1이 시작과 끝을 연결하는 연결고리인 셈이다.

천원천부경에 나열된 글을 보면 '一終無終一始無始一'로 되어 있는데, 이때 가운데 '一'은 앞뒤를 연결해 주는 고리 역할을 한다. 즉 앞에 일종무종이 있고 뒤에 시무시일이 있다. 이때의 '一'이 바로 종즉유시(終則有始)의 뜻이다.

천부경을 원도에 배열하면 '종즉유시'가 곧 끊임없이 반복 순환하는 생명의 사이클에 이어져 있음을 알 수 있다. 천부경을 11개의 단원으로 구분하면 이 구절이 마지막이 되지만 원도에 배열된 천부경에서는 '일시무시일'과 함께 제1장으로 구분되어 있다.

천부경을 뜻을 크게 구분해 보면 '일종무종일'과 '일시무시일'인데 이 둘은 하나로 연결된 부분이라는 뜻이다. 1을 중심으로 하여 꼬리와 머리가 서로 연결되어 계속 순환 상

---

3) **우로보로스**(그리스어: ουροβóρος)는 "꼬리를 삼키는 자"라는 뜻이다. 고대의 상징으로 커다란 뱀 또는 용이 자신의 꼬리를 물고 삼키는 형상으로 원형을 이루고 있는 모습으로 주로 나타난다. 수 세기에 걸쳐서 여러 문화권에서 나타나는 이 상징은 시작이 곧 끝이라는 의미를 지녀 윤회사상 또는 영원성의 상징으로 인식되어 왔다. 시대가 바뀌면서 우로보로스는 점차 많은 개념을 함께 지니게 되었는데, 특히 종교적·미신적 상징으로 중요한 상징의 하나로, 특히 중세 연금술의 대표적인 상징물이 되었고 현대에서도 칼 융과 같은 심리학자들에 의해 인간의 심성을 나타내는 상징으로 여겨졌다. 따라서 어느 특정한 종류의 생물을 가리키는 것이 아니라 어떤 개념을 뜻하는 것이라고 볼 수 있다(위키피디아).

생하는 구조로 되어 있다. 태양이 서산에 지고 나서 영원한 밤이 지속되는 것이 아니라 얼마 후 또 내일의 태양이 떠오르는 것과 같다. '일종무종일'의 뜻이 여기에 있는 것이다.

지방천부경을 중심으로 관찰해 보면 一에서 41번째 六까지의 문장은 三無一本으로 구성되어 있고 六에서 81번째 一까지의 문장은 三本一無로 구성되어 있다.

三無一本이란 一本의 공간에 바탕을 두고 三無의 시간적 진행이 이루어지는 것이고, 三本一無는 一無라는 시간에 바탕을 두고 三本의 공간적 구조가 이루어지는 것을 뜻한다. 결국 一에서 시작해 一로 귀결되는 천부경의 경문은 三無一本과 三本一無의 변화상으로 표현된다. 다음 표를 참고하여 자세히 살펴보도록 하자.

		三顯			一藏
	四象	天	地	人	物
		元	亨	利	貞
變化	四運	天一一 地一二 人一三	天二三 地二三 人二三	大三合六	運三四
時間	四無	無始	無盡	無匱	無終
空間	四本	本太陽	不動本	本心	無盡本

위의 표에서 보듯이 천부경의 시간적 구조는 "무시→무진→무궤→무종→무시"로 天地人物의 순서대로 순환하면서 진행되고 있음을 알 수 있다. 또 공간적 구조는 "무진본→부동본→본심→본태양→무진본"으로 物地人天의 순서대로 배열되어 있음을 알 수 있다. 공간이 天地人 삼재의 근본인 무진본을 바탕으로 地人天의 순서대로 배열된 것은 공간의 근본이 地이기 때문이다. 그런데 시간의 三無가 무진본이라는 一本의 공간에 바탕을 두고, 또 공간의 三本이 무종이라는 一無의 시간에 바탕을 두는 것은 이들이 서로 體用의 관계를 이루고 있기 때문이다. 즉 무진본의 공간이 體가 되어 三無(무시, 무진, 무궤)라는 시간이 用이 되고, 무종의 시간이 體가 되어 三本(부동본, 본심, 본태양)이라는 공간이 用이 되는 것이다. 이러한 맥락에서 일종무종일의 무종은 一無로써 三本이라는 공간의 뿌리가 된다. 즉 地의 근본인 부동본과 人의 근본인 本心과 天의 근본인 본태양은 無終이라는 一無의 시간에 근본뿌리를 두었기 때문에 마지막이 없는 공간으로 영속 될 수 있음을 의미한다. 마지막이 없기 때문에 시간과 함께 공간이 영속될 수 있는 것이다.

이러한 시공의 변화를 체계적으로 나열한 것이 천부수리의 전개인 四運의 변화상이다.

즉 1운의 天一一 地一二 人一三, 2운의 天二三 地二三 人二三, 3운의 大三合六 그리고 4운의 運三四이다.

천부경은 운삼사에서 一九가 合一됨을 설명하고 無終의 의미를 부여하였다. 운삼사의 의미를 달리 부연해서 설명하자면 천부수리는 易의 2진법 논리와 달리 運三의 변화과정을 거쳐 4회에 이르러 81에 이르게 된다.

	본수	단수
1회: 1×3=3	3	3
2회: 3×3=9	9	9
3회: 9×3=27	7	9
4회: 27×3=81	1	9

1로 시작해서 4회를 걸치면 81에 이르게 되는데 81의 본수는 1이 되니 시작한 1이 다시 1을 만나게 된 셈이다. 다른 점이 있다. 1은 그저 시작을 의미하는 1이지만 81을 단수화하면 9가 되는 것에서 알 수 있듯이, 1이 최대한 부풀어져(衍) 확장된 수라는 의미가 들어있다. 그러나 단수 9는 81수의 내면적인 변화상일 뿐, 81의 본수는 1이 되기 때문에 1은 81수에 이르러 그 소임을 다하게 된 것이라고 할 수 있다. 그런데 81수에 이르면, 본수 1과 단수 9가 다시 合一하여 10이 되고 10은 다시 1이 되니 '一終無終一 一始無始一'의 순환이 계속 반복되는 것이다. 또, 1부터 81까지의 수를 전부 더하면 3,321이 되는데 3,321의 본수는 1이고 단수는 9가 되니 또다시 순환반복이 이어지지 않는가!

『주비산경』에 보면, 주공(周公)이 상고(商高)에게 다음과 같이 묻는 내용이 있다.

"복희씨가 하늘둘레[周天]의 역도(曆度)를 세웠다고 하는데 도대체 그 수들이 어디서 나온 것인가?"

상고는 다음과 같이 답한다.

"그 수들의 법칙은 원과 정사각형으로부터 나왔는데 원은 정사각형으로부터 나오고, 정사각형은 곡척(曲尺: 직각삼각형)으로부터 나오며, 곡척은 9×9=81(즉 구구단)로부터 나온 것이다."[4]

이어서 구고현의 원리에 대한 설명이 전개되는데, 구고현에 적용되는 3, 4, 5 수리에 대한 근거와 81수에 대한 설명은 전혀 언급되어 있지 않다.

---

4) 商高曰, 數之法出於圓方. 圓出於方, 方出於矩. 矩出於九九八十一.

어디 『주비산경』뿐이겠는가? 한의학의 원전인 『황제내경(黃帝內經)』은 소문(素問)과 영추(靈樞)의 두 부분으로 나누어져 있는데 각각 81편으로 되어 있고 노자(老子)의 『도덕경(道德經)』 또한 81장으로 되어 있으며 양웅(揚雄)의 태현경(太玄經) 역시 81괘를 가지고 설명하고 있으니 동양에서 81이란 숫자가 갖는 의미는 이처럼 엄중하다. 부풀릴 대로 부풀린 자세한 설명, 그래서 더 이상 일점일획도 추가할 수 없는, 할 말을 다 해 놓은, 갈 데까지 간, 그런 완전한 의미에서 81이란 숫자를 선택한 것이다.

81이라는 신비한 숫자는 중국 역법(曆法)의 역사에서도 나타나고 있다. 중국 한나라 초에 태초개력(기원전 104)을 실시하였다. 태초력과 후한의 사분력이 다른 점은 천문상수인데 최초력(三統曆)의 천문상수는 일법(日法)이다. 즉 81분력이다. 태초력의 천문상수는 다음과 같다.

- 日法: 81　■ 閏法: 19　■ 統法: 1,539　■ 元法: 4,617　■ 會數: 47　■ 章法: 235
- 月法: 2,392　■ 通法: 598　■ 中法: 14,530……

여기서 통법은 81×19＝1,539가 되고 元法은 81×57＝4,617이 되는 등 81과 서로 연계성을 가지고 있다. 그런데 전한시대 말기의 학자, 유흠(劉歆, ?~23)은 삼통역법(三統曆法)이 주역의 태극에 근원을 두고 있다고 설명하고 있는데 일법(日法) 81이 왜 역의 2배수를 따르지 않고 3의 배수를 따르고 있는지에 대하여는 설명하지 못하고 있다.

또한 천문과 수와 음악은 서로 깊은 연결고리를 가지고 있다. 고대음악의 오음(五音)인 궁(宮), 상(商), 각(角), 치(徵), 우(羽)는 각각 그 비율 상수가 81:72:64:54:48이다. 『전한서(前漢書)』 율력지(律曆志)에 따르면 황종율(黃鐘律)의 율관(律管)의 길이는 81分으로 9寸에 해당한다. 따라서 궁(宮)은 8촌 1푼의 도량형을 의미한다고 했는데 여기서도 81이라는 수의 배경에 대한 언급은 전혀 없다. 아무튼 81은 이리 보나 저리 보나 신비로운 숫자임에 틀림없다.

81은 '무시무종'하는 태양의 상수를 의미하기도 한다. 고대 천문학의 시초가 81이라는 숫자와 연관되어 있는 것만 보아도 81은 태양의 상수로써 활용되어 왔던 것만은 틀림없는 사실이다. 81은 천부수리의 대명사로서 찬란한 고대문명의 주역(主役)임과 동시에 천문역법에 필수적인 요소로 활용되었을 것은 너무나도 자명한 사실이다. 이처럼 동양의 고전들 속에는 81이라는 숫자를 통하여 잃어버린 역사의 편린(片鱗)들이 알알이 박혀 있고 미세하게나마 조금씩 그 실체를 드러내고 있는 중이다.

중국에서 나타난 『황제내경』, 『도덕경』, 『태현경』, 『삼통력』 등 아주 오래된 경전들이 모두 81수와 직간접적인 관계를 가지고 있다는 것은 이미 앞서 언급했다. 이런 81이란 숫자를 선택한 저작자(著作者)들은 고대 동북부에 위치해서 찬란한 문명을 이룩했던 단군문명의 천부수리 이론을 수용하지 않을 수 없었을 것이다. 단군 문명은 이미 당시의 동아시아를 이끈 선진문명이었음이 자명해 보인다.

'일종'에서 '무종일'로 가고 다시 '무종일'에서 '일시'로 가고 '일시'는 '무시일'로 이어지니 一이 순환하는 이치가 무궁하다.

불가(佛家)의 12연기법(十二緣起法)은 우주의 생성이치를 열두 과정으로 나누어 설명하고 있다.

석가가 단군의 후예이고 단군은 석가족의 조상 중의 한 사람이라는 설이 있다. 영국 옥스퍼드 대학에서 간행된 산스크리트어사전(산스크리트어는 한글과 그 어원이 같다)에 분명히 기록되어 있다. 이 분야의 권위자인 강상원 박사의 『산스크리트어 사전』 509쪽에 나오는 이야기다. 이야기의 진위를 떠나, 불가의 윤회사상보다 몇 천 년 앞섰던 단군의 천부경은 '일종무종일, 일시무시일'을 통하여 윤회의 원리에 대한 확실한 해답을 제시하고 있다. 그리고 '삼무일본'과 '삼본일무'의 시공상의 변화를 '운삼사'라는 천부수리의 체계를 통하여 상세히 설명하고 '성환오칠일'을 통하여 '인각단군천부'를 제시하고 '본심본태양 앙명인중천지일'을 통하여 앙명심법의 극치를 보여 주면서 인간 자신이 바로 전지전능하게 될 수 있는 존재라는 것, 그리고 그렇게 될 수 있는 길을 안내하고 있는 책이 바로 천부경이다. 인간이 중심이 되어 天地神明을 用하여 전지전능한 '앙명인'이 되었을 때 비로소 진정한 일종무종일이 될 수 있는 것이다.

제6장 단군도와 정8면체

1. 정8면체

1부터 9까지의 자연수를 앞서 배운 바 있는 자연수의 상호 체용관계로 사용하여 정8면체 도형을 만들어 보는 작업에 돌입해 보기로 한다.

자연에 존재하는 정다면체 중에 유독 정8면체 속에만 들어 있는 아름다운 수리를 이번 절에서 밝혀 보려는 것이다.

체	1	2	3	4	⑤	6	7	8	9
용	9	8	7	6	⑤	4	3	2	1
합	10	10	10	10	10	10 10	10	10

위 표에서 보는 것처럼, 1과 9가 서로 체용을 이루며 2와 8, 3과 7, 4와 6, 5와 5도 각각 체용을 이루며 그 합은 각각 10이 된다. 특히 중앙의 5는 체와 용이 5로써 똑같으며 중심축을 형성한다.

이것을 원도에 배열하면 아래와 같다.

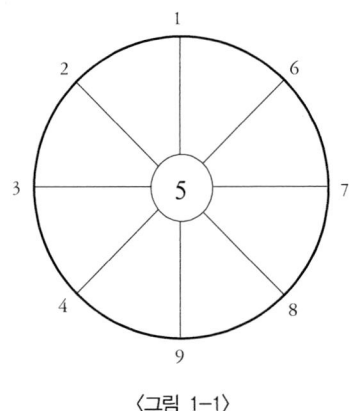

〈그림 1-1〉

생수 1, 2, 3, 4와 성수 6, 7, 8, 9가 중심축 5를 중심으로 합 10을 이루고 있다. 이렇게 대척점에 위치하고 있는 수들은 음양이라는 성정을 이루며 나뉘고 있는데, 즉 생수가 陽 이고 성수는 陰이다.

먼저 1과 9가 서로 마주 보고 있는데 1(최소수)과 9(최대수)의 합수는 10이다. 이 계(系) 는 따라서 mod.10을 이루므로 따라서 9에서 10을 뺀 수 −1은 9와 같다.

이와 같은 모드(mod.) 개념을 사용하여 다른 수를 모두 바꾸면 아래와 같이 되는데 이 는 음양 관계를 보여 준다.

■1=9(−1)　■2=8(−2)　■3=7(−3)　■4=6(−4)

이러한 음·양수는 5라는 회전 대칭축을 중심으로 대칭관계를 형성하고 있다. 여기에 나타나는 대칭축은 그림에서 보듯이 4개가 존재한다. 이 4개의 축에 각각 임의로 명칭을 붙이자.

■x축은 (3.5.7)　■y축은 (1.5.9)　■s축은 (2.5.8)　■t축은 (4.5.6)

참고로 x축과 y축은 5를 중심으로 3·7 및 1·9의 홀수끼리의 결합축이고, s축과 t축은 5를 중심으로 2·8 및 4·6의 짝수끼리의 결합 축이다. 이때 x축과 y축은 서로 직교하고 s축과 t축 역시 직교하고 있다.

이상과 같이 하여 4개의 축으로 형성되는 직교 좌표에 수를 배열해 보자.

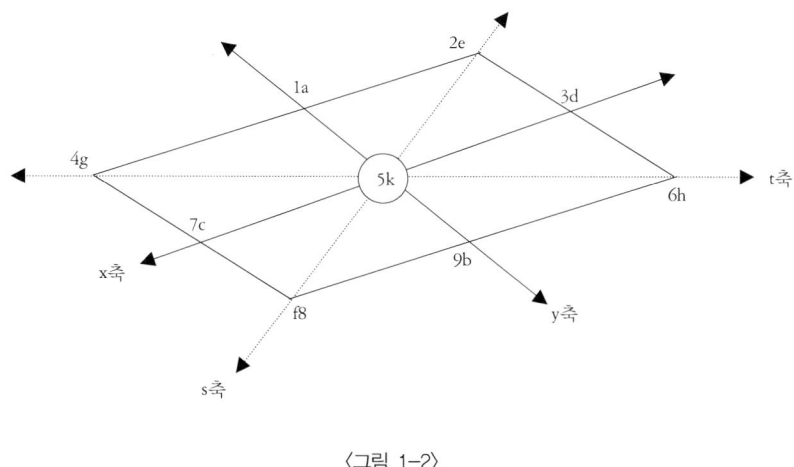

〈그림 1-2〉

위의 그림은 정8면체의 중앙에 있는 정4각형이라고 상상하자. 피라미드의 지상에 돌출된 정4면체와 또 지하에 있는 정4면체를 연결하는 부분 말이다(아래 그림 참조).

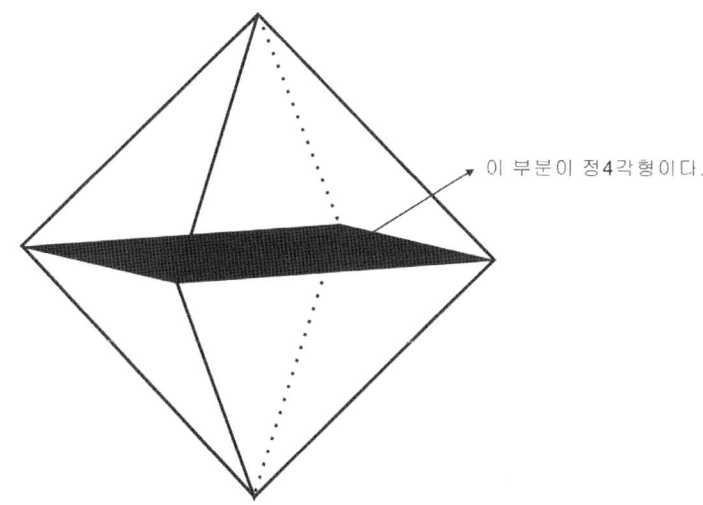

이 부분이 정4각형이다.

<그림 1-2>의 각각의 축에 할당된 수를 함께 모으면 아래와 같다.

■ t축(4.5.6)을 중심으로 그 위쪽(1.2.3)과 아래쪽(7.8.9)으로 구분된다.

■ s축(2.5.8)을 중심으로 그 좌측에 (1.4.7)이 그 우측에 (3.6.9)가 배치되었다.

이상을 배경으로 정리하면 아래와 같은데 이는 앞서 배운 천부수리도와 동일하다.

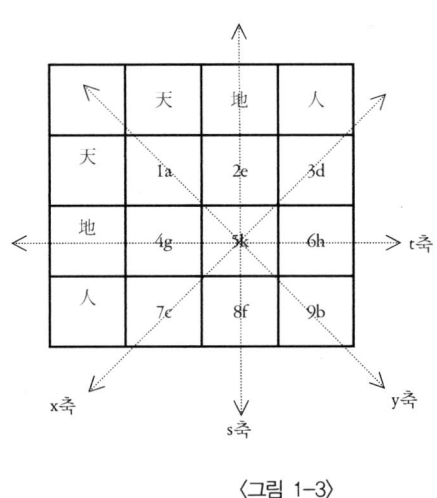

〈그림 1-3〉

위 그림에서 홀수의 움직임을 먼저 살펴보자.

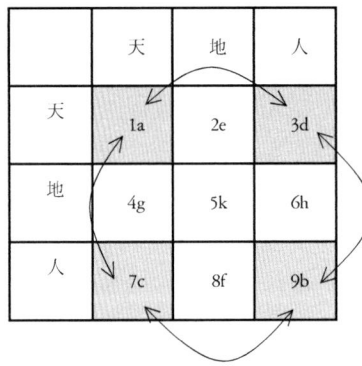

홀수로 구성된 x축과 y축은 1a에서 시작하여 3을 곱해 나가는 순서로 시계방향으로 진행한다.
■ 1×3＝3 ■ 3×3＝9 ■ 9×3＝27＝7 ■ 7×3＝21＝1
또 시계 반대방향 진행도 1a부터 시작한다.
■ 1×7＝7 ■ 7×7＝49＝9 ■ 9×7＝63＝3
■ 3×7＝21＝1

이번에는 짝수의 움직임이다.

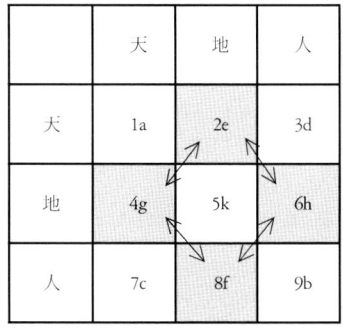

짝수로 구성된 s축과 t축은 2e에서 시작하여 8을 곱해 나가는 순서로 시계방향으로 진행한다.
■ 2×8＝16＝6 ■ 6×8＝48＝8 ■ 8×8＝64＝4 ■ 4×8＝32＝2
또 시계 반대방향 진행은 2e부터 시작한다.
■ 2×2＝4 ■ 4×2＝8 ■ 8×2＝16＝6 ■ 6×2＝12＝2

이상에 살펴본 바와 같이 원수(元數)에 8을 곱하면 시계방향 진행이 되고, 2를 곱하면 시계 반대방향으로 진행한다. 2와 8의 이와 같은 관계는 현대 수학의 기법 중의 하나인 모드(mod)를 적용하면 확연하게 드러난다. 즉 mod. 10의 체계에서 8은 −2와 같고 2는 −8과 같으므로 8과 −8, 2와 −2가 맞서게 되므로 순환 방향이 서로 반대가 되는 것이다. 그런데 눈치 빠른 독자는 간파했을 것이다. 이 숫자들의 순서는 바로 낙서의 순환과 정확히 일치하고 있다는 것을.

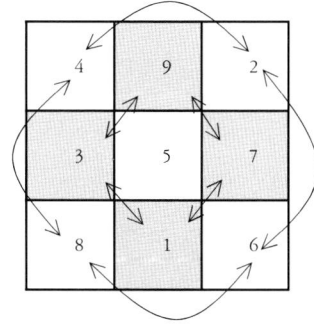

홀수: 1.3.9.7
짝수: 2.4.8.6
■ 홀수에 곱하기 3: 1.3.9.7.1
　홀수에 곱하기 7: 1.7.9.3.1
■ 짝수에 곱하기 8: 2.6.8.4.2
　짝수에 곱하기 2: 2.4.8.6.2

결론적으로 말해서 <그림 1−2>에서 보여 주는 정4각형은 표면적으로는 천부수리의 구조를 갖추고 있으면서도 낙서의 수리 또한 그 내면에 흐르고 있음을 동시에 보여 주고 있다는 점을 알아야 한다.

<그림 1−2>를 이용하여 천부수리 논리까지 확장시켜 보았다. 그런데 <그림 1−2>는 고작 평면에 불과할 뿐이다. 인간이 살아가는 공간은 시간을 제외하면 3차원이다. 이제 2차원의 평면을 3차원의 공간으로 확장시킬 차례이다.

　　<그림 1−2>에는 이미 4개의 축이 있다. 입체를 만들기 위한 제3차원 축을 따로 만들 것 없이 기존의 4개의 축 가운데 하나를 일으켜 세워 높이로 삼으면 자연스럽게 입체 공간이 될 것이다. 결론을 미리 말하자면 천부수리와 단군도의 수리에 합당하려면 <그림 1−2>의 4개의 축 중에서 y축을 일으켜 세우는 것이 가장 좋다. 그래서 아래와 같은 그림이 된다.

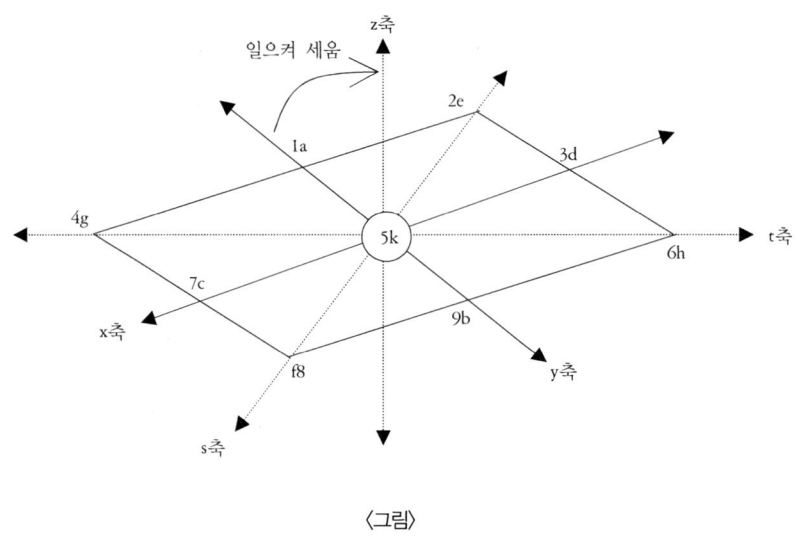

〈그림〉

　　y축을 일으켜 세워 만들어진 임의의 축을 이제 z축이라고 하자. 위 그림에서는 y축을 일으켜 세웠다. 다른 축을 세운다고 해도 시비를 걸 이유는 없다. 다만 우리가 원하는 단군도의 논리와 연결고리를 만들기 위해서는 y축을 세우는 것이 가장 합당하여 이와 같이 한 것이다. 여기까지 전개한 논리를 가지고 이제 실제로 정8면체를 작도하여 꼭짓점을 서로 연결하여 그리면 아래와 같다.

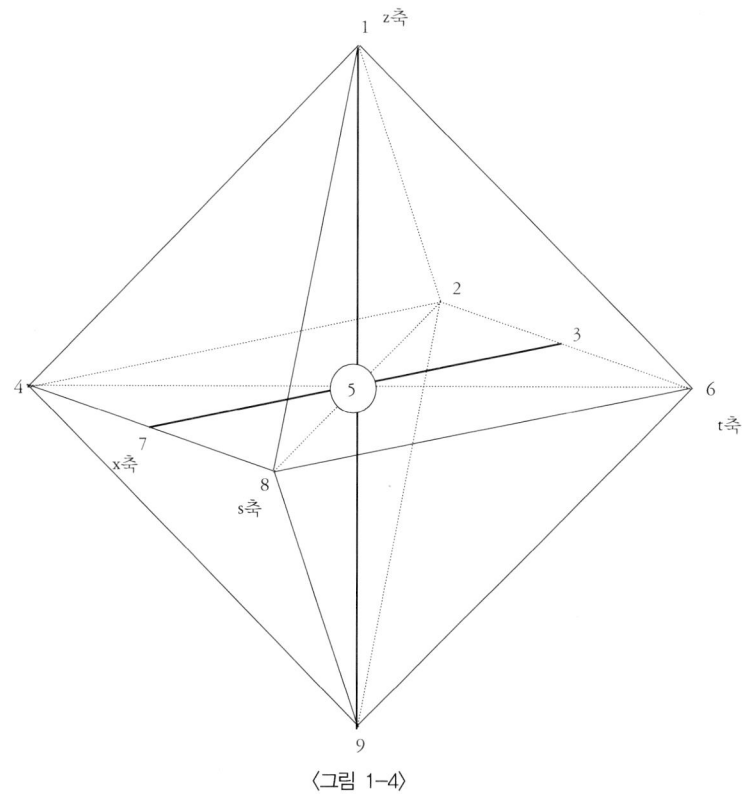

〈그림 1-4〉

위 그림에서 1과 9를 연결한 선은 원래 y축이 변하여 된 z축으로 상하의 꼭짓점을 형성하고 있다. 2, 4, 8, 6을 연결하면 정4각형이 되고 이 점은 상부의 1과 또 반대편에는 9와 연결되어 결국 위와 같은 정8면체 도형이 완성된다. 이처럼 정8면체는 정4면체의 피라미드가 중앙의 정4각형을 맞물고 상하로 대칭을 이루는 입체형이다. 지상으로 돌출된 상부의 피라미드에는 4개의 정3각형이 있고 반대로 지하로 함입된 하부의 피라미드에도 4개의 정3각형이 있어서 총 8개의 정3각형이 존재한다.

위 그림에 있는 8개의 정3각형을 편의상 1면부터 8면이라고 칭하고 각각의 정3각형을 이루는 꼭짓점의 합을 구해 보자.

면	꼭짓점	합
1면	(1.2.4)	7
2면	(1.2.6)	9
3면	(1.8.4)	3
4면	(1.8.6)	5
5면	(9.2.4)	5
6면	(9.2.6)	7
7면	(9.8.4)	1
8면	(9.8.6)	3

위 표에서 보듯이 마주 보는 대각면의 합은 10이 된다. 가령 1면의 합 7과 8면의 합 3을 합하면 10이 된다. 나머지 다른 대각면의 합도 전부 10으로 동일하다.

이번에는 정8면체에 있는 6개의 꼭짓점에 있는 수의 체용을 살펴보자. 1부터 9까지의 9개의 숫자가 있으므로 mod.10을 적용하면 9는 -1이고, 8은 -2이며 6은 -4이다. 단 x축을 형성하는 3과 7은 여기서 제외한다. x축의 의미에 관해서는 곧이어 설명이 뒤따를 것이다. 따라서 3과 7을 제외한 나머지 수를 생수와 성수로 구분하여 체용을 구분하면 아래 표와 같다. 물론 체와 용은 서로 뒤바뀔 수 있음은 이제 익히 알고 있을 것이다.

생수 體	1	2	4
성수 用	9(-1)	8(-2)	6(-4)

위의 표에서 1, 2, 4는 양수로 보고, 9, 8, 6은 음수로 본다. 이때 양수는 양효에 배속하고 음수는 음효에 배속시키려는 것이다. 가령 건괘(☰)는 1·2·4의 배합으로 이루어지고 곤괘(☷) 역시 9 · 8 · 6의 배합으로 이루어진다.

이제 정3각형을 이루는 3개의 꼭짓점을 8괘에 배속하고 수를 배속하는 작업에 착수해 보자.

■z축의 상하에 있는 꼭짓점은 1과 9이다. ■s축의 좌우에 있는 꼭짓점은 2와 8이다. ■t축의 좌우에 있는 꼭짓점은 4와 6이다. ■x축에 있는 3과 7은 꼭짓점에 있는 수가 아니므로 제외한다.

<그림 1-4>에서 x축을 제외한 나머지 z축과 s축 그리고 t축을 각각 상하의 수직축에 위치하는 경우를 각각 살펴보자.

첫째, z축의 꼭짓점 1을 상부로 놓고, 9를 하부에 놓는 정8면체의 단면도는 아래와 같다.

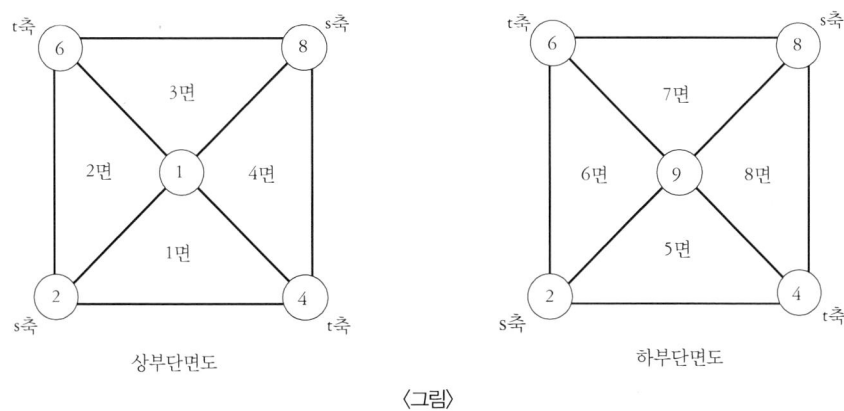

〈그림〉

위 그림에 부여된 수를 가지고 이제 8괘의 각 효에 적용해 보자. 1·9를 초효로 하면서 右에서 左로 좌선(左旋)할 때와 그리고 좌에서 우로 우선하는 경우로 나누어 3각형에 수를 대입해서 해당 괘를 도출해 보자.

① (1·9)를 축으로 하는 상부좌선·하부 우선도

상부(1)		하부(9)	
1면	乾 (7)	5면	巽(5)
2면	兌(-1)	6면	坎(-3)
3면	震(-5)	7면	坤(-7)
4면	離(3)	8면	艮(1)

*위 그림에서 9는 -1로, 8은 -2로, 6은 -4로 계산하면 괄호 속의 합계가 나온다.

위에서 나온 합수(合數)를 근거로 대척 면을 찾으면 다음과 같다.

■1면 ☰7과 7면 ☷-7 ■2면 ☱-1과 8면 ☶1

■3면 ☳-5와 5면 ☴5 ■4면 ☲3과 6면 ☵-3

② (1·9)를 축으로 하는 상부우선 · 하부 좌선도

A와 작업방식은 똑같은데 다만 배치된 수를 좌에서 우로 향하는 순서를 채택하면 아래와 같다(그림 1-5 참조).

상부(1)		하부(9)	
1면	乾 (7)	5면	巽(5)
2면	離(-1)	6면	艮(-3)
3면	震(-5)	7면	坤(-7)
4면	兌(3)	8면	坎(1)

위 그림의 합수를 근거로 대척 면을 찾으면 아래와 같다.

■1면 ☰7과 7면 ☷-7 ■2면 ☲-1과 8면 ☵1

■3면 ☳-5와 5면 ☴5 ■4면☱3과 6면 ☶-3

둘째, s축을 이루는 꼭짓점 2·8을 상하로 놓고 좌 · 우선하는 경우를 보자.

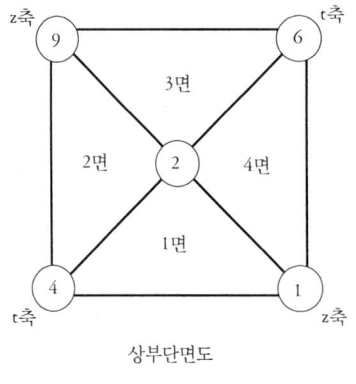

상부단면도

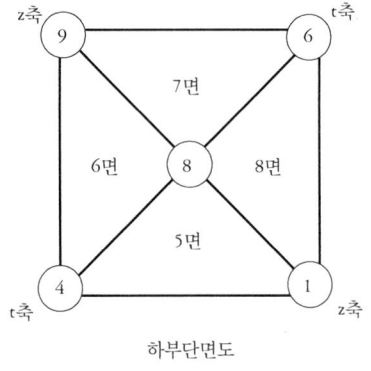

하부단면도

〈그림〉

① (2 · 8)을 축으로 하는 상부좌선 · 하부우선도

상부(2)	하부(8)
1면 ䷀ 4/1/2 乾(7)	5면 ䷸ 4/1/8 巽(3)
2면 ䷹ 9/4/2 兌(5)	6면 ䷜ 9/4/8 坎(1)
3면 ䷲ 6/9/2 震(-3)	7면 ䷁ 6/9/8 坤(-7)
4면 ䷝ 1/6/2 離(-1)	8면 ䷳ 1/6/8 艮(-5)

위 그림의 합수를 근거로 대척 면을 찾으면 아래와 같다.

■1면 ☰7과 7면 ☷-7 ■2면 ☱5와 8면 ☶-5

■3면 ☳-3과 5면 ☴3 ■4면 ☲-1과 6면 ☵1

② (2 · 8)을 축으로 하는 상부우선 · 하부 좌선도

상부(2)	하부(8)
1면 ䷀ 1/4/2 乾(7)	5면 ䷸ 1/4/8 巽(3)
2면 ䷝ 4/9/2 離(5)	6면 ䷳ 4/9/8 艮(1)
3면 ䷲ 9/6/2 震(-3)	7면 ䷁ 9/6/8 坤(-7)
4면 ䷹ 6/1/2 兌(-1)	8면 ䷜ 6/1/8 坎(-5)

위 그림의 합수를 근거로 대척 면을 찾으면 아래와 같다.

■1면 ☰7과 7면 ☷-7 ■2면 ☱5와 8면 ☶-5

■3면 ☳-3과 5면 ☴3 ■4면☲-1과 6면 ☵1

셋째, t축을 이루는 꼭짓점 4·6을 상하로 놓고 좌·우선하는 경우를 보자.

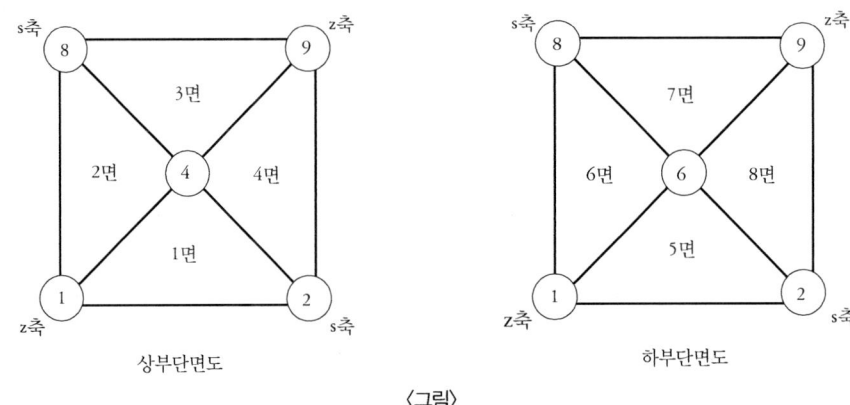

〈그림〉

① (4 · 6)을 축으로 하는 상부좌선 · 하부 우선도

상부(4)	하부(6)
1면 ☰ 乾(7)	5면 ☴ 巽(-1)
2면 ☱ 兌(3)	6면 ☵ 坎(-5)
3면 ☳ 震(1)	7면 ☷ 坤(-7)
4면 ☲ 離(5)	8면 ☶ 艮(-3)

위 그림의 합수를 근거로 대척 면을 찾으면 아래와 같다.

■1면 ☰7과 7면 ☷-7   ■2면 ☱3과 8면 ☶-3

■3면 ☳1과 5면 ☴-1   ■4면 ☲5와 6면 ☵-5

② (4·6)을 축으로 하는 상부우선·하부 좌선도

상부(2)	하부(8)
1면 乾(7) 2 1 4	5면 巽(−1) 2 1 6
2면 離(3) 1 8 4	6면 艮(−5) 1 8 6
3면 震(1) 8 9 4	7면 坤(−7) 8 9 6
4면 兌(5) 9 2 4	8면 坎(−3) 9 2 6

위 그림의 합수를 근거로 대척 면을 찾으면 아래와 같다.

■1면 ☰7과 7면 ☷−7 ■2면 ☲3과 6면 ☶−3

■3면 ☳1과 5면 ☴−1 ■4면☱5와 8면 ☵−5

이상으로 z축, t축 s축을 중심으로 좌선 혹은 우선하였을 때 초·중·상효의 값에 따른 6가지 경우의 수를 전부 나열해 보았다. 이것을 종합하여 1개의 그림으로 도표화하자.

⟨표⟩ 3개의 축에 의한 종합도

1·9(z축)						2·8(t축)						4·6(s축)						비고
면	좌선	숫값	면	우선	숫값	면	좌선	숫값	면	우선	숫값	면	좌선	숫값	면	우선	숫값	
1	☰	7	1	☰	7	1	☰	7	1	☰	7	1	☰	7	1	☰	7	동일면
2	☳	−1	4	☲	3	2	☱	5	4	☳	−1	2	☲	3	4	☱	5	좌선2면 우선4면
3	☴	−5	3	☴	−5	3	☲	−3	3	☲	−3	3	☳	1	3	☳	1	동일면
4	☲	3	2	☳	−1	4	☳	−1	2	☱	5	4	☴	5	2	☲	3	좌선4면 우선2면
5	☴	5	5	☴	5	5	☲	3	5	☲	3	5	☳	−1	5	☳	−1	동일면
6	☶	−3	8	☵	1	6	☷	1	8	☶	−5	6	☵	−5	8	☶	−3	좌선6면 우선8면
7	☷	−7	7	☷	−7	7	☷	−7	7	☷	−7	7	☷	−7	7	☷	−7	동일면
8	☵	1	6	☶	−3	8	☶	−5	6	☷	1	8	☶	−3	6	☵	−5	좌선8면 우선6면

상기 도표에서 보는 바와 같이,

■ z축, s축, t축의 수열이 좌선하면 1·2·3·4면이 ☰ ☱ ☲ ☳의 순서로, 그리고 5·6·7·8면이 ☰ ☱ ☲ ☳의 순서로 나타나고, 또 우선하면 1·2·3·4면이 ☰ ☱ ☲ ☳의 순서로, 그리고 5·6·7·8면이 ☰ ☱ ☲ ☳의 순서로 나타난다.

■ 또 1·3·5·7면은 좌선, 우선에 관계없이 동일한 괘상이 나타나고 2·4·6·8면은 좌선의 경우와 우선의 경우에는 2개의 괘상이 섞여서 나타난다.

예를 들어 위 표에서 1·3·5·7면은 좌선이든 우선이든 ☰ ☱ ☲ ☳로 고정되어 나타나지만 2·4·6·8면의 경우는 2면(☱ ☳)·4면(☳ ☱)·6면(☳ ☱)·8면(☱ ☳)으로 2개의 괘가 교차해서 나타난다.

이제 z축, s축, t축 상부구조와 하부구조를 전체적으로 조망해 보자. z축, s축, t축의 상부구조 수열은 좌선과 우선을 불문하고 예외 없이 아래와 같다. 물론 하부구조도 마찬가지다.

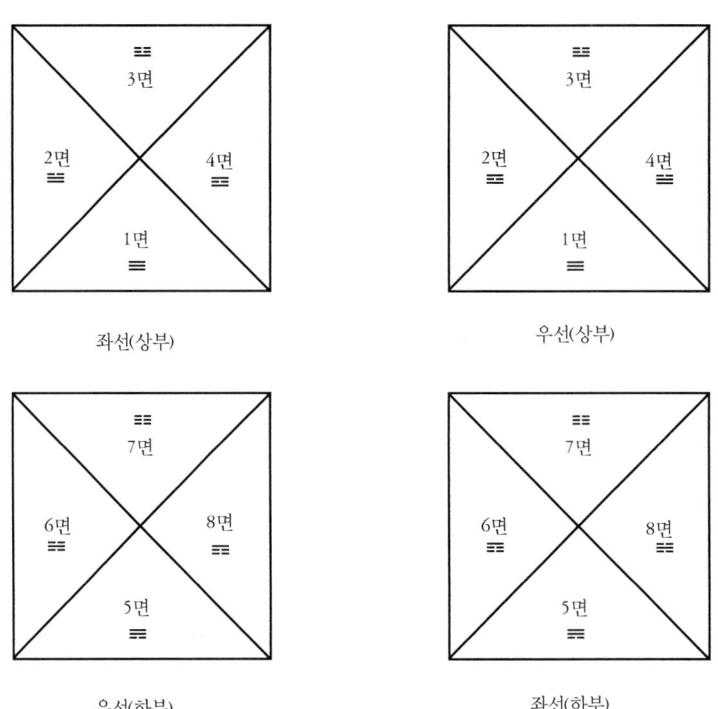

좌선(상부) 우선(상부)

우선(하부) 좌선(하부)

다시 한 번 강조하지만 z축, s축, t축 모두 위와 같은 구조를 변함없이 유지하고 있다.

그런데 좌선과 우선을 비교하면 상부구조에서는 2면의 ☰와 4면의 ☱는 用이 되어 서로 교차하면서 뒤바뀌고 ☰과 ☱은 体가 되어 그대로의 본 모습을 유지하고 있다. 또 하부구조에서도 6면의 ☷과 8면의 ☶은 用이 되어 서로 교차하면서 뒤바뀌고 5면의 ☵과 7면의 ☷은 변함없이 그대로 유지되니 体로써 작용하고 있다.

이쯤에서 우리는 갈등을 느끼게 된다. 좌선·우선의 선택에 따라 가로축의 2개의 괘상이 서로 뒤바뀌어 나타나므로 좌·우 중 어느 하나를 선택해야하는 문제에 봉착하게 된 것이다. 이에 관해서는 진부하지만 천동설과 지동설을 인용해 보자. 수천 년 동안 천동설이 지배적이다가 갈릴레오 이후 지동설이 정설로 굳어졌다. 그러나 지구에 몸담고 사는 인간의 입장에서 보면 태양이 지구의 주위를 돈다는 것이 더 사실적으로 느껴진다. 과학적 관점에서 지동설이 천 번 만 번 옳다고 하더라도 인간이 느끼는 체감은 천동설이 더 온당해 보인다는 말이다.

이러한 선택의 기로에서 양자택일해 보자.

위 그림에서 양기가 가장 왕성한 1면의 ☰을 남쪽에 배속하고 그 대척점인 7면의 ☷을 북쪽에 배속하는 것은 좌선이나 우선에 관계없이 똑같다. 문제는 동쪽에 ☱를 둘 것인지 ☰를 둘 것인지를 정해야 한다. 남쪽(南)을 기준으로 우측은 동(東)이다. 동쪽에는 아무래도 ☰보다는 ☱를 배속하는 것이 우리의 느낌에 더 가깝다. 태양이 떠오르는 동쪽에 ☱를 두고 싶은 것이다. 따라서 우리는 이제 우선보다는 좌선이 더 합리적이므로 좌선을 선택하자. 물론 태양 쪽에서 지구를 바라보는 외계인 입장에서는 불만이겠지만. 결론적으로 z축, s축, t축에서 좌선하는 것이 우리의 느낌에 더 부합된다는 것이다. 동일한 결과라도 관찰하는 자의 입지 여건에 따라 달라지는 것은 당연한 귀결이지만 우리는 지구에서 태양을 쳐다보는 입장을 견지하자는 말이다.

그러면 이제 3개의 축에서 모두 좌선만을 채택해 보자. 위에서 살펴본 '3개의 축에 의한 종합도' 표에서 좌선만 추리면 아래와 같다.

	1면	2면	3면	4면	5면	6면	7면	8면
	☰	☱	☲	☳	☴	☵	☶	☷
z(1·9)	7	−1	−5	3	5	−3	−7	1
s(2·8)	7	5	−3	−1	3	1	−7	−5
t(4·6)	7	3	1	5	−1	−5	−7	−3

지금까지의 논리의 전개에 다소 무리가 없진 않았지만 대체로 무난하게 진행해 왔다. 그런데 이쯤에서 점검하고 넘어갈 사항이 한 가지 남아 있다. 즉 정8면체의 면에 부여한 고유 수 값에 관한 것이다. 지금까지 우리가 8면에 부여한 수는 아래와 같다.

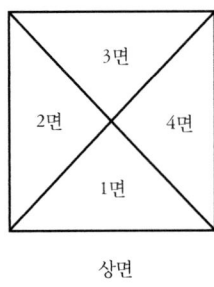

상면

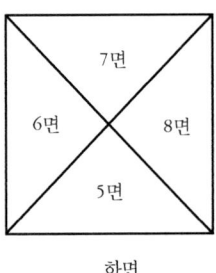

하면

이렇게 면에 수(數)를 부여한 것이 합당한 것인가? 앞서 우리는 현대적 수학 기법 중의 하나인 mod를 사용했었다. 1면에서 8면까지는 mod.9가 되므로 각 대척면의 합계는 9가 되어야 하지만 위 그림에서는 9를 이루지 못한다. 가령, 1면의 대척면은 7면이니 그 합은 8이고 2면의 대척면은 8면이니 그 합은 10이다.

논리의 허점이 발견된 것이니 보정하지 않을 수 없다. 그래서 인위적이긴 하지만 아래 그림처럼 면의 數를 수정했다.

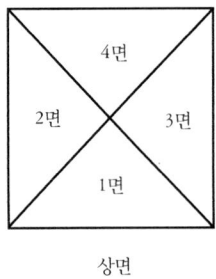

상면

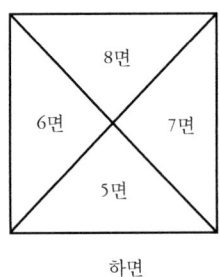

하면

3면과 4면, 그리고 7면과 8면이 위치를 교환하였다. 이제 대척면의 합이 9로 통일되어 논리의 허점이 보강되었다.

■ 상면의 1면은 하면의 8면과 마주 보며 합이 9가 된다.
■ 상면의 2면은 하면의 7면과 마주 보며 합이 9가 된다.

■ 상면의 3면은 하면의 6면과 마주 보며 합이 9가 된다.

■ 상면의 4면은 하면의 5면과 마주 보며 합이 9가 된다.

이렇게 면을 바꾸어서 317쪽의 표를 다시 작성하면 아래와 같다.

	1면	2면	3면	4면	5면	6면	7면	8면
	☰	☱	☲	☳	☴	☵	☶	☷
z(1 · 9)	7	−1	3	−5	5	−3	1	−7
s(2 · 8)	7	5	−1	−3	3	1	−5	−7
t(4 · 6)	7	3	3	1	−1	−5	−3	−5

위 그림이 완성되었는데 괘순이 눈에 익는다. 그렇다. 바로 복희선천8괘도의 순과 동일하다. 물론 각 괘에 부여된 수 값이 z축, s축, t축에서 각각 다르지만 괘순은 전부 복희선천8괘도가 되었다. 이상으로 z축, s축, t축을 이용하여 그리고 특히 좌선을 이용하여 대척면에 나타난 수 값을 산출했다. 이 중에서 어떤 것이 가장 합리적인가를 따져 봐야 할 차례다.

이것을 알아보기 위해서 <그림 1−4>를 참조하면서 진행한다.

그림에서는 (1 · 9)가 이루는 z축을 수직으로 정해 놓고 그렸는데 반드시 z축이어야만 할 이유는 없다. (4 · 6)의 t축 혹은 (2 · 8)의 s축을 수직으로 놓고 그려도 이의를 달 수 없다. 그런데 결론부터 말하면 z축을 수직으로 놓는 것이 합당하다. 그 이유를 알아보자.

위의 3개의 축을 수직으로 놓을 때 나올 수 있는 정8면체의 경우의 수는 총 6가지이다. 그 6개의 유형을 아래에 나열하고 그 6가지 유형 중에서 합리적인 하나를 선택하면 우리의 목표가 완성되는 것이다.

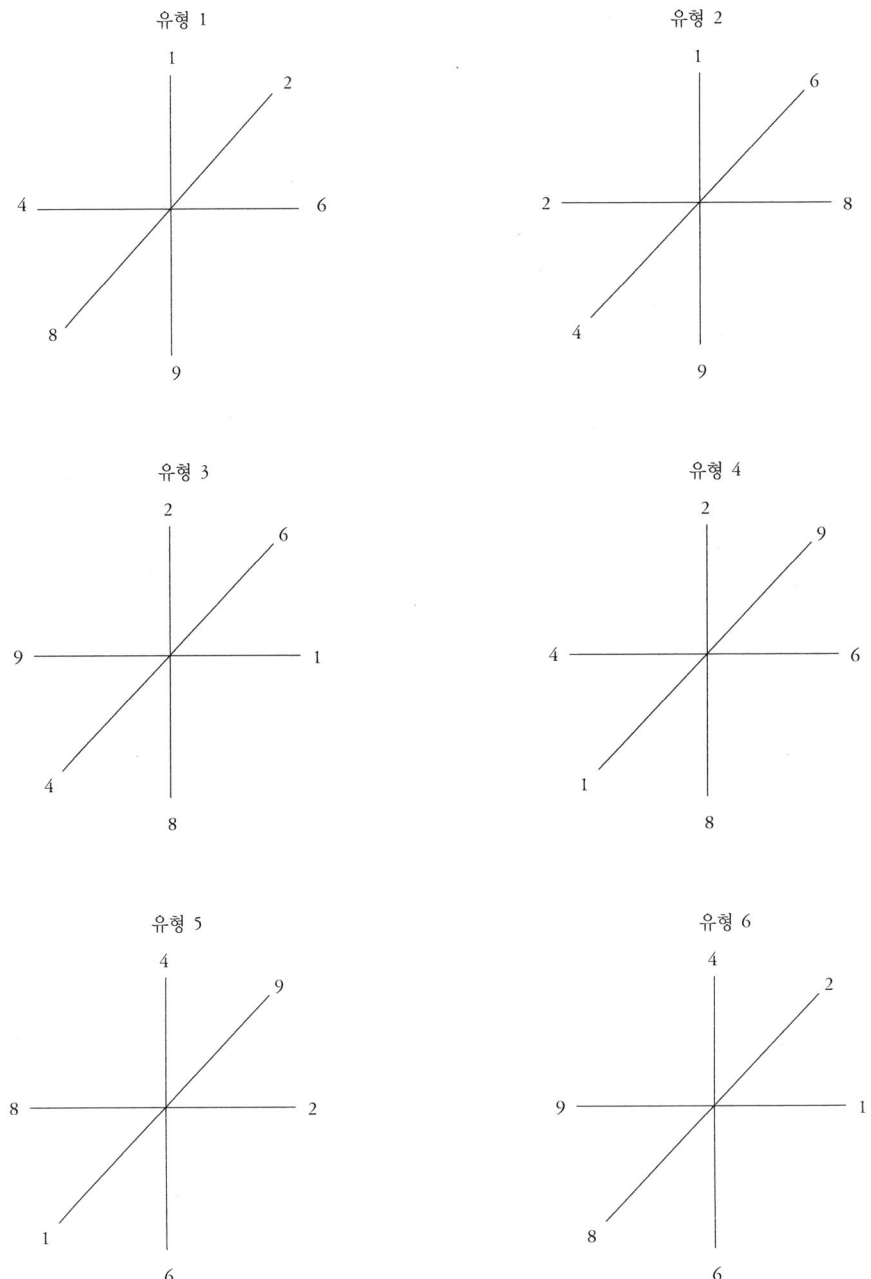

이 중에서 유형 1과 유형 2가 유효하다. 왜 그런가? 1·9를 이루는 z축을 뺀 나머지 2개의 축이 이루는 정4각형을 그리고 그 숫자들을 살펴보면 확연하다.

우선 유형 1을 보면,

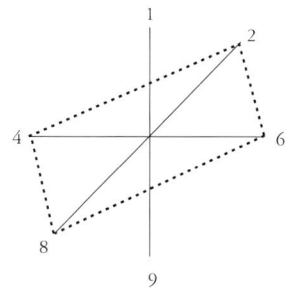

수직을 이루는 수는 1 · 9이고 이는 홀수이다. 그리고 나머지 수는 위 그림에서 보는 바와 같이 2 · 4 · 8 · 6으로 정4각형을 이루는데 전부 음수로 되어 있고 또한 본수의 논리를 적용하면 일목요연하고 규칙적이다. 즉 2×2=4, 4×2=8, 8×2=16=6, 6×2=12=2가 된다. 다시 말해 2→4→8→6→2……가 되어 자연스럽게 진행한다는 말이다.

또 시계방향으로 돌아도 마찬가지다(이때는 8을 곱한다). 즉 2×8=16=6, 6×8=48=8, 8×8=64=4, 4×8=32=2가 된다. 역시 2→6→8→4→2……가 되어 자연스런 흐름이 된다.

지면과 시간을 아끼기 위하여 그 외의 유형은 생략한다. 나머지 유형은 간략히 훑어보기만 해도 배열된 수가 이와 같은 규칙성을 갖지 않음을 알 수 있다. 더구나 음수끼리나 혹은 양수끼리의 순수집합으로 나타나는 것이 아니라 음수 · 양수가 혼재된 양상으로 나타나서 합리적이 아니라고 결론을 내려도 좋다. 다만 문제는 유형 1과 2가 숫자의 배열은 같은데 위치만 다른데, 이런 경우 어떤 것을 선택할까 하는 마지막 고민이 하나 남았다. 그런데 이것은 별문제가 되지 않는다. 유형 1과 유형 2는 사실 같은 것이다. 단지 90°의 위상차만 있어서 해당 괘가 먼저 오느냐 뒤에 오느냐의 차이뿐이다. 그러므로 우리는 유형 1을 최종적인 것으로 선택하기로 한다.

이제 <그림 1-4>를 보면서 이제껏 배제되어 온 (3 · 7)이 이루는 x축의 의미가 무엇인지 알아보자.

x축을 형성하는 (3 · 7)을 다음과 같이 분석해 보자.

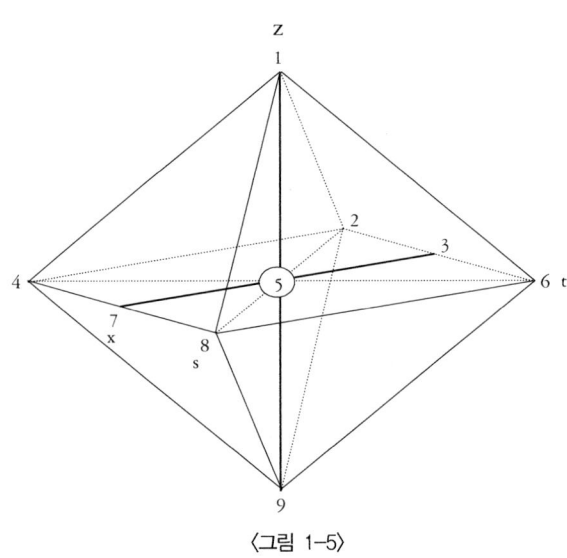

〈그림 1-5〉

위 그림에서 보는 바와 같이 정8면체는 4개의 축을 가지고 있다(z, x, s, t).

그림에서 2 · 4 · 8 · 6을 잇는 정4각형은 정8면체의 상부피라미드와 하부피라미드를 서로 연결하는 면의 역할을 하고 있다. 즉 지상에 있는 피라미드와 지하의 피라미드의 연결면이라는 말이다. 그것만 따로 떼어내 표시하면 아래와 같다.

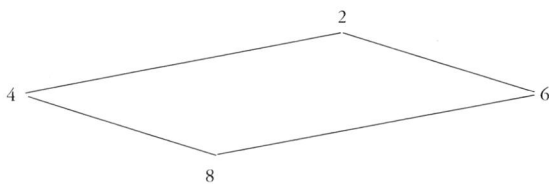

그런데 이 연결면을 수직으로 자르는 면(面)이 한 개 존재하는데 바로 1 · 3 · 9 · 7로 된 정4각형이다. 그것을 역시 따로 떼어내 보자.

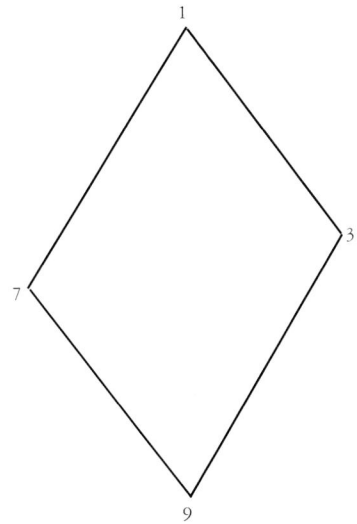

이제 이 2개의 정4각형을 수직으로 끼워서 조립해 보자.

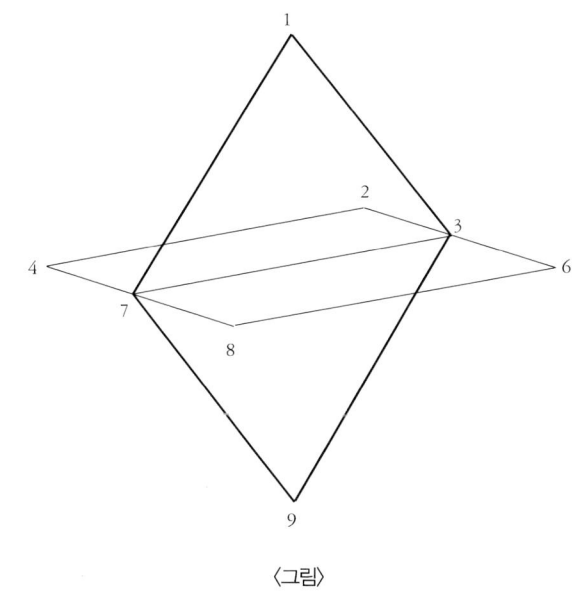

〈그림〉

위 그림에서 1·9를 잇는 z축과 3·7을 잇는 x축은 서로 직교하고, 또한 2·8을 잇는 s축과 4·6을 잇는 t축도 서로 직교한다. 즉 2개의 정4각형이 서로 직교하면서 관통하는 모습이다.

x축을 이루는 3·7은 1·9라는 양의 세계와 2·4·8·6이라는 음의 세계를 연결해 주는, 소위 음과 양이 점이지대에 있는 선이다. 3·7이라는 x축이 없으면 음양은 서로 유리되어 존재할 수밖에 없다.

또한 우리는 위 그림에 사상수가 형성됨을 발견할 수 있다.

■x축은 3·7로 소양수　■z축은 1·9로 태양수
■s축은 2·8로 소음수　■t축은 4·6으로 태음수

이제 각 꼭짓점에 있는 수를 천부수리도와 비교해 보자.

〈표〉 천부수리도

	天	地	人
天	1 天天	2 天地	3 天人
地	4 地天	5 地地	6 地人
人	7 人天	8 人地	9 人人

축		천부수리	
z축	태양	1天天	9人人
x축	소양	3天人	7人天
s축	소음	2天地	8人地
t축	태음	4地天	6地人

z축과 x축은 1·9와 3·7이라는 양수로 이루어져 있고 天과 人으로만 구성되어 있으며 <그림 1-5>처럼 서로 직교하는 구조를 가지고 있다. 또 s축과 t축은 2·8과 4·6이라는 음수로 이루어져 있고 地를 바탕으로 天과 人이 배합되어 있으며 역시 서로 직교하는 구조이다. z축의 실상은 天天1과 人人9의 순수한 성분으로만 구성된 것으로 각기 상부 꼭짓점(1)과 하부 꼭짓점(9)이 되었고 x축은 天人3과 人天7로 天과 人이 혼합된 성분을 가지면서 중앙 정4각형을 2부분으로 나누고 있다.

3과 7로 구성된 x축에 대한 수리를 좀 더 상세히 고찰해 보자.

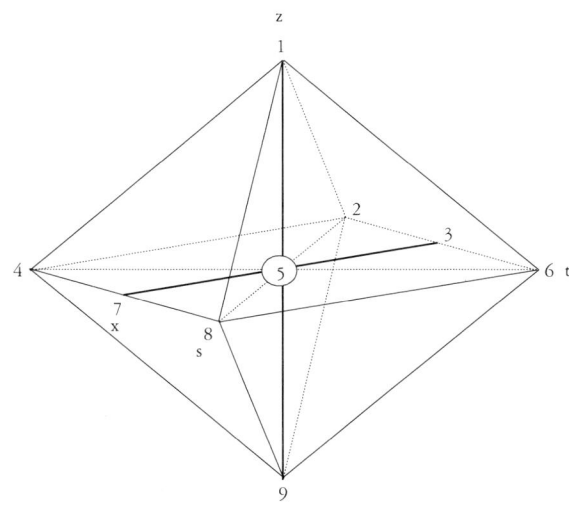

위 그림에서

■ 3은 2·5·6을 더한 수 13의 본수를 취한 수이다.

■ 7은 4·5·8을 더한 수 17의 본수를 취한 수이다.

또한 3의 위치는 정8면체의 2면(☳)과 6면(☷) 사이에 그리고 7은 3면(☲)과 7면(☴) 사이에 위치하고 있다. 이때 1면의 ☰을 남쪽으로 놓으면 7이 위치하는 곳은 동방이 되고, 3이 위치하는 곳은 서방이 되니 따라서 x축은 해가 떠서 지기까지의 일월(日月)의 운행을 담당하는 문호(門戶)라고 할 수 있다.

이상으로 정8면체의 구조를 전부 살펴보았다. 낙서에서 다루었던 주사위와 8괘도 상당한 의미를 띠고 있지만 지금까지 다룬 정8면체와 8괘는 주사위보다 훨씬 더 고도의 이론을 담고 있다고 생각한다. 신비주의를 찾아다니는 사람들은 흔히 피라미드에서 수많은 신비 현상을 발견했다고 주장한다. 가장 흔한 것이 피라미드 안에 있으면 부패가 방지되어 미라化가 된다는 것이다. 실제로 이집트에 있는 피라미드 군에서 고대 이집트 왕들의 시신이 미라가 되어 발견되었다. 이러한 신비주의 현상을 과학적인 실험으로 증명할 방법은 사실상 불가능에 가깝다. 그렇다고 나타나는 현상을 무시하고 무작정 부정하는 사고방식 또한 바람직한 자세가 아니라고 본다.

필자는 이러한 피라미드에서 발생하는 신비주의 현상은 반드시 존재할 거라는 데 더 무게 중심을 둔다. 정8면체의 수리에 나타난 현상을 보면 더욱더 분명한 확신을 갖게 된다. 피라미드에 관한 자세한 내용은 1980년대 영국의 이집트 학자 존·베인과 체코슬로바키아의 자르밀·마렉이 지은 『고대 이집트지도』를 참고하기 바란다.

아무튼 피라미드의 구조에서 3·7이 이루는 x축은 天과 人의 조합으로 이루어진 것으로 日·月을 상징하는 주축이 됨은 물론, 피라미드를 출입하는 문(門)이 된다.

아래 그림에 피라미드의 사방(四方)면과 괘상을 표시하였다.

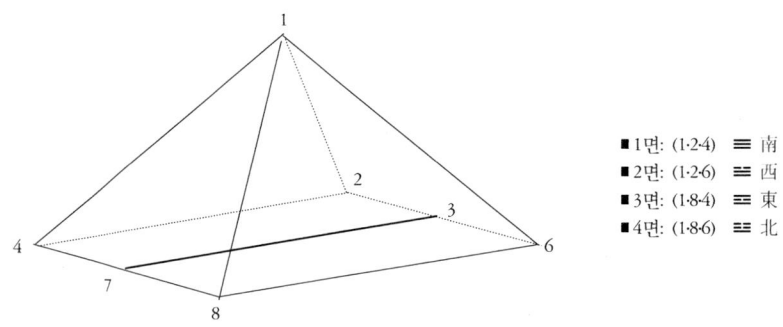

정8면체의 구조에서 s축(2, 8)과 t축(4, 6)은 수평축을 이루며 좌선과 우선이 동시에 일어나고 있다. 즉 2.4.8.6.2로 우선하고 2.6.8.4.2로 좌선한다. 이것을 구체적으로 표시하면 아래와 같다.

■ 좌선은 곱하기 8을 한 것이다. (2×8=16=6), (6×8=48=8), (8×8=64=4), (4×8=32=2)
■ 우선은 곱하기 2를 한 것이다. (2×2=4), (4×2=8), (8×2=16=6), (6×2=12=2)

또, z축(1, 9)과 x축(3, 7)은 수직축을 이루며 역시 좌선과 우선이 동시에 일어난다. 즉 1.3.9.7.1로 좌선하고 1.7.9.3.1로 우선한다.

■ 좌선은 곱하기 3을 한 것이다. (1×3=3), (3×3=9), (9×3=27=7), (7×3=21=1)
■ 우선은 곱하기 7을 한 것이다. (1×7=7), (7×7=49=9), (9×7=63=3), (3×7=21=1)

이와 같이 s축과 t축이 수평축을 이루며 좌우로 회전하면 z축과 x축이 수직축을 이루며 상하로 회전하는 것은 아마도 U. F. O의 비행원리가 아닐까 추측한다. 결국 피라미드는 U. F. O의 상징물일 가능성이 농후하다.

2. 피라미드와 단군도

정8면체와 단군도의 관계를 살펴보자.

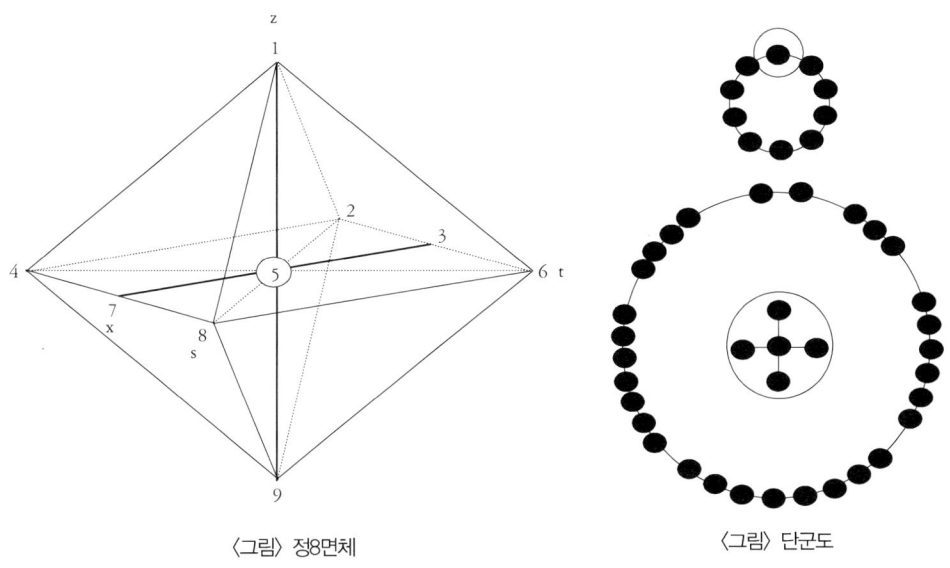

〈그림〉 정8면체   〈그림〉 단군도

정8면체와 단군도는 위 그림에서 비교해 보면 다음과 같은 유사점이 있다. 단군도에 나타난 점의 숫자를 인체의 부위에 배속하면 다음과 같다.

■1 · 9는 머리 ■2는 목(頸) ■3 · 4는 좌 · 우 수(手)
■5는 오장(五臟) ■6 · 7은 좌 · 우 족(足) ■8은 꼬리뼈(천골과 미골)

정8면체와 단군도에 나타나는 숫자는 서로 대척점을 이룬다.
■1 · 9 ■2 · 8 ■3 · 7 ■4 · 6

단군도에서는 5가 오장으로 인체의 중앙에 위치하고, 정8면체에서도 5가 중심이 되는데 그 주위를 2·3·4·6·7·8이 둥글게 포진하고 있다. 그런데 양자(兩者) 사이에 유일하게 다른 점은 바로 9의 위치이다. 정8면체에서는 9가 하부의 꼭짓점을 형성하지만 단군도에서는 머리의 일부를 형성하고 있다. 그러면 왜 단군도에서 9가 상부의 머리에 존재하는가?

그림으로 도해하는 데 한계가 있어서 단군도를 위와 같이 그렸지만, 사실은 9는 머리부터 꼬리까지 연결된 뇌척수를 표현하고 있다. 즉 인체의 중추신경계를 상징하고 있는 것이다.

뇌부터 아래로 뇌척수 관을 따라 척수 액이 흐르듯이 1(뇌)은 꼬리(9)까지 연결된 또 다른 환(環)을 형성하고 있다는 말이다. 척수 안에 들어 있는 척수 액은 뇌부터 꼬리 말단까지 승강운동을 한다. 그림으로 그리면 아래와 같다.

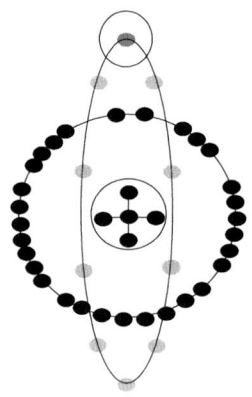

정8면체에서는 1·9를 축으로 원을 그리며 크게 순환 하고 있고 단군도에서는 위 그림처럼 1과 9가 대순환을 하고 있다.

단군도에서 천수(天數) 1·4·7과 지수(地數) 2·5·8, 그리고 인수(人數) 3·6·9가 세로로 나열되었듯이 정8면에서도 지수 2·5·8을 중심으로 좌우에 천수와 인수가 똑같이 배열되어 있다.

이상과 같이 천부경에서 밝혀진 단군도는 정8면체와 떼려야 뗄 수 없는 깊은 연관성을 갖고 있다. 더구나 정8면체는 피라미드와 그 구조가 같으므로 따라서 연역법을 사용하면 피라미드 구조는 단군도, 단군도는 또 천부경의 구조와 밀접한 관련이 있다는 것을 알 수 있다.

이렇게 천부경이 피라미드와 정확히 일치하는데도 피라미드의 본고장이 이집트로 인식되고 있는 이유가 무엇일까? 천부경을 본뜬 피라미드가 왜 그렇게 멀리 이집트까지 혹은 남미까지 날아가야 나타나는가 하는 점이다. 증거가 너무 멀리 떨어져 있는 것이 아닌가 하는 의문은 당연할 것이다.

천부경의 발원지가 당시 동이족이 머물던 지금의 극동 아시아 지역이라면 근방에서 최소한 몇 기(基)의 피라미드라도 발견되어야 하는 것 아닌가 하는 의문이다.

그렇다. 증거가 있다. 그것도 아주 충분히 많다. 실상은 이렇다. 최초의 발견은 제2차 세계 대전 당시 독일 공군이라는 설도 있고 미국 공군이라는 설도 있다(1947년 3월 28일 뉴욕타임즈 기사 참고).

지금까지 밝혀진 것만 대략 80여 기(基)에 달하는데 위치하는 곳은 중국의 시안(西安, 당나라 수도였던 장안)지역이다. 1970년대 중국 정부가 탄소 측정법에 따라 연대를 고증해 보니 약 5천~6천 년 이전의 유물이었다. 중국정부는 처음에는 이것이 진시황의 유물인 줄 알았으나 연대 측정을 해 보니 중국 최초의 문명인 황하문명보다 더 이전으로 거슬러 올라간다는 사실을 알고 나서 경악을 금치 못했다. 존재 자체를 부인하거나 해당 지역에 일반인의 접근을 철저하게 금지시킬 수밖에 없었던 사연이 있었던 것이다.

1994년 3월, 하우스도르프라는 독일인이 친구와 함께 그곳에 방문하여 비밀리에 촬영하고 북중국의 '하얀 피라미드(White Pyramid)'라는 제목으로 서방세계에 알렸다.

중국의 고고학자 곽대순(郭大順)에 의하면 이 유적은 당시 요령성, 하북성, 길림성 인접 지역에 주로 분포하던 홍산문화(紅山文化)의 유물이라고 주장한다. 홍산문화는 기원전 4700년부터 2900년경이 있었던 신석기 문명으로 이는 일반적으로 중국의 것이 아니라 동이족이 만든 문화로 알려져 있다. 우리나라의 고조선시대를 훨씬 더 거슬러 올라간 배달국, 환국(桓國)의 것으로 보인다.

이러한 사실(事實)이 역사적 사실(史實)로 밝혀진다면 중국의 황하문명은 빛을 잃게 될 것이고 이것을 두려워한 중국 당국이 사실을 감추기기 급급한 것은 당연할 것이다. 단순히 사실을 은폐하고 있을 뿐만 아니라 일부러 훼손시키거나 복토를 하고 그 위에 나무를 심어 산처럼 위장까지 하고 있는 실정이다.

중국뿐 아니라 티베트 지역에서도 100여 기 이상이 러시아 과학자에 의해서 발견되었다고 전해진다(2000년 7월 5일 중앙일보). 특히 티베트 지역에 있는 제4단군릉이라고 불리는 피라미드는 규모 면에서 상당히 웅장하고 또한 단아한 모습으로 평가받고 있다.

극동 지역이 아닌 곳에서도 다양한 형태의 피라미드가 다수 발견되고 있다. 마야의 유적, 멕시코 지역에 있는 '태양의 피라미드', 북미의 인디안 피라미드, 서울 석촌동의 백제

고분에도 고구려 양식을 본뜬 피라미드가 대표적인 예이다.

이상으로 천부경과 관련된 증거로써 극동 및 티베트 지역 및 그 외 다수의 지역에서 발견되는 피라미드를 살펴보았다. 특히 중국 당국에 의해 자행되고 있는 은폐행위는 아무리 감춘다고 해도 사실이 없어질 수는 없다. 설사 사실(史實)이 없어진다고 해도 그 원리 자체가 없어지는 것은 더더욱 불가능할 것이다.

다음으로 피라미드 구조가 가지고 있는 신비한 현상들에 관해서 몇 가지 소개한다.

먼저 고대 피라미드에서 발견되는 탈수현상에 관한 것이다. '뽀삐'라는 프랑스인이 이집트에 피라미드를 구경하러 갔다가 밝혀낸 사실이다.

■ 대부분의 피라미드는 정중앙, 바닥면에서 높이 $\frac{1}{3}$ 지점에 '왕의 석실'이 위치한다. 우연히 '왕의 석실'에 들어갔던 뽀삐는 그곳의 공기가 다른 지점과 달리 유난히 상쾌함을 느꼈다. 피라미드 안에서 발견되는 들짐승(고양이, 쥐 등)의 사체에서도 부패한 악취가 풍기지 않았을 뿐만 아니라 또한 미이라화되어 있음을 알게 되었다. 이러한 사실에서 그는 이집트 파라오들의 시체가 이 지점에서 방부 처리됨을 추리했다. 집으로 돌아온 그는 한 변의 길이가 약 0.9m인 피라미드 모형을 제작하고 정북방으로 설치했다. 이 모형은 쿠프왕의 피라미드를 그대로 본뜬 것이었다. 그리고 $\frac{1}{3}$ 지점에 고양이 사체를 방치했는데 놀랍게도 수일 후에 그 사체는 완벽하게 미이라화되었다. 그는 피라미드 모양에는 어떤 불가해한 기전에 의해서 부패가 정지될 뿐 아니라 유기체의 수분이 탈수되는 현상을 발견하게 된 것이다. '뽀삐'의 실험은 체코슬로바키아의 TV로 소개되었고 마침 그것은 무선 기술자 출신 '카렐 두루발'의 주목을 끌게 된다. 그도 역시 똑같은 실험에 착수해서 동일한 실험 결과를 얻는다. 그리고 다음과 같은 결론을 내렸다.

"피라미드 내부 공간의 모양과 그 공간 속에서의 물리·화학·생물학적인 과정에는 깊은 관계가 있다."

그는 피라미드 모형이 '전자기적 파장' 혹은 '우주광선' 아니면 '제3의 에너지'를 모으는 형태라고 추정했다. 그리고 무뎌진 면도날을 그 안에 넣으니 날이 벼려지는 현상을 관찰했다. 결과는 놀라웠다. 어떤 것은 200회까지도 연속 사용할 수도 있었다. 그는 피라미드의 내부 구조 안에 어떤 특수한 환경이 조성되며 그러한 환경이 면도날을 재생한다는 가정하에 면도날 재생용 피라미드를 제품화하고 특허를 신청한다. 이에 1959년 체코슬로바키아 특허청은 '쿠프 피라미드형 면도날 재생장치'에 대해 특허번호 991304호를 부여했다.

이상은 신비한 피라미드 현상 중의 일화를 소개한 것인데 이외에도 수없이 많은 에피소드가 알려져 있다. 가령 우리나라의 모 출판사에서 만든 '피라미드 모형' 속에 앉아서 좌선·명상을 하면 아주 집중력이 강해지면서 자아가 완전해지고 외부와 격리된 느낌이 강해진다고 주장한다.

물론 어떤 과학적인 방법을 가지고 측정으로 이루어진 것이 아니므로 어디까지나 신비주의의 모습으로 포장된 것은 분명하나 그렇다고 무조건 부정할 일은 아닌 것 같다. 아마도 피라미드 구조 안에서 인체의 심신과 우주의 기가 서로 동조(同調)하는 현상이 발생하는 것이 아닐까 하는 생각이다. 이는 마치 주파수를 맞춰야 라디오에 소리가 잡히듯이 혹은 악기의 소리를 조율(tunning)하는 것에 비유할 수 있다. 아무리 비싸더라도 조율이 안된 악기를 가지고는 심금을 울릴 수 없으며 주파수가 일치하지 않으면 소리를 들을 수 없는 것과 같은 이치이다.

현대를 살아가는 우리 인류는 지금 중대한 전환점에 서 있다. 물질문명의 극치와 정신문명의 퇴조의 교차점이다. 지구에서 발생하는 주파수는 점점 높은 단계로 진화해 가고 있다. 과거 100여 년 전만 해도 상상할 수 없던 꿈이 점점 현실이 되어 가고 있다. 그에 걸맞게 우리의 의식단계도 높아지는 진화를 하고 있는가? 결론부터 말하자면 부분적으로 yes이다. 정신을 총괄하는 의식단계를 측정하는 계기(計器)가 아직 존재하지 않아서 우리가 아직 느끼지 못하고 있을 뿐이지 곧 그런 것이 등장할거라고 필자는 확신한다.

그러면 의식을 높이기 위한 우리의 노력은 무엇인가? 무조건 피라미드 안에 들어가 있으면 되는가? 일면 옳은 말일 수도 있다. 그러나 요는 원칙을 가지고 깨어 있는 마음을 가진 상태가 관건이며 우선시되어야 한다.

원칙을 가지면서도 깨어 있는 마음은 어떻게 완성되는가? 바로 정신 수련 과정이 필요하다. 육체가 운동을 필요로 하듯이, 정신도 그에 비례해서 운동이 필요하다. 육체는 陰이므로 陽운동이 필요하므로 우리는 조깅을 한다. 그에 반해 정신은 陽이니 陰운동이 필요하다. 陰운동은 어떻게 하는가? 침잠(沈潛)하는 것이다. 정신없이 뛰지 말고 조용히, 그리고 천천히(slow)를 생활화해야 한다. 피라미드 안에 들어가 자기를 잊어야 한다. 자기를 잊으면 그 안에 있던 또 다른 나의 진면목이 나타난다. 내 안에 있는 또 다른 나와 조우(遭遇)해야 한다. 그게 바로 멘탈 파워를 고양하는 최선의 방법이다. 꼭 피라미드를 고집하는 것은 아니다. 피라미드 없이도 언제든지 나와 내 안에 있는 또 다른 나를 도플 갱어(doppelganger)처럼 만날 수 있다. 그 방법은 각자의 환경과 습관에 따라 선택하면 된다.

나에게 적합한 정신 수련법을 찾을 일이다. 그러나 필자는 피라미드를 이용하는 것도 좋은 방법 중의 하나라고 주장한다. 3차원적 인류에서 다차원으로 진화하기 위해서는 피라미드만 한 것이 없다. 그것은 과거와 미래를 연결하는 시간의 통로이다. 번거롭다면 굳이 피라미드 모형을 제작할 필요도 없다. 이제까지 우리가 다룬 천부경과 정8면체(피라미드)를 마음속에 의식적으로 각인하라. 그러면 피라미드 파워가 내 안에 들어온다.

마지막으로 정8면체와 균형의 홀론(holon)에 대해서 소개하고자 한다.

홀론이란 용어는 헝가리 태생으로 영국에 귀화한 과학평론가이자 과학 작가인 아서 쾨슬러(Arthur Koestler, 1905~1983)가 1967년에 발표한 개념이다. 홀론은 부분과 전체라는 이분법적 사고를 배제하고 양자를 통합하려는 시도이다.

라틴어의 전체라는 holos와 알맹이란 뜻을 가진 −on을 합친 단어인데 우리말로 번역하기 어렵지만 그러나 '전일자(全一子)' 혹은 '대일(大一)'이라고 말할 수 있다. 좀 더 구체적으로 말하면 '한 부분이 전체적인 성격을 띠고 있는 것', 즉 현대수학의 프랙털(fractal)과 비슷하다. 정8면체의 지상으로 솟아 있는 피라미드와 지하로 함몰된 피라미드 사이에 내가 위치하면 내 안에 흐르는 정신과 신체의 에너지 흐름이 균형을 잡아 건강해진다는 이론이다. 이때 반드시 1·9의 z축이 자신의 정중선을 통과해야 한다.

상하의 피라미드에 둘러싸여 있는 동안 심신이 정화되는 느낌을 받는다. 시간이 나는 대로, 어린이가 장난감을 가지고 놀듯 머릿속으로 상상하여도 좋다. 스트레스로 인해서 상기되거나 혹은 침울하여 기분이 가라앉을 때 정8면체의 홀론을 머릿속에 그리면 즉시 차분해지고 마음의 균형이 잡히는 놀라는 경험을 하게 될 것이다.

정8면체의 균형의 홀론은 천부경 원문 중에 있는 '運三四 成環五七一'에서 도출되는 단군도와 정확히 일치한다.

고대문명의 흔적이 피라미드라는 형태로 도처에 산재해 있지만 인류는 아직도 그 근원 원리를 파악하지 못했다. 본서에서 비로소 그 원리를 최초로 밝힌 것이다.

천부경으로 압축된 단군문명이 바로 피라미드와 연계되어 있다는 사실을 분명히 이해하기를 바라는 마음 간절하다.

끝으로 도랑(道郞) 선생님께서 부인도(符印圖)에 입각하여 천부경의 경문을 새로 작성하신 '불해 천부경'을 소개하면서 대단원의 막을 내린다. 이것은 앞으로 다가올 새로운 조화시대(造化時代)의 영원한 등불이 될 것임을 확신한다.

解 天符經

零對無對零星一零無
盡零天空一海空二人
空三四自空至無發音
零天六音海六音人六
音星空合六生七八九
轉三四公自五七空姓
名萬零零萬靜不動
零零心零日辰四化人
中天地零零更無更零

如淵 후기

長田 선생님을 뵌 지 5년이란 시간이 흘렀고 이 책을 계획하고 착수하여 탈고하기까지 또 1년 여섯 개월이 흘렀다. 지나간 시간이 주마등처럼 눈앞에 스친다.

먼저 40여 성상(星霜)을 오로지 동양학에 쏟아부으신 그 열정에 경의를 표하며 그 결과물을 내놓는 이번 작업에 함께 참여한 것이 본인에게는 크나큰 영광이다. 선생님과의 끝없이 이어진 난상토론, 그리고 그 안에 숨어 있는 이치를 논리로 엮어 내는 일 또한 녹록지 않은 작업이었다. 문제는 이론을 어렵지 않게 독자들에게 전달하는 것이었다.

개념은 머릿속에서 분명한데 그것을 논리적으로 얽어매는 것! 그것은 애를 낳아 본 적도 없는 본인이지만 여자의 산고(産苦)가 이와 같을 것이라는 것을 간접적으로 느낄 수 있었다.

옥동자든 옥동녀든 그 산고의 결과가 금번 『하도·낙서·천부삼인』으로 출간되었다.

주역과 하도, 낙서를 위시한 다양한 동양학 이론은 이 분야에 흥취가 있지 않는 한 감히 접근조차 어려운 학문이다. 더구나 기존의 동양학 서적들이 과거 학자들의 주석(註釋)에 또다시 주석을 다는 형식인 데다가 또한 상투적이며 어렵기 짝이 없는 한문 문어체(文語體) 형식으로 되어 있으니 어지간한 근기(根氣)가 있지 않고는 이 학문에 지속적으로 매달릴 학자는 그리 많지 않다고 본다.

그래서 본서에서는 기존의 난해성을 혁파하기 위한 방편으로 또 누가 봐도 명명백백한 이해를 위해 수리적(數理的)인 기법을 도입하기로 하였다. 하지만 쉽게 하려고 도입한 수리가 오히려 옥상옥(屋上屋)이 되지나 않았는지, 숫자에 기겁하는 독자들에게 아예 눈길조차 받지 못할 난독서(難讀書)가 된 것이 아닌지 하는 걱정이 앞선다. 그렇지만 언제까지 구태를 답습할 것인가? 동양학의 학(學)의 방법에 혁명을 도입할 시기가 도래하였다고 생각하였고 그 혁명적 방법의 일환으로 위상을 가진 도형을 채택하기로 한 것이다.

우리 머릿속에 개념화된 동양학은 음·양 그리고 하도·낙서에 그 근간을 두고 있다는 것에 대부분 동의할 것이다. 그러나 많은 학자들이 장황하게 그것들을 부르짖지만 막상 뚜껑을 열고 그 속을 들여다보면 속 빈 강정인 경우가 대부분이다. 특히 하도와 낙서에 수리(數理)가 숨어 있다고 주장하는데 실제로 그들의 논리를 보면 수리에 관한 것이란 게 고작 손가락으로 꼽을 정도에 불과한 것이 사실이다. 논리가 틀린 것은 아니지만 그 정도의 숫자 놀이를 가지고 동양학의 근간이 숫자라고 운운하는 것은 태산명동 서일필(泰山鳴動 鼠一匹)이요, 소문난 잔치에 먹을 것 없다는 표현이 제격일 것이다.

본서에서 주장하는 장전8괘는 하도에서 8괘가 도출되는 이치를 기하학과 차원을 접목하여 새롭게 탄생한 것이다. 주자(朱子)의 사후 800여 년 만에 8괘에 숫값을 대입하여 정치(精緻)하게 풀어낸 것으로 이것을 바탕으로 하도8괘도와 선천8괘도, 낙서8괘도와 후천8괘도의 원리를 수리적으로 밝혔으며 오운육기를 형성하는 삼음삼양의 원리 역시 장전8괘의 수리를 도입하여 풀어내서 그것을 바탕으로 12경락의 명칭에 대한 해설을 새로이 시도하기에 이른 것이다.

더구나 이제껏 한 번도 시도한 적이 없는 '역상규론과 정다면체'는 말할 것도 없고 '한글의 제자원리'는 국어학자들조차 착안하지 못했던 기발한 발상이라고 감히 자부한다. 또 주사위에 들어 있는 원리를 이용하여 제3의 역(易)인 부인도(符印圖)를 소개한 것은 역학사(易學史)의 새로운 지평을 연 것으로 뜻있는 독자 여러분의 많은 관심과 연구를 기대한다.

우리 민족 고유의 천부경에 대해서도 할 말이 있다. 본문에서도 밝혔듯이 천부경은 세계에서 가장 짧은 경전(經典)에 속하는 글이다. 더구나 천부경은 중국을 포함한 동아시아 지역에서는 그 존재조차 알려지지 않을 만큼 초라하기 그지없다. 신비주의를 표방하는 일부 신흥종교의 탐독서에 불과하고 한국역사에서도 단군왕검과 더불어 단지 제목 정도를 소개하는 데 그치고 만, 그야말로 우리들의 일그러진 초상(肖像)이다. 그도 그럴 것이 천부경의 내용을 제대로 알고 있는 사람이 없기 때문일 것이다. 하긴 우리나라를 대표하는 태극기에 담긴 뜻도 정확히 알지 못하는데 천부경의 심원한 뜻을 요구하는 것 자체가 무리한 요구일 것이다. 단 81자에 불과한 경전의 뜻을 하도와 낙서를 근간으로 한 천부수리에 근거하여 풀이한 것은 본서를 빼고 현재까지는 전무(前無)하다. 그렇지만 후무(後無)하지는 않을 것을 기대한다. 왜냐하면 본서의 출간을 계기로 눈 밝은 후학들이 대거 쏟아져 나올 것이기 때문이다.

본서에서 사용한 천부수리는 본수와 단수의 개념을 정립하여 자연수의 체용관계를 밝힌 것으로 이것을 다시 기하학적 차원론과 접목시켜 천부삼인 속에 숨어 있는 원방각의 원리까지 밝혀내었다. 특히 천지인 원방각도와 원방각 64괘도는 천부경으로부터 64괘가 도출된다는 원리를 밝힌 것이며 그 외 바둑판과 천부수리와 729궁도의 원리는 천부경을 여는 열쇠라고 말할 수 있다. 또 천부수리를 통해서 드러난 인각단군천부(人角檀君天符)는 천부삼인의 하나인데 정8면체 원리를 바탕으로 처음 밝혀내게 되었다. 장전 선생님과 본인은 정8면체의 원리에 심취하여 연구한 결과 드디어 단군도와 피라미드의 비밀까지 파헤치게 되었다.

끝으로 독자들이 꼭 유념해 주었으면 하는 사항이다.

본서에서 추구하는 일관된 논지는 수리에 바탕을 둔 것이다. 그러면 수리에 맞지 않는다고 그 모든 것을 폐기처분해야 하는 것인가? 그렇지 않다는 것을 당부 드린다.

동양 학문의 특징은 송곳처럼 한 곳을 특정하여 지적하지 않고 오히려 넓은 범위를 흐릿하게 지시한다는 데 있다. 다시 말해 동양학의 특징은 명백성에 있지 않고 함축성에 있다는 말이다. 예컨대 81자로 된 천부경은 자체가 한편의 아름다운 시구(詩句)라고 할 것인데 여기에 엄밀한 수리를 적용하여 해석하는 순간, 글자들이 가지고 있는 광의의 함축미는 축소되고 무너진다. 소위 너무 명확한 것만을 고집하다 보면 다양하게 해석될 수 있는 가능성이 사라지고 심하면 원의(原義)까지 왜곡, 훼손될 소지가 있다는 말이다. 그러므로 수리(數理)만이 만능이라는 생각을 버리자. 장자『外物篇』에 "통발[筌]은 고기를 잡기 위해서 있을 뿐, 고기를 잡았으면 통발은 잊어야 하는 것"이라는 경구를 곱씹어 볼 일이다.

수리를 이용하여 날카롭게 분석하면 이해는 쉽지만 편협한 해석에 그치고 만다. 수리를 통해 본질에 대한 분석적 이해가 끝남과 동시에 수리는 잊어버리자. 다만 그 의미에 살을 붙이는 부연(敷衍) 연습이 필요하다. 수리를 적용하는 순간 의미가 분명해지지만 그 대신 언외(言外)의 뜻을 잃고 행간(行間)을 놓칠 수 있다는 말이다.

본인은 본서가 하도 낙서와 천부경에 관한 수준 높은 해설서라는 평가와 함께 늘 독자의 곁에 놓여 본의(本義)가 확실치 않을 때, 마치 사전을 펴 보듯 본서를 열어 그 뜻을 확인하는 용도로 사용되기를 간절히 기원한다.

2011년 7월 23일 大暑

한의학 박사 如淵 兪漢鐵

참고문헌

고전천문역법과 정해: 김동석 저, 한국학술정보(주).

역법의 원리분석: 이은성 저, 정음사.

천문유초: 김수길 · 윤상철 공역, 대유학당.

구장산술 · 주비산경: 차종천 역, 범양사 출판부.

태양의 코드: 문주희 저, 이담.

도 닦는 법: 연상원 지음, 글도깨비.

동의수세보원주해: 한동석 저, 성리회 출판사.

우주변화의 원리: 한동석 저, 대원출판.

인간세상 그리고 체질의학: 이의원 저, 삼화출판사.

격치고: 박석언 역, 태양사.

의학입문: 남산당.

오행은 뭘까?: 어윤형 · 전창선 저, 세기.

황극경세서: 소강절 저, 대원출판.

주역의 과학과 도: 이성환 · 김기현 공저 정신세계사.

주역전의 대전: 김석진 역해, 대유학당.

대산주역 강의: 김석진 저, 한길사.

아산의 주역강의: 김병호 저, 소강.

주역사전: 정약용 저, 민창사.

하락연의: 동주 최석기 저, 백산.

주역 · 정역: 한 장경 저, 삶과 꿈.

역경래주도해: 중국 공학회.

주역 원론: 초운 김승호 저, 선영사.

역사상 사전: 김승동 편저, 부산대학교 출판부.

성리대전: 경문사.

경서: 성균관대학교 대동문화연구원.

주역해의: 남동원 저, 나남출판.

주역계사강의: 남회근 저, 부키.

천부경: 최동환 저, 지혜의 나무.

삼일신고: 최동환 저, 지혜의 나무.

천부경강전: 최동원 저, 천지성지사.

금척천부경: 송래선 천부도원.

천부경과 우주의 원리: 신완묵 저, 동녘출판기획.

정신철학통론: 전병훈 저.

한민족의 천부경: 최재충 저.

천부경과 동학: 이찬구 저, 모시는 사람들.

환단고기: 코리언북스.

겨레얼삼대원전: 송호수 저, 겨레얼 연구회.

단기고사: 대야발 한뿌리.

규원사화: 북애노인, 한뿌리.

천민의 나라: 김백만 저, 명문당.

천도 아리랑학: 김무덕 저, 세명문화사.

도통하는 천부경: 최의목 저, 신성.

기의 여행: 이경숙 저, 도서출판 구름.

우주의 모든 신비: 이완석 저, 우주과학 출판사.

시천주 친필 현무경: 한국민족종교협의회.

천지인신 현무경: 왕의선 한국학술정보.

피라밋 파워 히란야 파워: 조문덕 저, 문덕출판사.

2012 지구차원 대전환과 천상의 메시지들: 박찬호 편저, 은하문명.

성명학: 최국봉 저, 선진출판사.

과학으로 보는 조선왕조실록: 이성규 저, 살림Friends.

주도: 장전 김윤식 저, 육음문화원.

전도경전: 장전 김윤식 저, 육음문화원.

역상규론: 장전 김윤식 저, 육음문화원.

長田 김윤식(金允植) ─────────────────────────

　　건국대학교 경영학과 졸업
　　현대그룹 20년 근무
　　35년간 주역과 선도(仙道), 조력법(造曆法) 연구

　　『우주력(宇宙曆)』
　　『육음영공(六音零功)』
　　『전도경전(佺道經典)』
　　『주도(酒道)』
　　『명요제강(命要提綱)』 전 5권
　　현재 『부인도(符印圖)과 과학정역(科學正易)』 집필 중

　　email: nachully@hanmail.net

如淵 유한철(俞漢鐵) ─────────────────────────

　　대전대학교 한의과 대학 졸업
　　대전대학교 한의과 대학원 박사과정 졸업
　　상지대학교 의사학(醫史學) 출강(2005)
　　대전대학교 의역학(醫易學) 출강(2006-2010)

　　「牛蒡子의 抗 Allergy에 대한 연구」
　　「口眼喎斜의 원인에 대한 문헌적 고찰」
　　「이중재(李中梓)의 생애와 의학사상에 관한 연구」

　　현재 인천광역시 서구 경희한의원 원장

　　카페 http://cafe.daum.net/juyeoklove

하도 · 낙서 · 천부삼인 下

초판인쇄 | 2012년 1월 5일
초판발행 | 2012년 1월 5일

지 은 이 | 김윤식·유한철
펴 낸 이 | 채종준
펴 낸 곳 | 한국학술정보㈜
주   소 | 경기도 파주시 문발동 파주출판문화정보산업단지 513-5
전   화 | 031) 908-3181(대표)
팩   스 | 031) 908-3189
홈페이지 | http://ebook.kstudy.com
E-mail | 출판사업부 publish@kstudy.com
등   록 | 제일산-115호(2000. 6. 19)

ISBN   978-89-268-2973-8 93150 (Paper Book)
        978-89-268-2974-5 98150 (e-Book)

내일을여는지식 은 시대와 시대의 지식을 이어 갑니다.